오다 노부나가와 도요토미 히데요시는
어떤 인물인가

16세기 예수회 선교사 루이스 프로이스의 기록

박수철 편역

오다 노부나가와
도요토미 히데요시는
어떤 인물인가

초판 1쇄 발행 | 2017년 9월 15일

편역자	박수철
펴낸이	한영아
펴낸곳	위더스북
출판등록	2007년 12월 5일(제313-2007-000243호)
주소	(우: 08835) 서울시 관악구 복은길 43-11(신림동)
전화	02) 333-3696
팩시밀리	02) 324-3222
전자우편	paperplane@hanmail.net

값 27,000원
ISBN 978-89-962350-8-8 93910

이 출판물은 저작권법에 의해 보호를 받는 저작물이므로 무단 전재와 무단 복제를 할 수 없습니다.

「이 도서의 국립중앙도서관 출판시도서목록(CIP)은 e-CIP 홈페이지(http://www.nl.go.kr/ecip)에서 이용하실 수 있습니다.(CIP제어번호: CIP2017023554)」

오다 노부나가와 도요토미 히데요시는
어떤 인물인가

16세기 예수회 선교사 루이스 프로이스의 기록

박수철 편역

편역자 서문

　16세기 일본 사회는 이른바 전국戰國 시대로 통칭되는 혼란과 분열, 그리고 전쟁의 시기였다. 다채로운 출신과 다양한 특색을 가진 여러 '군웅群雄'들은 전국 각지에 할거하면서 서로 간에 물고 물리는 각축전을 벌였다. 심지어 그들 중에는 무사 이외에 오사카를 본거지로 삼은 혼간지本願寺처럼 일반 민중 세력을 기반으로 한 사원 세력조차 존재하였다. 이러한 전국 시대는 16세기 후반 오다 노부나가와 그의 후계자인 도요토미 히데요시에 의하여 종말을 고한다.
　그러면 전국 시대라는 희유의 혼란을 극복하고 전국 시대를 통일할 수 있었던 오다 노부나가, 도요토미 히데요시란 과연 어떤 인물인가?
　에도 시대 일본 민중들은 노부나가와 히데요시, 그리고 히데요시의 뒤를 이어 일본을 장악한 도쿠가와 이에야스, 이 세 인물을 빗대어 다음과 같은 하이카이俳諧를 만들어 내었다.

　　울지 않으면, 죽여 버리지, 두견새 なかないと、ころしてしまえ、ほととぎす
　　울지 않으면, 울게 만들지, 두견새 なかないと、なかしてみよう、ほととぎす
　　울지 않으면, 울 때까지 기다리지, 두견새 なかないと、なくまでまとう、ほととぎす

　하이카이는 정통 렌가連歌에서 파생된 유희성이 강조된 집단 문예 양식으로서 후일 완성된 하이쿠俳句의 원류인데, 첫째 구절은 노부나가, 둘째 구절은 히데요시, 셋째 구절은 이에야스를 각각 가리킨다.
　에도 시대 민중들은 5.7.5로 이루어진 이 하이카이를 통하여, 기존 권위에 맞서 이를 부정하고 '강압과 폭력을 통하여' (죽여 버리지) 자신의 뜻을 관철시켜 나간 노부나가, '온갖 재주와 각종 수단을 동원하여' (울게 만들지) 자신의 목적한 바를 성취한 히데요시, 힘든 역경 속에서도 '끝까지 참고 인내하여' (울 때까지 기다리지) 원하는 바를 이룬 이에야스를 실로 훌륭히 표현하였다. 하나의 문장으로 이보다 더 세 사람의 개성을 압축하여 표현할 수 없을 것이다. 그런데 이 하이카이가 에도 시대의 민중에게 널리 유포된 노부나가와 히데요시의 일화나 이야기를 바탕으로 나중에 만들어낸 창작물이라면, 노부나가와 히데요시를 직접 만나 그들에 관하여 서술한 당대 기록도 존재한다.

바로 예수회 선교사로서 크리스트교 포교를 위하여 머나먼 극동의 나라 일본까지 온 루이스 프로이스Luis Frois의 『일본사』이다.

1532년 포르투갈의 수도 리스본에서 태어난 프로이스는 1548년 예수회에 입회하였고 바로 인도 고아로 갔다고 한다. 일찍부터 타고난 문필과 어학적 재능을 인정받아 고아 관구장의 비서로서 활약하였다. 당시 프로이스는 동아시아 각지에서 활약하던 선교사들이 고아 관구로 보내온 모든 보고서를 정리하고 종합해 유럽으로 보내는 역할을 맡았다. 그는 이 과정에서 아시아 정세를 상세히 알게 되었고 극동 변방에 위치한 일본에 관심을 갖게 되었다.

마침내 1563년 7월에 일본 규슈의 요코세우라橫瀨浦에 상륙한 프로이스는 히라도平戶에서 일본어와 일본 풍습을 배운 후 1565년 정월 교토로 들어갔다. 그렇지만 크리스트교에 반대하는 사원 세력의 저항이 만만치 않아 프로이스는 교토에서 쫓겨나 셋쓰攝津·가와치河內 일대를 전전하였다. 그런데 1568년 노부나가가 무로마치 막부의 마지막 쇼군이 된 아시카가 요시아키를 받들고 교토로 상경하였고, 1569년 프로이스는 우여곡절 속에 새로운 권력자로 대두한 노부나가와 면담할 수 있었다. 이를 계기로 노부나가의 총애를 얻는 데 성공한 프로이스는 노부나가의 근거지 기후 성과 아즈치 성을 방문하였고 이에 관한 상세한 기록을 남겼다. 또 1586년에도 막 권력을 장악한 히데요시의 오사카 성을 방문하여 그와 면담하였고 이때에도 히데요시와 오사카 성에 관하여 매우 자세한 기록을 남겼다.

이후 프로이스는 1597년 나가사키에서 사망할 때까지 일본에 거주하면서, 1582년부터 일본 부관구에 속한 신부로서 로마나 유럽의 예수회 수도원으로 보내는 예수회 일본 연례 서간문Carta annua de Japão 「日本年報」의 집필을 담당하였다. 또한 예수회 일본 순찰사로 파견된 알렉산드로 발리냐노 신부의 지시를 받아 하비에르 이래 일본 포교사를 책으로 정리하였는데 이 책이 바로 프로이스의 『일본사』이다.

　본 편역서는 일본 중앙공론사中央公論社에서 발간한 『프로이스 일본사フロイス日本史』 1~2권, 4~5권를 주로 참조하되, 국내에서 발간한 두 종류의 서적(루이스 프로이스 지음, 정성화·양윤선 옮김, 『임진난의 기록-루이스 프로이스가 본 임진왜란』, 살림, 2008; 국립진주박물관 엮음, 오만·장원철 옮김, 『프로이스의 『일본사』를 통해 다시 보는 임진왜란과 도요토미 히데요시』, 부키, 2003)과 Robin D. Gill의 편역서 (*Topsy-Turvy 1585-a translation and explication of Luis Frois S.J.'s TRATADO listing 611 ways Europeans & Japanese are contrary*-, Paraverse press, 2004)를 참고하였다. 특히 국내에서 출간된 두 서적과의 중복 번역을 피하여 '임진전쟁임진왜란' 이후 부분은 생략하였고 무엇보다 노부나가와 히데요시의 인물상이나 당시 일본 사회를 이해하는 데 필요한 내용을 위주로 하여 구성하였다. 이에 따라 선교나 포교에 관한 긴 서술은 과감히 생략하였으며 이로 인하여 때로 내용상 연결이 매끄럽지 못한 곳이 부분적으로 존재한다. 이 점에 관하여 미리 양해를 구한다.

　또한 당초 본서를 작성하는 데 밑바탕이 된 『프로이스 일본사』는 2000년대 초중반 편역자가 전남대 사학과에 부임한 당시 대학원생과 학부 학생들에게 일본어를 공부시키기 위해 함께 읽던 스터디 모임의 교재였다. 김나영교토대 박사 과정·이은선국립나주문화재연구소 등이 주도하여 스터디모임을 결성해 7, 8명 정도의 학생들과 함께 매주 꾸준히 읽었고, 모임은 비교적 입출입이 자유로워 동양사 이외에 한국사, 서양사에 뜻을 둔 학생들도 많았다. 지금 그 많은 학생들의 이름을 일일이 열거하지는 못하나 본서는 그들과 함께 읽었던 성과물임을 밝혀 둔다.

　처음부터 이 책을 번역할 생각이 있었던 것은 아니었으나 막상 읽다 보니 노부나가와 히데요시에 관한 흥미로운 내용이 많아 널리 소개하는 것도 좋을 것 같다는 생각이 들었다. 더욱이 외국인으로서 16세기 일본 사회를 바라보는 프로이스의 관점은 역시 '외국사'로서 이 시대를 전공하고 있는 필자에게도 많은 자극을 주었다. 그러나 스터디 모임에서 학생들과 계속 강독을 하던 중에 얼마 지나지 않아 '임진전쟁' 부분에 관한 프로이스 일본사 책이 연달아 출간되었고, 여기에 필자가 전남대에서 서울대로 직장을 옮기는 등 환경의 변화도 있어 한동안 손을 놓고 있었다.

그러다가 마침 서울대 인문학연구원의 연구 지원을 받아 오래 묵혀 두었던 숙제를 다시 한 번 꺼내게 되었다. 단 이미 '임진전쟁'에 관한 번역서가 있다는 점을 감안하여 노부나가와 히데요시에 관한 서술 중에서 중요 내용이라고 생각한 부분을 선별하고 이를 필자 나름대로 분류하여 시기별로 재배치하는 편역서로 방향을 정하였다. 또한 노부나가와 히데요시에 관한 중요 사항을 연표로 정리하고 각 장 마다 간략한 해설을 덧붙여 전반적인 시대 흐름에 대한 이해를 돕고자 하였다.

사실 필자는 노부나가나 히데요시에 관한 평전을 쓰고 싶으나 아직은 감히 두 사람에 관한 전모를 파악하였다고 말할 수 없는 상태이며 평전은 향후의 과제로 생각하고 있다. 이런 사정을 감안하여 우선 16세기에 살았던 당대인으로 노부나가와 히데요시 두 사람을 모두 직접 만나 보았으며 더욱이 외국인의 관점에서 세밀히 이들을 묘사하고 당시 상황을 전한 프로이스의 이야기를 소개함으로써 약간의 '책무'를 대신하고자 한다.

끝으로 이 책이 출간하기까지 서울대 인문학연구원을 비롯한 여러 관계자들의 도움을 받았다. 또한 때마침 작년에는 캐나다 UBC 허남린 선생님의 도움으로 밴쿠버에서 연구년을 보낼 수 있어 번역에 몰두할 시간을 얻었다. 이들 모든 분께 깊이 감사를 표하며 아울러, 어려운 출판 여건 속에서 흔쾌히 본서의 간행을 허락하고 꼼꼼히 만들어 준 위더스북의 한영아 사장님께도 깊은 감사를 드린다.

2017년 5월
박 수 철

❖ 이 저서는 2007년 정부(교육과학기술부)의 재원으로 한국연구재단의 지원을 받아 수행된 연구임(NRF-2007-361-AL0016).

일러두기

1. 본문은 '오다 노부나가 편'과 '도요토미 히데요시 편'으로 구성하고 각각 부·장·절로 나누었다. 또한 매 첫 장마다 해당 시기와 관련된 사항을 '연도', '주요 사건', '연표', '해설'로 구분하고 약간의 설명을 덧붙였다.
2. 편역자가 편의상 원문 내용을 적절히 나누어 목차를 붙였으며 아울러 해당 내용에 맞추어 세밀한 표제어를 적절히 달았다.
3. 본문은 노부나가나 히데요시와 관련된 일이나 사건을 위주로 구성하였으며 선교사의 포교에 관한 세세한 내용은 가능한 생략하는 것을 원칙으로 하였다. 이로 인하여 적지 않은 내용이 중간에 생략되었으나 이를 일일이 표기하지는 않았다.
4. 본문은 노부나가나 히데요시의 주요 행적에 따라 가능한 시간 순으로 배치하되 원문의 중복된 서술 부분(가령 아즈치 성이나 오사카 성 및 취락제)은 해당 내용이 가장 충실한 부분에 가능한 집중해 배치하였다.

5. 번역은 가독성을 염두에 두었고 직역보다 의미 전달에 중점을 두었다. 또한 이로 인해 대화체의 간접 인용문으로 되어 있는 문장을 직접 인용문으로 바꾼 부분이 존재하지만 이를 일일이 표기하지는 않았다.
6. 본문에서 프로이스 원주는 [ ]로, 편역자의 보충은 ( )로 표기하였다.
7. 지명과 관련하여 미야코都는 교토, 시모下는 규슈, 가미上는 기나이近畿, 반도坂東는 관동關東으로 통일하였다.
8. 인명은 주로 관직명으로 표기하고 있으나 문맥에 따라 이름을 보완하거나 대체한 경우도 있다. 특히 히데요시는 관백이나 노老관백으로 표기되어 있으나 특별한 경우를 제외하곤 모두 히데요시라고 하였다.
9. '임진전쟁임진왜란'과 관련된 부분은 이미 출간된 기존 서적과 중복을 피하기 위해 나고야 성 축성까지로 해당 시기를 한정하였다.
10. 각주의 설명은 최소화하였다.

차례

편역자 서문 • 4

오다 노부나가 편

1부 등장_기후에서 교토로

1장. 천하포무天下布武
오와리와 미노를 통일하다 • 20
교토로 상경하다 • 24

2장. 교토의 선교사들
선교사와 처음 만나다 • 35
불교 세력, 크리스트교를 공격하다 • 50
선교사, 기후로 가다 • 69

2부 확장_아즈치 성

1장. 노부나가의 적대 세력
사원 세력과 싸우다 • 84
쇼군을 추방하다 • 100

2장. 아즈치 성
수도원을 세우다 • 108
정권을 수립하다 • 115

3부 미완_남겨진 과제

1장. 위기와 안정

　　반란을 극복하다 • 135

　　아즈치에서 종교 논쟁이 벌어지다 • 152

　　교토와 아즈치에서의 순찰사 • 160

　　노부나가, 신이 되고자 하다 • 170

2장. 노부나가의 죽음

　　다케다를 멸망시키다 • 179

　　혼노지에서 죽다 • 184

　　도요토미 히데요시의 등장 • 192

도요토미 히데요시 편

1부 출세_천하의 주主

1장. 전사前史: 백성에서 무사로

　　히데요시라는 사람 • 215

2장. 후계자로의 길

　　노부나가의 손자를 내세우다 • 223

　　도쿠가와 이에야스와 싸우다 • 227

3장. 정권의 창출

　　승병을 제거하다 • 235

　　관백에 오르다 • 251

　　오사카에 성을 쌓다 • 256

2부 교류_예수회

1장. 고키나이五畿內 지역의 예수회
일본 부관구장을 만나다 • 267
예수회에게 포교의 특허장을 내리다 • 278
사카이堺에서 생긴 일 • 283

2장. 규슈 지역의 예수회
교토에서의 몇 가지 일 • 294
규슈로 출진하다 • 302
처음 본 유럽 배 • 317
선교사 추방령을 공표하다 • 324

3부 통일_천황과 공명功名

1장. 천황과 통일
천황을 맞이하다 • 353
일본을 통일하다 • 363

2장. 외교와 전쟁
인도 부왕의 사절 • 372
사절을 교토에서 접견하다 • 380
나고야에 성을 쌓다 • 412
교토 시가지와 주요 건축물 • 426

찾아보기 • 440

오다 노부나가 편

오다 노부나가의 초상화(豊田市 長興寺 소장)
앞 쪽의 그림은 노부나가 사후 1주기 법회 때 작성된 것으로
생전의 모습과 가장 가깝게 그려졌다.

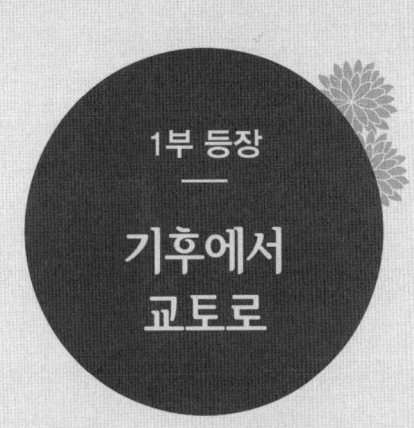

1부 등장

기후에서 교토로

| 1장 | 천하포무天下布武

❖ **연도**: 1534년1세~1568년35세

❖ **주요사건**: 출생, 오다 가문 계승, 오케하자마 전투, 미노 국 점령, 교토 상경

❖ **연표**: 노부나가는 1534년 5월[1]에 아버지 오다 노부히데와 도다 마사히사의 딸인 어머니 사이에서 태어났다. 1546년이던 열세 살 때 성인식을 올리고 오다 사부로 노부나가三郞信長로 칭하였다. 사부로는 노부히데도 어릴 적에 사용하였던 이름인데, 이 이름을 쓴다는 것은 노부나가가 정식 후계자로 대우받았음을 의미한다. 당시 노부나가에게는 이복형 노부히로가 있었으나, 노부히로는 모친의 혈통이 낮아 서자 대우를 받았다. 1549년 무렵 열여섯 살의 노부나가는 미노 국의 다이묘 사이토 도산의 딸과 결혼하였다. 이 무렵 노부나가는 후지와라를 자신의 성으로 내세웠다. 1549년 오와리 아쓰타의 여덟 마을에 발급한 제찰制札에는 후지와라 노부나가藤原信長라는 서명이 선명히 남아 있다. 이해 7월에는 예수회의 프란시스코 하비에르가 규슈 남쪽 가고시마에 상륙하여 처음으로

주1 이하 본문의 월일은 특별한 언급이 없는 한 모두 음력이다.

일본에 크리스트교를 전하였다.

1552년에 오다 가문을 중흥시킨 노부히데가 병사하자 열아홉 살이던 노부나가가 그 뒤를 이었다. 그런데 그 이듬해인 1553년 윤閏정월에 어릴 적부터 훈육을 맡아 왔던 노신 히라테 마사히데가 여전히 망나니 행동을 하는 노부나가에 대한 책임감에서 스스로 할복하는 사건이 일어났다. 이로 계기로 세상 물정 모르는 '다와케얼간이'로 불리던 노부나가가 정신을 차렸다는 에피소드가 전해진다. 이해 4월 노부나가는 오와리 쇼토쿠지正德寺=聖德寺에서 장인 사이토 도산을 만났다. 접견 때 보여준 노부나가의 당당한 행동에 도산이 크게 감탄하고 노부나가가 결코 '다와케'가 아님을 알게 되었다는 일화도 있다.

이웃 나라 사이토 가문과의 협조 관계를 원만히 유지하여 대외 관계를 안정시킨 노부나가는 내부 문제로 관심을 돌려, 1555년 오와리의 핵심 거점인 기요스 성을 획득하는 등 본격적으로 오와리 통일에 나섰다. 그러나 1556년 8월에 오다 가문의 일부 중신들이 노부나가 동생 노부카쓰를 내세워 모반을 도모하고 있듯이 오와리 내부 정세는 여전히 불안정하였다.

하지만 2년 후인 1558년에 이르러 스물다섯 살이 된 노부나가는 동생 노부카쓰를 죽여 오와리 내부의 반대 세력을 일소하는 데 성공하였고, 1559년 2월에는 교토로 상경하여 쇼군 아시카가 요시테루를 알현하고 오와리의 새 실력자임을 대내외에 과시하였다.

스물일곱 살인 1560년 5월에는 오와리를 통일한 이후 최대 위기였던 이마가와 요시모토의 침공을 오케하자마에서 격파하여 일약 전국적으로 주목받는 인물이 되었다. 이후 인접 미노 국으로 세력을 확대하여, 자기 아버지 도산을 쫓아내고 권력을 잡은 사이토 다쓰오키와 싸웠으나 지루한 전황의 고착 상태가 계속되었다. 이러한 상황 속에서 노부나가는 한때 적대 세력이었던 도쿠가와 이에야스와는 협조 체제를 구축하여 배후로부터의 위험에 대비하였고 이후 지속적으로 미노 공략에 나섰다.

1565년에는 당시 전국적으로 큰 충격을 준 사건이 교토에서 일어났다. 이해 5월에 쇼군 아시카가 요시테루가 자신의 부하 미요시 삼인중三人衆과 마쓰나가 히사히데에게 죽임을 당하였다. 이어 7월에는 생명의 위협을 느낀 요시테루의 동생 요시아키가 교토에서 탈출하여 오미 지역으로 도망갔다. 요시아키는 이곳저곳을 떠돌면서 후원자의 도움을 받아 교토를 탈환하고자 하였다.

1567년 8월, 서른세 살이 된 노부나가는 마침내 고대하던 미노 국의 거점 이나바 산성을 공략하는 데 성공했고 사이토 다쓰오키는 이세 나가시마로 도망갔다. 오와리에 이어 미노를 통일한 노부나가는 이해 11월에 이른바 천하포무라는 글자를 새긴 도장을 사용하여 자신의 포부를 대내외에 밝혔다. '무위武威'를 중시하는 의지를 표방한 것이며, 쇼군의 부재로 인하여 초래된 교토 지역의 혼란 상황을 수습하고자 하는 노부나가의 의도를 엿볼 수 있다. 이해는 교토 일대가 대혼란을 겪었는데, 같은 해 10월에는 마쓰나가 히사히데와 미요시 삼인중의 사이가 틀어져 양자의 군대가 충돌하였고 이 과정에서 나라 도다이지東大寺 대불전이 전소하기도 하였다. 끊임없는 전란으로 민심은 더욱 흉흉해졌다.

이 시기 노부나가는 미노에 이어 이세 국으로 전선을 확대하였고, 1568년 2월에는 이세의 유력자인 간베 가문과 나가노 가문을 항복시켰다.

1568년 7월 하순에 노부나가는 교토 상경을 갈망하는 아시카가 요시아키를 기후에서 맞이하였고, 교토 상경을 결심하였다. 9월 7일에 노부나가는 기후에서 출진하여 자신을 막아서는 오미 국의 롯카쿠 요시카타를 격파하고 9월 26일 교토로 들어갔다. 이어 교토 인근 지역인 셋쓰,

가와치, 야마토 지역을 잇달아 평정하였으며 10월 18일에는 요시아키를 받들어 15대 무로마치 막부 쇼군에 취임시키는 데 성공하였다. 이해 10월에 노부나가는 자신이 지배하던 여러 국에서 관세를 폐지하는 등 백성들의 인심을 수렴하는 정책에도 관심을 기울여 새로 출발한 교토 정권의 안정을 꾀하였다.

그러나 노부나가가 요시아키를 받들고 교토에 입성하는 데는 성공했지만 교토를 포함한 고키나이五畿內 일대가 안정을 찾은 것은 아니었다.

1569년 1월 교토에서 물러났던 미요시 삼인중이 교토 로쿠조六條 혼코쿠지本國寺를 임시 거처로 삼고 있던 요시아키를 습격하기도 하였다. 당시 노부나가는 기후에 있었는데 급거 상경하여 이들을 쫓아냈다. 이후 노부나가는 요시아키를 위하여 좀 더 견고한 성곽이 필요하다고 생각하여 살해당한 쇼군 요시테루의 옛 거처에 성을 축조하였다. 그런데 성을 쌓는 과정에서 매우 부족한 석재를 충당하기 위하여 인근 석불도 재료도 사용하여 세상 사람들을 경악하게 하였다. 귀천貴賤을 막론하고 신불을 숭상하던 당시 일본인들이 받은 충격은 매우 컸다. 아울러 이 사건은 신불의 전통적 권위를 부정하는 '혁명아' 노부나가의 이미지 구축에 주요 근거가 되었다.

❖ **해설:** 루이스 프로이스가 본격적으로 기록을 남기기 시작한 것은 1580년대였기 때문에 초기부터 상경까지의 노부나가에 대한 서술을 상세하지 않다.

그렇지만 노부나가를 직접 만난 적이 있었기 때문에 "중간 정도 키에 가냘픈 체구였고 수염은 적고 목소리는 카랑카랑하였"으며, "이야기할 때에 꾸물대거나 길게 전제를 다는 것을 싫어하였고 매우 비천한 자들과도 격의 없이 이야기하였다."라고 노부나가의 성격과 행동을 정확히 묘사할 수 있었다.

또한 신불의 권위를 부정하는 노부나가의 구체적인 행동도 일본 측 기록에는 거의 확인되지 않고 프로이스의 기록에만 존재한다는 점에서 사료적 가치도 매우 높다.

쇼군 요시아키의 성을 건설하는 과정에서 건축용 석재가 부족하였기 때문에 다수의 불상을 쓰러뜨려 목에 새끼줄을 걸어 공사장으로 끌고 갔다든지, 요시아키의 부엌에 커다란 아궁이를 만든 후 그 입구 양측에 사원에서 가져 온 석불을 세우고 이 불상 머리 위에 밥을 짓고 물을 끓이는 큰 솥을 걸어 놓았다든지 하는 서술은 일본 측 사료에는 보이지 않는다.

오와리와 미노를 통일하다

인물 묘사

　노부나가는 오와리 국尾張國의 3분의 2를 소유한 도노殿[2]인 오다 노부히데織田信秀의 둘째 아들이었다.[3] 그가 천하天下[4]를 통치하기 시작한 것은 서른일곱 살 무렵부터였다.[5]

　그는 중간 정도 키에 가냘픈 체구였으며 수염은 적고 목소리는 카랑카랑하였다. 전투를 매우 좋아하여 군사 훈련에 힘썼으며 명예심이 충만하였고 정의감이 투철하였다. 모욕을 당하면 반드시 응징하였으나 경우에 따라서는 인정미와 자비심을 보이기도 하였다. 잠자는 시간이 짧아 아침 일찍 일어났으며 식탐은 없었다. 결심한 바를 전혀 드러내지 않았으며 전술을 쓸 때는 매우 노련하였다. 성질이 매우 급하여 격앙된 모습을 보이

주2 다른 사람에게 경의를 표하는 말로 사마様보다는 덜 정중한 표현이다. 프로이스는 주로 상층 무사들을 지칭하는 용어로 사용하였다.
주3 이복형으로 노부히로信廣가 있었다.
주4 천하는 일본 전체를 의미하지만, 당시 용례로는 일본 중심부인 교토 일대를 지칭하는 경우도 있다.
주5 노부나가가 교토에 입경한 것은 서른다섯 살인 1568년이고, 그가 서른일곱 살이던 1570년부터 요시아키와 불화가 심해져 2년 후인 1573년에 요시아키를 추방하였다.

기도 하였지만 평소에는 그렇지 않았다. 가신의 충언을 따르지 않고 거의 무시하였으며 가신들은 그를 매우 두려워하였다. 술을 마시지 않았고 식사를 절제하였으며 사람을 다루는 데 매우 솔직하였고 자신의 견해를 주장할 때는 오만하였다. 일본의 모든 왕후를 경멸하였으며 마치 부하를 대하듯이 그들을 내려 보며 말을 하였다. 또한 사람들은 절대 군주를 대하듯이 그에게 복종하였다. 그는 전운이 자신에게 불리할 때도 태연하였으며 인내심이 강하였다. 그는 이해력이 좋았으며 명석한 판단력을 가졌다. 신神과 불佛에 대한 일체의 예배, 숭경, 모든 이교도적 점복과 미신적 관습을 경멸하였다. 당초에는 법화종에 속한 것 같은 태도를 보였지만 높은 관위를 받은 후에는 오만한 태도로 모든 우상을 멸시하였다. 하지만 약간은 선종의 견해를 쫓아 영혼의 불멸, 내세의 상벌 등은 없다고 여겼다. 자신의 저택에 있을 때는 매우 청결하였으며 모든 지시에 양심적이었다. 이야기할 때에 꾸물대거나 길게 전제를 다는 것을 싫어하였고 매우 비천한 자들과도 격의 없이 이야기하였다. 그가 각별히 좋아한 것은 유명한 차 도구, 좋은 말, 도검, 매 사냥이었고, 신분이 높건 낮건 상관없이 자기 앞에서 나체로 씨름(스모)을 하게 하는 것을 매우 즐겼다. 누구든 무기를 휴대하고 그와 대면할 수는 없었다. 다소 우울한 표정을 짓고 있었으나 곤란한 일에 착수할 때는 매우 대담무쌍하여 사람들은 그의 말에 모두 복종하였다.

후계자로의 길

그의 아버지가 오와리에서 빈사 상태에 빠졌을 때 노부나가는 승려에게 기도를 요청하면서 아버지가 병에서 회복할 수 있을지 물어보았다. 승려들은 회복할 것이라 장담하였지만 그의 아버지는 며칠 후 세상을 떠났다. 노부나가는 승려들을 사원에 감금하고 외부 문을 잠근 후 "너희들은 아버지의 건강에 관하여 거짓말을 하였으니 이제 자기 목숨을 위하여 더욱 정성껏 우상에 기도하는 편이 좋을 것이다."라고 하였다. 그리고 그들을 포위한 후 몇 명을 쏘아 죽였다.

그는 호전적이고 오만불손하였으므로 그의 형이 아버지의 뒤를 상속하여 자신보다 우위에 서는 것을 견딜 수 없었다. 그래서 목적을 이루고자 병을 칭하여 며칠간 침상에 누워 있으면서 형이 병문안을 오지 않는다고 모친에게 일러바쳤다. 형은 어떤 속임수가 있을까 두려워 방문하지 않았는데 노부나가가 심하게 재촉하자 마침내 노부나가를 찾았다. 노부나가는 맥을 봐 달라며 왼손을 내밀었고 형이 그의 손을 잡았을 때 재빨리 준비하여 둔 단도로 그 자리에서 형을 죽였다.[6]

미노 국 정복

노부나가는 오다 가문을 장악한 후 오와리 국 3분의 1의 영지를 소유한 다른 도노와 싸워서 손쉽게 그를 추방하고 오와리 국의 절대 군주가 되었다. 그렇지만 그는 이웃 국도 지배하기를 원하였으므로 오와리와 국경이 맞닿아 있는 미노 국美濃國을 공격하기 위하여 착실한 준비를 하였다. 그가 군영을 구축한 후 미노 국주國主[7]가 이에 대응하자 전략을 세워 공격에 나섰다. 야음을 틈타 자기 가신의 거의 절반을 후퇴시킨 후 적으로부터 7, 8리[8] 거리의 측면으로 우회하여 몰래 미노 국주의 배후에 배치

주6 형이 아니라 동생이다. 동생 노부카쓰信勝는 1558년 모반을 이유로 살해당하였다.
주7 사이토 도산의 아들 사이토 다쓰오키齋藤龍興이다.
주8 원어는 레구아이다. 다만 이때 1레구아가 포르투갈의 1레구아인지 일본의 1리 里인지는 다소 모호하다. 1레구아는 나라마다 5.29킬로, 5.572킬로, 6.135킬로,

시켰다. 그리고 그들에게 적 부하들의 징표가 찍힌 깃발을 들게 하였다.

미노 국주는 눈앞의 노부나가 군영을 몰래 정찰시켰는데 아군이 훨씬 우세하다는 보고를 받고 공격에 나섰다. 그러나 그가 진격을 개시하자 노부나가도 그의 배후로 이동하였다. 노부나가 측의 이러한 움직임과 관련하여 미노 국주는 자신의 배후에서 일어날 사태에 대하여 조금도 의심을 품지 않았다. 오히려 자기 진영의 깃발을 확인하고 매우 기뻐하면서 눈앞의 적을 공격하는 데에만 더욱 열중하였다. 그렇지만 양군이 전투를 시작할 무렵 노부나가가 나타나 앞뒤로 협공하여 수많은 국주의 부하를 죽이고 군대에 타격을 가한 후 큰 어려움 없이 미노의 주성을 손에 넣었다. 그리하여 노부나가는 미노 국을 획득하였다. 미노 국주는 그를 따르는 몇 명의 귀인과 함께 탈출하여 고생 끝에 교토로 도망갔으나 교토도 안전하지 않음을 알고 모든 추방인의 피난소인 사카이堺로 갔다.

6.183킬로 등 여러 종류가 있는데 포르투갈은 6.183킬로로 하였다. 그러지만 프로이스의 1레구아는 6,183킬로가 아니라 일본의 1리로 추정된다. 프로이스는 아즈치에서 교토까지는 14레구아로 표기하고 있기 때문이다.(『フロイス日本史』1, 中央公論社, 1981, p.119). 현재 교토에서 아즈치까지의 거리는 약 55킬로로서 대략 14리(즉, 1리는 약 4킬로)이다. 이하 본문에서는 레구아를 모두 리로 표기한다.

교토로 상경하다

아시카가 요시아키

살해된 구보사마公方様[9]에게는 승려이자 야마토 국大和國 나라奈良에 위치한 사원의 장로인[10] 동생[11]이 있었다. 형에게 상속자가 없었기 때문에 그가 직위를 계승할 권리를 얻었으나 소타이霜臺[12]에게 살해될까 두려워 사원을 탈출하여 고가甲賀 지역의 와다和田에게로 갔다. 그는 일본의 여러 국주에게 사태를 알리도록 와다도노[13]에게 청하고 자신이 구보에 취

주[9] 아시카가 요시테루足利義輝이다. 원래 구보란 공방제물公方濟物이란 용어처럼 사적인 것이 아니라 국가에 납부해야 할 공물을 지칭한다. 사적 지배자에 대하여 국가적 통치권의 소재를 의미하는 구보는 중세에 들어와서도 구보연공公方年貢처럼 국가 공권력을 소유한 자에게 바쳐야 할 세금을 지칭하는 용어로 남았고, 가마쿠라와 무로마치 시기 국가 공권력을 장악한 쇼군을 지칭하는 용어로도 사용되었다.

주[10] 고후쿠지興福寺 이치조인一乗院의 몬제키門跡이다. 몬제키란 천황가나 그 외척후지와라 가문=攝關家 출신의 주지를 말한다. 원래 몬제키는 일본 불교 개조의 정식 후계자인 '문엽문류'의 뜻이었으나 가마쿠라 시대 이후 위계가 높은 사원의 사격寺格을 지칭하게 되었다. 무로마치 시대에 이르면 위상이 높아진 쇼군 아시카가 가문의 일족도 몬제키가 되었다.

주[11] 아시카가 요시아키이다. 법명法名은 가쿠케이覺慶로서 환속하여 무로마치 막부의 마지막 15대 쇼군이 되었다.

주[12] 마쓰나가 히사히데松永久秀이다. 소타이란 고대 관직으로 단조다이彈正臺의 중국명이다. 단조다이는 감찰과 경찰 등 치안 유지를 주요 업무로 한다.

임하면 그를 대후大侯에 임명하리라고 약속하였다.

와다도노는 일본에서 높이 평가되는 명예를 지키고 또 요시아키가 자신에게 한 약속이 지켜질 것이라 믿고 요시아키와 그와 함께 온 가신과 귀인을 부양하기 위하여 자신의 영지를 매각하였다. 와다도노는 이러한 지출을 감수하며 이들을 4년간 자기 집에서 부양하였고 이 기간 내내 요시아키를 구보사마로 임명하는 데 동참하도록 독려하기 위하여 여러 국제후의 저택을 돌아다녔다. 그는 에치젠 국주越前國主 아사쿠라도노朝倉殿,[14] 오미 국주近江國主 롯카쿠도노六角殿[15]에게 이를 특히 촉구하였다. 그들은 이 사명을 수락하면 매우 명예로워지고 명성을 얻을 수 있다는 데에는 동의하였다. 그렇지만 이로 인하여 발생하는 경비, 위험, 곤란함이 매우 크다는 사실을 알고 이처럼 어려운 일을 굳이 맡을 생각은 없다고 거절하였다.

노부나가의 상경

그래서 와다도노는 노부나가를 방문하였다. 노부나가는 용감하고 강건한 인물이었으므로 즉각 이 계획을 수용하였으며 어려운 일을 극복하고 헤쳐 나가 구보사마의 복위를 위한 길을 닦았다. 구보사마는 노부나가에게 가서 함께 이 일을 준비하였다. 교토로 가려면 군대가 오미 국을 통과해야 하였는데 국주인 롯카쿠는 우선 노부나가에 대하여 공포심을 가지고 있었고, 또 이러한 계획을 이전에 거절하였던 일을 부끄럽게 생각하여 노부나가의 군대가 오미 국을 통과하는 것을 거부하였다. 이에 노부나가

주13 와다 고레마사和田惟政이다.
주14 아사쿠라 요시카게朝倉義景이다.
주15 롯카쿠 요시카타六角義賢이다.

는 자신의 두 개국과 인접한 지역에서 대군대를 모아 거침없이 오미 국에 침입하여, 오미 국주가 성인이 된 두 아들들과 함께 있던 간논지 성觀音寺城을 몸소 공격하였다. 이 성은 인간의 능력으로는 절대 함락시킬 수 없다고 생각되었지만 노부나가는 무력으로 이를 정복하였다. 국주는 두 명의 아들과 함께 도주하였고 노부나가는 성을 습격할 때 1,500명 이상의 병사를 잃었으나 오미 국 대부분을 차지한 지배자가 되었다.

이러한 과감한 결단과 용맹한 행위는 야마시로山城, 쓰노쿠니津國, 가와치河內, 이즈미和泉, 야마토大和, 단바丹波의 여러 국에 큰 경탄을 불러 일으켰다. 이 국들은 노부나가의 손쉬운 승리와 그가 구보사마를 복위시키기 위하여 보여준 권세와 호화로움을 목격하고 항복하였다. 그리하여 노부나가는 큰 승리를 거두고 입경하여 요시아키를 새 구보사마로 취임시켰다.

무로마치테이室町第[16] 축성과 불상 파괴

노부나가는 50,000명 이상을 거느리고 왔기 때문에 구보사마와 모든 가신을 교토 안팎 사원에 숙박하도록 조치를 취한 후 형이 살해된 장소에서 구보사마를 취임시키고 그곳에 거주할 수 있게 하려 했다. 그렇지만 그곳에는 살 만한 집이 없었기 때문에 노부나가는 두 사원을 접수하여 우선 그곳에 구보사마를 모신 뒤 그를 위하여 새로운 성과 매우 광대하고 화려한 궁전을 세우기로 하였다. 노부나가는 이를 위하여 세 개 조町에 해당하는 면적을 수용하고, 건축 작업에 종사토록 하기 위하여 일본의 제후와 모든 귀족을 집결시켰다. 그 인원은 통상 25,000명이고 적을 때에도 15,000명에 달하였다고 한다. 노부나가는 권위자임을 상징

주[16] 노부나가가 아시카가 요시아키를 위하여 지은 성이다. 노부나가는 무라이 사다카쓰村井貞勝와 시마다 히데미쓰島田秀滿를 책임자로 임명해 공사를 진행하였다.

하는 지팡이[17]를 손에 쥐고 작업을 지휘하였다. 건축용 석재가 부족하였기 때문에 그는 다수의 석상石像을 쓰러뜨려 목에 새끼줄을 걸어 공사장으로 끌고 갔다. 교토 주민들은 이 우상들을 경외하고 있었으므로 노부나가는 그들에게 놀라움과 공포심을 주었다. 영주 한 명은 부하를 거느리고 각 사원에서 매일 일정한 숫자의 돌을 반출시켰다. 사람들은 오직 노부나가가 기뻐하길 바랐기 때문에 조금이라도 그의 명령을 거스르는 일은 없었다. 그래서 돌 제단을 파괴하고 부처를 땅에 던져 분쇄하고 이를 운반하였다. 또 다른 자들은 해자를 파거나 돌을 운반하고 산에서 목재를 베어 왔는데, 이런 광경은 마치 카르타고 시의 디도[18] 건축 공사의 그림을 보는 것 같았다.

노부나가는 또한 구보사마의 부엌에 커다란 아궁이를 만든 후 그 입구 양측에 사원에서 가져 온 두 손을 들고 있는 두 기의 석불을 세우고 이 불상들 머리 위에 밥 짓고 물 끓이는 큰 솥을 걸어 놓았다.

노부나가는 현수교가 있는 매우 크고 아름다운 해자를 파고 그곳에 여러 종류의 많은 새들을 풀어 놓았다. 그는 이 해자 위에 커다란 입구 세 곳과 이를 지키는 심문소와 보루를 설치하였다. 그리고 성 내부에 보다 좁은 두 번째 해자를 만들고 그 뒤쪽으로 매우 아름답고 넓은 정원을 완벽하게 꾸몄다.

공사가 계속되는 동안 그는 시가지 안팎에 있는 사원에서 종을 치는 것을 금지하였고 사람들을 모으고 해산시키는 목적으로 성안에 둔 종을 치는 것만 허락하였다. 그 종이 울리면 모든 도노들은 부하와 함께 즉각

주[17] 원어는 cana이다.
주[18] 로마 시인 베르길리우스의 서사시 『아이네이스』에는 카르타고를 세운 디도 여왕의 이야기가 전한다.

가래 등 필요한 도구를 들고 건물 아래에서 대기하였다.

노부나가는 앉을 때 쓸 호피를 거의 항상 허리에 두르고 허름한 의복을 착용하였으므로 그의 예를 본받아 도노와 가신 대부분은 노동용 가죽옷을 입었고 공사 중에는 누구도 그의 앞에 아름다운 궁정풍 의상을 입고 나오는 자가 없었다. 공사를 구경하고자 하는 자는 남녀를 막론하고 모두 신발草履을 벗지 않고 그 앞을 지날 수 있도록 허가되었다. 한번은 공사 도중에 어떤 병사가 장난삼아 귀부인의 얼굴을 보려고 얼굴을 가린 옷을 조금 들춰 보았다. 때마침 이를 목격한 노부나가는 모든 사람이 보는 앞에서 자기 손으로 바로 그의 목을 쳤다.

그런데 매우 놀라운 점은 이 공사가 믿지 못할 정도로 단기간에 완성된 것이다. 적어도 2, 3년은 걸릴 이 작업을 노부나가는 거의 70일 만에 끝냈다.

미요시 삼인중三人衆[19]의 습격

노부나가가 구보사마를 교토로 모시고 돌아온다는 소식을 듣자 로쿠조六條[20] 승려들은 선수를 쳐서 미노와 오와리로 갔다. 그들은 노부나가의 군대가 교토에 상경한 후에 지금껏 훼손된 적이 없는 자신들의 유명한 사원에 어떤 피해를 끼치거나 숙박지로 사용하지 않는다는 보증을 받기 위하여 노부나가의 특허장을 획득하고자 하였다. 이를 위하여 그들

주[19] 전국 시대 말기 미요시 나가요시三好長慶의 부장이던 미요시 나가야스三好長逸, 이와나리 도모미치岩成友通, 미요시 마사야스三好政康 등 세 명의 유력자를 말한다. 미요시 나가요시가 죽은 후 그의 어린 아들 미요시 요시쓰구三好義繼를 앞세워 막부 실권을 행사하였다.
주[20] 로쿠조에 있는 혼코쿠지本國寺를 말한다.

은 많은 은을 들여 특허장을 입수하였고 아주 만족하며 사는 곳으로 돌아가 안도하고 있었다.

그러나 구보사마는 모친과 형이 살해되었을 때 로쿠조 승려들이 법화종도였던 단조도노彈正殿(마쓰나가 히사히데)의 허가를 얻어 모친의 저택을 뜯어 내 그들 사원으로 가져갔다는 소식을 듣고 교토로 돌아오면 즉시 가신과 함께 이 사원에 거주하리라고 결심하였다. 승려들은 구보사마에게 이런 혹독한 압박을 가하지 말아 달라고 탄원하였으나 그는 이를 무시하고 침입하였다.

노부나가가 자기의 국으로 돌아가고 구보사마가 아직 그 사원에 머물러 있을 때 과거 천하를 통치하던 세 명의 도노가 습격하여 왔다. 그들은 가장 먼저 노부나가가 건설한 새 지나이寺內[21]와 모든 가옥들을 단 한 채도 남김없이 불태웠다. 승려들은 자신들이 직접 당한 일은 아니었으므로 그것으로 자신들의 고난과 불안은 끝났다고 생각하였다.

그러나 그 후 니조 성의 석재 공사가 일단락되자 노부나가는 목조로 만든 궁전을 조영하고자 하였다. 그런데 새로 산과 숲에서 벌채를 한다면 공사가 크게 지연되어 구보사마가 빨리 새 저택으로 옮길 수 없으므로 노부나가는 어떤 이의 제기나 답변의 여지를 주지 않고, 매우 공교하게 도금된 병풍과 함께 사원 안 모든 호화스런 방을 있는 그대로 뜯어내 짓고 있는 성 안으로 옮겨 재건하도록 지시하였다.

승려 일동은 단조도노에게 가서 그들을 위하여 노부나가를 설득하여

주[21] 중세 말기 사원 경내를 중심으로 유통과 상업의 거점 역할을 하는 지역을 말한다. 특히 혼간지 사원이 건설한 지나이가 유명하다. 혼간지 문도들은 사원을 중심으로 지나이 주위에 해자를 파고 성벽을 세워 적의 침공을 막는 방어 시설로도 활용하였다.

달라고 간청하였다. 단조도노는 대답하기를 "노부나가는 한번 결심한 것을 철회하지 않기 때문에 굳이 그럴 생각이 없다."라고 하였다. 그래서 법화종도 1,500명 정도가 집합하여 많은 선물을 가지고 노부나가에게 가서 원하는 대로 금은을 얼마든지 바칠 테니 유서 깊고 유명한 이 사원에 가해진 큰 모욕을 철회하여 달라고 간청하였다. 그렇지만 모두 허사였다. 그들은 다이리內裏[22]와 구보사마에게도 찾아 갔으나 노부나가를 움직일 수 없었다. 마침내 아무 효과도 없이 모두 파괴되어 버렸기 때문에 승려들은 울면서 슬퍼하였다. 이상은 오만하며 악마적인 사원이 맞은 결말이다.

니조고쇼二條御所 축조

나아가 노부나가는 일본 전체의 국왕인 오皇[23]를 위하여 궁전 하나를 재건할 것을 지시하였고 또 황자인 다이리의 아들을 위하여 우아하고 장대한 궁전을 세웠다.[24] 그중에는 특히 당시 천하에서 가장 화려하고 우아한 건물의 하나로서 전체가 금으로 도금된 방 하나가 있었다. 노부나가는 이 방과 기타 여러 물건을 소타이霜台(마쓰나가 히사히데)의 궁전인 다몬야마 성多聞山城에서 가져왔다.

주22 금리禁裏나 금중禁中이라고도 한다. 원래는 천황의 거처 혹은 궁궐을 의미하는데 때로는 천황 개인을 지칭하였다. 중세에는 천황이란 말 대신에 다이리 또는 금리·금중이란 용어를 사용하였다.

주23 포르투갈 관계 사료에서 엠페라돌은 도요토미 히데요시, 또는 도쿠가와 이에야스를 지칭한다. 천황은 다이리또는 Vo=皇라 기록하여 양자를 구분하였다.

주24 노부나가는 당시 천황이던 오기마치正親町를 위하여 성니조고쇼을 건설하였고, 이 성을 천황가에게 받쳤는데 이곳에 오기마치의 아들이자 황태자인 사네히토誠仁 친왕이 들어가게 되었다.

다이리는 오랜 세월에 거쳐 궁색하게 생활하였기 때문에 노부나가는 그를 위하여 안정적인 수입을 확보하게 하고 많은 값비싼 선물을 주었다. 노부나가는 공가公家[직접 다이리에 봉사하는 귀인]를 비참함과 극도의 곤궁에서 구하여 새로운 봉록을 주었을 뿐만 아니라 백 년 이래 그들에게 속한 토지 소유를 확인시켜[25] 이를 모두 공가들에게 돌려주라고 명령하였다.

주25 노부나가의 공포한 덕정령德政令=채무 파기령을 지칭한다. 이 시기 재산권의 일반적인 통념인, 설령 타인이 불법적으로 소유하여도 20년이 지나면 자기 것으로 주장할 수 없다는 이른바 이십년연기법二十年年紀法의 관습법을 부정하고, 노부나가가 새로 100년을 기준 연도로 삼았다는 점에 큰 특색이 있다.

1부 등장
―
기후에서
교토로

| 2장 | 교토의 선교사들

❖ **연도**: 1569년36세~1570년37세

❖ **주요사건**: 이세 공략, 아시카가 요시아키와의 불화, 프로이스와의 첫 만남

❖ **연표**: 1569년 3월 노부나가는 화폐의 유통을 촉진시키기 위하여, 야마시로·셋쓰·야마토 지역에 새 동전과 헌 동전의 교환 비율을 정한 에리제니 령撰錢令을 반포하였다. 에리제니 령은 무로마치 막부 시기에도 여러 차례 공포된 적이 있는 법령으로, 약화된 중앙 정부로서의 기능을 회복시키기 위한 조치였다. 1568년 교토 상경 이후 요시아키를 중심으로 한 교토 중앙 정권은 노부나가의 경제적 군사적 지원에 힘입어 겨우 유지되고 있었다. 같은 해 8월 노부나가는 이세 국으로 다시 출진하였고, 10월에는 이세 국의 지배자였던 기타바타케 도모노리의 항복을 받아내 이세 국을 사실상 평정하였다. 노부나가는 차남 요시카쓰를 기타바타케 가문의 양자로 들여보내 명문가 기타바타케 가문을 손에 넣고자 하였다. 그러나 사실상 권력을 장악한 노부나가와 명목상 쇼군의 지위에 만족하지 않은 요시아키 사이에 차츰 균열이 발생하였다. 1570년 1월에 노부나가가 다섯 개 항목으로 이루어진 문서를 작성하여 요시아키의 행동을 제약하는 데 성공하였지만[26] 이 일을 계기로 양자의 불신

은 더욱 깊어졌다.

같은 해 4월, 노부나가는 자신을 적대하는 교토 인근 다이묘大名 세력에 대한 공세에 나섰다. 그중 가장 눈에 가시와 같던 에치젠 국의 아사쿠라 가문을 공격하려고 교토를 출발하여 와카사 국으로 들어갔다. 그런데 노부나가의 여동생 오이치ぉ市와 결혼하여 노부나가의 굳건한 동맹자로 인식되던 아자이 나가마사淺井長政가 돌연 아사쿠라 편을 들어 노부나가 군대의 배후를 공격하려 하였다. 아자이 가문은 아사쿠라와는 오랜 동맹 관계였고 신흥 동맹 관계인 노부나가와 옛 동맹 사이에서 갈등하다가 결국 아사쿠라의 편에 섰다. 예기치 못한 아자이의 움직임에 앞뒤로 포위될 위기에 빠진 노부나가는 급거 교토로 후퇴하였다.

같은 해 6월 반격에 나선 노부나가는 오미 국 아네가와姉川 전투에서 아자이·아사쿠라 연합군 격파함으로써 기세를 올렸지만, 8월에는 셋쓰에서 미요시 삼인중이 다시 활동하고 9월에는 오사카의 혼간지 세력마저 거병하여 노부나가를 공격하는 상황에 직면하였다. 이해 11월에는 노부나가의 동생 노부오키信興가 이세 국 나가시마의 일향종一向宗 세력의 공격을 받아 할복하는 등 1570년은 노부나가에게 매우 힘든 고난의 한 해였다.

마치 '사면초가'에 빠진 상황에서 견디다 못한 노부나가는 이윽고 12월, 오기마치正親町 천황에게 중재를 청하여 아자이·아사쿠라 가문과 화해를 맺는 데 성공하여 일단 한숨을 돌릴 수 있었다.

주26 요시아키가 다른 지역에 문서를 발부할 때 노부나가에게 미리 알릴 것과 이를 인정하는 노부나가의 문서를 첨부할 것(제1조), 천하의 모든 일은 노부나가에게 위임할 것(제4조), 천하의 안정을 위해 천황에 관한 일을 소홀히 하지 말 것(제5조) 등을 포함한 총 다섯 항목을 요시아키에게 승인하도록 하였다.(奧野高廣, 『增訂織田信長文書の硏究』上卷, 209號 「足利義昭·織田信長條書」, 吉川弘文館, 1988).

❖ **해설:** 이 장은 이 시기 고난에 처한 노부나가의 상세한 내부 움직임에 관해서는 거의 서술이 없다. 반면에 교토 불교 세력과 갈등하는 예수회 선교사의 움직임이 매우 상세하며 노부나가의 기후 성과 기후 저택에 관한 묘사도 주목되는 부분이다.

또한 노부나가가 "다이리內裏=천황나 구보사마公方様=쇼군 아시카가 요시아키에 대해 걱정할 필요가 없다. 모든 것은 나의 권력 아래 있으니 내가 말하는 것만을 행하고 그대가 원하는 곳에 있으면 된다."라고 쇼군과 천황을 인식한 점도 주목된다.

이러한 노부나가가 예수회 선교사에 대해 노부나가 자신이 직접 프로이스의 밥상을 들고 오는 등 극진히 대접하였다는 서술도 눈에 띈다. 아울러 노부나가와 선교사의 첫 만남도 흥미진진하다.

노부나가가 처음에는 선교사를 만나려고 하지 않았으며, 또한 선교사가 바친 "매우 큰 유럽의 거울, 아름다운 공작의 꼬리 깃털, 검은 벨벳 모자, 벵갈산 지팡이" 중에서 검은 벨벳 모자만을 고르고 나머지는 돌려주었다는 점도 흥미롭다.

선교사와 처음 만나다

사카이堺

　노부나가가 14년간 통치하였을 때[27] 일을 하나하나 자세히 기록하는 것은 이 책의 원래 목적이 아니며 우리들이 의도하는 바도 아니므로 지금까지 언급한 이야기로 되돌아가고자 한다.

　루이스 프로이스 신부는 사카이에 이미 5년이나 있었지만, 교토로 다시 돌아갈 가능성은 희박하였다. 그런데 예기치 못하게 노부나가가 등장하여 구보사마를 복위시키기 위하여 교토에 함께 도착하였다. 노부나가가 사카이 시市에 약간 모욕을 당한 적이 있었기 때문에 그곳 시민들은 그가 자신들을 섬멸하라는 지시를 내리지 않을까 두려워하였다. 사카이는 모든 면에서 가장 부유하고 최고이며 상거래가 제일 많이 이루어지는 일본 최대 도시 중 하나였다. 주민들은 공포가 매우 커 가능하면 집을 떠났고 처자와 재산을 각지로 피난시켰는데 이것은 해상에서는 해적을, 노상에서는 강도를 선동하는 결과를 낳았다. 해적과 강도는 매일같이 노

주**27** 1568년 교토 상경 이후 1582년 노부나가 사망까지가 14년이다. 따라서 프로이스는 노부나가가 교토 상경 이후 실권을 장악한 것으로 파악하였다고 볼 수 있다. 그러나 다른 곳에서는 노부나가가 천하를 통치하기 시작한 것은 서른일곱 살부터라고 서술하여 다소 모순을 보이고 있다. 노부나가가 서른일곱 살이 된 것은 1570년으로 이해를 기준으로 삼으면 12년 동안 통치한 것이 된다.

략질을 일삼아 시민들은 수없이 강탈을 당하였다.

그 사이에 노부나가 군의 수뇌 사령관 다섯 명이 소수의 부하를 거느리고 사카이에 파견되어 즉시 사람들의 재산을 보증하는 특허장과 보증서를 발급하여 마을을 보호하였다. 사령관들 중에는 이미 교토 봉행奉行이 된 와다도노(와다 고레마사)도 있었다. 다카야마高山 다리오도노[28]는 그를 섬기고 있었는데 그는 이 지방의 어떤 크리스천[29]보다 솔선하여 사제가 교토로 돌아갈 수 있게 우리 주 하나님께 봉사하고 그런 명예를 얻고자 소망하는 사람이었다. 그래서 그는 이 일을 사카이에서 와다도노에게 상의하자 와다도노는 다리오에게 신부를 부르도록 하였다.

검은 벨벳 모자

신부가 교토에 도착한 후 3일이 지나자 와다도노는 신부가 노부나가를 알현할 수 있도록 준비를 갖추었다. 신부는 매우 큰 유럽 거울, 아름다운 공작의 꼬리 깃털, 검은 벨벳 모자, 벵갈산 지팡이를 선물로 가져갔는데 이것들은 모두 일본에는 없는 물품이었기 때문이다. 신부는 교토의 다른 크리스천들과 함께 갔다. 와다도노는 도중에 신부를 기다리고 있었고 궁정의 가장 고귀한 도노들 여러 명은 와다도노를 배려하여 신부에게도 동일한 공손함을 보였다.

노부나가는 저택 안쪽에서 음악을 듣고 있었다. 그는 신부를 가까이에서 접견하고 천천히 이야기를 나누고 싶어 하였으나 첫 만남에서는

주[28] 다카야마 우콘高山右近의 아버지이다.
주[29] 원문은 기리시탄吉利支丹이다. 가톨릭 신자를 의미하는 포르투갈어 Christa가 일본어로 음차하여 기리시탄이 되었다. 여기서는 그 뜻을 살리되 한국어 표기를 감안하여 크리스트교나 크리스천으로 표기를 통일한다.

어떤 상항을 고려하여 그렇게 하지 않았다. 그의 젊은 귀인들이 그들 중간에 서 있을 때 노부나가는 신부를 관찰하고 사쿠마도노佐久間殿[30]와 와다도노 두 사령관으로 하여금 풍부한 각종 요리가 놓인 식사를 대접하게 하였다. 두 사람은 신부에게 음식을 맛보라고 권하였다. 신부가 잠시 그곳에 머무르는 동안 노부나가는 선물을 살펴본 후 그중 세 가지를 신부에게 돌려주고 벨벳 모자만을 받았다. 그는 선물 중에서 마음에 드는 것만 받았는데 이는 다른 사람들한테도 마찬가지였다. 두 명의 도노들은 신부와 함께 노부나가의 저택에서 물러나 신부에게 깊은 애정을 표시하고 이별을 고하였다.

선교사와 노부나가 · 마쓰나가 히사히데

그 후 노부나가는 이 사령관 두 명에게 "내가 선교사[31]를 가까이서 접견하지 않은 것은 다른 이유 때문이 아니다. 실은 나는 이 가르침을 설파하기 위하여 몇 천 리나 떨어진 머나먼 나라에서 일본에 온 외국인을 어떻게 맞아야 할지 몰랐기 때문이다. 또한 내가 단독으로 선교사와 이야기하면 세상 사람들은 나도 크리스천이 되기를 희망한다고 생각할지도 모르기 때문이다."라고 말하였다.

악마는 즉시 신부와 크리스천들이 어떤 불안도 없이 평안히 지내지 못하도록 임무에 나섰다.

먼저 구보사마를 죽이고 신부를 추방한 마쓰나가 소타이는 노부나가

주30 사쿠마 노부모리佐久間信盛이다.
주31 원어는 바테렌伴天連으로 Padre神父의 뜻이다. 크리스트교가 일본에 전래되었을 때 선교에 종사한 사제의 칭호이나 경우에 따라 크리스천이나 크리스트교의 속칭으로도 사용되었다. 여기서는 선교에 종사한 사제라는 본래 뜻을 살려 선교사로 표기하였다.

와 모든 도노들이 신부를 맞아들이는 것을 보았을 때, "도노(노부나가)께서 교토에 계시면서 위험한 존재인 신부를 불러들이라고 명령하신 데에 놀랐습니다. 우리들은 그 저주스런 선교사의 가르침이 퍼지는 곳은 그곳이 국가이든 마을이든 즉각 붕괴하고 멸망하게 된다는 사실을 분명히 경험하였기 때문입니다."라고 하였다.

이에 노부나가는 "너 소타이, 너처럼 노련하고 현명한 무사가 그처럼 소심하다니 놀랍군. 고작 외국인 한 명이 이처럼 큰 나라에서 도대체 어떤 악행을 저지를 수 있단 말이야. 나는 오히려 거꾸로 그렇게 멀리 떨어진 땅에서 이곳까지 가르침을 펴기 위하여 남자 한 명이 왔다는 것은 수많은 종파가 있는 이 도시에 명예를 더하여 주는 일이라 생각해."라고 하였다. 노부나가가 곁에 있는 측근 한 명에게 불쾌한 표정을 지었기 때문에 소타이는 더 이상 한마디도 하지 못하였고 얼굴을 들지도 못하였다. 그는 그저 침묵하였다.

그런데 이런 반대자들은 반드시 복수에 나설 것이므로 노부나가는 일본에서 최상품이며 가장 비싼 차 도구를 뺏은 후 마쓰나가와 그의 아들[32]을 일찍이 그들이 무력으로 자기 것으로 삼은 야마토 국에서 추방하고 가와치 국 산간에 있는 시키信貴라는 성에 배치하였다. 그리고 그곳에서도 그들이 악의를 멈추지 않자 그들을 죽이라고 지시하였다. 그렇지만 마쓰나가는 습격에 앞서 성을 방화하고 그곳에 있던 모든 재산과 부녀자와 함께 산 채로 분신하여 사망하였다. 그의 아들은 목숨을 구하려 높은 창문에서 뛰어내렸으나 뼈가 부러져 들이닥친 적들의 손에 죽고 말았다.

부활절 8일째(4월 17일), 신부는 노부나가의 명령과 와다도노의 호의에

주32 마쓰나가 히사미치松永久通이다.

힘입어 크리스천들을 수행하여 로쿠조의 사원으로 구보사마를 만나러 갔다. 당시 구보사마는 아직 교토에 살고 있었다. 공교롭게 구보사마는 병중이었으므로 신부를 접견하지는 않았으나 자신이 어머니로 여기고 구보사마의 저택 내 일체를 지휘하는 유모를 보내 만나게 하였다. 그녀는 신부와 동숙同宿[33]들에게 술잔을 돌리고 필요한 것이 있으면 도와주겠다고 하였다. 신부는 구보사마의 정청 귀인들에게 친교와 호의를 얻고자 그들 중 몇 명을 방문한 뒤 숙소로 돌아왔다.

프로이스와 노부나가의 첫 만남

와다도노는 구보사마와 노부나가 둘 다 신부를 접견하지 않았다는 말을 듣고 크리스천들이 슬퍼할 것이라고 생각하였다. 그래서 이 사태를 해결하는 것이 자신의 명예와 관련된 것이라 여기고 다시 한 번 신부를 위하여 진력하리라 결심하였다. 그는 노부나가를 설득하여 신부와 접견하게 하려고 매일 이야기할 기회를 엿보았다. 노부나가는 신부에게 호의를 갖고 있었으므로 마침내 다시 불러 오면 만나 보겠다고 하였다.

와다도노는 즉시 이 낭보를 전하기 위하여 서른 명 정도의 기마병을 거느리고 신부를 찾아가 노부나가를 함께 방문할 준비를 하자고 하였다. 또 그는 신부는 신부에 걸맞게 가마를 타고 가는 것이 좋겠다고 하고 자신은 도보로 가마보다 조금 앞에서 나아갔으며 사쿠마도노도 이와 마찬가지였는데 이 두 사람은 노부나가에게 신부를 소개하는 역할을 맡았다.

공사를 주재하고 있던 노부나가는 멀리서 신부가 오는 것을 보자 해자

주[33] 원래 뜻은 같은 사원에 거주하면서 같은 스승에게 배우는 승려를 말한다. 프로이스는 신부와 함께 주거를 함께하는 크리스천을 당시 일본적 관점에서 동숙도슈쿠로 파악하였다.

위 다리로 왔으며 그곳에서 그를 맞았다.[34] 이곳에는 6, 7천 명 이상의 사람들이 일하고 있었다. 신부가 멀리서 노부나가에게 경의를 표하자 그는 신부를 불렀다. 노부나가는 다리 위 난간에 걸터앉아 신부에게 햇빛이 드니 모자를 쓰라고 하였다. 그는 그곳에서 약 두 시간 동안 편안한 기분으로 신부와 이야기를 나누었다.

그는 즉시 질문하였다. '나이는 몇 살인지, 포르투갈과 인도에서 일본으로 온 지 얼마나 되었는지, 얼마나 오랫동안 공부를 하였는지, 친족들이 포르투갈에서 다시 그대를 만나고 싶어 하는지, 유럽과 인도에서 매년 편지를 받는지, 그 거리가 얼마나 되는지, 일본에 계속 머물러 있을 생각인지' 등과 같은 그다지 중요하지 않은 이러한 질문을 먼저 한 후, 그는 일본에 하나님의 가르침이 퍼지지 않는다면 다시 인도로 돌아갈 것인지 물었다.

신부는 "신자가 단 한 명밖에 없더라도 신부 중 누군가는 그 사람을 보살피기 위하여 여생을 이곳에서 보낼 것입니다."라고 대답하였다.

노부나가는 "왜 교토에는 수도회의 집이 없는가?"라고 물었다.

그래서 로렌스 수사는 "곡물이 발아하지 못하게 많은 가시로 찔러 그것을 질식시키는 것과 같습니다. 즉 승려들은 어떤 명망 있는 인물이 크리스천이 된 것을 알자 즉시 신부를 추방하여 하나님의 가르침이 퍼지는 것을 저지하였습니다. 크리스천이 되고 싶은 사람들이 많았지만 이러한 방해로 인하여 지연되었고, 또 예수회의 집이 한 칸 있었지만 5년 전에 신부가 이유 없이 부당하게 쫓겨났습니다.[35]"라고 말하였다.

주34 양력으로는 1569년 4월 19일, 일본력으로는 에이로쿠永祿 12년 4월 3일로 추정된다.

주35 1565년 1월 프로이스는 처음으로 교토에 입경하였다. 이해 5월 쇼군 아시카가

노부나가는 선교사가 어떤 동기에서 그렇게 먼 나라에서 일본으로 건너 왔는지 물었다.

신부는 "일본에 구원의 길을 가르쳐 세계의 창조주이며 인류의 구원자이신 하나님의 뜻에 따르고자 하는 소망 이외에 어떤 생각도 없습니다. 어떤 현세적 이익이 없더라도 이를 행할 것이며 이러한 이유에서 곤궁과 괴로움을 기쁘게 받아들이고 오랜 항해에 수반되는 고통스런 위험에 몸을 맡길 수 있었습니다."라고 대답하였다.

그곳의 모든 군중은 노부나가가 진지하게 묻고 선교사가 대답하는 광경을 마른 침을 삼키며 지켜보았다. 그곳에는 많은 사람들이 건축 공사를 보기 위하여 와 있었고, 그중에는 근방의 승려들도 많았다. 특히 몇 명은 어떤 대화가 이루어지는지 경청하고 있었는데 유별나게 목소리가 큰 노부나가가 한층 소리를 높여 승려 쪽을 가리키며 분노에 차서 말하였다.

"저 곳에 있는 기만자들은 너희 선교사와 같은 자들이 아니다. 그들은 백성을 기만하고 자신을 속이며 거짓말을 좋아하고 오만하며 참월하는 바가 매우 심한 자들이다. 나는 이미 몇 번이나 그들을 모두 죽여 섬멸하려고 생각하였지만, 백성에게 동요를 줄까 봐 또 내가 백성들을 동정하고 있으므로 성가신 일이지만 그들을 방임하였다."

좋은 기회가 왔다고 여긴 신부는 다음과 같이 말하였다.

"도노(노부나가)께서는 이미 와다도노의 보고로 알고 계시겠지만 신부들은 일본에서 명예나 부, 명성 등 기타 어떠한 현세적이고 일시적인 이익을 구하지 않고 하나님의 가르침을 설명하고 사람들에게 알리는 것만

요시테루가 살해된 직후인 7월에 선교사 추방령이 내려 프로이스는 사카이로 갔다. 그로부터 5년이 지난 1569년에 교토로 돌아온 것이다.

을 오로지 소망하고 있습니다. 도노께서는 지금 일본에서 최고 권력을 소유하고 계시므로 오락이나 위안으로서 신부의 설교를 일본의 종지와 비교시킬 수 있을 것입니다. 제발 은총을 내리어 히에 산의 대학[36]과 무라사키노紫野의 선종 사원[37]의 가장 저명하고 최고 지위의 학자들, 또 종교에 조예가 깊은 관동에서 온 학승[38] 몇 명을 부르고 어느 편에 치우치지 않은 심판관을 세워 종교 토론을 할 수 있기를 청원합니다. 만약 우리 신부 측이 패하면 무익하고 불필요한 자들이라는 합당한 이유를 들어 교토에서 추방하여도 좋으며, 반대로 승려가 패배한다면 그들이 하느님의 가르침을 듣고 그것을 수용할 의무를 지웠으면 합니다. 이 토론이 성사되지 않는 한 그들의 종교를 공격하고 반대하는 신부들은 이방인이란 증오와 비밀스런 음모 속에 항상 박해를 받을 것이며, 우리가 근거로 삼고 있는 논증의 힘과 명확성을 그들에게 확실하게 입증할 수 없을 것입니다."

이에 대하여 노부나가는 미소를 짓고 가신 쪽으로 몸을 돌려, "대국이라서 뛰어난 재능과 강인한 정신이 생기는 것인가?"라고 말하였다. 또 한편으로 신부를 향하여 "과연 일본의 학자들이 종교 토론에 동의할지 모르겠다. 그렇지만 언젠가 한 번 그처럼 될지도 모르지."라고 하였다.

나아가 신부는 노부나가에게 교토에 자유롭게 체재하여도 좋다는 도노의 특허장을 받고 싶다고 말하고, 그것이 지금 자신들에게 보여 주는

주36 히에 산에 있는 엔랴쿠지延曆寺이다.
주37 교토의 다이토쿠지大德寺이다.
주38 관동 지역의 아시카가 학교足利學校를 말한다. 무로마치 시기인 1439년 우에스기 노리자네上杉憲實가 가마쿠라 선종 사원으로 유명한 엔카쿠지円覺寺의 승려 가이겐快元을 교장으로 삼아 불교와 유학을 연마하게 하였다.

최대의 은혜이며 그것으로 인하여 인도와 유럽의 크리스트교 세계와 같이 도노를 아직 알지 못하는 여러 나라에서도 도노의 위대한 평판은 확산될 것이라며 은총을 청하였다.[39]

이 말을 들은 노부나가는 기쁜 표정을 지었다. 이에 신부는 그가 구보사마를 큰 위세와 명예로써 그의 형 자리로 복귀시킨 정의로운 과업에 대해서도 칭송하였다. 이 모든 과정이 진행되는 동안 신부 뒤에 있던 와다도노와 사쿠마는 때때로 이를 거들어 돛에 한층 바람을 보내 주었다. 그들은 노부나가의 앞에 선 사람 중에서 지위와 명예에 있어 최고의 인물이었다.

마지막으로 그는 신부와의 만남이 흡족하다는 점을 인정하고 다음에도 이야기를 나누기 위하여 부르겠노라고 하였다. 그리고 와다도노를 향하여 "선교사와 동행하여 내가 이 궁전과 성안에 천하의 군주君를 위하여 조영한 모든 건물을 천천히 구경시켜라. 또 구보사마가 그를 접견하고 나처럼 교제할 수 있게 데려가도록 하라."라고 하였다. 그것은 와다도노에게 보석과 같은 발언이며 신부에게도 아주 명예로운 것이었다. 교회의 명성은 이교도들과 지내는 데 매우 유익하였으며 와다도노는 이러한 은총을 어떤 점에서 크리스천들보다 한층 더 바라고 있는 듯하였다. 그는 신부에게 궁전을 구경시키고 구보사마를 방문하는 데 동행하였는데 크리스천들은 이 사실을 아주 기뻐하였다.

구보사마는 신부에게 술잔을 내렸고, 와다도노는 신부 다음에 잔을 받았다. 구보사마는 일본 조각상과 같아서 그를 방문한 자에게 말을 건

주[39] 포교 허가증을 인도와 유럽 세계에 있어 노부나가의 '평판'과 연결지어 파악하는 발상이 주목된다.

네는 경우는 아주 드물었다. 그러나 신부와는 이야기를 나누고 신부가 가져 온 선물에 감사를 표하였다.

노부나가의 특허장

고키나이五畿內[40] 내 모든 크리스천들의 기쁨은 신부가 돌아온 후 다시 교토의 최초 교회를 세우는 것을 볼 때까지 고조되었다. 그렇지만 그들에게는 여전히 커다란 공포와 우려가 있었다. 즉 신부는 5년 전에 다이리의 윤허 아래 교토에서 쫓겨났으며, 그것의 철회는 어렵다고 여겨졌다. 그래서 그들은 어디에서 다른 예기하지 못한 불행이 생겨 신부가 더 심하게 모욕당하고 크리스천 종문의 실의 속에 또 다시 교토에서 추방되지 않을지 두려워하였다.

그런데 그들이 더욱 걱정하게 된 이유는 주요 사원과 우상을 모시는 모든 승려의 장로들, 여러 성의 사령관, 사카이와 같은 도시와 큰 조町의 주민 등은 슈인朱印이란 빨간 잉크 도장이 찍혀 있는 노부나가의 특허장을 얻지 못하면 자신들의 수입, 성채, 사원 등이 안전하지 않다고 생각하였으며, 그 토지와 장소의 등급에 따라 이를 입수하기 위하여 거액의 금은을 바치는 모습을 보았기 때문이다. 어떤 자는 10,000 크루자두,[41] 어떤 자는 5, 6천을 제공하고,[42] 승려들은 열다섯 개, 스무 개의 금괴棒를 바쳤다.

주[40] 일본 기나이畿內에 해당하는 지역으로 야마시로 국山城國, 야마토 국大和國, 셋쓰 국攝津國, 가와치 국河內國, 이즈미 국和泉國의 다섯 국을 말한다.

주[41] 포르투갈 화폐 단위로 16세기에는 약 360헤이스reis, 17세기에는 약 400헤이스의 값을 가졌다.

주[42] 사카이에서는 40,000크루자두, 오사카는 10,000크루자두를 바쳤다. 일본 측 사료에 의하면 노부나가는 사카이에 야센矢錢 20,000관貫을 오사카의 혼간지本願寺에 5,000관을 부과하였다.

그리고 노부나가에게 용건이 있는 고위 귀인들과 시민들은 그가 인도와 포르투갈에서 온 의복과 물품을 받고 기뻐한 것을 알고 셀 수 없이 많은 선물을 보냈다. 그들은 어디에서 이렇게 다량의 물품을 멀리 떨어진 일본까지 운반하여 왔는지, 일본인이 어디서 그것을 구입할 수 있었는지 모르는 채 서로에게 감탄하였다. 그들이 노부나가에게 바친 물품은 유럽제 의복, 붉은색 비옷, 가장자리 테가 없는 모자, 깃털 장식 벨벳 모자이며, 성모 마리아 상이 붙은 금으로 된 메달, 코르도바산産[43] 가죽 제품, 시계, 호화로운 모피 외투, 아주 훌륭한 컷글라스,[44] 단자 비단緞子絹, 인도에서 만든 여러 종류의 물건 등으로, 이것들은 많은 큰 상자에 가득 차 있었다.

특허장을 획득할 가능성이 지연되고 있는 사이에 교토에 사는 명망 있는 몇몇 크리스천이 신부에게 어떤 상의도 없이 비밀리에 은괴 세 개를 모아 특허장 발급을 앞당기는 데 사용하라고 와다도노에게 전하였다.

그러나 그것은 노부나가에게 줄 만한 선물이 전혀 아니었다. 와다도노는 현명한 사람이었기 때문에 일단 그렇게 하겠다고 하였다. 또 크리스천들을 슬프지 않게 하려는 슬기로운 배려심에서 그것을 가신 중 한 명에게 전달하겠다고 하였다. 그는 신부에게 설득당하여서가 아니라 자발적으로 교토에서 은괴 일곱 개를 빌려 여기에 세 개를 더하여 열 개를 만들었다. 그리고 계속 좋은 기회를 기다렸다. 마침내 그는 그것을 가슴에 품고 가서 신부의 이름으로 노부나가에게 내밀면서, "신부는 가난한 외국인이기 때문에 이 이상은 바칠 수가 없습니다. 도노에게 이처럼 소액

주**43** 에스파냐 남부 코르도바 주州의 주도이다.
주**44** 예뻐 보이도록 칼로 여러 가지 모양을 새긴 유리그릇이다.

을 바치는 것은 실례이기 때문에 스스로 갖고 오지 못하였습니다. 그렇지만 적어도 그의 선의만은 받아 주시기를 간절히 바랍니다."라고 하였다.

그랬더니 노부나가는 웃으며, "나는 금도 은도 필요하지 않다. 선교사는 외국인이다. 내가 만일 그들이 교회에 거주하는 것을 허락하는 특허장의 대가로 금전을 받는다면 나의 품위가 실추될 것이다."라고 하였다. 또 노부나가는 와다도노에게 "내가 그와 같이 상스럽고 인정머리 없이 선교사를 대우하면 인도와 그의 출신지인 여러 나라에 나의 이름名이 좋게 알려 지겠는가?"라고 말하고, 차라리 와다도노가 무상으로 만족할 만한 특허장을 작성하고 이견이 없는지 선교사와 의견을 교환한 후에 자신이 그것에 날인하는 조치를 취하도록 하라고 덧붙였다. 이에 와다도노는 정성을 다하여 특허장을 작성하고, 신부와 크리스천이 훑어볼 수 있도록 사본을 교회에 보내고 이러한 기쁜 소식을 전하기 위하여 로렌스 수사를 불렀다. 일본의 특허장은 매우 간결하기 때문에 우리말로 번역하여 그 내용을 다음에 게재한다.

고슈인御朱印, 즉 노부나가의 특허장

선교사가 교토都에 거주하는 일에 관하여 이들에게 자유를 주고 거주민蛮國人의 의무로 행해야 할 모든 일을 면제한다. 내가 다스리는 여러 국 중 원하는 곳 어디에나 체재할 수 있고 이를 방해해서는 안 된다. 만일 부당하게 이들을 괴롭히는 자가 있으면 엄히 처벌할 것이다.

에이로쿠永祿 12년 4월 8일, 이를 적다.

그 아래에는 "진정한 가르침의 도라고 칭하는 예배당에 거주하는 크리스천 종문 선교사伴天連 앞"이라고 적혀 있었다.

아시카가 요시아키의 특허장

뿐만 아니라 노부나가는 구보사마에게 자신은 이미 주인장을 선교사에게 주었으니 도노도 제찰制札[45]로 된 특허장을 그에게 주는 것이 좋겠다고 말해 주었다. 와다도노의 훌륭한 주선 덕분에 제찰은 즉시 교부되었는데 그 번역은 다음과 같다.

구보사마의 제찰

나는 선교사가 쿄토의 주거지, 혹은 그가 거주하기를 원하는 다른 어떤 여러 국 내지 장소에서 다른 자들이 부담하고 있는 의무 일체 및 병사 숙영의 부담을 면제한다. 이들을 괴롭히는 악인이 있으면 그가 한 행위를 처벌받을 것이다.

에이로쿠 12년 4월 15일 쓰다.

특허장이 날인된 후 와다도노는 즉시 이를 신부에게 보내고 이후 이를 어떻게 사용해야 하는지에 대하여 충고하였다. 두 특허장은 모두 널빤지 위에 커다란 일본 문자로 써서 교회 문에 걸어 두었는데, 이교도 병사들에게는 이곳에서 그들이 숙영할 수 없음을 알리고 마찬가지로 주민들에게도 세금이나 분담금을 할당하여 교회를 번거롭게 하여서는 안 된다는 사실을 알리기 위함이었다. 거주민의 의무는 승려와 사원에게도 속인과 마찬가지로 부과되었는데 교회는 그 모든 것에서 면제받았음을 사람들에게 고시한 것이다. 이것은 와다도노가 당시 교회에 보여 줄 수 있는 최대 호의 중 하나였다.

주[45] 허가나 금지 조항을 적어 중요 거리나 사원·신사 앞에 세워 놓은 나무 팻말札이다.

크리스천의 선물

특허장에 날인을 받은 다음 날, 와다도노는 감사의 뜻을 표시하기 위하여 신부를 다시 노부나가에게 데리고 갔다. 신부가 공사 작업장에서 노부나가를 발견하였을 때 그는 호의를 표하면서 와다도노에게 한 번 더 모든 건물을 신부에게 보여 주라고 지시하였다.

성안을 걸으면서 와다도노는 신부에게 애정이 충만한 아버지가 사랑하는 자식을 가르치듯 노부나가와 이야기할 때에 말하는 방법이나 몸가짐에 대해 설명하였다. 그리고 노부나가의 건축물과 그 화려함을 칭송하고 특허장 사본을 인도와 포르투갈에 보내 노부나가가 베풀어 준 깊은 호의를 그곳 사람들에게 알린 사실에 대해 이야기하도록 충고하였다.

신부는 손을 잡아 이끌어 준 와다도노에게 "날마다 베풀어준 은혜가 너무 깊고 이를 어떻게 감사하면 좋을지 모를 정도이며 당신을 크리스천으로 이끌 수 있기를 충심으로 기원할 뿐입니다."라고 말하였다. 그는 미소를 지으면서 자신은 마음속으로는 이미 크리스천이며 노부나가가 미노 국으로 돌아가면 설교를 들을 수 있는 시간이 더 생길 것이라고 대답하였다.

4, 5일 후 와다도노는 다시 한 번 신부를 방문하였다. 그는 150명을 거느리고 와서 나머지는 밖에서 머무르라고 지시하고 아들 한 명과 구보사마의 정청의 귀인 예닐곱 명만을 곁에 두었다. 크리스천들은 성심성의껏 그들에게 향응을 베풀었고 와다도노는 크리스천들에게 무엇인가 필요한 것은 없느냐며 애정 어린 말을 건넸다. 그러면서 신부에게 자신과 동행할 것과 이전에 신부가 자신에게 보여 준 매우 정교한 작은 시계를 휴대할 것을 지시하였다. 왜냐하면 노부나가에게 이것을 말하였더니 그가 보

고 싶다고 하였기 때문이다. 그리고 그들은 출두하여 귀인 두세 명밖에 거느리지 않은 노부나가를 만났다.

노부나가는 시계를 보고 크게 감탄하고 두세 차례 그것을 헌상하겠다는 신부에게 "아주 기쁘게 받고 싶지만 나의 거처에서 시계를 계속 작동하게 하는 것은 어렵고 결국 망가지게 될 것이니 받지 않겠다."라고 하였다. 그는 신부를 자기 방에 들여 자신이 마시던 다기茶碗로 두 차례 차를 마시게 하고 일본에서 아주 귀하게 여기는 미노 지방에서 생산한 말린 무화과가 든 사각형 상자를 주었다. 그는 두 시간 동안 신부와 대화하였는데, 신부와 로렌스 수사에게 유럽과 인도에 대하여 묻는 동안 와다도노는 복도廊下 밖에 무릎을 꿇고 대기하면서 가능한 일이면 무엇이든 도와주었다. 신부가 퇴거하기에 앞서 노부나가는 그에게 자신은 곧 영국領國으로 갈 것이므로 출발하기 전에 다시 내방하여 아직 한 번도 본 적이 없는 비단으로 된 유럽 의복을 보여 달라고 말하였다.[46]

주46 노부나가는 모자와 의복 등 '패션'에 많은 관심을 보였다.

불교 세력, 크리스트교를 공격하다

다케노우치 산미

　신부들을 교토에서 추방하고 다이리로 하여금 칙서를 발급하게 만든 다케노우치 두 형제의 말로는 다음과 같다.

　동생 가효 시모사도노兵衛下總殿는 부와 세력이 절정에 달하였을 때 발이 가시에 찔려 고통으로 괴로워하다가 필요한 약과 명의가 있는 사카이로 치료하러 갔으나 얼마 지나지 않아 그곳에서 비참하게 최후를 마쳤다.

　그의 형은 다케노우치 산미竹內三位[47]라 하였다. 그는 당시 신부들과 하나님의 가르침에 저항하는 당시 교토의 모든 적들 가운데 가장 부유하였다. 그는 결혼한 세속인이었으나 머리를 깎고 승려가 되어 승려 복장으로 다니면서 이곳 중신들에게 큰 호응을 얻어 그들의 보호를 받았으며 스스로 석가의 새 종파를 열어 개조가 되려고 하였다. 그는 열정적인 신앙심으로 종파를 새로 개창하려고 자기 재산의 상당액을 지출하여 교토의 유명한 당우堂宇 하나를 얻어 그 종파에 참가한 자나 참가할 마음이 있는 자들에게 매일같이 설교하였다.

　그는 설교할 때마다 항상 주변 사람들에게 하나님의 가르침에 대하여 일본의 다른 어떤 종교보다도 한층 증오하고 경멸해야 한다고 주장하였

주47 다케노우치 스에하루竹內季治이다. 공가 출신으로 1567년에 출가하였다.

다. 그는 다음과 같이 말하였다.

"세상 사람들이 어째서 일본의 관습과 종교를 하나도 모르는 무지한 외국 사람들로 말미암아 일어나는 큰 소란에 빠지는지 나는 납득할 수 없다. 그자들이 전혀 지식이 없다는 사실은 옆으로 쓰인 지렁이와 같은 그들의 문자만 보아도 알 수 있다. 이렇게 우스운 데 매일 미사를 듣거나 8일마다 설교를 들으러 그들 교회에 출입하는 무리가 어째서 교토에 있는지 나는 이해할 수 없다. 그렇지만 석가님의 무한한 힘으로 그 종교가 수일 내 근절될 것이라고 기대한다. 석가님의 교본에는 저들의 가르침이 일본에 전하여지면 석가님의 고귀한 가르침에 크게 어긋난다는 사실을 알 수 있으리라는 예언이 있기 때문이다."

그는 자신의 목적을 달성하기 위하여 자신의 부를 이용하여 다이리, 구보사마, 노부나가라는 일본의 중진 세 명과 친교를 맺고 고가의 선물로 그들을 회유하고자 하였다. 그는 신부나 우리 수사와 마주치면 어디서나 얼굴을 돌리고 침과 가래를 뱉었다. 한번 보기만 하여도 구역질과 혐오감이 올라온다는 듯이 마음속 깊이 경멸하는 얼굴 표정을 지었다. 그가 저주스런 새 종파의 개조이자 선포자로서 교토에 자리 잡은 지 일 년이 지나지 않았을 무렵 구보사마는 자신을 복위시켜 준 노부나가와 단교를 하였다. 이 승려는 구보사마를 편들어 노부나가에게 몇 가지 비난과 모멸의 말을 하였고 이 말은 바로 노부나가의 귀에 들어갔다. 다이리를 비롯하여 기타 많은 제후와 귀인들이 그를 위하여 노부나가에게 자비를 탄원하였으나 모두 허사였다. 노부나가는 어떤 말도 들으려 하지 않았고, 이 승려에게 커다란 치욕과 오명을 뒤집어씌운 채 무참히 참수하였다.

이 몰락한 다케노우치 산미의 아들은[48] 야하타八幡라는 곳에서 여전히 많은 재산을 가지고 있었다. 이곳은 교토에서 3리 떨어진 곳에 위치하며 전쟁의 신인 하치만八幡 신사[49]에 봉납되어 불가침의 특권을 부여 받았으므로 이곳으로 도망한 자들과 여기에 숨겨 놓은 재산은 전혀 피해를 입지 않았다.

그러나 노부나가는 그러한 특권은 안중에도 없기 때문에 금제를 파기하여 그곳에 있던 다케노우치 부자의 전 재산을 일본에서 상자 역할을 하는 대바구니 200개 이상에 담아 교토로 옮겼다. 노부나가는 창가에 서서 노획물이 들어 있는 대바구니를 궁전 앞에 풀어놓게 한 후 병사들을 비롯하여 원하는 자는 누구나 가져가게 하였다. 크리스트교와 우리 주이신 하나님의 가르침을 적대하였던 불행한 자들은 이처럼 최후를 맞았다.

니치조日乘 상인上人[50]과 천황

당시 고키나이 내에 승려 한 명이 있었다. 그는 미천한 태생으로 가문도 명확하지 않았으며 작은 체구에 용모도 매우 추악하였다. 교양도 없고 일본의 같은 여러 종파에 관한 지식조차 없으며 악마가 자신의 공범자로 독을 나누어 주기 위하여 찾아낸 매우 노회하고 민감한 두뇌의 소유자였다. 그의 말은 매우 자유분방하였으며 변설로는 일본의 데모스테

주48 다케노우치 나가하루竹内長治이다.
주49 교토 남쪽에 위치한 이와시미즈하치만 궁石清水八幡宮이다. 중세 일본에는 일단 신불神佛에게 봉납하거나 기부하여 신성하게 된 물품·토지 등은 다시 인간의 것으로 되돌릴 수 없다는 관념이 있었다.
주50 쇼닌上人은 원래 승위의 하나인 홋쿄쇼닌 위法橋上人位의 약칭이나 학덕을 겸비한 승려의 경칭으로도 사용되었다.

네스[51]와 같은 인물이었다.

  그에게는 처자가 있었으나 가난 때문에 불과 몇 년 전 그녀에게 이혼장을 건넸다. 그 뒤 그는 병사가 되어 많은 약탈과 살인을 저질렀다. 범죄에 대한 처벌의 공포심 때문에 옷은 승려의 복장으로 바꾸어 입었지만 습관까지 바꾸려고는 하지 않았다. 양의 탈을 쓰고 승려가 되어 이 국에서 저 국으로 떠돌다가 아마고尼子 국주에게 반역을 저지르고 야마구치 국으로 도망갔다. 그곳에서 국주의 총애를 얻어 "저는 큰 깨달음을 얻었습니다. 석가는 저를 선택하여 일본의 종교를 개혁할 도구로 삼았습니다. 이를 통하여 사람들의 복종을 얻을 수는 없지만 우리 66개국 모두의 최고 군주인 다이리가 예전의 명예와 권력과 지위를 회복할 수 있다는 증거를 보여 주셨습니다."라고 하면서, 거짓 열정으로 사람들을 현혹하였다.

  교토의 크리스천들은 아직도 기억하고 있지만, 그는 10년 전에 조잡한 중국제 금란 천 조각을 구입한 뒤에 여러 국의 촌락과 시내를 돌면서 이것이 다이리에게서 받은 의복의 조각이며 자신은 이 보물을 모두에게 나누어 주기 위하여 왔다고 선전하였다. 소박한 일반 대중은 그가 아주 매혹적인 말과 교묘한 수단으로 자신들을 기만하는 사실을 모르고 한 조각 천의 실 한 오라기라도 사기 위하여 능력이 닿는 대로 돈을 냈다. 이런 방법으로 많은 돈을 번 니치조는 이 돈으로 야마구치에 작은 사원을 건립하였다. 그는 장로가 되어 몇몇 제자들의 우두머리 노릇을 하였다. 이 무렵 그는 아주 많은 간계와 기만을 일삼았고 자신의 악의 때문에 어떤 곳에서도 편안히 지내지 못하게 되자 사원을 포기하고 교토 지방으로 갔다.

주[51] 그리스의 대웅변가이다.

그곳에서 천하를 다스리고 있던 세 명의 도노(미요시 삼인중)가 구보사마를 살해하고 나라 성에 있던 마쓰나가를 포위하였다는 사실, 또 마쓰나가가 부유하다는 사실에 대하여 들었다. 그는 자신이 어려운 처지이므로 혹시 마쓰나가가 자신에게 돈을 줄지도 모른다고 생각하여 야마구치의 국주에게 마쓰나가 앞으로 한 통의 편지를 써 달라고 부탁하였다. 편지에는 "나(야마구치 국주)는 곧 군대와 함께 그대를 구원하러 갈 것이다. 그런데 그대가 적을 이기려면 모든 일을 니치조 상인이라는 승려의 충고대로 하시오."라고 적혀 있었다. 그러나 신부가 교토로 돌아가기 전에 아직 사카이에 있을 무렵, 니치조가 사기 행각에 나서려고 하자 우리 주께서는 성스런 판결을 내리시어 천하를 통치하고 있던 세 도노의 첩자가 반역의 편지와 함께 니치조를 체포하게 하셨다.

첩자 시노하라篠原는 즉시 그를 사카이의 한 사원에서 채찍질을 하였다. 니치조는 야마구치에서 답장이 오기까지 편지에 관한 사실을 부정하고 만일 자신을 석방하여 주면 7,000 크루자두를 바치겠다고 하였다. 그렇지만 시노하라는 제안을 받아들이지 않았을 뿐만 아니라 그를 에타穢多에게 넘겼다. 에타는 인도 마라바르 족의 최하층 사람인 포레아처럼 일본에서도 가장 천하고 배척받는 존재로 죽은 동물의 가죽을 벗겨 파는 일을 직업으로 하였다. 그들은 다른 사람과 교제할 가치가 없는 불결한 사람인 것처럼 항상 촌락에서 떨어져 살았다. 이 에타 무리는 니치조를 쓰노 국津國[52] 서궁西宮이란 곳으로 강제로 끌고 갔다. 시노하라는 그를 더욱 모욕하기 위하여 목에 커다란 쇠사슬을 채우고 에타에게 넘겨 욕지거리를 퍼부으면서 천천히 죽음을 맞이하게 한 후에 목을 베려

주**52** 셋쓰 국攝津國을 말한다.

고 하였다. 그의 의복 소매 사이로 큰 나무 말뚝이 관통되고 그의 양손은 이 말뚝 양 끝에 단단히 고정되어, 그는 마치 하리즈케 형磔刑[53]을 당한 모습이었다. 이런 상태로 포승줄에 묶인 채 바닥에 앉아 있었기 때문에 다른 사람이 먹여 주지 않으면 식사도 할 수 없었다. 간수들은 그에게 종이와 먹을 주는 것을 금지하였고 음식을 매우 소량으로 제한하였다. 그의 고난은 백 일을 넘었다.

그러나 그는 매우 대담하고 활발하며 노회하였기에 손을 써서 그곳에서 석가의 가르침인 법화경 여덟 권을 입수하였다. 그것은 여타 모든 교본 중에서 가장 존중받았다. 그는 법화경을 자기 앞에 있는 작은 탁자에 놓고 근방에 사는 농민과 가난한 여자들에게 자기 말을 들으러 오라고 권유하였다. 석가님의 숭고한 말씀의 힘으로 당신들과 당신들의 병약한 자녀들이 다시 건강을 회복할 뿐만 아니라 내세에서도 반드시 구원받을 것이라고 하였다. 그는 목숨을 구하려는 일념에서 갖은 교활한 지혜를 다 짜냈기 때문에, 사람들은 이 정도의 엄벌과 잔혹한 감금을 받고 있다면 중죄를 범한 사람이 틀림없다고 확신하면서도 각자의 신앙심에 따라 그에게 먹을거리를 가져다주었다. 그는 매우 사악하였고 타락한 습관이나 생활로 부도덕한 행적이 충만하였지만, 그들에게 보이는 표정과 태도는 겸손과 공손함으로 가장하였다. 그러나 그가 짊어진 업보만으로도 한 시간이 일 년처럼 길게 느껴졌는데 그의 운명은 그 위에 한층 더 지옥의 고통이 더하여지게 되었다. 즉 갑자기 노부나가가 구보사마를 복위시키기 위하여 교토로 상경하자 천하를 장악하고 있던 세 명의 도노는 재빨

주[53] 옛날 형벌의 하나이다. 처음에는 죄인의 몸을 나무나 정으로 박아 넣어 죽였으나, 에도 시대 무렵 십자가 기둥에 묶어 창으로 좌우에서 찔러 죽이는 방식으로 변하였다.

리 도망갔고 이 기회를 틈타 [고소告訴한 사람이 사라졌으므로] 간수들로 하여금 자신을 풀어 주라고 하였다.

노부나가의 니치조 활용

니치조 상인은 매우 예리한 두뇌의 소유자였기 때문에 자신의 지식과 교활함 및 달변을 믿고 즉시 교토에 와서 사자使者로서 갖추어야 할 능숙한 궤변과 전략가임을 내세워 노부나가의 가신이 되었다. 그는 매우 교묘히 처신하였기 때문에 노부나가는 얼마 지나지 않아 그의 봉사에 큰 만족감을 보였다. 노부나가는 정청에서 니치조에게 한층 권위와 명성을 높여 주기 위하여 어떤 명예로운 임무를 맡겨 사카이에 파견한 후에 귀인 한 명과 함께 교토에서 다이리를 위하여 새로 짓고 있던 궁전 공사의 감독권을 주었다. 그는 이미 모든 귀인들에게 알려져 있었으므로 악마적인 오만함과 불손함은 최고조에 달하였다. 그는 야마구치에서 왔을 때 이미 크리스천의 큰 적이었으며, 노부나가의 거처를 마음대로 들락거렸다.

노부나가가 자신의 국國으로 돌아가기 전날, 신부는 첫째 다른 이들이 하는 것처럼 작별 인사를 위하여, 둘째는 출발 전에 다시 한 번 방문하라는 말을 들었기 때문에 노부나가를 방문하였다.

신부가 도착하자 노부나가는 그를 친절하게 맞이하였다. 노부나가는 각종 용건을 처리해야 하는 많은 사람들이 집 밖에서 기다리고 있었음에도 불구하고 개의치 않고 매우 의욕적으로 신부와 이야기하기 시작해 오르무스제製[54] 금란 향 망토에 대하여 묻고 그것을 가져왔느냐고 물었다. 신부는 지금은 밤이며 도노는 매우 바쁘시고 게다가 곧 여행에 나설

주54 페르시아 만 오르무스Ormus로 현재의 호르무즈Hormuz이다.

것이기 때문에 후일 무사히 교토에 돌아오셨을 때를 위하여 보관해 두려고 하였으나 위대한 군주가 보신다기에 비록 매우 조잡한 물건이지만 가져 왔다고 대답하였다. 노부나가는 그것을 천천히 관찰하고 신부에게 착용하게 한 뒤 제복을 입은 모습을 칭찬하고 화려한 인상을 준다고 말하였다. 노부나가의 관찰이 끝난 후 신부는 대기하고 있는 많은 용건에 방해가 되지 않도록 이별을 청하였다. 노부나가는 좀 더 머무르라고 하고 신부가 선물한 한 자루의 초에 몸소 불을 붙였다.

신부가 이곳으로 오기 하루 전 악마의 수족이며 하나님 가르침의 대적 大敵인 니치조는 노부나가에게 간청하기를, "출발하시기 전에 선교사를 교토에서 추방하고 여러 국에서 쫓아내야 합니다. 왜냐하면 선교사들이 있는 곳은 어디서나 혼란이 일어나고 파괴되었기 때문입니다."라고 말하였다. 니치조는 이 점을 매우 많이 강조하고 재촉하였다.

노부나가는 거의 모든 사람을 '기사마貴樣[55]라고 불렀는데, 웃으면서 니치조에게 "나는 기사마가 배포가 약한 데 놀랐다. 나는 이미 그들에게 교토뿐만 아니라 원하는 다른 여러 국에도 거주하여도 좋다는 특허장을 수었고, 十보사마도 마찬가지이기 때문에 그들을 쫓아낼 수 없을 것이다."라고 하였다.

와다도노는 이러한 보고를 듣자 재빨리 로렌스 수사를 통하여 신부에게 전달하였다. 이 때문에 신부는 다음 날 노부나가에게 이별을 고할 때 거듭 다음과 같이 말하였다.

"악의를 품은 몇몇 승려들은 서로 다른 가르침 사이에서 논쟁하고 있

주55 중세 말 근세 초기 무렵에 생겨난 대칭 명사로서 무사의 편지에서는 상당한 경어로 사용되었다. 그러나 점차 구어로 바뀌면서 일반 서민들도 사용함에 따라 경의의 의미가 상실되었다.

으므로 잘못된 주장을 펴면서 도노에게 저를 비방할지도 모릅니다. 그러나 외국인인 우리를 변호하여 줄 사람이 한 명도 없는 상황에서 우리 말을 듣지 않은 채 그 승려들만을 믿지 않기를 청합니다. 교토에서의 생활에 완전히 만족하고 있지만, 도노 이외에 그 누구에게도 총애를 받지 못하고 있으므로 출발하시기 전에 교토 봉행으로 남은 와다도노를 신부의 보호자가 되도록 위임하여 주시길 간절히 청합니다."

노부나가는 승려들이 왜 선교사를 싫어하는지 물었다. 그래서 로렌스는 "그들과 신부 사이는 따뜻함과 차가움, 덕과 부덕과 같은 차이가 있습니다."라고 대답하였다. 그는 "너희들은 신과 부처를 숭경하는가?"라고 물었다. 프로이스와 로렌스는 "아닙니다. 신과 불은 우리와 같은 인간으로 처자가 있고 태어났다가 죽은 자로서 스스로 구원받지 못하고 죽음에서 해방될 수 없는 사람들입니다. 따라서 인류를 구제하는 일은 더욱더 불가능합니다."라고 대답하였다.

니치조와 선교사의 논쟁

노부나가의 거실에는 많은 제후와 고귀한 도노들이 있고 회랑 밖으로도 귀인들이 가득하여 모두 300명 정도 되었다.

신부와 로렌스 수사는 노부나가 곁에 있었고, 노부나가는 아주 정중하고 친절하게 이들과 대화를 나누었으므로 이러한 호의 하나하나가 니치조에게는 창으로 찌르는 상처였다. 그는 증오에 빠져 악마적인 욕망에서 이처럼 불편한 상황을 도저히 견딜 수 없었다. 그렇지만 니치조는 노부나가에게 거짓으로 꾸민 부드러운 말투로 "저는 선교사가 말하는 교리를 조금 들어 보고 싶습니다. 여기서 저에게 설교하도록 도노가 지시하여 주신다면 매우 기쁘겠습니다."라고 말하였다. 노부나가는 좋은 생각이라며 로렌스 수사에게 그에게 가르침을 주라고 명령하였다.

뛰어난 변설가로서 재능과 능력에서 승려에게 뒤떨어지지 않으며 덕과 지조를 갖춘 친구이자 훌륭한 수도회원인 로렌스 수사는 다음과 같은 말로 말하기 시작하였고 동석자는 매우 긴장하며 그것을 경청하였다.

"전하의 명령으로 하늘에 계신 주님에 대하여 말하기 전에 먼저 그대가 일본 종교에 어떤 견해를 갖고 있는가를 듣고 싶다. 왜냐하면 보통 다른 사람의 중요한 견해를 알고자 하는 자는 먼저 자기 자신이 어떤 생각인지를 말할 필요가 있기 때문이다. 만일 그것이 우리의 가르침보다 열등하다면 우리는 무시할 것이다. 그렇지만 만일 우리보다 뛰어나다면 기쁘게 받아들일 것이기 때문이다. 일본의 팔종八宗[56] 구종九宗 중에 그대는 어디에 귀의하였는가?"

니치조는 자기의 정체를 숨기고 평온한 표정으로 말하였다.

"나는 어느 종에도 속하지 않으며 잘 알지도 못한다."

"그렇다면 당신은 속인인데도 왜 머리를 깎고 수도승을 가장하고 있는가?"

"이런 복장을 한 것은 계율이나 신과 부처를 고려한 것이 아니며 순례

주56 일본 불교 제종파의 총칭이다. 나라 시대에 흥륭하였던 삼론三論, 성실成實, 법상法相, 구사俱舍, 율律, 화엄華嚴이란 나라 육종에 헤이안 시대에 꽃핀 천태天台와 진언眞言을 포함시켜 팔종으로 파악하였다. 그런데 가마쿠라 시대가 되면 정토종, 선종, 시종時宗=정토종의 하나, 정토진종一向宗, 법화종日蓮宗 등 이른바 가마쿠라 신불교가 크게 성행하게 되어 구사는 법상에 성실을 삼론에 포함시켜 파악하게 되고, 이 둘을 대신하여 선종과 정토종이 새로 들어가게 되었다. 그런데 도요토미 히데요시 시기에 이르면 호코지方廣寺 대불 법회大佛千僧會에 진언종眞言衆, 천태종天台宗, 율승律僧, 오산선종五山禪宗, 일련당日蓮黨, 정토종淨土宗, 유행류流行=시종, 일향중一向衆=정토진종이 초빙을 받아 기존 팔종의 성격이 크게 변하였다.

나 참회의 수행을 위한 것은 더욱 더 아니다. 단지 나는 세상의 번뇌와 쉽게 변하는 민심에 염증을 느꼈기 때문에 세상 근심 없이 마음 가는 대로 생활하고 있을 따름이다."

"나는 당신이 히에 산의 사원에서 저명한 승려인 신카이 상인心海上人의 가르침을 받으며 잠시 생활한 것을 알고 있다. 상인이 귀승에게 불교의 가르침을 주었을 텐데 도대체 어떤 가르침을 받았는가?"

"나는 무엇을 배웠는지 지금에 와서는 전부 잊었다. 나를 아무것도 모르고 무엇도 판별하지 못하는 자라고 생각하라. 그대는 내 생각이 어떤지 묻지 말고 먼저 당신들 가르침의 요점을 말하는 것이 좋겠다."

그래서 로렌스는 우리 주인 하나님이 우주 만물의 최고 근원이며 또한 창조자라는 것과 그의 본성은 전능, 전지, 전선全善인 까닭을 밝히되 너무 상세하지 않게 사정이 허락하는 범위에서 그쳤다.

니치조가 물었다.

"그대가 말하는 하나님은 어떤 색, 어떤 형태를 갖고 있는가?"

"색채를 갖고 있는 것, 인간의 육안으로 볼 수 있는 것은 무한한 것이 아니다. 육안으로 볼 수 있는 것은 땅, 물, 불, 바람의 네 원소로 이루어진 피조물일 뿐이다. 그러나 천지를 관장하고 통치하며 그들에게 존재를 부여하고 보호하시는 하늘과 땅의 주인, 그 무한한 실체와 본질은 네 요소로 만들어진 것이 아니며 또 육체의 눈으로 볼 수 있는 것도 아니다."

"천주天主가 존재한다는 것은 명백하다. 그렇지만 귀하에게 묻노니 도대체 어떻게 그것을 섬길 수 있는가?"

"승려들은 돈이나 은, 화폐, 음식을 신불에게 바친다고 말하지만, 하나님은 아무것도 요구하지 않는다. 하나님은 마르지 않는 샘으로 하늘과 땅의 모든 부, 모든 재보의 근원이므로 그것들을 일절 필요로 하지 않는다. 하나님이 원하시는 것은 사람들이 스스로를 사랑하고 공경하고 사람들을 행복하게 하려고 정하신 율법을 잘 준수하는 것이다."

"내가 묻고자 하는 것은 무엇 때문에, 어떠한 생각에서 인간이 하나님을 찬미하지 않으면 안 되는가 하는 점이다."

"사람들은 하나님에게서 끊임없이 크고 무한한 은혜를 입고 있기 때문이다. 또한 인간은 하나님을 인정하고 사랑할 수 있는 생명과 이성을 받았으므로 더욱 하나님을 경배하고 봉사할 의무가 있다."

이에 대하여 노부나가가 물었다.

"네가 말하는 대로라면 분별없는 자나 천성이 어리석은 자들은 어떤가? 그들은 하나님을 찬미하지 않아도 되는가? 그들은 찬미하라고 하여도 찬미를 할 수가 없지 않는가?"

"그들도 마찬가지로 찬미할 의무가 있습니다. 그 이유는 하나님에게는 모든 세상 일이 분명하기 때문입니다. 우리는 하나님에게 많은 지혜를 받았음에도 불구하고 몇 번이나 소홀히 주어진 본래 목적에 맞게 사용하지 않아 국가를 혼란에 빠뜨리고 국민을 불안하게 하고 각종 악행을 생각해 내고 죄가 없는 부고한 사람들을 파멸시키니 그들은 지혜를 지닐 자격이 없는 자들입니다. 하나님이 그 정도로 예리한 이성을 내리지 않으신 사람들에 대하여 말씀드린다면 만일 그들에게도 활발한 이성을 주셨으면 그들도 지혜를 악용하는 자들의 숫자에 포함되겠지요. 그렇기 때문에 이런 이유(즉, 지혜를 악용하지 않아도 되는 은혜를 입었으므로)에서 모두들 하나님을 찬미하지 않으면 안 됩니다."

노부나가는 "그 이유는 납득할 만하네. 만족스런 대답이다."라고 하였다.

그러자 니치조는 증오와 분노와 질투로 자제심을 잃은 나머지 중간에 말을 자르고 노부나가에게 말하였다.

"도노, 저들을 추방하세요. 저들은 사기꾼입니다. 민중을 속이는 자들입니다. 저들을 유배하시고 두 번 다시 이곳에 돌아오지 못하게 하십시오."

노부나가는 웃으면서 "흥분하지 말고 질문을 계속하도록, 그러면 그들이 답변할 테니."라고 말하였다.

니치조가 로렌스에게 물었다.

"나에게 눈에 보이지도 않는 천주를 칭송하고 예배하지 않으면 안 된다고 하는 것은 어떤 근거에 의한 것인가?"

"그대는 눈에 보이지 않는 것은 존재하지 않는가? 당신은 어떤 근거로 이 세상에 공기가 있다고 증명할 수 있는가? 그것은 어떤 형태도 없지만 바람이 불 때, 그것이 당신에게 저항을 느끼게 할 때, 어떤 무거운 배라도 움직여 전진시킬 때, 호흡할 때, 공기가 우리 몸에 들어 올 때 당신은 그것이 존재함을 느낄 것이다. 그런데 당신은 공기가 형태가 없기 때문에 그것은 실체가 없다고 생각하고 있다."

"우리가 눈으로 보고 손으로 만질 수 없는 것은 진정한 실체를 갖고 있는 것이 아니다."

이때 노부나가는 우리가 선교하는 하나님은 선을 칭찬하고 악을 징벌하는가라고 물었다. 로렌스는 "말씀하신 대로입니다. 하나님은 그렇게 하십니다. 다만 현세에 일시적으로 하시거나 내세에 영원히 하시는 두 가지 방식을 취합니다."라고 대답하자, 니치조는 "그렇다면 사람이 죽은 후에 무엇인가가 남아 상이든 벌이든 받는다는 말인가?"라고 하면서 가가대소하였다.

그런데 대화가 이미 한 시간 반 이상 지속되어 로렌스는 지쳤고 기분도 조금 나빠졌기에 종론의 남은 부분은 신부 자신이 노부나가에게 직접 이야기하는 편이 좋겠다고 생각하였다. 지금까지의 대화는 로렌스 수사가 거의 대부분 스스로 행하였고 신부는 말해야 할 몇 가지 점을 제시한 데 불과하였다. 어떻게 일본인이고 거의 장님이며 교양도 없고 어떤 학문을 수양한 적도 없으며 읽는 것도 불가능한 로렌스 수사가 학자가 다룰 법한 문제에 그 정도로 명확하고 단호하게 답변할 수 있는지 의심을 금하지 못하는 자들도 있으리라 생각한다. 그는 당시 예수회 수도회원이 된 지 이미 20년 정도 되었고 아주 예리한 이성과 명석한 천성적 지식을 갖춘 인물이었으며 다년간 설교하는 수련을 쌓아 왔다. 또 그는 학식 있는 신부들이 몇 번이고 그 문제를 토론하는 것을 늘 듣고 충분히 토의한 적이 있으며 그런 내용에 즉시 답변할 수 있도록 교육받아 왔다. 게다가 그가 자신이 들은 바에 대하여 타고난 기억력을 가진 것도 큰 힘이 되었다.

신부는 수사가 시작한 부분을 이어 말하였다.

"일본의 종교는 무無의 원리에 기초하여 있으며 일본 학자들의 학식이나 인식은 네 요소에 포함된 가시적인 것 이상은 언급하지 않는다. 그들은 네 요소의 원인에 관하여 대부분 아는 바가 없기 때문에, 보이지 않는 불멸의 영혼에 대하여 들었을 때 그것을 신기한 것으로 간주하는 것도 이상한 일은 아니다. 생명의 본원인 영적 실체는 육안으로는 명확하게 보이지 않지만 그대 니치조도 자신이 가진 이성으로 인식할 수 있다. 인간은 하나는 동물적, 하나는 정신적인 두 종류의 생명이 있다. 그리고 네 원소의 집성인 육체는 이들이 분해되고 분리되면 그 생명이 즉시 멈춘다. 그것은 지상에 존재하는 모든 짐승, 새, 물고기, 곤충과 마찬가지이다. 그러나 인간은 네 요소에 의존하지 않고 존재하는 지적 생명이 있어 네 요소가 분해되고 분리되어도 우리가 이성적인 영혼이라고 부르는 것은 한층 자유롭고 육체의 방해를 받지 않기 때문에 훼손되지 않고 완전히 머무르는 것이다."

이에 니치조가 답하였다.

"꿈속에서조차 그런 망상은 있을 수 없으며 당신이 말하는 것처럼 죽음에서도 네 요소에서 분리된 생명이 존재한다는 것은 있을 수 없는 일이다. 만일 그렇다면 여기에 내어 보일 수 있겠는가?"

"나는 이전부터 그대에게 그것을 보여 주고자 하였고 많은 근거[즉 당신 자신이 판단할 수 있음에 틀림없는 방법]를 제시하였지만 아직까지도 당신은 그것을 인식하지 못하고 있다."

여기서 니치조는 완전히 격앙하여 입술을 깨물고 이를 갈며 손발을 떨었으며 마치 화로 속에 있는 것처럼 얼굴은 새빨개지고 눈은 충혈되었다. 격노에 찬 나머지 동석한 국주 노부나가에 대한 외경심마저 완전히 상실하여 활시위를 떠난 화살처럼 뛰어 올랐으며 신부 곁을 지나갈 때 그를 욕하면서 뒤로 쓰러뜨릴 기세로 격하게 멱살을 잡았다. 그러고는 노부나가의 장검과 칼 두 자루가 있는 방의 한 구석으로 돌진하여 극도로 흥분하여 칼집에서 칼을 빼내면서 말하였다.

"그렇다면 나는 너의 제자 로렌스를 이 칼로 죽이고 말테다. 그때 인간에게 있다고 네가 말하는 영혼을 보여 주어라."

그가 칼집에서 칼을 빼기 시작하였을 때, 노부나가와 그곳에 있던 많은 다른 귀인들은 재빨리 일어나 그를 뒤에서 꼼짝 못하게 잡고 그의 손에서 칼을 빼앗았다. 일동은 부끄럼을 모르는 그의 행패를 비난하였지만, 노부나가는 그들과 달리 "니치조, 기사마가 행한 것은 악업이다. 승려가 행할 바는 무기를 잡는 것이 아니라 근거를 들어 교법을 변호하는 일이 아닌가?"라고 말하였다. 한편 니치조가 이 폭행과 소동을 일으키는 동안 신부와 수사는 그 자리에서 조금도 움직이지 않았.

이 상황을 견딜 수 없었던 니치조는 더욱 큰 고함과 불손함으로 다시

한 번 소란을 피우면서 크리스트교를 비방하고 신부를 기만자, 요술사라고 부르면서 그곳에서 추방하라고 노부나가에게 일곱여덟 차례 반복하여 말하였지만 사람들은 그의 재촉을 들으려 하지 않았다.

그 후 로렌스 수사는 겸손하고 침착하게 말하였다.

"우리들이 있는 이 저택은 당신 것도 신부의 것도 아니다. 귀인들 일동이 알고 있듯이 신부는 이미 떠나기를 희망하고 있었으나 도노가 지금까지 머무르게 하신 것이다. 따라서 귀승이 신부를 만나고 싶지 않으면 당신 집으로 돌아가면 된다. 우리들도 도노의 허락이 있으면 돌아갈 것이다."

그러자 노부나가는 "로렌스의 말이 지당하며 니치조의 신망은 실추되었다."라고 하였다. 그런데 때마침 큰 비가 오고 밤도 깊었기에 노부나가는 다시 "이제 밤도 늦었고 비가 와서 길도 나빠질 것이다. 따라서 선교사가 돌아가고자 한다면 가도 좋다."라고 하였다. 노부나가는 누군가에게 등불을 들고 앞서 가도록 명령하였고 와다도노는 신부를 집까지 수행하기 위하여 귀인 수 명을 딸려 보냈다. 와다도노는 니치조에게 격노하였기 때문에 노부나가 면전이 아니었다면 니치조를 죽여 버렸을 것이다.

같은 곳에 있던 300명의 모든 귀인 및 교토 사람들은 오로지 이 사건만을 화제로 삼았다. 그들은 모두 이교도이며 거의 대부분 크리스트교에 그다지 호의를 품고 있지 않았음에도 불구하고 이성과 진정성에 마음이 끌려 "논쟁의 승부는 그들끼리 결정하는 것이 좋겠지. 그렇지만 니치조는 승려인데도 불구하고 흥분하여 노부나가 면전에서 그처럼 격노하고 칼을 뽑는 등 예절에 반하는 과오를 범하였으므로 이것은 그가 패한 명백한 증거야."라고 서로 이야기하였다. 이와 유사한 말을 시중市中 사람들도 이야기하였고 니치조가 그것이 대단히 불쾌한 일임을 모를 리가 없었다.

니치조와 다이리의 칙허

당시 니치조와 무라이도노村井殿[57]는 노부나가의 명령으로 전 일본의 국왕이며 군주인 다이리를 위하여 새로운 궁전을 세우고 있었다. 그 승려(니치조)는 선교사가 어디에 있든 보이는 즉시 죽이고 교회도 파괴하라는 다이리의 칙허를 얻고자 결심하였다.

그날 오후 니치조는 다이리의 대리인인 공가公家 한 명과 함께 구보사마의 저택을 방문하여 "전하가 교토에서 추방한 데우스[그들은 우리를 이렇게 부른다]가 다시 마치町로 되돌아왔습니다. 그렇지만 그들은 요술사, 사기꾼이며 모든 일본 종교의 반역자, 공공 이익의 적이므로 지금이라도 추방해야 합니다."라고 하였다.

그러나 구보사마는 와다도노에게 매우 호의적이었고 자신이 선교사를 총애한다고 하면 와다도노가 자신의 일처럼 기뻐하리라는 것을 알았다. 그래서 구보사마는 "다이리에 말씀드려라. 어떤 인물을 교토에 들어오게 하거나 내쫓는 것은 폐하가 간여하실 문제가 아니다. 그것은 나의 직무에 속한다. 게다가 나는 선교사에게 교토뿐만 아니라 일본국 다른 어느 곳이나 원하는 곳에 거주하여도 좋다는 특허장patente을 주었다. 그들을 쫓아낼 이유가 없으며 나는 그렇게 하지 않을 작정이다. 더욱이 선교사는 노부나가한테서도 마찬가지로 자유를 보장받은 특허장을 받았다."라고 하였다.

금요일 점심 식사 후 니치조는 다이리의 대리인인 공가 한 명과 함께 칙명을 가지고 두 번째로 구보사마의 저택을 방문하였다.

니치조는 "전하는 노부나가를 고려하여 선교사를 추방하지 않지만 그

주**57** 교토 쇼시다이京都所司代인 무라이 사다카쓰村井貞勝이다.

들은 일본 종교의 대적입니다. 과거에 제찰을 발급하신 바가 있었더라도 이제 그들을 추방하도록 파발을 보내 청원하였으면 합니다."라고 하였다. 구보사마는 전날과 같은 답변을 반복하면서 타당한 이유가 없으므로 노부나가에게 사자를 보낼 수 없으며 폐하가 추방하기를 원한다면 폐하 측에서 직접 사자를 파견해야 할 것이라고 하였다. 지상에 큰 권위와 세력을 가지고도 자신의 염원을 수행하는 것에 실패한 악마의 도구 니치조가 얼마나 비탄에 빠졌을 지는 필설로 다 표현할 수 없을 정도였다.

그러나 약 한 달 사이에 다이리 및 노부나가의 니치조에 대한 총애는 현저히 높아져 고키나이에서의 매우 중요한 직무를 그에게 주고 그 각각마다 임무를 인정하는 문서를 내렸다.

첫째, 구보사마가 중대한 일을 결정할 때 특히 그 승려의 의견과 조언을 듣도록 하였다.

둘째, 다이리 궁전 재건의 직무가 니치조에게 일임되었으므로 노부나가는 그 경비조로 막대한 은을 그에게 주었다.

셋째, 고키나이 여러 국에서 유통되는 전화錢貨는 니치조의 검사를 받아 그의 결정과 제한에 따라 통용하도록 정하였다.

넷째, 인접 여러 국 사이의 전쟁에 있어 화평 교섭은 니치조의 조언과 판단에 따르게 하였다.

다섯째, 나라 대불의 재건 및 기타 유사한 사업의 책임자로 임명되었다.

니치조는 본성이 아주 오만불손한 데다가 이상의 일이 결정되자 이러한 특권과 세속적인 권력을 이용하여 다이리의 이름으로 하나님의 가르침과 선교사에 반대하는 수 개의 조항을 만들어 미노 국 노부나가에게 보냈다. 그는 노부나가를 재촉하여, 도노는 선교사를 어떤 호소나 변명을 허락하지 말고 추방하라면서 하나님의 가르침은 악마의 가르침이며 일본인이 존중하고 참배한 것을 배척하기에 여러 국 혼란의 요인이 되고 있다고 하였다.

　노부나가는 빌라도[58]와 같이 부정함을 간파하고 있었다. 그러나 그는 다이리에게 결례를 범하고 싶지 않았으므로 이 건에 있어서는 절충하기로 하고 선교사 추방에 관하여서는 말을 아끼면서 그저 일본 전체의 군주인 다이리의 뜻에 일임한다고 답하였다.

주[58] 로마 총독으로 예수를 사형에 처한 자이다.

선교사, 기후로 가다

프로이스의 기후 방문

루이스 프로이스는 밤이 깊은 네 시에 오미 국을 향하여 출발하여 히에 산 산기슭에 있는 사카모토 땅에서 로렌스 수사를 기다렸다. 로렌스는 그곳에서 15리 내지 20리 떨어진 고시미즈 성越水城에 있던 와다도노의 거처로 니치조의 답장을 휴대하고 갔다. 그곳에서 로렌스는 와다도노에게 몇몇 도노들 앞으로 보내는 소개장을 써 주기를 청하여서 이를 통하여 프로이스가 노부나가를 만날 수 있는 길을 열려고 하였다.

우리는 자정을 지나 새벽 세 시에 오미 호수[59]에서 배를 탔다. 다음날 그곳에서 13리 떨어진 곳으로 가서 육로를 따라 오미 국을 2일간 여행하고 산악 지역이 적고 대부분이 평지인 미노 국으로 들어갔다. 그곳에는 상쾌한 녹음이 우거진 숲과 큰 강이 있었다. 우리는 배를 타고 강을 건넜다. 그 사이에 우리는 땅에 버려진 머리가 없는 돌 우상을 여러 개 목격하였다.[60] 그것은 노부나가가 이것이 안치되어 있던 불당에서 꺼내 방기한 것이었다.

주59 현재 시가 현滋賀縣에 위치한 일본 제일의 호수 비와코琵琶湖이다.
주60 노부나가가 석불을 이용한 축성 방식을 교토 이외 지역에서도 활용하였음을 추정하게 한다.

이렇게 기후岐阜에 이르렀는데, 사람들이 말하는 바에 의하면 인구가 8,000 내지 10,000명을 헤아린다고 하였다. 우리는 와다도노가 지시한 집에 숙박하였다. 그곳은 상거래와 용무로 왕래하는 사람들이 셀 수 없이 많아 바빌론의 혼잡을 연상시킬 정도로 소금을 실은 수많은 말과 직물, 기타 물건을 휴대한 상인들이 여러 국에서 모여들었다.

영업과 혼잡 때문에 집 안에서는 자기 목소리가 들리지 않을 정도였으며 밤낮으로 도박을 하는 자, 식사를 하거나 장사를 하는 자, 물품을 포장하는 자 등 쉴 새가 없었다. 이 집에서는 도저히 마음 편히 있을 수가 없었지만 우리는 할 수 없이 2층에서 여러 사람과 섞여 지내게 되었다. 우리는 처음부터 정말 곤란한 두 가지 문제에 직면하였다.

첫 번째는 와다도노에게 얻은 소개장에 적힌 수취인인 도노도, 노부나가 거처에서 우리를 환대하여 주고 원조하여 주기로 한 다른 지인도 당시는 모두 정청에 없었다. 그래서 우리는 그중 한 명이 돌아 올 때까지 2, 3일간 기다리지 않으면 안 되었다. 두 번째는 우리 숙소의 주인이 다이리의 윤지綸旨[61]에 대하여 알고, 우리가 추방된 자들처럼 노부나가의 원조와 총애를 간청하기 위하여 방문한 것으로 여겨 우리를 정중하게 취급하지 않았고 우리를 싫어하였으며 우리와 만나거나 이야기하는 것조차 꺼렸다. 우리가 무언가 교섭하려고 그를 부르면 그는 화를 내며 거칠게 답변하였고 우리와 마주치지 않으려고 밖으로 나오지도 않았다. 그는 노부나가가 우리를 만나 주지 않아 자신의 거처에 있는 우리의 노력이 나쁜 결과로 끝날까 두려워하여 우리를 숙소에서 하루속히 쫓아내고 싶어 하였다.

주[61] 천황의 명령을 천황 비서실장격인 구로도蔵人를 통하여 내린 공식 문서이다. 천황의 아버지로 실권을 소유한 상황上皇이 내린 공식 문서는 원선院宣이라 하였다.

2, 3일이 경과한 후 사쿠마도노佐久間殿(노부모리)와 시바타도노柴田殿 (가쓰이에) 두 명이 교토에서 돌아왔기 때문에 당장 다음 날 새벽에 그들 집으로 가 그들이 기상하면 이야기를 하려고 기다렸다.

먼저 방문한 이는 노부나가 군대의 총사령관인 사쿠마도노였다. 그는 우리를 친절히 맞이하고, 우리가 도착하였음을 알리기 위하여 즉시 노부나가의 저택으로 갈 것이라고 하였다. 이어서 우리는 와다도노가 소개하여 준 시바타도노의 저택으로 갔다. 그는 아주 기뻐하며 호의적으로 우리를 맞이하고, 우리가 그곳에서 식사를 할 때까지 돌려보내려 하지 않았다. 그는 자신과 사쿠마도노가 우리를 도와 노부나가의 저택으로 갈 수 있도록 하겠다고 하였다.[62]

우리가 교토에서 미노 국으로 갔을 때 니치조와 그의 제자인 이교도 무리는 노부나가가 다이리의 특허장에 기초하여 프로이스를 죽이려고 포박하였다거나 장래 크리스천을 한 명도 교토에 남지 않을 것이며 그 가르침도 없앨 것이라는 소문을 퍼뜨렸다.

노부나가의 기후 저택

이 도노 두 명이 이날 오후 노부나가의 거처에 가서 우리가 그 땅에 와 있다는 사실을 보고하자, 노부나가는 기뻐하며 그들에게 말하였다.

"다이리가 윤지를 내려 선교사를 교토에서 추방하거나 살해하라고 말한 일은 매우 유감이다. 선교사가 거주하는 국은 어디라도 즉시 파괴될 것이라고 사람들이 말하지만 나는 그렇게 우스운 이야기는 이 세상에 없

주62 노부나가를 면담하려면 이처럼 노부나가의 가신 가운데 양자를 연결해 줄 사람이 필요하였다. 이를 중개역取次役라고 하여 면담을 주선한 해당 인물은 통상 그 대가로 일정 금액을 보수取次錢로 받았다.

다고 생각한다. 나는 그들이 외국인이기 때문에 동정심을 느껴 그처럼 총애하는 것이며, 그들은 교토에서 추방되지 않을 것이다."

그 후 그는 자신이 매우 좋아하는 음악을 들은 후 새 궁전 건축물을 보러 나갔다. 그는 그때 우리를 만나 상당한 시간을 함께하면서 나 프로이스가 온 것에 기뻐하는 기색을 보였다. 그는 나에게 언제 도착하였는지 묻고 자신을 만나기 위하여 그렇게 먼 곳에서 오리라곤 생각지도 못하였다고 하였다. 이어 그는 그 두 명의 도노와 구보사마에 속한 다른 귀인 세 명, 크리스트교에 극단적인 적이자 법화종 신종파를 창시하였고 후일 노부나가에게 살해된 다케노우치 산미라는 자, 또 교토의 악사 두 명, 로렌스 수사 등과 함께 새 궁전을 방문하였다. 귀인 600명 정도는 밖에 머물렀다.

노부나가는 선종의 가르침에 따라 내세는 없고 눈에 보이는 물질 이외에는 어떤 것도 존재하지 않는다고 믿었다. 매우 부유하였기 때문에 어떤 국주가 자신을 능가하기를 바라지 않았다. 뿐만 아니라 그는 자신의 영화를 보여 주기 위하여 다른 사람보다 우월하기를 바랐다. 이 때문에 그는 많은 돈을 들여 자신의 위안과 오락으로 삼고자 새 궁전을 건축하기로 한 것이다.

궁전은 아주 높은 산기슭에 있고, 그 산 정상에 주성主城이 있다. 놀라운 크기의 절단되지 않은 거대한 돌로 된 성벽이 그것을 둘러싸고 있다. 첫 번째 안뜰에는 극이나 공적인 축제를 열기 위하여 훌륭한 목재로 지은 극장 같은 건물이 있고 그 양측으로 큰 그림자를 드리운 과일나무 두 그루가 있다. 넓은 석단을 올라가면 고아의 사바요[63]보다 큰 응접실로

주63 15세기 데칸 왕국의 하나인 비자프루의 군주 유스프 아딜 샤를 사바요라고 한다.

들어가는데 앞 회랑과 도보 회랑이 연결되어 있고 그곳에서 시가지 일부가 보인다.

그는 여기서 잠시 우리와 함께 있으면서 말하기를 "나의 저택을 보여 주고 싶지만 당신들에게는 아마도 유럽과 인도에서 본 다른 건축물과 비교하면 뒤떨어진다고 생각할지도 모르기 때문에 보여 주는 것이 좋을지 망설여진다. 그렇지만 당신들은 멀리 떨어진 곳에서 내방하였으니 내가 안내하여 보여 주려 한다."라고 말하였다.

노부나가의 습관과 성격으로는 설사 그의 총신이라도 그가 부른 것이 확실해야 궁전 안으로 들어올 수 있었고, 들어온 자와는 밖에 있는 첫 번째 현관에서 이야기를 하였다. 당시 함께 들어갔던 모든 도노들도 궁전을 본 것은 이번이 처음이었다. 이곳에는 목수들과 건축 공사를 감독하는 젊은 귀인 네 명이 있을 뿐이었다.

방, 복도, 회랑, 내부 거실은 수가 많았을 뿐만 아니라 매우 교묘히 축조되어 이제 아무것도 없을 것이라고 생각한 곳에 훌륭하고 아름다운 방이 있고, 그 뒤에 또 다른 다수의 주목할 만한 건물이 보였다. 우리는 응접실의 첫 번째 복도로부터 그림과 도금된 병풍으로 장식된 약 스무 개의 방에 들어갔는데, 들은 바에 따르면 그중 몇 개는 다른 금속을 섞지 않은 순금으로 테두리를 둘렀다고 한다. 그 주위에는 최상품 목재로 된 진귀한 회랑이 뻗어 있었는데, 두꺼운 마루 바닥은 찬란하게 빛나 마치 거울과도 같았다. 회랑의 벽은 금칠 바탕에 중국과 일본의 이야기를 그린 것으로 한쪽이 가득 차 있었다. 회랑 바깥으로는 니와庭라고 하는 매우 청초한 정원이 네다섯 개 있었는데 일본에서도 드물게 완벽하였다.

포르투갈인은 점거한 후에 이곳을 중심으로 고아Goa의 시가지가 건설되었다.

그것 중 몇몇은 1파우무[64] 깊이의 연못이 있고 정원 바닥에는 정성을 다하여 고른 거울과 같이 매끈한 작은 돌과 눈부신 흰 모래가 있었다. 연못 속에는 여러 종류의 아름다운 물고기가 헤엄치고 있었으며, 연못 안 바위 위에는 각종 화초와 식물이 자라고 있었다. 아래쪽 산기슭에는 저수지가 있었고 물길은 그곳에서 나뉘어 집 쪽으로 흘러갔다. 집 근처에는 아름다운 연못이 있었고 다른 장소에도 궁전의 필요한 용도에 맞추어 사용할 수 있는 연못이 있었다.

2층에는 부인용 방이 있는데 완전함과 기교면에서 아래층 방을 훨씬 능가한다. 방에는 그 주위를 휘감은 회랑이 있고 시가지 쪽과 산 쪽 모두 중국제 금란으로 된 막이 걸려 있으며 작은 새들이 지저귀는 소리가 들리는가 하면, 신선한 물로 가득 찬 다른 연못에서는 온갖 종류의 아름다운 새를 볼 수 있었다.

3층은 주위 산과 같은 높이로 차실의 역할을 하는 복도가 있다. 그곳은 매우 조용한 장소로 사람들의 소음이나 혼잡함이 없고 정숙하며 우아하였다. 3, 4층에서는 시가지 전체를 전망할 수 있었다.

그 후 노부나가는 로렌스 수사와 나, 그리고 특별한 총신 두세 명에게 차실과 그가 그곳에 소장한 고가품을 보여 주었다.

우리들이 1층 방으로 돌아온 뒤, 그는 화려한 의복을 입은 몸집이 매우 작은 사내를 가마에 싣고 와 춤을 추고 노래를 부르게 하였는데 동석한 사람들은 크게 즐거워하였다.

그는 그곳에서 나와 가장 큰 응접실이 있는 다른 회랑으로 가 우리 음식과는 다른 각종 음식을 제공하였는데, 그것은 그들 양식에 따르면 단

주64 1파우무palmo는 약 22센티이다.

음식으로 구성된 간식에 해당되었다. 이와 같은 일정이 끝나고 이날 오후 그는 우리와 작별하였다.

미노 국과 그의 정청에서 본 모든 것 중에서 우리를 가장 경탄시킨 것은 국주 노부나가가 얼마나 이상한 방법으로 혹은 놀라운 세심함으로 가신에게 봉사와 외경을 받고 있었는가는 점이다. 그가 살짝 손짓만 하여도 그들은 아주 흉포한 사자 앞에서 도망가는 것처럼 황급히 사라졌다. 그리고 그가 안에서 한 명을 부르기만 하여도 밖에서는 백 명이 목청을 높여 대답하였다. 그가 지시한 사항을 전달하러 가는 자는 도보로 가든 말을 타고 가든 불꽃이 튀는 것처럼 재빨리 가야 하였다. 교토에서 명망이 있는 구보사마의 최대 총신과 같은 도노도 노부나가와 이야기할 때에는 얼굴을 땅에 대고 말해야 하며 그의 앞에서 얼굴을 드는 자는 아무도 없었다. 그와 이야기하기를 원하거나 정청에 어떤 용건이 있는 자는 그가 성에서 나와 궁정으로 내려 올 때까지 길가에서 기다려야 하였다. 그 누구도 등성하여서는 안 된다는 엄명을 내렸는데, 이는 어겨서는 안 되는 금령으로 그는 아주 소수의 몇 명에게만 등성을 허가하였다.

천황과 쇼군에 대한 노부나가의 인식

그 후 2, 3일이 지나 오와리 국에서 덴주로도노傳十郎殿[65]라는 젊은 귀인이 왔다. 그는 노부나가의 총신이다. 우리는 그의 앞으로 된 와다도노의 소개장을 갖고 갔다. 그는 아주 기뻐하며 우리를 맞이하고 자신의 저택에서 식사를 제공하였고 국주(노부나가) 밑에서 나를 원조할 것이라고

주[65] 오쓰 나가마사大津長昌이다. 노부나가의 대표적인 측근으로 신분은 우마마와리중馬廻衆이다. 원래는 오미 국 사카타 군坂田郡 출신으로서 니와 나가히데丹羽長秀의 사위이다.

약속하였다.

그런데 노부나가는 우리가 교토에 거주할 수 있도록 호의를 베풀어 주겠다고는 하였지만, 그 증명서가 교부되기를 마냥 기다리는 것은 우리의 기후 방문 성과를 고대하는 크리스천들을 너무나 오래 기다리게 하는 것이어서 먼저 동행한 루이스 나카이라는 크리스천을 통하여 교토의 크리스천 앞으로 된 편지 한 통을 보냈다. 편지에서 국주가 얼마나 우리를 총애하였는가를 알리고 덧붙여 우리들이 얼마 후 좋은 결과를 가지고 돌아갈 것이라 하였다. 또한 우리는 그를 통하여 다른 편지 한 통을 와다도노에게 보냈다. 그 내용은 노부나가에게 편지를 한 통 더 써 주기 바라며 미노에서 그것을 기다린다는 것, 나에 대한 구보사마의 의도를 들어서 알고 있다는 것, 다이리도 이의가 없다고 다이리의 이름으로 공가公家가 내려준 대답을 노부나가에게도 설명하여 달라는 것이었다.

루이스가 이러한 일을 보고하였을 때 교토의 크리스천들은 매우 기뻐하였다. 와다도노는 그곳에서 20리 떨어진 효고兵庫에 있었다. 크리스천이 편지를 휴대하고 가자 와다도노는 그를 환영하면서 마치 매우 가까운 친척을 대하듯이 하고 노부나가가 우리들에 보여 준 총애에 관하여 상세히 물었다.

이 크리스천이 출발한 다음날 덴주로도노라는 젊은이는 국주 노부나가에게 가서 구보사마에게 우리를 잘 대우하여 줄 것을 요청하는 로렌스와 내가 쓴 4, 5행으로 이루어진 편지를 건넸다. 노부나가는 편지가 너무 짧아 마음에 들지 않는다고 하면서 즉시 서기를 불렀다. 서기는 노부나가 앞에서 무릎을 꿇고 새로 편지를 써서 무엇보다 구보사마가 크리스천들을 보호하여 주었으면 하는 내용을 담았다. 덴주로도노는 이 편지에 노부나가의 도장을 찍어 나에게 주었다. 그리고 이와 별도로 나를 위하여 와다도노와 니치조 앞으로 각각 편지를 써서 노부나가가 나에게 보여준 애정과 호의를 서술함으로써 우리가 총애를 받은 사실을 충분히 입증하였다. 그렇지만 그는 그 후 곧 전장으로 출발하였기 때문에 나는 나중에 에치젠 국주가 된 시바타도노의 저택에 가서 나의 문제를 해결하여 준 것을 감사하고 동시에 이별의 인사를 하고 싶으니 노부나가에게 데려가 주었으면 좋겠다고 청하였다. 사바타도노는 자신의 집에서 그의 친밀한 친구인 와다도노가 보여준 것에 뒤떨어지지 않은 만족의 뜻을 표시하고 향응을 베풀어 준 후 나를 국주에게 안내하여 주었으므로 나는 다시 노부나가와 이야기를 나눌 수 있었다.

노부나가는 교토에서 온 많은 귀인 앞에서 나에게 "다이리나 구보사마에 대하여 걱정할 필요가 없다. 모든 것은 나의 권력 아래 있으니 내가 말하는 것만을 행하고 그대가 원하는 곳에 있으면 된다."라고 말하였다. 그는 내게 언제 출발하는지 물었다. 나는 이미 도노의 지령을 받은바 내일 아침 출발하려 한다고 하였다. 그러자 그는 "그대의 출발은 너무 빠르다, 내일 성을 보여 수고 싶으니 이틀을 연기하라."라고 하였다. 그리고 그는 즉시 가장 고귀한 도노 한 명을 불러, 내일 자신의 저택에서 향응을 베풀 수 있게 자신의 귀인 및 교토에서 온 귀인들 일고여덟 명을 선교사들과 함께 식사할 수 있도록 그곳으로 부르라고 하였다. 또한 공가 히노도노日野殿의 아들[66]도 마찬가지로 자신을 대신하여 선교사들을 접대하기 위하여 그곳으로 가게 하였다.

노부나가의 가신들과 여러 국에서 용무 때문에 정청에 와 있던 많은

주[66] 히노 데루스케日野輝資이다. 원래 히노 가문의 분류인 히로하시廣橋 가문 출신이었으나 본가인 히노 가문을 계승하였다. 당시 15세로 추정된다.

귀인들은 우리 주 하나님이 노부나가를 통하여 우리에게 보여 준 호의에 경탄하고 놀라면서 노부나가의 신분과 성격으로 볼 때 이처럼 기괴하며 이상한 행위가 무엇에 기인하는지 그 이유를 알 수 없다고 하였다.

노부나가의 기후 성

다음 날 우리를 초대하도록 된 나카가와도노中川殿[67]라는 귀인은 사자를 두 차례 집으로 보내 식사 준비를 마치고 우리를 기다린다고 하였다. 우리는 그곳으로 갔는데 이 이교도 사령관이 노부나가의 지시대로 호화로운 식사, 즉 일본에서 제공할 수 있는 최선의 음식을 준비하느라 애를 썼음을 알 수 있었다. 우리가 식탁에 있을 때 노부나가로부터 사자가 두 차례 왔다. 사자들은 우리가 식사를 끝내면 시바타도노가 선교사들을 성으로 인도할 것이며 노부나가가 이를 기다리고 있다는 말을 전하였다.

우리는 즉시 출발하였다. 산을 올라가는 도중에 보루가 설치되어 있는 것을 보았는데 그 아래로는 사람들이 통과하는 매우 큰 입구가 설치되어 있었고, 보루 상부에는 열다섯 명 내지 스무 명의 젊은이가 밤낮으로 배치되어 늘 망을 보고 서로 교대하였다. 그 위에 있는 성으로 올라가자 입구에 있는 큰 방 세 개에 약 100명 이상의 젊은 귀인이 있었는데 그들은 각국 최고 귀인들의 아들로서 열두 살에서 열일곱 살 정도이며 위아래로 명령을 전달하면서 노부나가에게 봉사하고 있었다. 그곳에서는 누구도 그 안쪽으로 들어가지 못하였다. 왜냐하면, 노부나가가 그 안쪽에서는 부인과 자녀만 살도록 하였기 때문이다. 아이들은 기묘奇妙[68]와 오차센お茶筅[69]으로 형은 열세 살, 동생은 열한 살 정도였다.

주67 나카가와 시게마사中川重政이다.
주68 오다 노부타다織田信忠이다.

우리가 도착하자 노부나가는 즉시 우리들을 불렀고 로렌스 수사와 나는 안으로 들어갔다. 그는 차남에게 차를 가져오라고 지시하였다. 그는 나에게 첫 번째 다완을 주고 자신은 두 번째 것을 잡았고, 로렌스 수사에게는 세 번째 다완을 주었다. 그곳 회랑에서 그는 우리들에게 미노와 오와리 경관의 대부분을 보여 주었는데, 모두 평탄하여 산과 성에서 전망할 수 있었다.

그 회랑에 면하여 내부에는 매우 호화로운 방이 있었다. 모두 도금을 입힌 병풍으로 장식되어 있고 그 안에 천 개가 넘는 화살이 놓여 있었다.

그는 나에게 인도에도 이와 같은 성이 있는지 묻는 등 우리들의 담화는 두 시간 반에서 세 시간 동안 지속되었다. 그 사이에 그는 4원소[70]의 성질, 해와 달, 별, 춥고 더운 여러 나라의 특징, 여러 나라의 풍습에 관하여 질문하고 이에 대하여 큰 만족과 기쁨을 보였다.

이야기 중간에 노부나가는 어린 아들을 불러 안에 들어가 우리를 위한 만찬을 준비하게 하였다. 이것은 매우 신기한 일로 그의 성격으로 보아도 특이하며, 그의 가신 중 어느 누구도 그가 일찍이 이렇게 하는 일을 본 적이 없었다. 잠시 후 그는 일어서서 안으로 들어갔고 나는 홀로 회랑에 남겨졌다. 뜻밖에도 그가 스스로 나의 밥상을 들고 그곳으로 돌아왔고 차남은 로렌스의 밥상을 날라 왔다.

노부나가는 "그대들이 갑자기 왔기 때문에 대접할 것이 없다."라고 하였다. 그리고 내가 그의 손에서 밥상을 받아 들고, 그의 친절에 대한 감사의 표시로 그것을 머리 위에서 받아 들자, 노부나가는 "국[汁, 밥에 딸

주69 오다 노부카쓰織田信雄이다.
주70 만물을 구성한 원소로 알려진 땅地, 물水, 불火, 바람風이다.

려 먹을 수 있는 스프를 엎지르지 않게 똑바로 들도록."이라고 하였다. 어린 그의 아들은 신기하게 생각하면서 노부나가가 우리를 특별 대우하는 것을 지그시 보고 있었다.

우리가 방에서 식사를 마치고 노부나가는 안에 있을 때, 그의 아들인 왕자는 아와세袷[71]라는 비단옷과 매우 아름다운 흰색 아마로 짠 직물을 가지고 와서 "아버지께서 당신이 이것을 착용하라고 하십니다."라고 말하고, 로렌스 수사에게는 다른 훌륭한 흰옷을 주었다. 우리가 그것을 착용하였을 때 노부나가는 다시 자신이 있던 장소로 우리를 불렀다. 그리고 우리를 보자, 아주 만족하여 "지금 그대는 일본의 장로와 같다."라고 하였다. 그리고 그는 아들들을 향하여 "내가 이렇게 한 것은 선교사의 신망과 명성을 높이기 위하여서이다."라고 말하였다. 또 나에게 자주 미노에 내방하라고 하고 여름이 지나면 돌아오라고도 하였다. 그리고 그는 우리에게 이별을 고하면서 시바타도노를 불러 우리에게 성 전체를 보여주도록 지시하였다. 이런 이야기를 할 때 그의 말투는 애정으로 충만하였다.

1569년 7월 12일 교토에서(미노에서 돌아온 후 프로이스가 분고豊後의 신부들에게 보낸 편지)

주[71] 겉과 속을 합쳐 만든 의복이다.

2부 확장
아즈치 성

| 1장 | 노부나가의 적대 세력

❖ **연도**: 1571년38세~1573년40세

❖ **주요사건**: 엔랴쿠지 방화, 아시카가 요시아키의 몰락, 다케다 신겐武田信玄의 사망, 아자이·아사쿠라의 멸망

❖ **연표**: 1570년은 노부나가에게 곤경과 시련의 해라고 할 수 있는데, 다음 해인 1571년이 되어도 전반적인 상황은 크게 나아지지 않았다.

같은 해 5월 마쓰나가 히사히데가 노부나가에 적대하여 군대를 일으켰다. 노부나가는 교토 인근의 적대 세력에게 반격에 나서, 이해 9월 중세 대표적 사원 세력 중 하나인 엔랴쿠시延曆寺를 남김없이 불태우고 수천 명의 승려를 죽였다. 엔랴쿠지는 노부나가에 반대하는 아자이·아사쿠라 가문을 도와 노골적으로 반노부나가 진영을 편들고 있었다.

1572년 1월 아사쿠라·아자이를 포함하여 노부나가에 반대하는 진영이 모두 봉기하였고, 이들 중에는 노부나가에게 쫓겨난 오미 국의 롯카쿠 요시카타와 오사카 혼간지를 중심으로 하는 일향종一向宗 세력도 있었다.

노부나가는 이들 세력을 조종하는 배후 인물로 요시아키를 지목하였고, 9월 요시아키를 맹비난하는 17개조 이견서를 공포하여 두 사람의 관계는 회복 불능의 상태가 되었다. 요시아키는 교토 인근 이외의 많은 다이묘에게도 노부나가 타도를 촉구하였고 같은 해 10월 이에 호응한 다케다 신겐이 자신의 근거지인 가이 국을 떠나 교토로 향하였다. 12월 신겐은 자신의 상경을 막아선 도쿠가와·오다 연합군을 미카와 국 미카타가하라에서 격파하여 노부나가를 더욱 궁지로 몰아넣었다.

해가 바뀐 1573년天正1 2월, 반노부나가 세력의 활약에 자극을 받은 요시아키가 노부나가를 치기 위하여 거병하였다. 신겐 역시 도쿠가와 이에야스의 미카와 국 노다 성을 공략하는 등 기세를 올렸다. 그러나 같은 해 4월 파죽지세로 상경하던 신겐이 쉰세 살의 비교적 젊은 나이로 돌연 병사하면서 노부나가는 일생 최대 위기에서 벗어났다.

같은 달 4일, 노부나가는 요시아키의 거처를 포위하고 교토 상경을 방화하여 초토화시켰다. 수도 교토가 화염에 휩싸인 것은 오닌의 난1467~1477 이후 거의 100여 년 만이었다. 궁지에 몰린 요시아키는 일단 자식을 인질로 내어 노부나가와 화해하였지만 노부나가에 대한 불신의 골을 끝내 메우지 못하고 7월 교토 인근 마키노시마 성에서 재차 거병하였다. 그러나 노부나가의 공격에 버티지 못하고 같은 달 18일 요시아키는 항복하고 교토에서 쫓겨났다. 비록 노부나가가 요시아키를 죽이지는 않았지만 이로써 무로마치 막부는 사실상 종말을 고하였다.

이어 같은 해 8월 노부나가는 에치젠으로 출진하여 아사쿠라 요시카게를 죽여 아사쿠라 가문을 멸망시키고, 8월 27일 오미 북쪽의 아자이 나가마사를 자살시켜 아자이 가문도 멸망시켰다. 또 11월에는 미요시 삼인중의 지지를 받았던 미요시 요시쓰구가 자살하였고, 12월에는 항쟁을 계속하던 맛쓰나가 히사히데도 항복함으로써, 교토 인근에서 노부나가를 적대시하는 세력은 거의 사라졌다.

이해 7월 28일 노부나가는 조정을 움직여 연호를 겐키元龜에서 덴쇼天正

으로 바꾸어 새로운 시대의 출현을 대내외에 알렸다. 천하포무 등 '천天' 을 내세운 노부나가의 시대가 도래하였음을 알리는 상징적인 조치였다.

❖ **해설:** 노부나가가 자행한 아시카가 요시아키와의 갈등에 따른 교토 방화, 엔랴쿠지 방화 등을 포함한 불교 세력 탄압 등을 자세히 서술하고 있다. 다만 다케다 신겐의 상경을 포함한 일본 내 세밀한 정치 동향은 소략한 편으로 역시 프로이스의 주된 관심사는 크리스트교 선교 활동과 이를 적대하는 불교 세력 등 종교 문제에 있었다.

기후를 방문한 일본 포교장布敎長 프란시스코 가브랄과 노부나가의 만남에 관한 서술도 흥미롭다. 노부나가는 가브랄 등을 "인도에서 내방한 고승高僧"으로 파악하고 있으며, 손수 찻잔이나 식사를 나르는 등 신부들을 극진히 대접하는 모습이 눈에 띈다. 그 외에도 선교사라는 낯선 이방인과 일본인들의 접촉에 관한 여러 에피소드도 흥미롭다. 가령 안경을 쓴 가브랄에 대해 "선교사는 눈이 네 개이며, 두 개는 보통 사람들과 같은 위치에 다른 두 개는 거기서 조금 바깥에 달려 있다"고 인식하는 등 낯선 서양 문물을 처음 접한 일본인들의 반응을 묘사하였다.

사원 세력과 싸우다

니치조 상인上人의 최후

신부가 교토에 돌아와 크리스천들이 희열과 위안 속에 교회를 세우게 되었을 때 니치조는 선교사와 크리스트교 교회를 섬멸하려는 그때까지의 노력이 충분하지 않음을 인정하였다.

니치조는 다이리의 장인인 마데노고지도노萬里小路殿[72]와 함께 와다도노를 파멸시키기 위하여 어떤 방책을 취해야 할지 협의하였다. 와다도노가 몰락하면 신부들은 구제받을 길이 없어질 것이라고 생각하였기 때문이다. 두 사람은 일련의 허위 사실에 기초하여 애매모호하고 그럴듯하게 꾸민 몇 개의 이야기를 마치 다이리가 지시한 것처럼 작성한 뒤에 그것을 당시 미노 국에 있던 노부나가에게 보냈다. 그 조항들은 국정에 관한 것이었다.

와다도노는 불명예, 재정적 손실, 자신의 이름과 지위에 굴욕을 입고 교토로 되돌아왔다가 다시 시골로 가 노부나가의 총애를 상실한 채 거의 일 년을 머물렀다.

와다도노가 다시 이전의 지위에 임명된 후 불과 10일 내지 12일이 지났을 때 노부나가는 니치조가 묵인할 수 없는 몇 가지 난행과 그의 신분

주72 마데노고지 고레후사萬里小路惟房이다.

에 어울리지 않는 중죄를 범한 사실에 대하여 들었다. 니치조가 어느 날 궁전에서 노부나가 앞에 나타났을 때 성격이 급한 노부나가는 니치조의 행위에 걸맞는 심한 말로 그에게 욕을 하고 음란한 행위로 공공연히 회자되는 불명예스런 범죄에 노여움을 터트리며 젊은 귀인들에게 즉시 그를 밟아 죽이라고 지시하였다. 그렇지만 그 승려는 그야말로 전광석화처럼 도망갔다. 노부나가는 즉시 그의 모든 직을 박탈하였고, 그의 범행은 수개월간 교토 정청에서 회자되었다.

그러나 니치조는 수치심이 거의 없는 인물이었기 때문에 겉으로는 파렴치한 행위를 전혀 한 적이 없는 것처럼 행동하였고 연줄을 이용하여 마침내 노부나가에게 다시 등용되기에 이르렀다. 다만 이전보다는 훨씬 낮은 신분이었다. 그렇지만 그는 그 이상 높은 지위에 올라갈 수 없었고 이러한 몰락으로 자존심에 상처를 받았기 때문에 다른 먼 지방으로 떠났다. 운을 다한 승려는 불행하게도 그곳에서 초라하고 비참한 죽음을 맞았다.[73]

전국 시대 무사의 전투

다이리의 고문인 공가들은 관례적으로 자신들에게 지급되어 온 사카이·교토 사이의 통행세를 인정하여 달라고 와다도노에게 간청하였다. 그것은 막대한 수입이었다. 이에 앞서 노부나가는 정복한 모든 국 백성들을 이 징세 의무로부터 면제하여 준 적이 있었다. 그것을 부활시키는 것은 오로지 봉행 와다도노의 동의 여부에 달려 있었다.

와다는 그들에게 "그 건과 다른 어떤 일에서 내 호의를 바란다면 귀공

주**73** 니치조는 1573년 초부터 오타 규이치太田牛ー의 『신장기』에 나오지 않는다. 이 무렵 노부나가의 총애를 상실한 것으로 보인다.

께서 단지 한 가지 일만 하시면 됩니다. 나는 그 일을 내가 당신들에게 베푸는 모든 일에 대한 최고의 사례라고 생각할 것입니다. 그것은 귀공들이 선교사를 위하여 다이리 측과 상의하여 다이리에 인사 올려도 좋다는 허가를 받는 일, 그리고 앞서 선교사들을 교토에서 추방하고 교회를 몰수하라고 니치조에게 내린 칙명을 철회하는 것입니다."라고 하였다. 그러나 그들 중 누구도 이와 관련하여 다이리에 말하지 않았기 때문에 와다는 죽을 때까지 그들을 친구로 삼지 않았고 그들의 간청을 받아들이지 않았다.

봉행 와다는 이케다 영지와 그 근처에 새로 성 두 개를 축조하였다. 이 영지는 와다의 적이자 매우 호전적인 가신을 여러 명 둔 아라키荒木[74]라는 도노에게 속하여 있었다. 아라키는 이 성들이 만들어지자 매우 격앙하여 와다가 곧 자신을 치러 올 것이 확실하다고 여기고 그 성들을 포위하여 접수하고 파괴할 결심을 하였다.

9월 10일(일본 날짜로는 8월 21일)에 아라키는 자국 영지의 모든 고위 무사가 연서한 한 통의 포고를 발하여 설령 신분이 아무리 낮은 자라도 이번 전투에서 와다의 목을 베면 누구든 1,500크루자두를 주겠다고 하였다. 그 다음 날 새벽 아라키는 성 하나를 포위하기 위하여 엄선한 병사 3,000명을 세 부대로 나누어 이들을 이끌고 출진하였다. 그 성 하나에는 성주 다카야마 다리오도노와 아들 주스토 우콘[75]이 가신들과 함께 있었다. 초병들이 적의 습격을 알려오자 다리오는 즉시 3리 거리에 있던 와다에게 통보하였다.

주74 아라키 무라시게荒木村重이다.
주75 다카야마 우콘高山右近이다.

와다는 대담하고 용감하였다. 그는 성안에 200명의 측근을 거느리고 있었는데 그들은 고키나이 전체에서 가장 훌륭한 창병이며 용감한 전사였다. 그러나 갑작스런 보고에 와다는 성안에 있던 700명 남짓한 병사를 거느리고 출진할 수 밖에 없었다. 그의 가신들은 그곳에서 3, 4, 5리 내지 8리나 멀리 떨어진 곳에 있었기 때문이다. 와다는 먼저 프란시스코 가브랄 신부가 분고에서 보내준 금실이 달린 주홍색 벨벳 모자를 쓰고 말을 타고 선두에 나섰다. 그는 그것을 매우 소중히 여기고 있었기 때문에 그 모자에 맞추어 제작한 철로 된 투구 위에 덧씌웠다. 그는 200명의 귀인만 거느렸고 그 외 500명의 병사는 열여섯 살 정도인 봉행의 자식과 함께 후방에서 따라갔다.

와다도노는 계산을 잘못하여 성에서 1,500명을 거느리고 출발한 것으로 착각하였기 때문에 적이 거느리고 오는 병사의 수를 두려워하지 않았다. 그래서 새 성에서 반 리 정도 떨어진 곳에서 적을 발견하자 아들과 함께 오고 있는 500명의 후발대를 기다리지 않고 일동을 말에서 내리게 하여[교전 때 도보로 싸우는 것이 일본의 관습이었다], 자기 쪽으로 적 1,000명이 다가오는 것을 모른 채 200명만으로 공격에 나섰다. 그들은 금방 발각되었고 곧바로 구릉 기슭에서 숨어 있던 2,000명에게 포위당하고 말았다. 최초 교전에서 적은 바로 가운데에 몰려 있던 와다 군에게 일제히 300정의 총을 발사하였다. 200명의 와다군은 자신의 총사령관과 한몸이 되어 다가오는 위험에 용감무쌍하게 맞서 싸웠다. 봉행은 조우한 적 한 명에게 중상을 입혔지만 이미 그 전에 자신도 갈기갈기 베어지고 무수한 관통상을 입었기 때문에 결국 적에게 목이 잘렸다. 그렇지만 적도 와다도노의 목을 들고 5, 6보 걸어가다가 봉행에게 입은 심한 상처로 피를 많이 흘려 역시 죽고 말았다. 봉행과 함께 200명의 귀인들도 모두 전사하였다.

　와다도노의 아들은 부친의 파국을 접하고 후퇴하여 약간의 가신을 거느리고 급히 다카쓰키 성으로 돌아갔다. 남은 병사들은 봉행과 가장 신분이 높은 사람들이 전사하였다는 소식을 듣고 사방팔방으로 흩어져 버렸기 때문이다.

일본 포교장 가브랄 신부와 노부나가

　당시 노부나가는 미노 국 기후에 있었다. 그래서 메스토레 프란시스코 하비에르 신부 이래 최초의 일본 포교장布敎長인 프란시스코 가브랄 신부는 교토에 도착한 뒤 며칠이 지난 후 교토 지방의 상장上長 루이스 프로이스 신부와 일본인 수사 로렌스, 코스메와 함께 기후를 향하여 출발하였다. 눈도 많이 쌓이고 매우 추운 악천후 속에서 출발하여 미노에 도달하기까지 5, 6일이 걸렸다.

　노부나가의 오만과 허세는 보통이 아니었고, 그는 모든 사람들, 특히 승려를 경멸하고 그들에게 혐오감을 품고 있었다. 그는 온갖 아름다운 선물을 가지고 방문하는 자들만 회견을 허락하였으며, 사람들은 그것만으로도 큰 호의이자 각별한 총애로 여겼다. 우리 주 하나님은 노부나가의 마음을 움직이셨으니, 오만한 그의 성격에 걸맞지 않게 그가 외국인 신부 두 명을 특별히 총애한 것은 주님의 크나큰 섭리였다. 즉, 그는 정청의 여러 제후와 귀인들의 우리에 대한 인식과 존경을 고양시켰을 뿐만 아니라 그 자신도 평소와는 달리 과한 태도를 보여 줌으로써 모두를 경탄시켰다. 그가 이룬 모든 업적 중에서 중요한 것을 약간만 언급하려 한다.

　먼저 노부나가의 비서 세키안夕庵[76]은 몇 년 전 인도에서 온 신부들의 일본 포교장과 노부나가가 이전부터 알고 있던 루이스 프로이스 신부가 노부나가 저택 근처로 그를 만나러 와 있다고 보고하였다. 노부나가는 프란시스코 가브랄 신부가 규슈 지방에서 자신을 방문하러 온 노고에 놀라움과 감사를 표하고 점심 식사 후 바로 방문하라고 대답하였다. 노부나가는 그에게 봉사하고 있던 젊은 귀인과 중요 인물들에게 "오늘 이곳에 인도에서 내방한 고승高僧들을 빈객으로 맞게 되었다. 오늘은 모두 예복을 입고 아름답게 치장하고 오도록 하라."라고 말하였다. 모두 그의 말대로 하였다.

　신부들이 방문하였을 때 노부나가의 정청에는 통상 노부나가에게 그들을 소개하는 역할을 맡은 귀인 두세 명이 있었다. 그런데 노부나가는 그들을 물러가게 하고 그들보다 높은 지위의 노인에게 이 직무를 담당하라고 하였다. 이어서 노부나가는 그들을 위로 올라와 곁에 앉게 하고 애정에 찬 말을 한 후 갑자기 다른 방으로 가서 손수 한손에 하나씩 찻잔 두 개를 가지고 나타나 신부들에게 마시라고 건넸다. 노부나가는 이야기를 계속하여 로렌스 수사에게 일본의 신에 관하여 또 이자나기, 이자나미가 이 나라의 최초 주민이었다는 설에 대하여 어떻게 생각하는지 질문하였다. 이때 그는 수사로부터 들은 대답에 기뻐하였으며, 수사는 하나님의 정의와 사랑에 관하여 더욱 상세히 이야기하였다.

　다른 방에서 경청하던 수많은 동석자들은 수사의 말을 듣고 큰 기쁨을 보였고 노부나가는 그들 이상으로 기뻐하며 분명하게 "이 이상 정당한 가르침은 있을 수 없다. 사도邪道에 빠진 자가 이를 증오하는 이유를 잘 알겠다."라고 하였다. 그는 신부를 소개한 노인인 하야시도노林殿[77]

주76　무라이 세키안武井夕庵이다.
주77　하야시 미치카쓰林通勝이다. 일반적으로 미치카쓰라고 알려져 있으나 당시 일급 사료인 『언계경기言繼卿記』에는 히데사다秀貞으로 나온다.

를 자신이 있는 곳으로 불러 그에게 맹세하기를 "나는 선교사의 가르침과 나의 마음이 조금도 다르지 않음을 학산곤겐白山權現[78]의 이름으로 그대에게 맹세한다."라고 하였다. 그때 이전에 승려였으며 노부나가가 크게 신뢰하고 있는 유칸友閑[79]이란 노인이 말을 꺼내 "이루만伊留滿[80]이 하나님의 가르침에 관하여 아주 상세히 말하는 것은 선교사가 그에게 가르쳐 준 것이기 때문에 놀라운 일이 아니다. 그렇지만 수사가 일본의 각종 종교의 숨은 뜻을 이처럼 근본적으로 파악하고 있는 것은 승려라 하여도 보기 드문 일로 놀라울 따름이다."라고 하였다.

이야기가 끝난 후, 노부나가는 수사에게 선교사가 생선과 고기를 먹는지 물었다. 수사는 "말씀하신 대로 먹습니다. 그들이 마음속으로 하나를 믿으면서 뒤로 다른 짓을 하는 일은 없기 때문입니다."라고 대답하였다. 노부나가는 이 답변에 아주 기뻐하고 한편 그렇게 맞장구를 쳐서 다른 한편으로 교리로는 생선과 고기를 먹는 것을 금지하면서도 몰래 종종 육식을 하는 승려들의 기만과 허위를 풍자하였다. 그는 신부들을 위하여 진수성찬을 대접하라고 하고 모든 식사 도구와 밥상, 기타 필요한 것을 아직 사용하지 않은 새 것으로 쓰라고 지시하였다.

이곳에는 구보사마의 사자 미쓰부치 야마토도노三淵大和殿[81]가 있었다. 노부나가는 그에게 신부들과 함께 식사를 하라고 지시하였는데 노부나가는 그를 일부러 불러 신부들에게 총애와 애정을 베푼 사실을 교토에

주[78] 이시카와 현石川縣 이시카와 군石川郡에 있는 학산白山 신사를 말한다. 학산 신사의 제신이 이자나기, 이자나미이다.
주[79] 마쓰이 유칸松井友閑이다.
주[80] 원래 의미는 형제로 바테렌의 다음 가는 지위이다. 즉 수사이다.
주[81] 미쓰부치 후지히데三淵藤英이다.

확인시킬 목격자로 삼고자 하였다.

식사 시간이 되자 노부나가는 안에서 첫 번째 음식상을 들고 와서 이것을 프란시스코 가브랄 신부 앞에 놓고 자리를 떠났다. 다른 음식상은 젊은 귀인들이 날랐다. 이처럼 그는 이곳에서 가브랄을 위하여 훌륭하며 매우 잘 조리된 음식들로 향연을 베풀었는데 이때 같은 방에 있던 사람은 신부 두 명과 구보사마의 사자, 그리고 일본인 수사 두 명뿐이었다.

식사가 끝나자 노부나가가 다시 나타나 로렌스에게 "나는 그대가 교토에서 무엇을 필요로 하는지 모르겠다. 만일 필요한 것이 있으면 힘닿는 대로 돕겠다."라고 하였다. 수사는 현재 필요한 것은 없지만 만일 그런 것이 생기면 신부들은 도노에게 원조를 청할 것이라고 하였다. 그러자 노부나가는 다시 "나는 신부들에게 비단옷 몇 벌을 주고 싶지만 그들은 흑의를 입고 있기 때문에 어울리지 않는다."라고 하였다. 그는 안에서 종이 여든 다발을 가져오게 하여 중요 귀인들에게 그것을 궁전의 입구까지 운반하여 신부들과 동행하여 온 사람들에게 건네주도록 지시하고, 종이는 수도회 사람들에게 주기에 적합한 물건이라고 하였다.

그리고 그는 선교사들이 언제 출발하는지 물었는데 그들이 다음날이라고 대답하자, 그는 며칠 더 쉬었다 가라고 하였다[이렇게 인사말을 하는 것이 일본에서의 관례이다]. 그럼에도 불구하고 신부들은 다음날 아침에 출발하고 싶다고 거듭 말하였다. 그는 니와 고로자에몬丹羽五郎左衛門[82]이라는 그가 매우 총애하는 귀인을 불러 "선교사와 수사들에게 첫날 여정을 위한 말, 그리고 그들의 짐을 운반할 사람들을 딸려 보내도록 하라. 또 그들이 통과하는 성의 모든 사령관들에게 그들을 충분히 접대하

주82 니와 나가히데丹羽長秀이다.

고, 교토에 도착할 때까지 날마다 여행에 수반되는 사람과 말을 제공하도록 편지를 보내라."라고 하였다. 노부나가는 모든 일에서 대단히 떠받들어지고 두려운 존재였기 때문에 사람들은 어떤 실수도 없이 그의 명령을 실행하였다. 그런데 노부나가는 그의 가신 한 명에게 교토까지 신부들과 동행하면서 도중의 성주들에게 앞서 말한 편지를 건네라는 지시를 덧붙였는데, 사람들은 노부나가가 지금까지 이런 지시를 내린 것을 본 적이 없었기 때문에 누구나 경탄하였다. 여기서 고키나이 모든 크리스천들이 얼마나 기뻐하고 만족하였는지 미루어 짐작할 수 있을 것이다.

안경과 일본인

그런데 한 가지 우스운 일이 생겼다. 자주 상경하여 교회와 교섭하고 친밀해진 노부나가의 정청 사람들을 제외하고 [미노 국 주민들은] 선교사를 본 적도 없고 알지도 못하였기 때문에 그들에게 신부들은 매우 낯설고 신기한 사람들이었다. 그런데 프란시스코 신부는 근시였기 때문에, 그가 기후에 도착하였을 때 그곳 지리와 고상한 풍광을 보기 위하여 안경을 쓰고 있었다. 일반 백성은 신부의 복장에도 크게 감탄하였지만 안경에 대한 경탄은 비교할 수 없을 정도로 컸다. 신부가 길을 지나갈 때 그들은 자신들이 목격한 것을 충분히 알 수 없었기 때문에 단순한 몇몇 사람들은 선교사는 눈이 네 개이며, 두 개는 보통 사람들과 같은 위치에, 다른 두 개는 거기서 조금 바깥에 달려 있어 거울처럼 반짝이는 놀랄 만한 볼거리라고 굳게 믿었다.

이 소문은 서민들 사이에 확고한 사실로 퍼졌기 때문에 신부들이 출발하는 날이 되자 남녀노소를 막론하고 수많은 사람들이 모여들었다. 기후 시가지에 사는 사람들은 말할 것도 없고 매우 멀리 떨어진 곳, 또 오와리 국에서 쇄도한 4, 5천 명을 헤아리는 군중들이 이 불가사의한 볼거리를 구경하려고 길가에서 기다리고 있었다. 그들은 호기심에 가득 차서 그 신기한 것을 좀더 가까이에서 마음껏 보려고 신부들이 묵고 있던 집으로 한꺼번에 들어가려고 하였다. 집 주인이 사고가 일어나지 않도록 신부들이 머무르고 있던 2층으로 올라가는 계단을 치우지 않으면 안 될 정도였다. 그럼에도 불구하고 그들은 포기하지 않고 집의 기둥을 타고 올라가려고까지 하였다.

일행이 극도로 주의를 기울여 집 입구를 감시하면서 서너 시간을 기다린 다음 집에서 가장 먼저 나온 사람은 말을 탄 일본인 로렌스 수사였다. 그는 눈이 한쪽밖에 없었는데 그마저도 거의 아무 것도 보이지 않았고 다른 한쪽은 완전 장님이었다. 그런데 눈이 네 개 달린 남자를 본다는 기대에 잔뜩 부풀어 있다가 너무나 우스꽝스럽고 자신들의 기대와는 전혀 다른 로렌스 수사를 보자 그들은 큰 소리로 웃지 않을 수 없었다. 그렇지만 그들은 눈이 네 개 달린 자가 나중에 나올 것이라며 여전히 기대를 접지 않았다.

그리고 프란시스코 사브랄 신부와 동반하여 온 프로이스 신부가 밀을 탔을 때, 그들은 프로이스가 자기들과 마찬가지로 눈이 두 개밖에 없는 것을 보았다. 그렇지만 그들은 색다른 모습을 한 사람을 본 기쁨과 호기심에 사로잡혀 약 3,000명이 말을 에워쌌다. 그들은 프로이스 앞에서 기뻐하며 크게 소리를 지르고 손뼉을 쳤다. 도로의 폭이 넓었음에도 일행이 쉽게 앞으로 나갈 수 없는 상황이었다. 노부나가의 가신이며 신부들의 친구이자 좋은 지기인, 후에 크리스천이 된 도라노스케도노라는 귀인은 사람들에게 존경을 받고 있었기 때문에 앞장서서 길을 열지 않을 수 없었다. 사람들은 자신들이 들은 이야기가 진실인지 확인하려고 눈을 노상 신부 쪽으로 향하면서 반 리里 떨어진 교외까지 따라갔다. 그리고 그들은 프란시스코 가브랄 신부가 아직 집 안에 있는 것을 알아채지 못하고 뿔뿔이 흩어졌다. 그 후 신부가 여정에 나섰을 때, 그를 기다리고 있거나 눈길을 주는 자들이 더 이상 없었기 때문에 그는 큰 어려움 없이 길을 갈 수 있었다.

신부들이 교토로 돌아온 후 구보사마는 자신의 사자로부터 노부나가가 프란시스코 가브랄 신부를 얼마나 정중히 대하였는가를 듣고 자신도 마찬가지로 크게 경의를 표하고자 하였다. 신부는 규슈 지방으로 돌아가기 전에 루이스 프로이스 신부, 오르간티노 신부, 로렌스 수사를 동반하여 구보사마를 방문하였다. 구보사마는 그들을 불러 신부에게 술잔과 안주를 직접 주었다. 그것은 신부에게 표시할 수 있는 최고의 예의이자 명예였다. 신부가 귀가하자 우에노도노上野殿[83]라는 구보사마 정청에서 가장 신분이 높고 신뢰받는 귀인이 구보사마의 지시를 받고 교회를 방문하였다. 그는 방문의 노고에 사의를 표하고 여행을 위하여서라며 가브랄 신부에게 도금한 부채 예순 개를 주었다.

엔랴쿠지의 소실

노부나가는 용감하며 경탄할 만한 장수였다. 그는 14년 동안 일본의 약 50개국을 정복하였고 죽기 직전에는 이미 일본 전국 66개국의 절대 군주와 다름없었다. 그는 에치젠, 미노, 가이의 국주, 그리고 구보사마 아시카가 요시테루를 살해한 두 사람, 즉 가와치 국주 미요시도노와 야마토 국주 소타이 단조도노 부자를 살해하고 그들로부터 모든 국을 빼

주[83] 우에노 히데마사上野秀政이다. 우에노 가문은 가와치 겐지源氏의 후예로서 아시카가 가문의 지류支流이다.

앗고 그들 휘하의 영주들을 쫓아냈다. 노부나가가 승려와 신불 사원 및 신사를 함부로 대하고 과도하게 증오하였다는 사실은 그의 치세 기간 중에 행한 행동에서 분명히 나타난다.

먼저 노부나가는 교토에서 4리 거리에 위치하며 3리에 걸쳐 있던 히에산比叡山을 완전히 소각하였다. 이곳은 각종 신과 불, 장서, 장식품을 소유한 여러 개의 사원으로 이루어져 있으며 일본 종파의 원천이자 주된 대학이었다.

또 노부나가는 매우 유명한 산노山王라는 사원[84]을 소각하였다. 히에산 근처에는 하치오지八王寺라는 산이 있고 그 기슭의 청결한 계곡에는 스물두 개의 매우 호화롭고 훌륭한 경관을 지닌 신사가 있었다. 또한 그곳에는 화려하고 공교하게 만들어진 일종의 커다란 가마輿가 일곱 개 있었다. 이것들은 해마다 한 번 히에 산의 모든 승려가 나와 매우 성대한 행렬을 이루는 축제 때 사용되었다. 이때 승려들은 이 산 기슭에 있는 22리에 달하는 호수[85] 위에 모두 무장한 채로 배에 올랐고 이를 사카모토坂本의 마쓰리祭라고 불렀다.[86] 노부나가는 이 모든 것들을 재로 만들었다.

그리고 성미카엘 축일에 전투가 있었는데 노부나가는 이 산노 신사山王社에서 자신에게 대적하여 무기를 든 1,200명의 승려를 죽이고 오미 국의 3분의 1에 해당하는 히에 산의 모든 수입을 병사들에게 분배하였다.

노부나가는 구보사마를 다시 모시고 와 최고 영예로운 지위에 복귀시켰으나, 구보사마는 그 후 그와 사이가 틀어져 노부나가를 적이라 불렀

주84 히에 신사日吉社를 말한다.
주85 오미 국에 있는 비와 호수琵琶湖이다.
주86 히에 신사가 중심이 된 마쓰리로서 산왕제山王祭라고도 하였다.

다. 노부나가는 자기 행동을 변명하였으나 그것을 들어주지 않자, 반 리 이상 규모인 교토 상경上京의 모든 시가지를 불태우고 나아가 그 주위 약 50개소도 불살라 없앴다. 매우 부유하며 참배객이 많은 성스런 사원은 화염에 휩싸였다.

혼간지와의 싸움

노부나가는 거의 5년간 오사카라는 크고 견고한 도시를 계속 공략하였다. 이 지역 군주는 전 일본 승려의 우두머리이자 일향종의 수장으로 매우 많은 재물과 보화를 소유하고 있었다. 승려는 이 기간 내내 시내에 축적하여 놓은 4,000 내지 5,000자루의 총으로 도시를 방어하였을 뿐만 아니라 그를 포위한 노부나가의 성으로 몇 번이고 공격에 나섰다. 그렇지만 장기간에 걸쳐 포위당하자 승려는 항복하고 재보를 가지고 오사카에서 퇴거하였다. 노부나가 가신들은 즉시 오사카로 침입하여 그곳에 있던 사원, 대저택, 건축물을 재로 만들었다.

노부나가는 포위 공격을 할 때 오사카에서 1리 떨어진 덴노지天王寺라는 사원과 승방을 불태웠다. 그 절은 일본에서 건립된 최초의 사원으로서 불교에 귀의한 쇼토쿠 태자라는 황자가 세운 곳이며 특히 참배자가 많은 성소였다. 그 사원이 불타기 전, 사람들이 승방을 불태우기 시작할 무렵 다음과 같은 일이 있었다.

방화하는 무리 중에 그 지방에서 가장 선량하며 믿음이 확고한 크리스천 병사가 있었다. 그는 매우 용감하였으나 아주 가난하였다. 그는 불상 안에 무엇이 들어 있는지 궁금하여 도끼를 들고 제단으로 가서 전신이 도금된 나무로 만든 매우 큰 우상 위로 올라가 그 어깨 위를 밟고 서서 머리를 쪼개기 시작하였다. 그는 머리 안에서 승방과 사원이 건립될 당시부터 전하여지던 종이 문서 몇 장을 넣은 매우 오래된 주머니 하나를 발견하였다. 뿐만 아니라 문서들 사이에서 금으로 만든 작은 상자를 발견하였는데 거기에는 석가의 유골이라 일컬어지는 유물이 들어 있었다. 그 크리스천은 주머니와 종이 문서, 그리고 사이비 유물을 증거물로 신부에게 제출하고 신부에게 전부 불태워 버려 줄 것을 의뢰하였고, 신부는 그의 말대로 물건을 태워 버렸다. 하지만 도금한 작은 상자는 자기가 가져가서 이를 판 돈으로 말 한 필과 기타 필요한 물품을 구입하였다. 그는 다른 크리스천에게 비꼬면서 말하였다. "나는 부처에게 어떤 은혜도 입지 않았다. 왜냐하면 이처럼 작은 혜택을 얻기 위하여 나는 도끼로 머리를 부수는 수고를 하시 않으면 안 되었으니."라고 말하었다.

사원 세력의 탄압

노부나가는 다시 여러 궁을 불태우도록 명령하였다. 궁이란 신에게 봉헌된 신사로 사카이에서 반 리 떨어진 곳에 있으며 스미요시住吉라고 하였다. 또 그는 오사카의 종파인 일향종이 사카이 내부에 세운 사원을 파괴하고 뿌리째 없애 버리라고 시시하였는데 이는 예로부디 자유를 누려 온 사카이로서는 큰 타격이었다.

노부나가는 하리마 국播磨國과 쓰노 국 사이에 있는 효고를 불태워 재로 만들었다. 이곳은 대부분 신과 부처의 사원과 신사로 구성되었고 호화롭고 화려한 여러 건축물이 있어 볼 만한 가치가 있는 곳 중 하나였다. 그는 하리마 국에서도 일본에서 아주 이름 높고 참배자가 많은 쇼샤산書寫山[87]이라는 곳의 당우堂宇 150개 이상을 불태우라고 명령하였으며

주**87** 오늘날 효고 현 히메지 시에 위치한다.

오미 국에서는 그보다 더 많은 사원을 불태우고 완전히 없애 버리라고 지시하였다. 이 사원들은 깊은 숭경을 받으면서 700년 동안 모든 전란을 피하여왔으므로 부가 상당히 쌓여 있었다. 이곳은 하쿠사이지百濟寺라고 하였다. 이세 국에서는 가와치라는[88] 지방에 살고 있던 일향종 승려에게 집요하고 잔학한 복수전을 폈다. 이 승려들은 어느 날 복병으로 노부나가의 병사 1,000명, 배다른 형제 두 명, 종형제 한 명, 조카 한 명을 살해한 자들이었다. 노부나가는 수일 후 남은 병력을 모두 이끌고 바다와 육지로 그 땅에 이르러 그곳에 있던 20,000명 이상을 겨우 하루 만에 살육하고 성을 접수한 후 가장 핵심인 승려들의 목을 교토에 보냈다.

노부나가가 새로 건설한 아즈치 산安土 시가지町에서는 법화종과 정토종이라는 종파 간에 논쟁이 벌어졌다. 그 결과 법화종이 패배하자 노부나가는 그 자리에서 종론의 주역인 후덴普傳이란 승려와 그를 섬기고 있던 소금상인 겐나이라는 자의 목을 베라고 지시하였다. 왜냐하면 노부나가가 그들에게 호의를 보였는데 패배하였기 때문이다.

노부나가는 정청에서 일하는 하녀와 부인 몇 명에게 화를 내고 그녀들을 엄벌에 처하였다. 그중 한두 명은 처벌을 받은 후 성에서 3, 4리 떨어진 산속 사원으로 도망갔다. 이 소식을 듣자 노부나가는 성령강림의 축일의 전야에 모든 승려를 체포하였고 같은 날 밤에 그들의 승방과 인근에 사는 사람들의 가옥을 불태웠다. 다음 날에는 한 명도 살려두지 않고 몰살시켰는데 그 숫자는 엄청났다. 또 노부나가는 앞서 행해진 종교 논쟁을 이유로 교토에 있던 모든 법화종 사원을 파괴하고 종파 자체를

주[88] 가와치河內는 이세 국의 나가시마長島이다. 기소 강木曾川 근처에 있는 일향종 세력의 거점으로『신장기』에 "대가와치大河內의 성城", "가와치 나가시마河內長島"라는 표기가 보인다.

완전히 없애라고 지시하였다. 많은 사람들이 그들을 위하여 자비를 구하자, 그는 금 300매를 지불하라고 하였다.

승려 살해

노부나가는 미노에 있는 자신의 저택 앞에서 일향종 승려 25명을 하리즈케 형에 처하였다. 가와치와 이즈미 사이 국경에 위치한 마키노오槇尾 사원을 유린하고 방화하였다. 그 근처 사람들과 일찍이 이를 본적이 있던 다수의 크리스천들은 그곳에 500개가 넘는 대소 사원이 있었다고 한다.

노부나가는 또 수차례에 걸쳐 네고로 중根來衆이란 승려들의 가장 중요한 사원 및 3,000명 이상의 승려를 거느리는 고야高野를 파괴하고 승려들을 모두 처벌하고자 하였다. 그는 승려들 다수가 도적들과 다름없으며 온갖 악행에 빠져 오만방자할 뿐만 아니라 자신에게 약간의 무례를 저지른 것을 알고 있었다. 그렇지만 그들이 용서를 구걸하였고 당시 노부나가는 보다 중요한 일을 처리해야 하였기 때문에 이런 시도를 포기하였다. 그러나 모욕을 당한 노부나가가 처벌을 연기한 것은 추후에 보다 좋은 기회를 기다려 한층 엄격히 처벌하기 위해서였다.

노부나가는 어떤 승려가 어떤 성에 편지를 보내 자신을 적대하도록 선동한다는 소식을 듣자 그 승려를 세워 산 채로 몸뚱이를 묻고 흙을 덮은 뒤에 조그만 톱으로 머리를 잘랐다.

쇼군을 추방하다

교토 방화와 요시아키 추방

　노부나가는 구보사마를 천하의 최고 군주로서 교토로 모셔와 수없이 훌륭한 봉사를 하였다. 그렇지만 구보사마는 아직 통치 경험이 부족한 데다가 그를 둘러싼 젊은이들의 잘못된 선동으로 인하여 1573년에 노부나가와 사이가 완전히 틀어지자 노부나가를 적이라고 공공연히 말하였다. 이에 관하여 노부나가가 구보사마에게 말한 상세한 해명, 구마사마의 잘못된 견해를 간언하고 바로 잡으려 한 어떤 노력도 아무 효과를 보지 못하였다. 결국 격노한 노부나가는 군대를 교토로 보내 평화를 촉구하고 구마사마가 이를 승낙하지 않으면 일전을 불사할 것이라는 굳은 결의를 표명하였다. 2년 전에 구보사마를 위하여 노부나가가 고키나이 최고 무장들과 함께 신축한 교토 성내에서 구보사마는 훌륭한 부하들과 함께 전투를 대비하였다.

　사태는 이와 같았고 교토 민중은 노부나가가 얼마나 화를 잘 내는 성격인지 잘 알고 있었으므로, 노부나가가 마음에 들지 않는 아주 작은 일이라도 꼬투리를 잡아 시민들에게 가혹한 형벌을 내릴 것이라고 걱정하였다. 그래서 그들은 노부나가가 구보사마를 치기 위하여 군대를 소집하고 있다는 소식을 듣자마자 교토 하경에서, 그리고 이와 아주 조금 떨어져 있는 상경에서 허둥지둥 떠났다. 1리에 달하는 시내의 혼란과 동요를 보는 것은 두려운 일이었다. 밤낮으로 이어지는 혼란 이외는 아무 것도 존재하지 않았다. 사람들은 가재도구를 끌고, 부녀자와 노인은 교토 인근 촌락으로 도망가거나, 자식들을 목과 팔에 태우고 어디로 가야 하는지 망연자실한 채 울면서 교토 안을 방황하였다.

교토 민중은 노부나가가 그렇게 단시일에 군대를 준비할 수 있다고 생각하지 않았다. 그러나 노부나가는 모든 사람들의 예상을 깨고 주님의 승천일에 불과 10기 내지 12기를 직접 이끌고 돌연 낙외洛外[89] 4분의 1리 지점에 나타나 즉시 군대를 정비하고 아미타종 지온인知恩院[90] 이란 사원에 군영을 설치하였다.

다음 날 거의 정오 무렵, 이케다 영지에서 아라키 시나노荒木信濃(무라시게)가 노부나가 군대에 가담하기 위하여 병사 4, 5천 명을 이끌고 와서 교토 구조九條 촌락에 군영을 설치하였다.

신부는 교토를 떠나기에 앞서 노부나가에게 누군가를 파견하여 그 군영을 방문하게 하려고 생각하였다. 그러나 이를 금지한 구보사마에 대한 공포심도 있었고, 또 도중에 습격당할 위험이 있었기 때문에 그 누구도 감히 교토에서 노부나가를 찾아갈 이는 없었고 또한 불가능한 일이기도 하였다. 그렇지만 하경의 시민들은 자신들의 이름으로 얼마간 쓸 식량을 노부나가에게 보냈고 그들에 섞여 가장 오래된 교토 크리스천 중 한 명인 조친 류사立佐도 함께 갔기 때문에 신부는 그를 통하여 가브랄 신부

주89 낙중낙외洛中洛外 중 낙외이다. 교토 시내를 낙중라쿠주라고 하며, 교토 시외를 낙외라쿠가이라고 하였다. 당시 노부나가는 가모 강鴨川 동쪽 낙외 지역에 진을 쳤다.

주90 교토 시 히가시야마 구東山區에 위치한 정토종 사원이다.

가 편지와 함께 선물로 준 매우 좋은 도금된 둥근 방패를 바쳤다. 그것은 일본에서 진기한 물건이고 매우 중요한 보물이란 점, 또 당시 누구도 노부나가를 방문하지 않았기 때문에 그의 방문이 시의적절하여 노부나가가 느낀 만족과 희열은 특별하였다. 노부나가는 즉시 방패를 자기 방에 걸어 놓고 루이스 프로이스 신부에게 사의를 표시하였으며 분고豊後에 있는 프란시스코 가브랄 신부 앞으로 회답의 편지를 썼다. 그 후 신부는 다시 조친 류사를 통하여 별사탕金米糖 한 통을 선물하였는데 노부나가는 둥근 방패 이상으로 만족감을 표시하였다. 노부나가는 선교사가 있는 곳을 묻고 친밀하고 정중한 편지를 보냈는데 특히 상경한 이유를 간략히 설명하였다.

노부나가는 교토 주변에 군영을 둔 후 4일간에 걸쳐 계속 사자를 구보사마에게 보내 그의 마음을 누그러뜨려 전쟁을 피할 수 있는지 확인하여 보려고 하였다. 그렇지만 구보사마가 이에 반응을 보이지 않았고, 또 노부나가는 상경 주민에 대하여 반감을 갖고 있었으므로 그들이 바친 은괴 1,500매를 수리하지 않고 즉시 그곳을 방화하였다. 가공할 만한 참사가 전개되어 상경은 깊은 밤부터 다음 날까지 그곳에 있던 모든 사원, 승원僧院, 신, 불, 재보, 가옥 모두가 소실되었고, 확인한 바에 따르면 교토 주변 평지 2, 3리에 걸친 마을 쉰 개 정도가 불타 심판의 날의 정경과 흡사하였다고 한다.

구보사마의 성안 사람들은 이미 상경의 시가지가 모두 파괴되고 불타 버린 것을 목격하였기 때문에 그곳에서 들은 공포와 끊임없는 아우성 소리에 압도되어 크게 경악하였다. 그래서 결코 본심이 아니며 화해 기간도 수일밖에 지속되지 못하였지만, 구보사마는 노부나가와 화평 교섭을 시작하였다. 그 결과 노부나가는 자신의 영국인 미노로 돌아가고 하경의 주민은 각자의 집으로 돌아갔다.

신부와 수사가 무사히 돌아오자, 크리스천들은 주요 사원과 상경에 있던 모든 것이 소실되었음에도 불구하고 교회와 신부, 크리스천[그들 거의 대부분은 모두 하경에 거주하고 있었다]의 집들은 어떤 손상도 받지 않게 하여 주신 섭리에 대하여 주이신 하나님께 감사하고 신부를 위로하기 위하여 교회를 방문하였다.

한 달 후 구보사마는 노부나가에 대한 공포와 젊은이들의 말에 이끌려 그곳에서 소유하였던 새로 지은 아름다운 성을 버리고 교토를 떠나 그곳에서 5리 떨어진 마키노시마槇島라는 가신의 성으로 갔다. 이 사실을 안 노부나가는 다시 그를 치기 위하여 군대를 일으켜 부하들로 하여금 매우 물살이 빠르고 위험한 강으로 된 해자를 말을 타고 건너가게 시켰는데 맞은 편 성에서는 거의 저항하지 못하였다. 노부나가는 어떤 위해도 가하지 않고 구보사마를 놓아 주었으며 구보사마는 처음에는 오사카로, 이어 사카이, 결국에는 배를 타고 야마구치山口 국주인 모리毛利[91]의 영토로 갔다. 그는 오늘날까지 그곳에서 유배하는 생활을 보내고 있으며, 노부나가는 14년간 승리와 실력과 패권을 장악하여 '일본 왕국'의 절대 군주의 지위를 유지하였다.

주**91** 모리 데루모토毛利輝元이다.

2부 확장

아즈치 성

| 2장 | 아즈치 성

❖ **연도:** 1574년41세~1577년44세

❖ **주요사건:** 분국分國 내 도로 정비, 나가시노 전투, 아즈치 성 건설완성은 1579년과 낙시령樂市令, 마쓰나가 히사히데 사망

❖ **연표:** 1574년은 노부나가가 마흔한 살이 된 해이다. 먼저 3월에는 천황의 승인 아래 도다이지 쇼소인正倉院에 보관된 명향名香 란쟈타이의 일부를 잘라 손에 넣었다. 같은 해 11월에는 아라키 무라시게가 기나이 지역의 전략적 요충지 이타미 성을 확보하였는데, 노부나가는 이를 아리오카 성在岡城으로 바꾸고 아라키에게 주었다. 윤閏11월에는 오다 분국에 도로 정비를 지시하는 등 유통망과 군사로를 확보하였다. 이후 오다 정권은 비교적 안정기로 들어섰다.

1575년天正3. 42세은 무로마치 막부를 대신하여 교토에 오다 정권이라는 권력체가 확립된 시기이다. 3월과 4월에 노부나가는 교토의 귀족인 공가와 몬제키門跡라는 고위 승려를 대상으로 기존의 부채를 없애 주는 덕정령德政令을 반포하여 이들 기득권층의 환심을 샀다.

이어 주변의 반노부나가 세력에 대한 공세도 소홀히 하지 않았다. 같은 해 5월 노부나가는 미카와 국 나가시노長篠에서 병사들을 조총으로 무장시켜 전국 최강의 기마병이라 일컬어지는 다케다 군대를 격파나가시노 전투하였으며, 8월에는 에치젠 정벌에 나서 혼간지 계열의 일향종 세력을 남녀노소 가리지 않고 무차별적으로 학살하였다. 이후 가가 국까지 평정한 후 9월 노부나가는 큰 공을 세운 오다 가문의 중신 시바타 가쓰이에에게 에치젠 국을 주었다.

10월이 되면서 궁지에 몰린 혼간지는 노부나가에게 화해를 청했고, 노부나가가 이를 받아들이며 교토 일대는 대략 안정되었다.

11월 6일에 조정천황은 교토 일대를 안정시킨 공으로 노부나가에게 종삼위從三位 곤노다이나곤權大納言을, 7일에는 우근위대장右近衛大將를 수여하였다. 노부나가는 무로마치의 쇼군처럼 무사임에도 공경의 반열에 올랐다.

11월 6, 7일에 노부나가도 공가서임에 화답하여 공가 및 몬제키 등에 새로운 토지를 수여하여 쇼군 요시아키를 대신하여 사실상 교토 중앙 정부의 역할을 수행하였다. 11월 28일에 노부나가는 장남 노부타다에게 오다 가문의 가독家督 지위 및 오와리·미노의 두 개국, 그리고 기후 성을 양도하였다. 이를 통하여 노부나가는 오다라는 일개 다이묘를 뛰어넘어 모든 무사 가문을 통솔하는 천하天下=덴카의 지배자로서의 지위를 공고히 하고자 하였다.

1576년 정월에 축성을 시작한 아즈치 성은 오다 정권의 출현에 어울리는 상징물이었다. 이어 2월 노부나가는 거주지를 기후에서 아즈치로 주옮겨 이른바 아즈치 시대가 열렸다.

같은 해 4월에는 다시 사이가 틀어진 오사카 혼간지를 아라키 무라시게와 호소카와 후지타카를 시켜 공격하게 하였고, 5월에는 오사카 덴노지天王寺 성채를 확보하여 일향종 세력을 궁지로 몰았다. 그러나 7월에 혼간지 편에 선 모리의 수군이 노부나가 군을 셋쓰 국 기즈木津 강 입구에서 격파하고 포위를 뚫어 병량을 혼간지에 운송하는 데 성공함으로써 전황은 교착 상태에 빠졌고 장기전 양상으로 흘러갔다.

1577년 2월 마흔네 살의 노부나가는 혼간지의 배후 세력인 기이 국 사이카를 공략하였고, 3월에 스즈키 마고이치 등 지도자들의 항복을 받아 냈다. 8월에는 마쓰나가 히사히데가 또 다시 노부나가에 대항하여 봉기하였으나 10월에 이르러 오다 군에게 공격받았고 최후의 순간이 임박하자 자신의 성에 불을 지르고 자살하였다.

같은 달 23일 노부나가는 하시바후에 도요토미 히데요시를 하리마 국을 공격하기 위해 출진시켰고, 모리 가문과의 싸움이 본격화하였다.

같은 해 6월에는 아즈치 산 아래 도시安土山下町中에 시장과 상업의 활성화를 위하여 13개조 법령을 반포하였다. 이를 낙시령樂市令이라 한다.

11월에는 노부나가에 대한 천황의 신임이 한층 두터워져 노부나가를 종이위 우대신으로 서임하였다. 이후 노부나가는 우부右府라고 칭해졌다.

❖ **해설**: 1574년부터 1577년까지 오다 정권은 비교적 안정기를 구가하였다. 프로이스의 기록에도 특별한 내용은 없다. 그렇지만 교토에 새로 건립한 교회와 노부나가가 새로 신축한 아즈치 성에 관한 흥미로운 서술이 기록되어 있다.

1576년 예수회가 교토에 교회를 건립하였는데 통칭 남만사南蠻寺라고 한다. 예수회 선교사나 포르투갈인은 일본 남쪽에서 왔기 때문에 당시 일본인은 그들을 남만인으로 불렀다. 프로이스는 남만사가 3층으로 이루어졌으며 당시 교토 시민들이 교회 건립에 반대하여 건물을 완성하는 데 어려움이 있었다는 점을 묘사하고 있다. 교토 시민들은 노부나가에게서 교토 행정을 위임받은 무라이 사다카쓰村井貞勝에게 "천하의 군주인 노부나가가 당시 건축한 건물이 크리스천 교회와 비교하여 매우 낮고 빈약하게 보이게 된다."라는 점을 반대 논리로서 제시한 대목이 흥미롭다.

또한 수군에 관한 노부나가의 인식도 엿볼 수 있다. 노부나가가 앞뒤 갑판에 두 개의 선루船樓를 갖추었으며 각각 100명의 격군이 양측에서 노를 젓는 대형 배를 만들었지만 그가 그 배에 승선한 것은 겨우 한 번뿐이었다. 수군이 노부나가 군에서 차지하는 비중을 엿볼 수 있다.

그 외 아즈치 산安土山에 건설된 7층짜리 저택에 관한 관련한 상세한 서술도 흥미롭다. 프로이스가 아즈치 성을 직접 견문하고 적은 글이라는 점에서 더욱 신빙성이 높다.

또한 노부나가가 시행한 대표적 업적 중 하나인 도로 정비에 관한 서술도 눈여겨 볼만하다. 특히 경제적이나 군사적 측면에서 뿐만 아니라, "이전에는 여러 국에서 일행이 없이 혼자 여행하는 경우 낮이라도 그다지 안전하지 않았지만, 노부나가 시대가 되자 사람들은 특히 여름에는 늘 밤에 여행을 하였다. 그들은 짐을 곁에 두고 노숙을 하여도 마치 자기 집처럼 안전하였다."라는 내용은 치안이란 관점에서도 주목된다.

수도원을 세우다

교토 교회: 남만사

　1575년에 바스코 페레이라가 사령관으로 나가사키에 왔는데, 올해는 인도에서 한 명의 신부도 오지 않았다.

　약 10년 전에 가스파르 빌렐라 신부가 교토에 거주하고 있을 무렵 승려로부터 하경에 집 한 채와 토지를 구입하였다. 이때부터 지금까지 그곳이 신부와 수사들의 주거지였으며, 작은 성당과 같은 건물을 짓고 그곳에서 미사 예배를 드렸다. 그런데 그곳은 너무 오래되어 낡고 부식되었기 때문에 크리스천들은 이교도와 고귀한 사람들이 우리 수도원을 방문할 때마다 부끄러워하였다. 크리스천들은 우리 수도원이 승려들의 사원이나 승원보다 뒤떨어져서는 안 된다고 생각하였다. 작은 성당에는 네 개의 기둥이 있는데 그중에 세 개가 썩었으며 한 개는 뒤틀렸다.

　상경이 모두 재건되고 천하天下가 노부나가의 선정 덕분에 평온해지자 루이스 프로이스 신부와 오르간티노 신부는 고키나이의 주요 크리스천들과 교토에 훌륭한 교회를 건립하려는 계획을 협의하였다. 모두 이의가 없었다. 교토는 전全 일본의 수도이며 최고라 할 조정이 있고 또 모든 법령이 내려지는 곳이기 때문에 교토에 교회를 건립하는 일은 그들이 수년간 희망하던 일이었다. 그들은 다른 지방에는 아름다운 교회가 있지만 수도에는 전혀 없으므로 일본에서 하나님 가르침의 위신과 존중을 높이기 위하여 새 교회를 건립하는 일이 매우 중요하며 이 일은 시작되면 누구나 전력을 다하여 원조하고 협력할 것이라고 화답하였다.

이러한 결의와 협의에 관하여 분고에 있는 프란시스코 가브리엘 신부에게 건축을 허가하고 원조를 요청하는 편지를 보냈다. 그는 우리 생활비에서 600타엘[92]을 공사에 사용하라고 지시하였다.

크리스천들은 즉시 높은 열의를 갖고 어떤 자재를 사용할지 협의하고 기타 건축에 필요한 업무를 분담하기 시작하였다. 다카야마 다리오도노는 즉시 신부들 및 목수들과 함께 계획을 세우기 위하여 다카쓰키高槻에서 교토로 와서 기둥이나 그 외 특히 좋은 목재를 써야 하는 부분에 필요한 재료의 조달을 맡았다. 그리고 그는 가신 누구에게도 도움을 받지 않고 친히 기마 무사 네다섯 명과 나무를 자를 목수와 벌목꾼들을 데리고 다카쓰키에서 7리 떨어진 산으로 갔다. 그리고 육로로 7리, 다시 그곳에서 강을 거슬러 8리 내지 10리 올라간 이후 수레를 사용하여 자비로 교토로 운반하였다. 다른 크리스천들은 교토에서 3, 40리 떨어진 곳으로 갔다. 그리고 오미 국에서 상당히 굵은 재목 1,000개를 한꺼번에 구하여 운반하여 왔다. 또 다른 사람은 기노 국紀伊國으로 좋은 목재를 구하러갔다.

하지만 교회 터는 좁았고, 인접한 이교도들은 돈을 얼마든지 낸다고 하여도 크리스천에게 땅을 팔려고 하지 않았다. 그렇다고 수도원을 다른 장소에 세울 수도 없었다. 그래서 교회 위에 두 개 층[93]을 올리는 것으로 결정하였다. 교회당은 이미 1층 동량까지 완성된 상태였다. 그러자 악마

주92 1타엘은 중국의 옛 은화로 1냥兩이다.
주93 교토의 교회는 남만사南蠻寺라고 하였고 실제로도 3층 건물이었다.

는 [부하를 시켜] 늘 그러하듯이 반격을 가하여 왔는데 그 내용은 다음과 같다.

하경의 주요 시민들은 함께 모여 교토 봉행이자 노부나가의 가신이며 신부들의 친구로서 모든 일에 호의를 보여 주던 무라이도노村井殿(사다카쓰)라는 이교도 노인에게 신부들과 크리스천에 대하여 하소연하면서, 많은 이유를 들어가며 무슨 일이 있어도 교토에 이러한 형태의 고층 교회가 들어서는 것을 막아 달라고 하였다. 특히 다음과 같은 세 가지 점을 이유로 들었다. 첫째, 천하의 군주인 노부나가가 당시 건축한 건물이 크리스천 교회와 비교하여 매우 낮고 빈약하게 보이게 된다. 둘째, 승려가 사원 위에 주거 공간을 마련하는 것은 일본의 관습에 맞지 않는다. 셋째, 그 위층은 매우 높기 때문에 위에서 아래를 내려 보면 인접한 집의 딸과 부인들은 정원에도 나올 수 없다.

현명한 봉행은 바로 그 자리에서 매우 교묘하고 적절한 답변을 하여 그들의 말문을 막았다. "너희들이 주장하는 바는 타당하지 않다. 우선 너희들의 청원은 이미 너무 늦었다. 즉, 이 건은 건축 공사가 시작하기 전에 제기되었어야 할 사항인데 그들이 비용을 들여 나무를 벌목하고 2층으로 올릴 계획을 세워 대들보가 1층까지 완성된 지금에서야 이야기하는 것은 곤란하다. 또 너희들이 말한 첫째 이유도 맞지 않다. 교토에 교회 이외에 3, 4층짜리 높은 건물이 존재한다는 것을 너희도 잘 알고 있을 터이다. 노부나가도 그것에 별로 신경을 쓰지 않았고 따라서 그것을 부수지도 않았다. 만일 이런 고층 건물이 교토에 없고 선교사만이 건축하기를 희망한다면 나도 반대할 것이다. 둘째, 승려들이 사원 위에 주거 시설을 갖지 않은 것은 그들이 매우 넓은 토지를 갖고 있기 때문이다. 그러나 외국인인 선교사들은 확장할 수 있는 어떤 토지도 갖고 있지 않다.

따라서 어쩔 수 없이 건물을 늘려 위층에 주거 공간을 둔 것이다. 셋째, 만일 그들이 너희들을 내려 보게 된다면 내가 직접 방문하여 창문 밖에 노대露臺를 설치하여 정원이 보이지 않게 하고 지붕과 먼 곳의 경치만이 보이게 하도록 지시할 것이다."라고 하였다. 그는 이교도였음에도 불구하고 이처럼 신부들이 원하는 대로 모든 일을 도와주었다.

그렇지만 시민들은 그의 대답에 만족하지 않았다. 그들은 이 문제를 한 번 더 승려들과 협의하여 노부나가에게 호소하기로 결정하고 보다 잘 설득하기 위하여 고가의 선물을 준비하여 당시 그가 머물고 있던 교토에서 14리 정도 떨어진 오미 국 아즈치 산으로 갔다.

루이스 프로이스 신부는 이 소식을 성수요일에 들었는데 당시 교토에는 성주간 예배를 드리기 위하여 각지에서 크리스천들이 모여 있었다. 오르간티노 신부는 로렌스 수사와 함께 부활제를 축하하기 위하여 다카쓰키로 출발하였기 때문에 그곳에는 프로이스 이외에 고스메 수사밖에 없었다. 그런데 일본의 관습에 따르면 먼 곳으로 사자를 파견하거나 제후를 방문할 때면 선물을 꼭 가져가야 하는데 교토의 수도원에는 그러한 물품이 없었기 때문에 신부는 적어도 2미스의 가치가 있다고 생각되는 하얀 중국제 갈대로 짠 돗자리를 내놓았다. 프로이스는 돗자리와 함께, 성에 들어가는 것을 도와주고 노부나가에게 안내하여 주기로 한 귀인에게 줄 하얀 린넨 천 두 장을 고스메에게 들려 아즈치 산 정청으로 보냈다.

고스메가 아즈치에 도착한 후 적당한 때가 되자 젊은 귀인은 즉시 노부나가가 있는 장소로 인도하였다. 고스메 수사는 노부나가에게 돗자리를 바친 후 "최근 교토에 체재하실 때 도노는 우리 수도원을 방문하겠노라며 호의를 베풀어 주셨지만, 수도원이 너무 낡고 빈약하므로 신부들은 도노께서 가끔 들리시기에 충분한 새롭고 보다 적합한 아름다운 수도원을 건립하기를 희망하고 있습니다. 그렇지만 그들은 외국인이므로 먼저 도노의 허가를 얻어 그들에게 악의를 품고 있는 그 누구의 방해도 받지 않기를 바라고 있습니다."라고 하였다. 노부나가는 그것은 기쁜 일이며 다른 이들을 신경 쓰지 말고 건축하여도 좋다고 대답하였다.

수사가 노부나가의 대답에 기뻐하며 아즈치의 시내를 나와 의기양양하게 돌아오다가 50명 이상의 교토 시민 무리와 마주쳤다. 그들은 자신들의 호화스런 선물을 믿고 노부나가에게 선교사의 새 교회를 파괴하도록 명령하여 달라고 탄원하러 가는 길이었다. 그들은 서로 잘 아는 사이인 고스메 수사와 만나자 자신들의 악의에 찬 교활한 의도가 그에게 알려진 것은 아닌지 의심의 눈초리를 보였다.

그들을 위하여 노부나가와의 만남을 주선하여 주기로 한 귀인은 수사에게 편의를 봐주었던 인물과 동일인이었다. 귀인은 그들이 도착하자 헛된 바람을 버리라고 일깨웠다. 노부나가가 이미 선교사들에게 교회를 건축하여도 좋다는 허가를 내려주었으므로 말을 철회하지도 선물과 호화로운 물품에 마음을 움직이지도 않을 터이니 선물을 가지고 다시 귀경하는 것이 좋겠다고 하였다. 그들은 여전히 탄원하고 싶어 하였지만 어떤 대답도 들을 수 없었다. 그리하여 그들은 비탄에 빠지고 체면을 잃어 마음 아파하며 교토로 돌아왔다. 이러한 변변치 못한 결과를 가지고 대낮에 시내로 들어갈 수 없었기 때문에 그들은 밤이 될 때까지 들판에서 대기하였다. 3, 4일이 지난 후 귀인 두세 명은 마치 아무 일도 없던 것처럼 마치 손바닥을 뒤집듯이 교회에 와서 건축물을 칭찬하고 무언가 도움이 될 만한 것이 있으면 기꺼이 도와주겠다고 하였다.

노부나가의 종교관

　노부나가는 단기간에 일본 왕국[그들은 그렇게 부르고 있다]의 주$\pm$가 되었고 이미 34개국을 손에 넣고 나머지는 정복 도중에 있었다. 그에게 맞설 적수가 없으니 하나님이 그의 생명 끈을 자르지 않는다면 조만간 모든 일본국의 주가 될 것이다. 그는 어느 누구에게나 두려운 존재였고 지방의 많은 적들은 적이면서도 그의 호감을 얻기 위하여 명예로운 타협책을 꾀하였다. 그렇지만 자신감과 능력이 넘치는 그는 그들이 자신의 가신이 되는 것 이외에 무엇도 용납하지 않았다. 지금까지 그는 신과 불에 대하여 조금도 신앙심을 갖고 있지 않았을 뿐만 아니라 승려들의 가혹한 적이자 박해자였다. 그는 치세 중 다수의 중요 사원을 파괴하고 많은 승려를 살육하고도 여전히 매일 잔혹한 행동을 하였다. 그가 승려들과 접촉하기를 원하지 않고 박해만을 계속하였기 때문에 모든 종파의 승려들은 의기소침했다. 어떤 의미에서 하나님은 성스런 가르침의 도를 열기 위하여 비록 노부나가는 깨닫지 못하였지만 그를 선발하셨다.

　그가 이처럼 승려에 대해 증오를 품게 된 것은 그들 중 일부가 그의 지배가 확대되는 것에 저항한 데서 비롯되었다. 일부 종파에는 매우 부유하고 역량이 큰 승려들이 있었는데 이들은 큰 성과 풍요로운 토지의 영주로서 노부나가에게 장기간에 걸쳐 끈질기게 항쟁하였고 때로는 그를 궁지에 몬 적도 있었다. 이로 인해 승려들에 대한 일반적인 증오가 그의 가슴 속에 심어졌으며 노부나가는 그들을 전부 근절하지 않으면 안 되겠다고 결의를 다진 것으로 보인다. 그는 일본에서 승려들이 소유하고 있던 주요 대학을 유린하고 무수한 사원을 불태웠으며 그들의 영지를 몰수하여 병사들에게 주었다. 그것은 승려들에게 내린 하나님의 정의의 채

찍과 같았다. 그는 너무나 강대하고 두려운 존재였으므로 만인은 그가 나아가는 길 뒤를 따랐고, 그가 우리들에게 보여 준 호의로 인해 이교도들 사이에서 승려들에 대한 권위와 신앙심은 현저히 감소하였다. 비록 처음과는 같지 않지만 여전히 일부 지방에서 누리고 있는 그들의 권력을 너무나도 손쉽게 파괴할 수 있다.

승려들의 대적大敵인 이 잔인한 군주가 신, 불, 기타 모든 종파에 대하여 우리들이 그것과 반대되는 가르침을 설교하는 것을 잘 알고 있다고는 하나 우리들에게 이토록 큰 친절을 베풀고 있는 것은 자못 주목할 만한 일이다.

정권을 수립하다

영지 분배

　노부나가는 미노 국의 기후에 매우 호화롭고 화려한 궁전을 세운 뒤에 모든 값비싼 재보에다가 미노, 오와리 두 개국을 더하여 장남인 왕자 조노스케도노城介殿(노부타다)에게 주었다. 다만 차노유茶湯이라 불리는 차 도구만은 자신이 보관하였다. 그리고 이세 국은 다른 아들 고혼조御本所(노부카쓰)에게 주었다.

　하시바 지쿠젠도노에게는 야마구치 국주인 모리에게 뺏은 정복지 여러 국을 주었다. 그는 후에 노부나가의 후계자가 된다. 단바와 단고국, 오미 국의 3분의 1을 소유한 히에 산 승려들의 대부분 수입은 아케치에게 주었으나 아케치는 뒤에 노부나가를 살해한다. 노부나가는 자기 무장 중 최고의 창잡이 시바타도노에게 에치젠, 가가 국과 호쿠리쿠北陸 지방에서 장차 정복할 땅을 주었다.

　사쿠마도노佐久間殿는 총사령관이며 노부나가 정청에서 가장 지위가 높고 부유하며 힘센 도노였다. 그렇지만 그는 성격상 전투에 그다지 활약하지 못하였을 뿐만 아니라 오히려 다소 태만하였다. 그래서 노부나가는 그의 높은 신분과 유력한 친족을 고려하지 않고, 또 그가 장래에 필요한 인물이라는 것을 무시하고 그를 아들[94]과 함께 추방하여 버렸으며 결국 사쿠마도노는 유배 중에 사망하였다.

대형 선박 건조

노부나가는 길이 20리, 폭이 2리인 오미 국 호수 위에 길이가 8파우무 짜리 다다미 서른 장, 폭이 다다미 여덟 장에 해당하는 큰 배를 만들게 하였다. 이 배는 양측에 각각 100명의 격군漕手이 노를 젓고 앞뒤 갑판에 두 개의 선루船樓를 갖추었다.

그렇지만 노부나가가 그 배에 승선한 것은 단지 한 번뿐이었다. 자신에게 모욕당한 구보사마가 교토에서 마키노시마에 이르렀을 때 이를 공격하려고 사와야마 성佐和山城 기슭에서 사카모토로 대군을 거느리고 갈 때였다.

아즈치 성

그는 교토에서 14리 거리인 오미 국 아즈치 산安土山에 그때까지 일본에서 지어진 건물 중 가장 장대하고 화려하다는 7층짜리 성과 궁전을 건축하였다. 절단되지 않는 돌로 전체를 지었으며 아주 높고 두꺼운 벽 위에 세워졌는데 그중에는 가장 높은 곳까지 운반하기 위해서 4, 5천 명을 필요로 하는 돌도 몇 개 있었고 특별한 한 돌은 6, 7천 명이 끌어야 하였다. 사람들의 증언에 따르면, 한 번은 돌이 조금 옆으로 미끄러졌는데, 150명 이상이 그 아래에 깔려 뭉개지고 으스러졌다고 한다.

성벽과 건물의 담은 놀랄 정도로 높고 그에 맞는 기술로 조영되었으며 절단되지 않은 돌만으로 이루어졌다고 하더라도, 잘린 돌과 회반죽漆喰으로 이루어진 우리의 석조 건축물과 거의 다름없을 정도로 견고하고 호

주**94** 사쿠마 마사카쓰佐久間政勝이다.

화로웠다. 궁전과 거실의 호화로움, 창의 아름다움, 내부에서 광채를 발하고 있는 금, 붉은 옻칠이 된 나무 기둥과 전체가 도금된 다른 기둥들, 식료 창고의 거대함, 여러 종류의 관목이 있는 정원의 아름다움과 신선한 녹음이 눈에 띄며, 그중에서도 높이 평가될 만한 것은 자연 그대로의 바윗덩어리, 물고기와 새를 위한 연못이었다. 아즈치 성에는 검은 옻칠이 된 철이 박혀 있는 문, 모든 건축물과 집집마다 보이는 도금한 테두리가 있는 기와, 위험을 알리는 용도의 종鐘이 설치된 수많은 망루, 호화스런 새 궁전과 무수히 많은 방안의 도금된 회화 장식, 신선한 녹음과 매우 광대한 평지가 있었다. 그리고 녹음과 평지를 넘어 바라보면 한쪽으로 산기슭에 커다란 호수가 펼쳐져 각양각색의 배가 왕래하였고, 다른 편으로 고개를 돌리면 논과 들이 끝없이 펼쳐진 가운데 성과 많은 촌락이 보였다. 이 모든 것들은 구석구석까지 매우 깨끗하였다.

아즈치 시가지

3년이 채 안 되어 완성된 후 끊임없이 성장한 시가지는 이미 1리 이상 확장되었다. 제후諸侯와 제사諸士의 집들은 모두 망을 볼 수 있는 건물이 위에 달린 특수한 자재로 만든 현관이 있으며 벽 전체는 하얗게 칠하여졌고, 내부에는 일본인이 잘 모르는 유럽풍 벽화 대신에 도금을 입힌 병풍이 설치되어 있었다. 수많은 고가의 말로 가득 찬 마구간은 매우 청결하여 오락실로도 이용될 수 있을 정도였다. 도로는 매우 길고 넓었으며 날마다 두세 번 청소가 이루어졌다.

이에 더하여 사람들의 분주함과 웅성거림, 각국에서 노부나가의 정청에 모여든 귀인들의 왕래, 이 건축물의 명성과 고귀함에 이끌려 멀리서 구경하러 온 많은 방문객, 남자들과 쓰개로 얼굴을 가린 여자들, 매일 밤중까지 주고받는 선물의 숫자, 사이고쿠西國 즉 남쪽 여러 국으로부터 노부나가에게 보내온 크고 작은 매, 관동에서 가져 온 훌륭한 말, 매일 거리로 화물을 운반하여 오는 사람들, 근습近習[95] 가신들의 훌륭한 태도와 청결함, 산 주변의 분주함과 일터의 소리, 이 모든 것들은 일본인이 보았을 때 깊은 경탄심을 자아냈다.

노부나가의 차 도구

사람들이 증언하는 바에 따르면, 노부나가는 일본에서 그보다 앞선 시대의 모든 제후 중에서 가장 행운아이며 가장 부유하고 강대한 인물이었다. 행운아라는 이유는 노부나가가 늘 전쟁에서 성공을 거두었고 승리하지 못하는 경우는 극히 드물었기 때문이다. 부유하다고 하는 이유는 대량으로 소유한 금은 이외에도 일본에 반입되거나 이전부터 이미 이 땅에 있던 인도의 고가품, 중국의 진품, 조선 및 원격지에서 온 아름다운 물건이 거의 모두 그의 수중에 들어갔기 때문이다.

끓인 물로 차를 마실 때 사용하는 차 도구는 일본에서 마치 유럽의 보석과 같은 가격과 가치, 귀중함을 갖고 있으며, 사람들이 오랜 세월 동안 일본 각지에서 입수하고 수집한 것은 더욱 특별하였다. 고귀한 차 도구를 소유한 가문은 유명해지고 이것을 소유하는 것만으로 소장자는 부유하고 행복하다고 일컬어지는 것이다. 노부나가는 어떤 물건은 선물로 받았고 어떤 물건은 고액의 금은으로 구입하였으므로 최상의 유명한 물건 대부분을 소장하게 되었다. 제작자의 이름이 새겨진 매우 값나가는 대소

주[95] 주군의 곁에서 시중을 드는 자이다. 헤이안 시대 조정에서 처음 나타나 가마쿠라 시대에 제도적으로 정비되었다. 무로마치·전국 시대에 일반 다이묘까지 근습을 두는 일이 일반화되었다.

도검, 호화로운 말 장식 의상, 그리고 마지막으로 사람들이 기뻐하고 즐거워할 수 있는 모든 아름답고 진귀한 물건들, 노부나가는 그 모든 물건들이 모이는 중심에 있었다.

그의 궁전 내에서의 봉사는 오로지 젊은 부인들, 그것도 고귀한 천성과 재능, 천부적인 능력을 지녀 선발된 숙녀들 및 영내에서 가장 고귀한 출신의 부인들에 의하여 이루어졌다.

아즈치와 교토의 통행: 도로와 다리

노부가나는 이 아즈치 시市에서 교토까지 육로로 14리 거리에 폭이 다다미 대여섯 장인 오직 하나뿐인 도로를 만들었다. 평탄하고 깨끗하며 곧게 뻗은 도로 양옆으로 여름에 그늘을 드리우기 위하여 나무를[96] 심고 곳곳에 빗자루를 두어 근처 촌락에서 사람들이 와서 늘 도로를 청소하게 하였다. 또 모든 가로수 아래 청결한 모래와 작은 돌을 배치하여 도로 전체를 정원처럼 보이게 하였다. 일정한 간격으로 풍부한 식료품을 파는 집도 설치하여 여행자가 원기를 회복하며 휴식할 수 있게 하였다. 그리고 이전에는 여러 국에서 일행이 없이 혼자 여행하는 경우 낮이리도 그다지 안전하지 않았지만, 노부나가 시대가 되자 사람들은 특히 여름에는 늘 밤에 여행을 하였다. 그들은 짐을 곁에 두고 노숙을 하여도 마치 자기 집처럼 안전하였다. 노부나가는 도로에 구축한 이러한 설비와 질서를 그가 통치하고 있는 여러 국에서도 실시하였다.

그리고 교토에서 아즈치로 가는 여행자들의 수고를 덜기 위하여 오미 호수가 좁아져 격류와 급류를 이루는 세타瀬田라는 곳에 4, 5천 크루자

주[96] 도로 가장자리에는 소나무松와 버드나무柳를 심었다.

두를 들여 훌륭한 목재 다리를 건설하였다. 그것은 폭은 다다미 4장, 길이는 다다미 180장 규모로 매우 완전한 형태를 갖추었으며 중앙에 아주 쾌적한 휴게소를 만들어 통행인이 휴식을 취할 수 있게 하였다. 신분이 높건 낮건 [부인은 예외로 하지만] 모든 계급의 사람들은 이곳에서 노부나가에 대한 외경심을 보이기 위하여 탈 것에서 내리지 않으면 안 되었다. 그는 강력히 원한다면 매우 짧은 시간 안에 100,000명 이상을 어려움 없이 전장에 보낼 수 있었다.

아즈치 산에서 교토로 가는 길 도중에는 장애물이 하나 더 있었다. 즉 교토와 오미 호수 사이에 있는 히에 산이란 험준한 암석으로 된 산지이다. 노부나가는 이 도로를 용이하게 사용할 수 있도록 암석들을 제거하게 하였다. 이전에 사람들과 말이 괴로워하면서 올라갔던 험준한 길을 아무런 장애물이 없는 완전히 평평한 길로 만들었다. 그리하여 그곳은 쾌적한 도로, 광대한 통로가 되었고 소달구지나 부인의 가마도 어떤 어려움 없이 통행하였다.

그는 모든 과세賦課, 길을 지날 때 지불해야 하였던 관세와 통행세를 폐지하고 관대함을 베풀어 모두에게 자유를 주었다. 이러한 호의와 민중의 칭송으로 인하여 일반인들은 더욱 더 그에게 마음이 끌려 기꺼이 주군으로 섬겼다.

아즈치의 수도원

노부나가는 궁전 건축물에 이상할 정도로 기뻐하며 자랑하였고 신분이 높은 무장들은 그에게 아첨하려고 아즈치의 새로운 시市에 호화로운 저택을 지어 노부나가의 뜻을 받들었다. 오르간티노 신부는 이 사실을 알고 있었으므로 교회를 지을 적당한 장소를 얻고 싶다고 요청하였다.

왜냐하면 이곳에는 일본의 중요 무장들이 거주하였고 노부나가를 방문하여 여러 용건을 처리하기 위해서 신분이 높은 무사와 사절이 각지에서 끊임없이 모여 들었기 때문이다. 그래서 단기간에 하나님의 가르침을 포교하고 예수회를 일본의 멀리 떨어진 지역에 알리는 데에 절호의 땅이라 생각되었다. 그 이외에도 노부나가의 거성과 정청을 구성하는 많은 이름 있는 무장들과 함께 거주함으로써 예수회가 신용과 명예를 획득하고 위신을 높일 수 있다고 여겨졌다.

그렇지만 한편으로 노부나가는 승려들을 중시하지 않아 그들에게 그곳의 토지를 주지 않았고 앞으로도 줄지 안 줄지 알 수 없었으므로 그 일은 매우 곤란한 시도로 여겨졌다. 이 때문에 그가 우리들과 같은 외부인에게 토지를 줄 리가 없다고 여겨졌다. 또 설령 그가 토지를 준다 하더라고 그를 기쁘게 하고 무장들의 호화롭고 완벽한 저택들 사이에서 명성을 높이고 영예를 유지하기 위하여 매우 기품 있는 건물을 만들지 않으면 안 되었다. 게다가 토지의 협소함이 이 일을 한층 어렵게 하였다. 만일 평지가 부족하지 않은 시의 민중과 직인들 사이에 위치한 토지를 받으면 포교 상대로 정한 신분 높은 사람들과 멀리 떨어지게 되고, 이처럼 서민들 사이에 주거를 가지면 예수회는 신용을 획득할 수 없게 될 것이다. 그렇지만 신분 높은 사람들의 저택은 산에 건설되어 있고 그 주위에는 저택이 빽빽이 들어서 있었다. 따라서 수도자의 주거에 필요한 여유 있고 적절한 장소를 찾을 수 없었고 그들 사이에 위치한 토지를 얻기란 매우 힘들었다.

하지만 크리스천들도 오르간티노 신부에게 이를 강하게 권고하였고 노부나가에게서 어떤 토지를 얻는다면 그것만으로도 커다란 은혜라고 신부도 생각하였기 때문에 우리 모두는 주에게 이 소망을 특별히 기도를 드린 후 신부는 가능한 한 예를 다하여 노부나가에게 청원하였다. 우리 주께서는 신부가 노부나가와 접견할 수 있게 하여 주었다. 노부나가는 신부의 요청을 반기며 토지를 내려 줄 장소를 생각하여 보겠다고 말하고 신부의 소망에 만족감을 표시하였다. 그리고 얼마 후 이보다 더 좋을 수 없을 정도로 좋은 장소를 선정하여 주었다.

수일 전 노부나가는 성이 있는 산과 시市 사이에 있는 호수의 조그만 후미를 메울 생각이 들어 자신도 그 이유를 알지 못한 채 많은 인력을 동원하여 매립에 나섰다. 15일에서 20일 만에 공사가 끝나자 그의 저택 앞에 넓은 부지가 생겼다. 일부 무장들은 이 땅을 양도받고 싶다고 요청하였으나 노부나가는 그들 누구에게도 결코 주려고 하지 않았다. 이 일을 보아도 모든 것이 하나님의 섭리로 말미암은 것이다. 노부나가는 그곳이 선교사들에게 편리하며 적당한 장소라고 생각해서 그들에게 주기로 결심하였다. 오르간티노 신부는 성령의 축일에 이 토지를 매우 기쁘게 수리하고 그것이 우리 종교와 크리스트교의 신앙을 고양시키는 데 가장 적합한 길이며 수단임을 의심하지 않았다. 그래서 신부와 모든 크리스천들이 하나님의 위대한 은혜로 받아들였다. 그곳에 가능한 단기간에 매우 기품 있고 호화로운 수도원을 건립할 것을 결정하고 크리스천 전원이 최선을 다하여 원조할 것을 약속하였다. 그리고 즉시 쌀, 목재, 인부 등을 제공하였다. 그중에서도 이 사업에 보여 준 주스토 우콘도노의 행동은 특히 눈에 띄었다.

그는 4일이 걸리는 거리에 있는 셋쓰 국에서, 우리들이 비용을 부담하는 것을 거부한 채 자신의 영민들을 불러들여 이 일에 종사시켰다. 멀리 떨어진 여러 국과 지방의 영주들도 마찬가지로 상당한 수 인부를 이곳에 파견하였고 건물을 높이 짓기 위하여 좀 더 매립하였다. 당시 중요 무장들은 그곳에 각자의 저택을 짓고 있었지만, 인부가 부족하여 자신들의 공사가 지연되는 것도 개의치 않고 이 일에 전념하였기 때문에 마치 취미 활동으로 하는 것처럼 보였다. 또한 발리냐노 순찰사가 오르간티노 신부에게 보낸 편지에 의거하여 교토에 아이들을 위한 신학교와 약간의 집을 짓기 위하여 모아 놓은 대량의 목재를 오르간티노 신부가 보관하고 있었던 것도 이 사업을 즉시 수행하는 데 큰 도움이 되었다. 이처럼 사업은 매우 열정적으로 시작되어 크리스천들의 눈부신 원조에 힘입어 짧은 기간에 노부나가의 궁전을 제외하면 아즈치에서 가장 아름답고 기품이 있는 저택의 하나로 완성되었다.

아래층에는 외부인을 숙박시키기 위하여 청결한 양질의 목재로 매우 편리한 객실을 만들었는데 여기에는 고급스런 차실도 딸려 있었다.

위층에는 한쪽으로는 시가지를 향하고 다른 쪽으로는 기분 좋게 탁 트인 정원을 조망할 수 있는 창이 달린 복도와 그 복도로 삼면이 둘러싸인 우리들의 침실, 그리고 방으로 이용할 수 있는 약간의 거실을 만들었다. 이 방들은 일본식의 이동이 가능한 문짝襖으로 구분되며 신분 높은 손님을 숙박시키고자 하면 언제든지 서너 개의 방을 즉시 하나의 넓은 거실로 바꿀 수 있었다. 2층 위에 한 층을 더 올려 거기에 순찰사의 뜻에 따라 신학교로서 사용할 수 있는 길고 잘 설비된 주거 공간을 꾸몄다.

순찰사는 앞서 서술한 것처럼 아즈치 산이 당시 일본에서 가장 기품 있고 중요한 시이자 정청이며 성의 소재지였기 때문에 아리마에서 지시한 것과 같은 양식으로 만들어진 신학교를 이곳에 건립하라고 명령하였다. 순찰사가 이것을 소망한 이유는 고키나이가 광대한 지역에 걸쳐 비옥하며 없는 것 없이 갖추어져 있었기 때문이다. 많은 대국이 즐비하고 부유한 다수의 영주가 살며 주민도 원래 신분이 높고 정청의 지배 아래 자라난 자들답게 마음씨가 선량한 자가 많았다. 또한 많은 수의 귀인들이 출입하였기 때문에 빈곤한 규슈 지방보다 더 큰 성과를 기대할 수 있다고 생각하였다. 민중은 주군에게 온전히 복종하고 있었기 때문에 일본의 모든 종파가 이 지방에 본산을 두고 있으며, 여기서 자리를 잘 잡으면 권위를 갖고 멀리 떨어진 지방에까지 쉽게 영향을 미칠 수 있었다. 사실 고키나이는 모든 법령이 내려지는 곳으로서 고귀한 사람들을 배출하였고 일본의 명예를 자처하고 있기 때문에 이곳 사람들의 마음을 움직이면 이러한 움직임이 일본 전체로 쉽게 확장될 수 있을 것이다. 확실히 고키나이의 크리스천들은 일반적으로 신부에 대한 신심과 애정 및 신뢰, 교회의 여러 일을 존경하는 마음이 매우 탁월하였다.

이렇게 사업이 진전되어, 아즈치 산 아래 시가지를 고양하고 위대하게 하는데 여념이 없던 노부나가는 우리 수도원이 매우 훌륭하게 완성된 것을 보고 기뻐하였다. 그는 이미 이전부터 신부에게 호의를 보였지만 지금은 전술한 이유에서 한층 더 호감을 표시하고 건물의 상량식을 보려고 직접 시찰하러 올 정도였다. 노부나가는 오르간티노 신부를 매우 우대하고 그곳에 함께 있던 사람들 앞에서 사업을 칭찬하였으며 토지가 협소하니 더욱 확장하라고 하면서 우리가 토지를 넓히기 위하여 부근에 있던 그의 가신이자 신분 높은 무장들의 가옥을 네다섯 채 철거하라고 지시하였다. 심지어 나중에는 건축물이 아주 마음에 드니 앞으로 보다 많은 도움을 줄 것이라 말하고 경비에 보태라며 200크루자두를 오르간티노 신부에게 전달하였다. 수도원이 노부나가의 궁전 근처에 있어 그가 늘 눈앞에서 바라보았기 때문에 우리 신부와 수사들은 종종 그와 만날 기회를 얻게 되었고 15일이나 20일마다 약간의 과일과 과자 및 그것에 유사한 물품을 갖고 그를 방문하였다. 노부나가도 우리에게 그렇게 하라고 말하였는데 이 일은 신부들의 신용을 높이고 하나님 율법의 평판을 높이는 결과가 되었다. 만인을 극도의 엄격함과 권력으로 다루는 이 존대하고 불손한 이도교의 마음을 움직여 그토록 우리에게 친밀감을 품게 한 것은 분명 하나님의 행하심이었다. 이는 이교도들을 놀라게 하고 크리스천에게는 적지 않은 위로와 기쁨을 가져다주었다.

오르간티노 신부

그 이외에도 노부나가는 종종 오르간티노 신부에게 내방하라고 말하였다. 그러던 어느 날 그는 자신이 매 사냥으로 잡은 새를 신부에게 주었는데 실로 이것은 그의 절대적 호의를 표시한 것이었다. 또 다른 날 우리 신부들이 그를 방문하였을 때 그는 두세 번에 걸쳐 하나님과 우리 교의를 가르쳐 달라고 요청하였다. 그는 신부들의 이야기를 매우 주의 깊게 듣고 주위 사람에게 다양한 질문을 한 후 승려들이 말하는 것은 모두 거짓이며 내세는 선교사들이 말하는 것이 진실이라 생각한다고 말하였다.

오르간티노 신부는 매우 굵고 두터운 돌담으로 수도원 부지 삼면을 둘러쌌는데 그것은 내부에 지은 건물에 장식과 미관을 한층 더하여 주었다. 그리고 노부나가와 가신들이 소망한 교회[이 때문에 울타리 안에 넓은 빈 공터가 확보되었다]를 건축하기 위하여 멀리서 날라온 목재 수집이 이미 시작되었다. 그렇지만 아즈치에는 필요한 물품이 모두 다 부족하였으므로 이 일은 매우 곤란하였다. 사실 모든 재료들은 외부에서 수레로 운반되었다. 성 사람들은 아즈치에 거주하고 싶은 마음보다도 노부나가의 환심을 사기 위하여 집을 짓고 있었으며 이 재료들은 다른 지역에서 사와서 매각하는 과정에 누군가가 이미 전부 매점한 상태였다. 외국인인 우리는 그런 능력과 지혜가 없었으므로 보다 많은 비용을 지불해야 하였다.

비록 금장식은 없었지만 노부나가는 자신의 성에 사용한 기와를 써도 된다고 특별히 은혜를 베풀어 우리 수도원에 허가를 내렸다. 그 누구에게도 [우리들 교회를 별도로 하고] 기와로 지붕을 덮는 것을 허가하지 않았기 때문에 우리가 아즈치 산에 수도원을 건축하려는 목적에 한층 들어맞았다. 우리들의 수도원은 높은 3층 건물이며 길이도 적당하였기 때문에 모든 가옥 가운데 우뚝 솟아 있었다. 또 매일 여러 신분의 무장들이 수도원을 구경하러 왔으므로 그들에게 하나님에 대하여 설교하고 이야기할 기회를 가질 수 있었다. 이해 예수회의 이름은 빠른 속도로 알려지게 되었고 하나님 계율은 이야기를 들으러 온 무장들로 인하여 여러 국에 전파되었다. 만일 인류의 적인 악마가 방해를 하지 않았다면 더욱 많은 성과를 거두었을 터였다.

오다 노부타카

노부나가와 그의 아들들이 베풀어 준 호의가 미친 영향은 결코 적지 않았다. 왜냐하면 경험에서 알 수 있듯이 이로 인하여 이교도들 마음속에 우리의 성스런 규율에 대한 신뢰가 높아지고 그 결과 하느님의 가르침이 널리 퍼지고 받아들여지게 되었다. 만일 육욕에 멀어 판단력을 잃지 않았다면 많은 무장은 이미 크리스천이 되었을 것이다.

그렇지만 그들에게 여섯 번째 계명(너희는 간음하지 말라)을 지키게 하는 일은 매우 곤란하였다. 많은 자들이 만일 선교사들이 이 규율에 관하여 조금만 관대하게 하여 준다면 즉시 크리스천이 될 것이라 공언하였다. 그런 사람들 중에는 노부나가의 장남이자 후계자인 도노사마(노부타다)도 있었는데 그는 이 문제에 특히 관심을 가져 서너 번 우리 수사와 이야기하기도 하였다. 만일 신부들이 이 규율에 융통성을 발휘하여 너무 엄격히 적용하지 않는다면 크리스천의 숫자는 의심할 나위 없이 배가 될 것이므로 크리스천들이 수사를 설득할 수 없느냐고도 하였다. 이 젊은 도노의 정청에서 서로 의견을 주고받은 사람들은 간음을 금지하는 계명 때문에 사람들이 공포심을 품게 하여 큰 수확을 잃기보다는 이를 면제하여 크리스천을 늘리는 것이 하나님에게 봉사하는 것이라고 생각하였다. 그리고 이 규율을 하나님께서 명령하신 것이 아니라 인간이 만들어낸 것으로 하여 면제될 수 있다면 자신도 솔선하여 크리스천이 될 것이라고 하였다.

그러나 그들에게 주어진 답은 누구라도 쉽게 납득할 수 있는 말로 제시되었다. 즉 신부들이 설교하는 규율은 하나님이 계시한 진리로서 인간이 생각하여 만들어 낸 것이 아니다. 만일 그것이 승려들의 가르침과 같이 인간이 만들어 낸 것이고 그들이 하는 것처럼 우리도 부정하고 불경스런 방법으로 자신의 이익을 얻기만을 소망한다면, 이 규율에 관해서도 인간이 원하는 대로 말할 것이다. 그러나 이것은 하나님의 규율이며 오류가 없는 결정이기 때문에 우리는 그런 판단을 내리는 인간의 의지와 음탕한 욕망에 순응할 수 없다.

산시치도노三七殿[97]라 칭하는 노부나가의 차남은 크리스천이 되기 위한 소질뿐만 아니라 크리스천들의 지주가 될 만한 소질을 갖추었는데 후일 사람이 변하여 매우 비참하고 불운한 말로를 맞이하게 되었다.

노부나가의 많은 아들 중에서 산시치도노는 모든 무장들로부터 가장 많은 사랑을 받았다. 그는 아즈치의 신부들이나 일본인 수사들과 교제하기 시작하여 종종 하나님의 규율에 관하여 설교를 들으면서 설령 크리

주[97] 오다 노부나가의 셋째 아들인 오다 노부타카織田信孝이다.

스천이라 하더라도 그 이상 바랄 수 없을 정도의 애정과 친밀감을 수도원에 품었다. 그는 매주 한두 번은 반드시 수도원을 방문하였고, 로렌스 수사가 이에 못지않게 자주 그의 집을 방문할 것을 희망하였다. 또 다양한 선물을 신부들에게 자주 보내고 모든 일에 큰 애정과 친절을 보였다. 그는 신부들을 자신의 교사로 간주한다고 공언하고 중요 무장들 앞에서 깊은 존경으로 하나님의 규율을 이야기하였으며 신부들에게 지극히 공순한 뜻을 보였으므로 이교도들은 경악하였다. 그는 승려들의 종파가 기만과 미신이라고 경멸하고 우리의 성스런 규율만이 진리와 도리에 걸맞으며 사리를 분별하는 자라면 하나님의 가르침을 듣고서 크리스천이 되지 않을 수 없다고 말하는 등 극찬하여 마지않았다. 그 자신도 몇 가지 사정 때문에 미루지 않았더라면 이미 크리스천이 되었을 것이며 그의 가신 수 명은 그의 설득으로 이미 세례를 받았다. 그는 어떤 수사에게 콘타쓰 로자리오를 구하여 그것으로 기도하고 싶다고 말하고 때때로 그것을 허리에 차고 있었다. 그는 큰 저택과 상당한 봉록을 부여받았고, 그의 부친이 아직 영지를 주지 않았고 때가 되면 당연히 줄 것으로 기대하고 있었다.

　25세 가량이 된 이 젊은이는 아버지를 비롯한 성안의 모든 이에게 사랑을 받았으며 아버지가 적어도 나쁘게 생각하지 않는다는 암시를 할 때까지 크리스천이 되는 것을 유보하고 있었다. 왜냐하면 노부나가는 자기 아들에게도 사정을 봐주는 법이 없었으므로 그들조차도 노부나가를 두려워하여 나서서 그와 이야기하려는 자가 없었으며 그의 심기를 건드리지 않도록 주의하고 있었다. 산시치도노는 부친의 중신들과 친하게 교제하고 있었으므로 그들에게 크리스천이 되고 싶다고 공언하고 부친이 이를 어떻게 생각할지 알기 위하여 손을 썼다. 산시치도노는 우리에 관하여 어머니에게도 이야기하였고 그녀는 두세 번 설교를 듣고 하나님의 규율에 애착을 느꼈다.

지구의

어느 날 노부나가는 친히 우리들의 규율에 관한 이야기를 들은 후 이를 논하고 일찍이 품고 있던 의문 사항을 물어보기 위하여 많은 무장들 앞에 오르간티노 신부와 로렌스 수사를 부르고 밖에 있는 자들도 들을 수 있도록 거실 문을 열게 하였다.

그는 이전에 본 적이 있는 지구의를 다시 가져오게 하여 이에 대하여 많은 질문을 하고 반론하였다. 마지막으로 신부와 수사가 참석자들 앞에서 대답한 것에 대하여 만족의 뜻을 표하고 선교사들의 지식은 승려들과 커다란 차이가 있다고 말하였다. 그는 선교사들도 선종의 종파처럼 자신들의 가르침에 대하여 마음속으로는 다른 생각을 품고 있는 것은 아닌가라고 생각하였으며, 하나님과 영혼의 존재에 큰 의문을 갖고 있었지만 진심으로 만족하고 납득하였다고 고백하였다.

선종은 겉으로는 사후 세계와 영혼의 구원을 말하고 그것이 진리인양 속여 제단에 우상을 모시고 죽은 자를 위한 장례식을 주관하고 있었지만, 한층 깊은 명상을 하는 자들에게는 뒤에서 [그 반대되는 생각을 막기 위하여 1,700개 (질문과 답변) 항목이 준비되어 있었다] 외적인 형식과 의식은 단순히 민중을 조종하여 국이 멸망하지 않도록 하기 위한 것일 뿐이고 태어나서 죽는 인간에게 남는 것은 아무 것도 없고 한번 숨을 멈추면 모든 것을 잃을 뿐 사후의 생명이나 내세 등은 없다고 말하였다. 이 위선적이고 악랄한 종파를 보통은 신분이 높은 무사들이 신봉하고 있는데 그들은 양심의 가책을 말살하고 욕망에 따라 방종한 생활을 보내고 있었다.

끝으로 노부나가는 신부가 유럽에서 일본으로 올 때 어떠한 여행 경로를 거쳤는지 지구의로 보여 줄 것을 요청하였다. 그는 그것을 보고 들은 후에 손뼉을 치며 감탄하고 놀라움을 감추지 못하였다. 이처럼 불안전하고 위험에 충만한 여행을 굳이 하는 그들은 위대한 용기와 공고한 마음가짐을 가진 자임에 틀림없다고 하였다. 신부와 수사에게 웃으면서 이처럼 위험을 무릅쓰고 머나먼 항해를 하여 온 것을 보면 그대들의 설교는 귀중한 것임이 틀림없다고 하였다. 로렌스 수사는 노부나가의 말이 맞으며, 우리들은 '도적'인데 다른 이유에서가 아니라 단지 일본인의 영혼과 마음을 인류의 잔혹한 가르침인 악마에게서 빼앗아 조물주의 손과 천국에 돌려주기 위하여 아주 머나 먼 곳에서 온 것이라고 답하였다.

노부나가는 세 시간 남짓 그들을 머물게 한 후, 이야기를 듣기 위하여 다음에 다시 부르겠다고 말하고 우리 수도원이 훌륭하게 완성되었다고 들었기 때문에 참관하러 가겠노라며 작별을 고하였다.

노부나가의 아들 세 명도 이러한 애정의 징표를 종종 보였다. 장남인 후계자는 작년 오르간티노 신부가 미노를 방문하였을 때, 호의를 베풀었을 뿐만 아니라 자신의 영지에 교회를 세우도록 신부에게 종종 의뢰하였다. 이를 위하여 자신이 살고 있는 주요 도시인 기후의 백부 집에 속한 광대한 토지를 제공하였다. 그리고 만일 신부가 그곳에 온다면 다수를 개종시켜 큰 크리스천 집단을 만들어 낼 수 있을 것이라고 하였다. 그는 이미 토지를 제공하고 교회를 세울 것을 부탁하였음에도 불구하고, 우리가 기후보다도 아즈치 산에 먼저 수도원을 세운 것을 유감이라 하면서도 다른 한편 그의 부친이 우리 사업에 깊은 관심을 보이고 있는 것을 알자 크게 기뻐하고 자기의 소망도 실현되기를 더욱 바랐다.

3부 미완

남겨진 과제

| 1장 | 위기와 안정

❖ **연도**: 1578년45세~1581년48세

❖ **주요사건**: 아라키 무라시게의 반란, 아즈치 종론, 혼간지와의 화해, 사쿠마 노부모리의 추방, 군사 퍼레이드

❖ **연표**: 1578년天正 6, 45세 1월에 노부나가는 정이위로 승진하였고, 같은 달에 아즈치 성하정城下町=조카마치에 거주하는 노부나가의 유미 중象 후쿠다 요이치의 집에 불이 난 것을 계기로 농촌에 거주하던 후쿠다의 가족을 아즈치 성하정으로 이주시키는 정책을 폈다. 이 사건을 계기로 노부나가가 병사와 농민을 분리하는 데 한층 힘썼을 것으로 보이나, 에도 시대 사회 편성의 근간을 이루는 병농분리 정책이[98] 1578년 당시까

주[98] 가마쿠라 시대에도 병사와 농민이 신분상 구별되는 존재인 것은 분명하나 당시 무사는 거의 대부분 촌락에 거주하면서 농업 경영을 직접 담당하였다. 그렇지만 전국 시대에 이르면 아시가루足輕=경무장 무사와 총의 출현으로 전법이 변화하고 상품 유통이 더욱 발달하면서 일부 다이묘들은 자신의 거성 주위城下町에 무사를 집주시켜 농민과 무사를 분리하는 정책을 펴게 되는데, 이 정책은 오다 노부나가, 도요토미 히데요시 시기에 더욱 강력히 추진되었다. 1588년 히데요시가 공포한, 일반 백성의 무기 몰수를 지시한 가타나가리 령刀狩令을 계기로 농민의 무기 소유와 전직轉職, 도시 이주는 금지되는 방향으로 나아갔고 이후 무사와 농민은 신분에 따라 거주 공간상으로도 분리되었다.

지도 여전히 불완전한 상태임을 추찰할 수 있다.

이해 2월에 하리마 국 미키 성三木城의 벳소 나가하루가 노부나가에 반기를 들자 노부나가는 히데요시를 시켜 공격하게 하였다. 6월에는 노부나가가 혼간지에 병량을 반입하는 모리 수군을 저지하기 위하여 구키 요시타카九鬼嘉隆에 지시하여 만든 대선大船이 완성되었다. 11월 구키가 모리 수군을 기즈 강木津川 입구에게 격파하였고 혼간지는 이제 더 이상 병량 반입을 기대할 수 없게 되어 큰 타격을 입었다.

 그런데 이보다 조금 앞선 같은 해 10월 노부나가에게 크게 우대받았던 아라키 무라시게가 혼간지와 맹약을 맺고 노부나가에게 돌연 반기를 들었다. 전혀 예상하지 못한 상황에 노부나가 측은 당황하였지만, 노부나가가 직접 아라키의 거성인 아리오카를 공격하기 위하여 출진하였다.

다음 해인 1579년 5월에 아즈치 성 천수각이 완성되었고 같은 달에 아즈치 종론宗論[99]이 벌어졌다. 이어 7월 노부나가는 다케다 가문과의 밀약을 의심하여 이에야스에게 그의 후계자이자 장남인 도쿠가와 노부야스의 할복을 지시하였다. 거듭되는 배신을 겪은 노부나가는 사소한 일에도 의심의 눈초리를 거두지 않았다. 노부나가의 지시에 크게 반발할 수도 있었던 이에야스는 이 명령을 감내하며 인내하는 길을 선택하였다.

이해 9월까지도 아라키의 저항은 계속되어 거의 1년이 되었다. 아라키는 아리오카 성에서 아마가사키 성尼崎城으로 옮겨 저항을 계속하였지만 11월 노부나가는 아리오카 성을 개성시켜 아라키의 반란을 사실상 진압하였다.

1580년天正 8, 47세 1월에는 하리마 국의 벳소 나가하루를 할복시키고 미

주[99] 정토종 승려와 법화종 승려가 대결하여 정토종이 승리한 종교 토론이다.

키 성을 개성하는 등 서쪽 모리 가문과 노부나가 군의 거리가 더욱 좁혀졌다.

같은 해 3월 노부나가는 천황을 내세워 화해하는 형식을 빌려 오랫동안 자신을 괴롭히던 숙적 혼간지 세력을 굴복시켰다. 4월에는 혼간지의 겐뇨顯如가 오사카에서 퇴거하였으며, 8월에는 마지막까지 버티던 겐뇨의 아들 교뇨敎如도 물러났다. 약 10여 년간 싸웠던 혼간지 세력이 마침내 항복하였고 이 일을 계기로 자신감을 얻은 노부나가는 같은 달 오다 가문 내 최대 무장인 사쿠마 노부모리를 추방하는 조치를 취하여 자신의 권위적 통치를 한층 강화하였다. 이제 교토 인근에서 노부나가의 뜻에 거슬릴 수 있는 자는 아무도 없었다고 해도 과언이 아니었다.

1581년 마흔여덟 살의 노부나가는 자신이 이룬 업적과 권세를 한껏 뽐내기라도 하듯이 1월에는 아즈치에서, 2월에는 교토에서 훌륭한 복장을 갖춘 무사들이 화려하게 장식된 말을 타고 행진하는 일종의 군사 페레이드[100]를 벌였다. 노부나가는 자신이 그동안 이룬 성공을 자축하는 동시에 천하포무의 기치에 내걸고 기후에서 수도 교토에 상경한 지 10여 년, 일본 통일을 목전에 둔 권력자로서 이에 어울리는 '무위武威'를 대내외에 과시하고자 하였다.

❖ **해설**: 이 장에서는 노부나가에 대한 아라키 무라시게의 배신을 중심으로 예수회 선교사와 다카야마 우콘이 처한 상황을 매우 상세하게 서술하고 있다. 예수회 신부를 이용하여 아라키 휘하에 편입되어 있던 다카야마 우콘을 자기편으로 끌어들이려는 노부나가의 의지, 그리고 이에 따른 다카야마 우콘의 번뇌와 오르간티노 신부의 분투기가 잘 그려지고 있다.

주[100] 우마조로에馬揃え라고 하며 일종의 군사 행진이자 열병식이다.

아리키의 반란을 진압한 후에 노부나가가 내린 가혹한 지시에서 그의 인성을 엿볼 수 있다. 프로이스에 따르면 노부나가는 "아리오카 성에 있는 모든 사람을 유례가 없이 잔악하게 처리하여 자신의 분노와 증오를 발산하리라고 결심하"고, 아라키 일족 36명을 죽이고, 아라키 성에서 붙잡은 귀부인 120명을 교수형의 일종인 하리즈케 형에 처하였을 뿐만 아니라 그 외 관련자 514명380명은 여자, 134명은 남자을 산 채로 태워 죽였다. '광기狂氣'라고밖에 볼 수 없는 이러한 행위는 노부나가라는 인물을 이해하는 주된 키워드 중의 하나이다.

또한 이 장에서는 "나노부나가의 탄생일을 성일로 삼고 당 사원에 참배할 것을 명령"하는 등 이른바 노부나가의 신격화神格化에 관하여 자세히 기술되어 있다. 다만 노부나가가 승려와 사원을 탄압하는 데 그치지 않고 왜 이를 넘어서 신불과 같은 존재가 되려고 하였는지, 이 점에 관해서는 현재 일본사학계에서도 여러 견해로 갈리고 있다.[101]

주[101] 노부나가의 신격화에 관련된 논의는 박수철, 『오다·도요토미 정권의 사사 지배와 천황』, 서울대학교출판문화원, 2012, pp.48~49 참조.

반란을 극복하다

아라키 무라시게의 모반

　노부나가는 큰 성과를 얻어 2년 내에 일본 전체의 절대 군주가 될 수 있다는 자신감으로 충만한 채 그 실행에 착수하였다. 그러나 이교도들은 행운을 잡아 높은 지위에 오르게 되면 자존심과 공허한 자만심에 휩싸여 오로지 하나님께 돌려야 할 것을 자기 힘과 능력의 업적으로 삼는다. 그래서 주님의 은혜 없이 어떤 것도 될 수 없음을 알게 하고 그들이 주님의 뜻을 받아들여 더욱 성장하도록 주님은 종종 역경이라든가 예기치 못한 불행으로 그들에게 시련을 주신다. 노부나가는 본래 선량한 소질을 가졌지만 하나님을 받아들이는 가장 중요한 요소를 갖추지 못하였다.

　이전에 노부나가는 이케다 도노의 가신인 아라키 시나노카미荒木信濃守[102]를 셋쓰 국 영주로 삼았는데 아라키는 자신의 영지를 노부나가가 빼앗을지도 모른다고 걱정하였다. 또 전쟁의 위험과 고생에서 벗어나 마음대로 방탕함에 몸을 맡기고 싶어 하던 가신들도 아라키로 하여금 그와 같이 생각하게 하였다. 아라키는 당시 강력하였던 오사카의 승려 및 열 개국 내지 열두 개국을 영유하고 있던 모리毛利와 동맹을 맺고, 명예와 지위 그리고 명성을 얻고 있던 노부나가에 대적하기로 결심하였다. 그가

주[102] 아라키 무라시게荒木村重이다.

자신에게 봉사하고 있던 모든 중신들과 모의하자 그들은 예외 없이 그 방법이 신분을 지키는 데 가장 안전할 길일 뿐만 아니라, 천하의 주主, 전 일본의 군주가 되는 첩경이라는 의견을 내었다.

당시 다카쓰키의 성주이자 사령관이었던 주스토 우콘도노는 이 협의에는 참가하지 않았다. 사람들은 그의 공정한 정신에 비추어 볼 때 자신들의 계획에 우콘도노가 동의하지는 않을 것이라고 우려하여 초대하지 않았다. 그렇지만 우콘도노는 아라키에게 단순한 병졸이자 일개 시민에 불과하였던 그를 일국의 영주로 삼아 높은 지위에 임명하고 총애한 사람(노부나가)에게 활을 쏘는 것은 도리에 맞지 않는 일이라고 주장하였다. 이 훌륭한 설득 속에 드러난 박력에 아라키는 마음이 움직였다. 그는 다시 한 번 국의 가로家老와 중신들을 불러 우콘도노가 말하는 도리와 근거를 들려준 다음, 노부나가를 적대하라고 권고하는 행위를 그만두게 하려 하였다. 그는 그들과 두 번째 협의를 열고자 결심하였고 우콘도노를 그의 거성으로 소환하였다.

우콘도노는 자신의 논리를 세 가지로 요약하였다. 첫째, 아라키가 노부나가에게서 받은 호의에 대한 의리를 언급하였고, 둘째, 그들의 지위와 전력을 고려할 때 무기와 병력 및 부에 있어 강대한 천하의 주 노부나가에게 계획대로 승리를 거두는 것은 명백히 불가능하며, 셋째, 노부나가가 승자가 되었을 때 아라키가 처하게 될 불행한 상태와 상상을 초월하는 징벌에 대하여 명확하고 대담하게 예언하였다.

우콘도노가 말한 도리는 매우 설득력이 있었고 그의 현명한 사려와 아름다운 행동에 깊이 만족하였으므로 아라키와 그의 아들은 결심을 바꾸어 가신들에게 동의를 구하지 않고 급히 성을 나와 노부나가를 방문하여 용서를 구하고자 하였다. 그러나 그들이 약 5리 떨어진 이바라키

茨木에 왔을 때 신분이 높은 사무라이와 아리오카에 남아 있던 중신들은 이미 처음 협의한 바에 기초하여 자기들끼리 새로운 행동을 취하였다. 그들은 아라키가 출발한 후 사자를 보내 어떠한 경우에도 노부나가와 동맹할 생각이 없으니 즉시 아리오카로 돌아와야 하며, 만일 아라키가 그들의 의견에 동의하지 않거나 결정을 인정하지 않으면 성문을 잠그고 다른 주군을 영주로서 맞아들이겠노라고 통보하였다. 이 말을 들은 아라키는 본의는 아니지만 그들에게 동의할 수밖에 없었다. 아라키는 노부나가에게 가는 길을 단념하고 아리오카 성으로 되돌아가 노부나가의 적임을 표명하였다. 그와 동맹을 맺은 구보사마, 모리, 오사카의 승려는 그에게 한층 용기를 불어넣기 위하여 다섯 개국 영주로 삼을 것을 약속하였다.

노부나가의 제안

사태가 아주 절박하였기 때문에 교토의 신부들은 우콘도노와 그 지역의 크리스천 전원의 파멸을 예견하고 크나큰 공포에 휩싸였다. 신부들은 일본에서 크리스천이라면 누구라도 주군을 배신하지 말라고 설교하였는데, 비록 우콘도노가 아라키를 섬기고 있었지만 그의 최고 주군은 노부나가였기 때문에 그가 모반자로 나서면 우리 교회에 해악이 생긴다는 점을 무엇보다 유감스럽게 생각하였다.

그래서 당시 고키나이 지구의 포교장이던 오르간티노 신부는 우콘도노에게 무슨 일이 있더라도 노부나가를 적대시하여서는 안 된다고 통보하였다. 우콘도노는 아라키에게 인질로 잡혀 있는 자식과 여동생을 구출할 수 있으면 신부의 권고대로 하겠지만 그렇지 못하면 이처럼 곤란한 사건에서 어떻게 벗어날 수 있을지 알 수가 없다고 대답하였다. 그 대답을 듣고 신부는 깊이 슬퍼하며 성마른 노부나가가 조급하게 행동에 나서 크리스천들에게 분노를 퍼부을 것이라며 당혹해 하였다.

노부나가는 셋쓰 국의 모든 영지, 특히 아라키가 있던 성 주위를 불태워 버리기 위하여 군대를 진격시키고 자신도 1,000명만 거느리고 다카쓰키 성으로 향하였다. 그런데 이와 인접한 여러 성에는 어떤 피해도 주지 않았다. 우콘도노도 노부나가를 배려하였다. 그는 거성에 두 개 이상의 깃발을 세우지 않았고 노부나가에게 피해를 주거나 자극하지 말라고 가신에게 명령하였다.

노부나가는 오르간티노 신부에게 우콘도노가 그에게 투항하도록 최선을 다해 설득하라고 하고, 투항하면 그가 원하는 만큼의 돈과 영지를 줄 것이며 인질들도 살해되지 않게 할 방법이 있을 것이라고 하였다. 같은 날 밤 신부는 우콘도노의 결심을 듣기 위하여 크리스천 동숙同宿 한 명을 그에게 파견하였다. 노부나가의 총사령관 사쿠마도노는 노부나가가 서명한 편지 사본을 작성하였다. 특히 그는 우콘도노에게 셋쓰 국의 반을 주고 크리스천 종파를 보호할 것이라는 중요한 약속을 하였다.

그럼에도 불구하고 우콘도노의 아버지는 어떤 이야기도 들으려고 하지 않았고, 성에 들어오려고 하는 사절은 누구라도 죽이라고 지시하였다. 왜냐하면 그는 아라키에게 인질로 잡힌 자기 딸과 손자가 살해될지도 모른다고 아주 두려워하며 걱정하였기 때문이다. 이미 아라키는 우콘도노가 노부나가 편에 설 것이라 추측하고 우콘도노의 본영에 참가하고 있는 중신들을 체포하라고 지시하였다. 여기저기 왕래하는 사절은 아라키에게 의심을 불러일으켰다.

노부나가는 우콘도노에게 동정을 보이며, 불쌍한 우콘도노가 자신과 화해하고 싶어 하지만 인질 때문에 얽매여 있다고 생각하였다. 그는 우노콘도에 대한 희망을 잃고 다음 날 군영을 더욱 전진시킬 것을 결심하였다. 그렇지만 그 사이에도 다카쓰키의 크리스천 무사들은 당초 노부나가가 희망한 대로 결말이 날 수 있도록 전력을 다하였다. 사쿠마도노는 그들에게 우콘도노를 노부나가 편에 가담시키는 데 성공하면 16,000섬俵의 봉록을 줄 것을 약속하였다. 그렇지만 다카쓰키의 크리스천 무사들은 우콘도노가 하나님에 대한 사랑 때문에 하지 않은 일을 인간적인 생각에 기반하여 행할 리는 없으므로 그러한 불가능한 권고는 그만 두었으면 좋겠다고 말하였다. 결국 그러한 노력은 수포로 돌아갔다.

(한편) 예수회 동료 일부는 나가하라永原[103]에 구금되고 나머지는 노부나가의 군영에 있어 두 그룹으로 나뉘어 감시받았는데 모두들 크게 낙담하였고 신부는 성질이 급한 노부나가가 그들을 죽일지도 모른다는 공포심에 사로잡혔다. 게다가 교토의 교회는 마치부교町奉行인 무라이도노의 가신에게 감시받았고, 그는 노부나가가 살짝 신호를 보내면 공격을 감행할 것이므로 신부는 노부나가가 고키나이 크리스천 종파를 멸망시킬 것이라고 확신하였다.

이 모든 상황은 군영 한목판 속에 있던 오르간티노 신부를 큰 우려와 불안에 빠지게 하였다. 그래서 그는 자기가 직접 다카쓰키에 가면 하나님의 도움으로 우콘도노와 그의 부친에게 노부나가가 바라는 바를 납득시킬 수 있을 것이라고 생각하였다. 그럴 수 있다면 적어도 이 건에 관하여 자신이 할 수 있는 모든 일을 한 것이 되고 노부나가에게 완전하고 충분한 보답이 될 것으로 생각하였다. 그는 이 계획을 노부나가의 제일

주**103** 시가 현滋賀縣 야스 군野洲郡 나가하라이다. 노부나가는 사쿠마 노부모리의 일족인 사쿠마 요로쿠로與六郞에게 감시를 맡겼다.

급 무장이자 휘하 주장인 사쿠마도노에게 알렸다. 사쿠마는 문제가 무사히 해결될 것을 소망하였다. 그러나 경호를 맡은 병사들은 적들이 신부가 우콘도노를 아라키로부터 이반시키기 위하여 온 것으로 생각할 것이며 따라서 신부를 살해할 수도 있기 때문에 다카쓰키 성에서 신부에게 불상사가 생길지 모른다며 두려워하였다. 군영에 있던 크리스천들도 마찬가지였고 그들은 신부가 이와 같이 명백한 위험에 노출되는 것을 원하지 않았다.

그렇지만 고키나이 크리스천 종파와 포로가 된 예수회 전원에게 일어날 수 있는 두려운 사태에 대하여 마음속 깊이 아픔을 느낀 신부는 이 계획을 감행하고 로렌스 수사와 함께 다카쓰키로 들어가려고 시도하였다. 그는 들어갈 수 있는 다른 방법이 없었기 때문에 노부나가로부터 도망쳐 다카쓰키에 구조를 요청하러 온 탈주자로 위장하기로 하였다. 그리하여 그가 그곳에 도착하였을 때 즉시 성문이 열리도록 이 거짓 도피에 관하여 전달할 선발 사절을 파견하였다.

오르간티노 신부와 다카야마 우콘의 선택

거의 한밤중에 가까웠으나 신부와 수사는 군영을 출발하여 자신들에게 생길 수 있는 사태에 대하여 필설로 다할 수 없는 비참함과 괴로움에 떨면서 다카쓰키 성으로 향하였다. 그런데 그들은 문이 열리기까지 약 한 시간이나 밖에서 대기해야 하였으므로 더욱 공포에 떨었다. 그러나 안으로 들어가자마자 그들은 바로 교회로 갔고 그곳에서 잠시 기다리자 우콘도노의 아버지 다리오가 들어왔다. 그는 신부가 노부나가로부터 탈출한 것을 축하하며 동시에 포로로 잡힌 다른 사람들에게 생길 수밖에 없는 사태에 슬픔을 표시하였다. 신부는 될 수 있는 한 아무렇지도 않게 위장하고 거짓 태도가 진실인 것처럼 보이게 하는 한편 과연 다리오가 노부나가에게 투항할 것인지 확인하려고 하였다. 그러는 와중에 한 시간을 통째로 낭비하였다. 이날 밤 선교사가 입성하였다는 보고가 이미 아라키에게 전하여졌거나, 같은 보고가 아라키와 동맹을 맺고 있는 오사카 승려가 있는 곳에 전해졌을 것이다.

다리오는 특별히 중요한 사무라이 네 명에게 신부가 탈주하지 못하게 감시하라고 지시하였다. 신부는 성의 장로들을 만나 우콘도노를 움직여 성에서 벗어날 수 있게 설득해 달라고 교섭하고 있었기 때문에 오후가 되도록 감시가 붙은 사실을 전혀 알아채지 못하였다. 그러나 아무 일도 해결되지 않았고, 신부는 다리오가 도망치지 못하도록 감시역을 둔 사실을 눈치챘다. 자신도 살아날 가망성이 없고 교회의 다른 모든 사람들도 아마 다음 날 십자가에 걸릴지 모른다는 생각에 신부는 비탄의 늪에 빠졌다. 왜냐하면 노부나가는 선교사가 약속을 어겨 교섭을 하지 않았으며 성에서도 빠져나오지 않으니 자신을 속였다고 생각할 수도 있기 때문이다. 노부나가 쪽에서 보면 신부가 탈출하지 못한 이유가 감시병과 감시사 때문임을 알지 못할 것이니 그런 의심을 품는 것도 당연할 것이다. 신부는 좋은 계략도 성공하지 못하고 (사람으로 할 수 있는) 모든 인력사力은 바닥을 보였기 때문에 비애와 고통에 싸여 근처에 있던 커다란 십자가 앞에서 기도를 올렸다.

(한편) 우콘도노는 이제 해야 할 일을 확실히 결심하고 교회로 왔다. 그는 로렌스 수사와 이 건에 대하여 언급하기 시작하였다. 수사를 통하여 신부에게 "좋은 생각이 떠올랐습니다. 그것은 모두의 이익을 위한 일입니다."라고 기쁨에 넘쳐서 말한 후 신부 가까이에 앉아 다음과 같이 이야기하였다.

"지난 수일간 신부님이 아시는 것처럼 우리는 이 중대 사태를 해결할 수 있는 어떤 방법도 찾을 수 없었습니다. 왜냐하면 노부나가와 화해하면 저의 아들과 여동생을 잃고 아버지의 육체와 영혼도 잃게 될 것이기 때문입니다. 제가 노부나가에게 투항하면 아버지는 할복한다고 하십니다. 할복해도 (아버지 자신은) 천국에 갈 수 있다고 주장하십니다. 또한 저는 사람들 앞에서 존경과 명예를 상실하게 될 것입니다. 즉, 아들 한 명을 파멸에 빠뜨린 자로서 더 이상 사람들 앞에 나설 수 없을 것입니다. 뿐만 아니라 마지막 순간에 이런 방식으로 노부나가에게 투항한다면 영지도 잃게 될 것입니다. 왜냐하면 세상 사람들은 모두 저를 탐욕스런 자로 간주하고 보다 큰 영지를 얻으려 하였다고 믿을 것이기 때문입니다. 그러면 결국에는 노부나가의 총애도 잃게 되고, 그는 저에게서 현세現世의 통치 권한과 아마 목숨까지도 빼앗을 것입니다. 이런 여러 이유에서 저는 지금까지 신부님이 권유한 것에 동의하지 않았습니다. 다만 저는 주님의 은총으로 이러한 곤란한 문제를 숙고한 끝에 [저의 영혼은 신부님과 마찬가지로 절박한 운명에 대한 비통함으로 충만해 있기 때문에] 이 사태로 인하여 파생되었다고 생각되는 모든 나쁜 일에서 벗어날 수 있는 적합한 방법을 생각하기에 이르렀습니다. 즉, 저는 머리카락을 자르고 [일본 습관에 따르면 은거하거나 속세를 떠날 때 행한다] 교회에서 봉사를 하며 모든 현세의 영토 소유를 단념하고 봉록과 가신을 버리고 성에서 떠나기로 결심하였습니다. 왜냐하면 이렇게 함으로써 아라키는 저의 아들을 살해하지 못할 것이며, 신부와 고키나이 모든 크리스천 종파는 구제될 것이기 때문입니다. 또한 이로 인하여 주님에 대한 봉사와 하나님 가르침의 명예, 크리스천 종문의 이름을 높이기 위한 [제가 다른 모든 것보다 소중히 여기고 있는] 다른 좋은 일이 많이 생길 것입니다. 저는 이렇게 결심하였기 때문에 이를 신부님께 말씀드립니다."

신부는 이 이야기를 듣고 우리 주님이 가장 적절한 때, 그리고 가장 큰 역경에 닥쳤을 때, 모든 이의 예상을 뛰어넘는 헤아릴 수 없는 사랑으로 구원하여 주신 것을 알고 기뻐하였다.

우콘도노는 이러한 결심을 품고 있었지만 당장은 누구에게도 알리지 않고 성으로 가서 아무 일도 없는 것처럼 가장하고 현명하게 판단하여 각종 명령을 내렸다. 그리고 자신이 떠난 후 아버지께 건넬 긴 편지 한 통을 썼다.

다카야마 다리오의 선택

우리는 오르간티노 신부와 우콘도노, 그리고 노부나가 사이에 일어난 일을 이야기하기에 앞서 다카쓰키에서 발생한 일을 언급하고자 한다.

우콘도노와 함께하였던 사람들은 성에 들어가기에 전에 어떻게 하면 지금 성주로서 업무를 총괄하고 있는 다리오를 속여 노부나가에게 투항시키고 우콘도노에게 합류하게 할 것인지 서로 협의하였다. 무장들과 중신들은 각지의 가신과 함께 [임쯰이 정한 대로] 성안으로 들어가 가자 정해진 장소로 가서 천수天守라고 칭하여지는 중심 탑과 다른 모든 성채를 점거하였다. 그들은 매우 주의 깊게 행동하였다. 다리오는 자고 있었기 때문에 이를 전혀 눈치채지 못하였다. 모두들 우콘도노는 천수각에 있다고 믿었다.

한편 우콘도노를 따르기로 한 무장들은 이교도인 도산도노와 그의 가신들이 진상을 알게 된 후에 다리오와 함께 행동하여 일을 망치게 하지 않을까 걱정하였다. 도산도노의 가신들은 다리오를 편들고 있으며 다리오는 아들 한 명을 도산도노의 딸과 결혼시킬 예정이었다. 이미 한밤중이 되었기 때문에 우콘도노의 동반자들은 우콘도노가 성을 떠나기 전에 남긴 편지를 다리오에게 전달하였다. 우콘도노는 편지에 자신의 대처 방식을 상세히 설명하고 고키나이 신부와 크리스천을 구할 다른 방법이 없어 출가할 것이며 성을 잘 지켜달라고 부친에게 부탁하였다. 우콘도노는 다른 문제에 대해서도 매우 정중히 항상 부친을 높이고 공손함과 존경에 찬 말로 서술하였다.

망연자실해 있던 다리오는 너무 놀라 실성한 것처럼 분노하며 바로 천수각으로 뛰어 올라 갔다. 그리고 그것이 폐쇄된 것을 알고 안에 있던 장로와 중신에게 노여움에 찬 고성을 질렀지만 그들은 주군 우콘도노의 부친과 싸울 수 없었기에 아무도 대답을 하지 않았다. 다리오는 성안과 망루 모두를 돌았으나 모두 폐쇄되었음을 알고 나기나타長刀를 꺼내 일찍이 본 적이 없는 격앙된 모습으로 성내 정원 이곳저곳을 뛰어다니며 가신들을 향하여 울부짖었으나 한 명도 모습을 보이지 않았다. 그는 자신이 모욕을 당하였음을 알고 장래 사돈이 될 도산도노를 불러냈다.

도산도노는 이교도이며 크리스트교의 적이어서 의심을 받고 있었다. 그는 이번 사태에 관하여 자신에게 상의하는 사람도 없고, 그들에게 살해될 위험도 있었으므로 성에 잔류할 수 없다고 생각하였다. 그래서 가족과 함께 성을 떠날 결심을 하였다. 다리오도 완전히 고립되었고 성안에서는 도와줄 사람이 없다는 사실을 알고 문지기에게 성문을 열어 달라고 외쳤지만 아무도 그의 말에 따르지 않았다.

힘이 매우 좋고 당당한 체구였던 다리오는 매우 견고한 문 하나를 골라 혼자 힘으로 열어 제쳤다. 나중에 신부가 그 문을 보았는데 인간의 힘으로 어떻게 열었는지 믿기 힘들 정도였다. 다리오는 천수각을 나와 다른 문도 잠겨 있는 것을 보고 광기에 차서 단도를 휘둘러 문을 파괴하고 쇠붙이를 찢어 길을 내었다. 나중에 이 흔적을 본 사람들은 놀라움을 감출 수 없었다. 다리오는 성안을 돌다 도산도노를 만나 함께 성을 떠날 것을 결심하고 실행에 옮겼다. 그들은 모든 재앙의 장본인이 선교사와 로렌스 수사라고 여기고 이들을 비난하였다.

그들은 계속 길을 걸어 이틀 만에 아라키가 거주하는 아리오카在岡에 도착하였다. 그들이 입성하자 사람들은 다리오의 결심을 칭찬하고 다카쓰키 성을 방기한 것은 그들에게 책임이 아님을 인정하였다. 우콘도노도 삭발하고 출가하였으므로 죄가 없다고 인정하였다. 우콘도노가 신부의 설득에 따랐으나 일본 풍습에 반하는 행동을 하지 않았기 때문에 사람들은 신부를 비난하지 않았다. 사실 군대 안팎으로 신부를 칭찬하지 않는 자는 없었다.

그러나 다리오는 아리오카 성에 도착한 후, 아라키가 자기 딸과 손자를 죽이지 않을까 두려워하였다. 그는 매우 고귀하고 널리 알려진 권위 있는 인물임에도 불구하고 옷을 벗고 종이옷만을 입은 채 큰 칼, 작은 칼도 지니지 않고 성문 앞에 자리 하나를 깔고 그 위에 앉았다. 그는 가난하고 초라한 걸인의 모습이 되었다. 많은 무사, 친구, 전우, 친족들은 주변을 지나다가 그를 발견하고 무의식중에 한발 물러서 왜 이런 이상한 모습으로 기묘한 행동을 하는지 이유를 물었다. 그는 다카쓰키 성이 노부나가에게 항복한 후 사태가 어떻게 될지 모르기 때문에 아무 죄도 없는 딸과 손자를 살려 주는 대신 자신을 죽이라고 이곳에 있는 것이며, 이 일을 아라키에게 보고하여 주었으면 좋겠다고 하였다. 아라키는 다리오의 결심을 듣고 위대한 도량과 결심을 칭찬하고 그에게 입성하라고 명하였다. 감시하는 사람이 붙기는 하였지만 다리오는 매우 정중하고 명예로운 대접을 받았다. 일의 경위가 알려지자 다리오에게 죄를 묻고자 하는 자는 아무도 없었으며 오히려 일동은 그를 칭찬하고 그의 성실함에 감탄하였다.

노부나가와 다카야마 우콘도노

우콘도노와 신부는 도중에 가신들과 헤어졌다. 그리고 그들은 성에서 무엇을 해야 할지도 가늠하지 못한 채 근처에 있던 사쿠마도노의 군영으로 갔다. 그리고 신부는 사쿠마도노에게 우콘도노가 이미 도착하였다는 사실을 알렸다. 감시인들이 그들을 통과시켰고 그곳 군영에는 교회 사람들이 주요 크리스천들과 함께 모여 있었다. 교회 사람들은 오르간티노 신부와 로렌스 수사가 다리오의 성에 붙잡혀 탈출할 어떤 방법도 없고 목숨의 위험에서 벗어날 수도 없다는 사실을 알고 있었다. 그렇기 때문에 그들과 재회할 수 있다는 기쁨은 그때까지 빠져 있던 비탄만큼 헤아릴 수 없을 정도로 컸다. 양측은 이처럼 더 할 나위 없는 기쁨에 만족하였다.

밤중이었으나 이 소식은 노부나가와 주요 무장들에게 바로 전달되었고 그들은 즉시 신부에게 와서 공을 이룬 노고에 감사하여 마지않았으며 또한 우콘도노와도 만났다. 그것은 마치 축제와 같았고 환희로 충만하였다.

우콘도노는 나중에 삭발을 하려고 일단 머리카락을 짧게 잘랐다. 고귀한 무장들 특히 사쿠마도노와 후일 일본 전체의 군주가 된 기노시타 도키치로도노木下藤吉郎殿[104]가 삭발을 하지 말라고 간곡히 요청하였으나 당시 군대 사령관들인 이 두 사람도 우콘도노의 뜻을 꺾을 수는 없었다. 많은 무장들은 우콘도노가 다시 노부나가를 섬길 수 있게 그가 일찍

주[104] 기노시타 도키치로는 그 후 하시바 히데요시羽柴秀吉, 도요토미 히데요시로 개명하였다.

이 결심한 교회 칩거를 하지 않도록 힘써 줄 것을 신부에게 빈번히 간청하였다. 이에 대하여 신부는 우콘도노는 그러한 결의를 품고 성을 나왔고 이 생각을 바꾸지 않을 것이기 때문에 그와 함께 교토로 가려 한다고 답하였다.

그로부터 얼마 되지 않아 노부나가의 사절이 도착하여 노부나가를 만나러 오라는 말을 전하였다. 그래서 오르간티노 신부와 우콘도노는 모든 무장들과 함께 노부가나에게로 갔다. 다리오가 성을 떠난 후 우콘도노의 주요 가신들은 노부나가에게 투항하였고 다음 날 아침에 바로 신부와 우콘도노에게 왔다. 노부나가는 다카쓰키 성이 자기 손 안에 들어온 사실을 알았고 그들과 만났을 때 그의 기쁨은 표현하기 어려울 정도였다. 노부나가는 우콘도노를 자신이 있는 곳으로 오게 하여 그와 오래도록 이야기하고 그에게 의복을 주어 입게 하고 도검과 단도를 건넸다. 그 후 신부를 불렀다. 하지만 노부나가는 교토에서 그를 원조자로 간주하여 많은 약속을 하고 본 사건을 해결하도록 간청하였을 때 보여 주었던 정도로 후대하지는 않았다. 받은 호의를 쉽게 잊어버리는 일은 이교도에게 흔히 있는 일이었다. 이와 같이 노부나가는 우콘도노가 이후 그에게 봉사하도록 설득하는 데 성공하였다.

아리오카의 포위는 일 년 반 동안 계속되었다. 그 끝 무렵 아라키가 성을 나왔을 때 그의 몇몇 가신은 그곳에서 아라키의 대리로서 통치하던 조다이城代[105]에게 반기를 들었다. 이 틈을 타 노부나가의 가신들이 침입하여 다수를 살육하였다. 천수각에서 농성하고 있던 사람들은 더 이상 장기간 포위를 견딜 수 없었기 때문에 노부나가에게 자비를 빌었

주**105** 주군을 대신하여 성을 지키고 명령을 전달하는 자이다.

다. 장병들은 아라키가 있는 아마가사키尼崎로 가서 아리오카의 천수각과 효고兵庫, 아마가사키 성을 노부나가에게 넘기고 투항할 것을 설득하기로 하였다. 이를 시행하기 위하여 모든 여자와 아이들을 인질로 남겼고 노부나가는 이를 수락하였다. 그들은 노부나가에게 약속한 대로 아라키를 설득하려 하였지만 아라키는 어떤 일도 스스로 책임질 수 없었기 때문에 오사카의 승려와 협의하였다. 그렇지만 승려는 전혀 동의하지 않았다. 결국 아라키의 병사들은 목숨을 구하였지만 그들의 처자식은 사형에 처해졌다.

노부나가는 우콘도노에게 인질을 돌려주고 그의 아버지는 교토로 보내라고 지시하였다. 그는 다시 다리오를 에치젠에 보냈는데 그 자세한 경위는 아리오카 성에 남겨진 전원에게 내린 심판과 함께 다음 장에서 서술한다.

아라키 일족의 처형과 노부나가의 '광기'

이 무렵 아라키와 오사카 승려는 동맹을 맺고 자신들에게 호의를 보이는 야마구치山口 국주와 결탁하여 노부나가와 격렬히 싸우고 있었다. 노부나가는 장기간 그들을 포위하였다.

아라키는 더 이상 저항할 수도 없고 아무리 탄원하여도 노부나가가 자신을 용서하지 않을 것이라 생각하여 올해 초[106] 가신들도 눈치 채지 못하게 비밀리에 아리오카 성을 버리고 오사카에 몸을 의탁하였다. 그는

주**106** 아라키 무라시게가 아리오카에서 퇴성한 것은 1579년 9월이다. 당시 남만선은 계절풍에 맞추어 7, 8월경 일본에 왔다가 11월에서 2월 사이에 되돌아갔고 전년 가을부터 해당 연도 가을 이전까지를 1년으로 간주하였다. 그래서 프로이스가 전년도 가을을 '올해 초'라고 표현하는 경우가 있다.

단지 친족과 무장 몇 명에게만 비밀을 알리고 그들에게 성을 맡겼다. 그렇지만 친족들은 아라키가 전의를 상실하였고 자신들도 노부나가에게 저항할 힘이 없었기 때문에 할 수 없이 노부나가와 협의하기 시작하였다. 그들은 이렇게 하면 자신들과 처자의 생명을 구하고 아라키와 관련된 모든 것에 격렬히 분노하고 증오하는 노부나가의 손길에서 벗어날 수 있으리라 생각하였다. 노부나가는 일을 처리함에 있어 자못 교활하였기 때문에 신중히 대처하였고 그들은 성과 함께 노부나가에게 투항하기에 이르렀다.

노부나가는 그들을 손에 넣었지만 아라키에 대한 분노와 불만을 억제할 수 없었다. 그래서 아리오카 성에 있는 모든 사람을 유례없이 잔악하게 처리하여 자신의 분노와 증오를 발산하리라고 결심하였다.

그는 먼저 아라키의 처를 비롯하여 두 딸, 형제, 그녀의 형제자매, 나아가 모든 사촌 형제들, 조카들, 근친들 모두 서른여섯 명을 잡아들여 교토로 보냈다. 그곳에서 사형 판결을 적은 팻말을 세운 짐수레에 그들을 태워 모든 큰 거리에서 끌고 다녔다. 그들에게 그것은 죽음보다도 더한 지옥스럽고 불명예스러운 일이었다. 그들 가운데는 매우 기품 있는 아이들과 고귀한 사무라이, 젊은 부인들도 섞여 있었다.

그들은 처형이 치러질 법화종 대사원[107] 근처의 광장에 이르러 수레에서 내려졌다. 이 사원의 주지가 가사를 걸치고 나타나 희생자들에게 아미타의 이름을 열 번 외우게 한 후 그들의 죄와 벌을 용서하는 의식을 거행하고 말을 건넸다. 셋쓰 국의 영주 부인인 다시라는 아라키 부인은 빼어난 미모와 정숙함을 갖추고 늘 평온한 표정을 짓고 있었는데, 수레

주**107** 교토 혼코지本興寺이다.

에서 내리기 전에 산발한 머리카락을 묶고 옷매무새를 단정하게 하기 위하여 허리끈을 매고 당시 관습에 따라 여러 겹으로 겹쳐 입은 비싼 옷을 가지런히 하였다. 주께서 내리는 영원한 징벌도 내세의 영광도 모르는 이교도로서 몇 가지 시 구절을 그 자리에서 지어 읊었는데 그 의미는 다음과 같다. "곧 죽게 될 이 몸, 생명이 다함은 슬프지 않으나, 어머니에 대한 그리움과 사랑이 저승으로 가는 길을 막는구나."

그녀와 다른 모든 자들은 그곳에서 참수되었다.

같은 해 12월 13일 아라키의 성에 있다가 붙잡힌 귀부인 120명도 판결이 나기를 이제나저제나 기다리고 있었다. 그녀들의 친족과 친구들은 깊은 고뇌 속에서 그녀들을 구출할 방법을 어떻게든 찾으러 여기저기 돌아다녔다. 하지만 그들의 노력은 실패로 끝났고, 더 이상 그녀들을 구할 수 없게 되었다. 그러자 그들의 고뇌는 눈물과 끝없는 통곡으로 변하였다. 그녀들도 사형에 처해질 것을 알자 편지로 친족들에게 이별을 고하고 승려들에게 부탁하여 자신들의 재산으로 사람들에게 많은 시혜를 베풀었다. 우리들이 죽음에 즈음하여 성프란시스코 법복을 입듯이 일본인들도 여유가 있으면 그들이 존경하던 부처의 생애와 비밀 의식秘儀을 가득 써 넣은 종이옷을 입는다. 승려들은 이 기만적 관습을 이용하여 종이옷에 한문을 적어, 그 옷과 문자의 공덕으로 내세에 구원받을 수 있다고 약속하고 그 보답으로 풍부한 보시를 받았다. 부인들은 모두 이 속옷을 입고 그 위에 가지고 있던 옷 중 가장 비싸고 좋은 비단옷을 입었다.

그녀들은 큰 소리로 슬프게 울면서 따라 온 친족, 친구, 남녀 하인들과 함께, 지금까지 살고 있던 성에서 1리 반 거리에 있는 아마가사키라는 곳에서 가까운 나나쓰마쓰七松라는 곳으로 끌려갔다. 그리고 그곳 평지에서 120명 전원이 하리즈케에 처하여졌다. 부인들 몇 명은 어린아이를 데리고 있었는데 어미를 한층 더 고통스럽게 하기 위하여 그녀들의 가슴에 아이들을 묶어 십자가에 함께 걸었다.

그 한 사람 한 사람이 외치는 절규의 목소리는 아주 먼 곳에서도 들렸고 친족이나 친구뿐만 아니라 그녀들을 모르는 사람에게도 이러한 두렵고 잔혹한 광경은 너무나도 통탄스러웠다. 십자가에 여자들을 매단 후, 십자가 아래에서 형리들은 총이나 창으로 그녀들을 죽였다. 그 한 사람 한 사람이 처형될 때마다 그녀들과 함께 온 친족·친구·지인들의 통곡과 신음, 절규가 울려 퍼졌고 그 공포는 그곳에 있던 사람들의 마음에 강하게 각인되었다. 처형장에서 본 광경에 소스라치게 놀란 사람들은 며칠 동안이나 정신줄을 놓았다.

이 두 번째 처형은 가혹하고 일찍이 이러한 사례가 없었으며 전혀 죄가 없는 사람들에 대한 무자비하고 잔학한 처형이었다.

그러나 세 번째 처형은 이와 비교할 수 없을 정도로 더욱 잔혹하며 비인도적이고 공포스러운 것이었다. 집을 네 채 지어 그곳에 514명을 나누어 넣었는데 그중 380명은 여자이고 134명은 남자였다. 거기에 대량의 건초, 땔감, 목새를 넣고 불을 붙여 그를 모두들 산 채로 태워 죽였다. 그들이 지르는 비명, 들려오는 절규, 그들이 겪은 극도로 잔인한 고통과 혼란은 이 땅을 공포로 뒤덮었다. 많은 무고한 사람들이 [이교도라고는 하지만] 아라키의 악의와 쇠보다 완고한 마음 때문에 노부나가에 대한 망은忘恩과 악업에 대한 대가로서 아라키가 받아야 할 벌을 대신 받았다.

이 화형과 모진 고통에서 우콘의 아버지 다리오, 그리고 그의 딸과 손자만이 살아날 수 있도록 한 것은 주님이 위대한 손길로 지켜 주신 파격적인 도모하심이며 아주 큰 신의 도움이라 하지 않을 수 없다.

아즈치에서 종교 논쟁이 벌어지다

아즈치 종론宗論

　일본의 제례祭禮는 모든 나쁜 일을 일으키는 장본인인 악마가 고안한 것이다. 이 때문에 승려들은 서로 끊임없이 말다툼을 벌이는데 규율에 대한 열정뿐만 아니라 자만심과 허세를 지키기 위하여 동일 종파에 속한 자들조차 종종 서로 논쟁을 벌였다. 보통 이런 논쟁과 반론은 석가라고 칭하는 부처佛를 예배하고 신봉하는 일본에서 가장 악랄한 종파인 법화종과 아미타라고 부르는 다른 부처를 숭배하고 믿는 정토종이라는 두 종파 사이에서 빈번히 행하여졌다.

　한번은 관동 지역에서 레이요靈譽라는 아미타종 승려가 아즈치 산을 방문하여 개인적 신앙심에서 그 종파의 신도들에게 잠시 설교를 하였다. 신도들 중에는 조치紹智와 덴스케傳介라는 두 명의 법화종 신도가 섞여 있었다. 설교가 한창 진행되는 중간에 두 사람은 분노에 차서 레이요에게 몇 가지 질문을 하였다.

　레이요는 대답하기를, "너희는 학식이 없으니 불법의 요체를 설명하여도 이해할 수 없을 것이며 내가 묻는 말에 대답도 못할 터이기 때문에 법화종 승려를 부르는 편이 좋다. 나는 이번 주 이곳에서 설교를 계속할 것이며 만일 그들이 여기에 온다면 너희들의 의문을 그들에게 설명할 것이다."라고 하였다.

두 법화종 신도는 이 발언에 불이 붙어 즉시 교토와 사카이에 파발꾼을 보내 법화종 중요 사원 중에서 가장 권위와 학식이 있는 장로들을 부르기로 하였다. 이 종파의 장로들은 이런 사태가 생긴 것을 매우 기뻐하였다. 이미 승리는 따 놓은 당상이라고 여기고 호화로운 의상을 입고 신도 무리를 모아 노부나가에게 증정할 많은 고가의 선물을 들고 얼마 후 아즈치에 모였다. 노부나가의 허락 없이 논쟁을 벌일 수 없었으므로 그들은 노부나가를 방문하여 오만하고 건방진 태도로 허가를 구하였다. 노부나가가 관동에서 온 설교자 레이요를 불러 종교 토론을 수용할 것인지 여부를 묻자 그는 겸손하게 명령에 따르겠다고 하였다.

노부나가는 전부터 그들을 잘 알고 있던 것처럼 법화종도들을 향하여 말하였다.

"너희들이 여기서 논쟁하는 것은 소요되는 노력과 비용 면으로 보아도 나에게는 불필요하며 이곳에 모인 많은 자들도 마찬가지이다. 게다가 아무런 도움도 되지 않는다."

그러자 법화종도들은 사카이와 교토 이외에 누구도 오지 말라고 지시하였다고 하면서 이미 일동이 모였으므로 종론을 열 것을 허가받고 싶다고 다시 한 번 반복하여 말하였다. 덧붙여 법화종의 중요 승려들이 서명한 문서 한 통을 노부나가에게 봉정하고, 만일 그들이 이 종론에서 패배한다면 노부나가가 그들을 살해하고 사원의 파괴를 지시하여도 좋다고 약속하였다. 그들은 노부나가에게 재고하여 줄 것을 간청하였다. 마침내 노부나가는 이 간청을 받아들여 종론을 허가하였다.

노부나가는 종론이 행하여지는 장소[108]에 성안의 신분이 높은 가신 네 명을 입회시키기로 하였다. 또한 승려 측 쌍방도 기록을 담당하는 자가 있어 각 논쟁자가 한 말과 입회하기 위하여 외부에서 온 승려들의 발언을 적었다. 그 장소의 훌륭함, 좌석의 준비, 승려의 격식, 민중의 집결 등에서는 유럽의 이름난 대학에서 상연되는 공개극의 분위기와 관록을 갖추었다. 그렇지만 토론 내용은 그 종파와 마찬가지로 실로 하잘 것 없고 사색이 결여된 것이었다. 법화종 측에서는 데이안貞安이란 고위 승려가 논증 역할을 담당하고[109] 정토종 측에서는 관동의 설교자인 레이요가 그 역할을 맡았다. 그들은 논리와 철학적인 지식을 전혀 갖추고 있지 않았기 때문에 논리를 세워 입증할 수 없었다. 그들은 교전教典에 관한 약간의 문제를 짧은 말로 질문하는 것이 고작이었고 상대방도 짧게 대답할 따름이었다.

논쟁의 초점은 석가의 법문을 수록한 법화경 8권 중에 염불念佛[정토종이 신봉하는 아미타불을 부르는 것]이라 칭하는 것이 있는지 여부에 대한 질문이었다. 법화종 측은 염불이 확실히 있다고 답하였다.

이에 정토종 측은 "그렇다면 왜 그것을 독송한 자도 지옥에 떨어지는가? 너희들은 왜 그처럼 이야기하는가?"라고 다시 물었다. 법화종 측은[110] "우리가 그처럼 이야기하는 것은 맞다."라고 대답하였다.

법화종 측이[111] (화제를 돌려) 말하길, "법화종의 아미타와 정토종의 아

주108 시가 현滋賀縣 오미하치만 시近江八幡市 아즈치초安土町에 위치한 조곤인淨嚴院이다.
주109 데이안은 정토종 승려로 아즈치 종론을 사실상 주도한 인물이다. 프로이스가 데이안을 법화종 인물로 파악한 것은 착오이다. 또 논쟁은 레이요가 아니라 데이안이 주도하였으며, 법화종의 중심 인물은 니치코日珖이었다.
주110 원문은 레이요이다.
주111 원문은 데이안이다.

미타는 실체가 하나인가 아니면 둘인가?"라고 물었다. 정토종 측은[112] "아미타는 어떠한 장소에도 존재하며 유일한 실체일 뿐이다."라고 대답하였다.

여섯 문항 정도 이와 유사한 질문을 계속한 후 이번에는 관동의 승려가[113] 법화종 측에게[114] 석가가 44년간 말한 묘妙란 문자, 즉 한자가 의미하는 바를 알고 있는지에 대하여 질문을 하였다. 그들은 이 문자를 어떠한 사람의 지혜를 갖고도 통달할 수 없고 헤아릴 수 없는 것이라 해석하고 있었다.

그때 법화종 논자는 망연자실하여 어떻게 대답해야 할지를 알 수 없었다.[115] 정토종 측이[116] 계속하여 너희는 항복하겠는가라고 다시 한 번 질문하였지만 상대방은 어떤 대답도 하지 않았다. 그러자 관동의 설교자는 나란히 앉아 있는 군중 앞으로 뛰어나와 부채를 손에 들고 매우 엄숙한 표정으로 춤을 추면서 승리를 선언하고 목소리를 높여 노래 곡조로 말하였다.

"법화종 장로 니치코日珖가 묘妙 문자에 굴복하였다."

관중 속에서 큰 조소가 번졌고 순식간에 그들은 법화종 승려들을 습격하였다. 어떤 자들은 장식이 달린 훌륭한 가사를 뺏고 어떤 자들은 위

주112 원문은 레이요이다.
주113 사실은 레이요가 아니라 데이안이 질문하였다.
주114 원문은 데이안이다.
주115 정토종 측은 (법화종이) 석가 40여 년의 수행으로 그 이전의 경전을 버려도 된다고 주장한다면, 방좌제사方座第四의 '묘妙'란 한 글자도 버릴 수 있는가라고 질문하였다. 법화종은 방좌제사의 묘가 무엇인지 정확히 몰라 어떤 '묘'인가라고 질문하자, 정토종 측은 법화의 묘라고 하면서 너희들은 이를 모르는가라고 힐문하였고 그 순간 법화종 측은 당황하여 말문이 막혔다.
주116 원문은 레이요이다.

에 입고 있는 겉옷을 벗겨 내었다. 사람들에게 나누어 준 법화경을 찢어 버리고 증정용 비단 직물과 다마스코 직물을 갈기갈기 찢었다. 그곳에 가져온 다량의 음식물은 그 자리에 있던 사람들에게 약탈당하였다. 군중 일부는 법화종 승려를 구타하였다. 교토와 사카이에서 온 법화종도들은 앞다투어 도주하였지만 길을 잃고 수일 동안 헤매다 산속에서 굶어 죽었다. 지금 법화종도는 그 방자한 자만심이 완전히 꺾이고 명예를 잃었고, 사람들의 눈을 피하여 몰래 다니며 만인의 조롱과 모독 속에 낭패와 부끄러움으로 몸을 숨길 장소도 없었다.

토론의 결과가 노부나가에게 보고되고 법화종이 패배한 것으로 판명되자 그는 법화종도를 소환하였다. 또한 노부나가는 관동의 승려에게 이긴 공적을 칭찬하고 상으로 부채 하나를 주었다. 그리고 그의 가신이자 설교하던 승려에게 토론을 청한 두 명 중 한 명인 덴스케를[117] 불러 다음과 같이 말하였다.

"너는 일국의 주인이기는 하나 소행은 적절하지 못하였으며 속인으로 더욱이 소금을 팔아 생계를 이어가는 신분인데 감히 설교 중인 승려에게 토론하기를 도전하는 대담한 행동을 하였다. 무모함은 도를 넘었으며 천하에 대하여서도 명예롭지 않은 일이다. 즉시 이 남자의 목을 베라."

그 말이 떨어지기 무섭게 목이 떨어졌다.

법화종 승려 후덴

법화종 승려 중에 후덴普傳이란 저명한 승려가 있었다. 사람들은 그의 학문과 권위를 높이 샀으나 노부나가는 그를 위선자이며 기만자라고 하

주**117** 덴스케는 오와케 덴스케大脇傳介이며 소금 상인 출신이었기에 시오야 덴스케鹽屋傳介라고도 하였다.

고 학덕이 없으면서도 민중 앞에서 있는 척하였다며 엄중히 책망하고 종론에 패한 당연한 응보를 내리겠노라며 즉시 참수를 지시하였다.

특히 노부나가는 법화종 승려들에게 종교 토론에서 정토종에 패하였으며 앞으로 일본의 어떤 종파와도 논쟁하지 않을 것을 서명한 문서를 제출하게 하였다. 하세가와長谷川란 가신은 남은 법화종도의 목숨을 살려주신 노부나가의 은혜에 대하여 [만일 패배한 경우 그들을 죽여도 좋다고 서명한 문서를 제출하였기 때문에] 마땅히 황금 200매를 바쳐야 한다고 부언하였다. 이 때문에 그들은 극도의 불안과 고뇌에 빠졌으나 문서를 제출하고 후에 동료들의 원조를 얻어 각자의 부담금을 경감하려 하였다.

패배 사실이 교토에 전하여지자, 노부나가가 법화종 사원을 남김없이 모두 파괴하고 습격하게 시켰다는 소문이 항간에 퍼졌고 해당 사원들은 엄청난 불안과 위험, 공포에 처하였다. 이로 인하여 그들은 가재도구를 모아서 가능한 한 숨기는 데 분주하였으며, 외부로 반출된 일부 가재도구는 약탈되기도 하였다. 이리하여 법화종은 몇 년간 일본에서 경멸과 굴욕을 받았다.

승려 무헨과 노부나가

이 무렵 일본 내를 편력하던 다른 승려가 교토를 방문하였다. 그는 놀랄 만한 사기꾼이었으나, 말솜씨가 뛰어나 위대한 설교자로서 유명하였다. 더없이 거만하고 모든 승려의 통념을 깨는 아주 특이한 승려로 이름은 무헨無邊이라 칭하였다. 그의 이름은 무한, 즉 '끝이 없음'을 의미하는데, 이 이름은 일본 내 여러 국에 알려졌다. 어떤 자는 그가 기적을 행한다고 말하고 또 어떤 자는 마음속 깊은 곳을 간파하여 비밀을 말한다고 하여 많은 사람들이 그의 주위에 몰렸다. 그를 한번 보고 의복에 입맞춤

하려고 군중들이 몰려와 그의 숙소 입구에서 기다렸다.

원래 노부나가는 도를 넘어 신기함을 팔아 돈을 챙기고 세상을 어지럽히는 행위를 극도로 싫어하였으며, 그 자신이 오만하였기 때문에 잘난 척하면서 다른 이를 깔보는 자가 자기 영내에 있다는 사실에 참을 수 없었다. 그는 무헨이란 승려에 대하여 사람들이 말하는 것을 듣고 그를 소환하였다. 무헨을 자택에 묵게 한 사자이보榮螺坊이란 승려도 함께 출두할 것을 지시하였다.

그리고 그의 용모를 관찰한 후에 무슨 국 출신인가라고 물었다. 무헨은 단지 무헨이라고만 답변하였다. 노부나가는 "중국인가, 샴인가? 그것도 아니면 무슨 국 사람인가?"라고 물었다. 그는 자신은 순례자라 답하였다. 노부나가는 "모든 인간의 출생지는 이들 국가 중 하나, 즉 일본이나 중국이나 샴이 아니면 안 된다. 네가 그런 모습을 한 악마라면 이야기는 달라지겠지만 그렇지 않다면 너의 출신은 즉시 알려졌을 터인데 기이한 일이다."라고 말하였다. 이에 대하여 무헨은 관동 지방 데와出羽 하구로羽黑[118] 태생이라고 말하였다[바로 악마에 봉사하는 사람들이 모이는 장소이다]. 노부나가는 이에 대답하여 다음과 같이 말하였다.

"나는 일찍이 너희 가신들에게 이 자가 사기 치기를 좋아하는 요술사라고 말한 적이 있다. 그는 지금까지 자신의 출생지도 상주하는 거주지도 갖고 있지 않다. 더욱이 자신 스스로를 [일본의 옛날 불佛인] 고보 대사弘法大師[119]라고 말하고 다니면서 보시로 주는 어떤 물건도 거절하여

주118 데와 삼산三山의 하나다. 야마카타 현山形縣의 거의 중앙에 위치한다. 헤이안 시대 이래 영험이 큰 산으로 알려졌고 고행을 위주로 하는 하쿠로 수험도修驗道 = 산악 신앙에 기초한 산중 수행법으로 유명하다.

주119 진언종眞言宗의 창시자 구카이空海이다.

야심이 없음을 보이고 숙박한 집에 그것을 그냥 두고 나온다고 사람들은 말한다. 이것이 사실이라면 그는 무엇 때문에 같은 집에 한 번이 아니라 재차 가겠는가. 나에게는 그것이 물욕이 없는 행동으로 여겨지지 않는다. 오히려 그것은 물건을 받기 위한 획책이며 계략이다. 네가 기적을 행한다고 말하는데 그렇다면 나의 앞에서 행하여 보라."

그렇지만 무헨은 기적을 조금도 행하지 못하였다. 그래서 노부나가는 "기적을 행하는 인간은 본성, 분위기, 눈의 움직임, 표정에 기품이 나타난다. 그렇지만 너는 산에서 땔감을 캐서 살아가는 땔감장수보다도 천하고 야비하다. 너는 무지한 부녀자들을 속이고 네가 통과하는 국과 마을 사람들에게 돈을 쓰게 하고 불쌍한 자들을 학대하고 있다. 이것은 커다란 악행이다."라고 말하고 [가신들에 향하여] 너희들은 그 자를 끌어내어 모욕을 주라고 하였다.

가신들은 즉시 그곳에서 잠시 그를 구타한 후 길게 치렁치렁 늘어뜨린 머리칼을 자르고 목에 새끼줄을 묶어 거리로 끌고 나가 갖은 모욕을 가한 후 시가지 밖으로 쫓아냈다.

그 후에 노부나가는 다시 이 승려가 여전히 사기를 쳐 송파의 부인가를 비밀리에 전수받기 위하여 밤늦게 남녀들이 그를 방문하고 있으며 그가 병든 여자들에게 주술을 행하고 있다는 보고를 들었다. 자신의 뜻을 엄격히 관철하는 노부나가는 모든 길에 감시자를 배치하여 그를 수색할 것을 지시하고 그를 찾아내 즉시 참수하였다. 이교도들은 노부나가가 그를 죽인 것을 보고 공포를 약간 느꼈으나 사기꾼이 사망한 후 그의 위선과 사기 행각을 알게 되자 노부나가가 매우 사려 깊은 행동을 하였다고 인정하였다.

교토와 아즈치에서의 순찰사

순찰사의 교토 방문과 군사 퍼레이드

　부활절 날 저녁 식사 후 순찰사 발리냐노는 크리스천 다수를 거느리고 다카쓰키에서 교토로 출발하였다. 같은 날 밤 교토에 도착하자 다음 날 즉시 순찰사는 우리 수도원에서 한 블록町 떨어진 노부나가가 숙박하고 있는 혼노지本能寺라는 사원[노부나가는 승려를 추방하고 그곳에 몇몇 저택을 축조하였다]으로 가 그를 방문하였다.

　노부나가는 여러 가지 질문하고, 꽤 오랫동안 순찰사를 머물게 하고 정중히 대접하였다. 그리고 돌아갈 때에는 일본의 북쪽 끝인 관동 지방에서 노부나가에게 보내 온 선물을 순찰사 편으로 수도원에 보냈다. 그것은 일본에서 그 지역에만 서식하는 진귀한 야생 오리를 닮은 큰 새 열 마리였다. 권력을 가진 지배자의 호의가 크리스천 종문의 명예와 명성을 위하여 얼마나 필요한지 잘 알고 있던 크리스천들은 큰 위로를 받았다.

　이 무렵 노부나가는 한 명의 아하수에로 왕[120]과 같이 자신의 영광을 과시하기 위하여 품격이 있고 유명한 행사를 개최하였다. 노부나가 영국의 모든 제후와 무장들은 성장盛粧을 하고 최고로 호화로운 차림으로 교토에서 열리는 시합에 참가하기 위하여 모였다. 항간의 소문에 따르면

주**120**　성서에 나오는 페르시아 왕Assuero이다.

160　3부 미완 : 남겨진 과제

이를 위하여 울타리를 치고 아름답게 꾸민 경기장에 장식을 단 말을 탄 화려한 차림새의 무장 700명이 모였고 여러 국에서 구경하기 위하여 모여든 군중의 수는 200,000명에 가까웠다 한다. 참가자들은 많은 금으로 몸을 장식하고 비단으로 둘렀으며, 순찰사는 이러한 현란하고 호화스런 광경을 일찍이 본 적이 없었다고 한다. 그곳에는 이 행사를 구경하려고 다른 모든 고귀한 남녀와 승려들과 함께 자리한 다이리內裏의 모습도 보였다.

노부나가는 순찰사에게 신부와 수사 전원과 함께 이 행사에 참석하라고 특별히 지시하고, 이를 위하여 고대高臺에서 구경할 수 있도록 사지키桟敷[121]와 비슷한 잘 설비된 훌륭한 장소를 제공하였다.

신부들은 노부나가에게 저항할 수 없었고, 특히 이번 일은 크리스천에게 베풀어진 매우 특별한 호의였으며, 또 이번 행사는 경기를 하면서 목책을 따라 말을 달리는 것이 전부였으므로 신부들이 그의 초대를 거절할 명분이 없었다. 게다가 거절할 수 없는 또 다른 한 가지 이유가 있었다. 발리냐노 신부는 노부나가를 방문하였을 때 일본 관습에 따라 금으로 장식한 진홍색 벨벳 의자를 증정한 적이 있었다. 이 의자는 노부나가에게 선물할 목적으로 중국(마카오)에 거주하고 있는 한 경건한 포르투갈 부인이 신부에게 준 것이었다. 이 의자는 일본에서는 진기한 물건이며 선물한 시기도 적절하였기 때문에 노부나가는 의자를 받고 매우 기뻐하였다. 노부가나는 자신이 입장할 때 위엄과 화려함을 더하기 위하여 남자 네 명이 어깨 높이로 그것을 들고 자기 앞에서 걷게 하였다. 그리고 행사가 절정에 다다랐을 때 자신의 신분을 자랑하고 위대함을 나타내기 위하여 말에서 한 번 내려 의자에 앉아 그 누구와도 다른 자임

주[121] 마쓰리 행렬 등을 관람하기 위하여 계단식으로 높이 쌓은 좌석이다.

을 과시하였다.

교토에서 개최된 행사가 끝나자 노부나가는 즉시 아즈치 산으로 돌아갔다. 노부나가가 나중에 좋은 기회를 보아 아즈치 산을 참관하라고 순찰사에게 당부하였기 때문에 순찰사도 노부나가의 뒤를 따라 아즈치 산으로 향하였다.

아즈치 성 천수각

노부나가는 교토 및 일본인이 일본 왕국을 지칭하는 말인 천하天下(덴카)의 주主였는데, 이 무렵 거처는 교토에서 14리 정도 거리에 있는 오미 국 아즈치 산에 있었다. 그는 오미 국을 정복하자 그 땅을 거처로 선택하고 12, 3년에 걸쳐 여러 국을 지배하였다. 그는 그곳에 성을 갖춘 새 도시를 조성하였는데, 이 도시는 당시 일본 전체에서 가장 기품이 있고 중요한 곳이었다. 위치와 미관, 건물의 가치와 주민 품격에 있어 다른 모든 도시를 능가하였다.

이 도시는 한편의 길이가 20여 리, 폭은 2, 3리, 일부는 4리이며 많은 곳에서 시내로 들어갈 수 있게 되어 있었다. 일견 바다와 같이 넓고 풍요로운 호수를 한편에 끼고 다른 한편으로는 풍요로운 쌀 생산지인 평지 사이에 위치하여 있었다. 이 시가지 끝에는 셋으로 나누어진 모습의 커다란 산이 솟아 있었다. 산은 나무와 물로 인하여 생기가 넘치고 연중 초목으로 뒤덮여 있었다. 또 산 기슭에는 호수가 있어 매우 아름다우면서도 견고하였으며 중앙의 산은 주위 다른 곳에 비하여 한층 높이 솟아 있었다.

노부나가는 이 땅에 난공불락의 성을 갖춘 새 시가지를 만들어 스스로 모든 영광을 구현하고자 하였다. 그래서 산 기슭의 평야에 서민과 직인의 시가지町를 세우고, 넓고 곧바로 뻗은 도로[그것은 실로 길고 훌륭한 도로였으므로 아름답고 멋진 경관을 이루었다]를 갖춘 시가지를 시민과 직인이 가꾸게 하였다. 그 도로는 매우 잘 관리되었는데 사람들의 왕래가 빈번하므로 매일 두 번 오전과 오후에 청소가 행하여졌다. 이미 거리는 1리 길이에 달하였고 들은 바에 따르면 주민 수는 6,000명을 헤아렸다고 한다.

노부나가는 시가지에서 떨어진 호수 입구에 면한 다른 장소에 산록을 기점으로 영주와 고귀한 사람들에게 집을 짓도록 지시하였다. 모두 노부나가가 바라는 대로 행하고자 하였으므로 여러 국 영주들은 산 주위와 그 위쪽에 매우 훌륭한 저택들을 축조하였다. 저택에는 모두 입구와 상부에 감시소가 설치된 약 15파우무 이상 높이의 돌담이 있으며 개개 저택은 튼튼하고 적당한 정도의 성채를 형성하였다. 이렇게 산 주위에 여러 저택들이 정상부를 향하여 겹쳐지듯이 세워짐으로써 산의 청정함을 돋보이게 하고 우미한 조망을 이루었다. 멀리서 수레로 운반하여 온 석재만 보아도 막대한 비용과 수고를 들였음을 알 수 있었다.

노부나가는 중잉의 산 징싱에 궁진과 싱을 축조하였는데 건고한 구조와 화려한 재보는 유럽의 가장 장대한 성에 비견할 수 있을 정도였다. 이 궁전과 성에는 높이가 60파우무를 넘는 매우 견고하고 잘 만들어진[그것을 상회하는 것도 많았다] 돌담 이외에, 아름답고 호화로운 저택이 많이 있었다. 모든 것은 금으로 장식되었고 인력으로는 그 이상 할 수 없을 정도로 청결하고 뛰어난 완성도를 보였다. 그리고 성안 한 가운데에는 그들이 천수天守라고 부르는 일종의 탑이 있는데, 유럽의 탑보다도 훨씬 기품이 있는 일종의 장대한 건축물이었다. 이 탑은 7층으로 이루어져 있고 내부와 외부 모두 놀랄 정도로 훌륭한 건축 기술로 조영되었다.

내부의 사방 벽은 선명히 그려진 금색 초상화로 빽빽이 채워져 있었다. 외부는 층마다 다른 색으로 구분되었다. 어떤 층은 일본에서 사용되고 있는 칠, 즉 옻칠이 된 창에 흰색 벽으로 되어 있는데 그것은 더할 나위 없이 아름다웠다. 다른 층은 빨간색 혹은 푸른색으로 칠하여져 있고 최상층은 모두 금색으로 칠하여져 있었다. 천수는 다른 모든 저택과 마찬가지로 유럽에 알려진 것 중에서 가장 단단한, 화려하며 아름다운 기와로 덮여 있었다. 그것은 푸른색처럼 보이고 앞 열의 기와에는 모두 금색의 둥근 장식이 달려 있었다. 지붕에는 지극히 기품이 있고 기교를 부린 웅장한 괴인 얼굴이 놓여 있었다. 이처럼 천수는 전체적으로 당당하고 호화로우며 완벽한 건조물이었다. 천수는 상당히 높은 지대에 있었는데 건물 자체의 높이 때문에 구름을 뚫을 것처럼 몇 리나 떨어진 곳에서도 보였다. 모두 목재로 지어졌지만 내부에서도 외부에서도 그렇게 보이지 않고 오히려 튼튼하고 견고한 암석과 석회로 만든 것 같았다.

노부나가는 자기 저택과는 별도로 성의 한쪽에 복도로 서로 연결되는 궁전을 조영하였는데 훨씬 정성을 쏟아 화려하고 아름답게 만들었다. 우리 유럽의 정원과는 전혀 다른 청정하고 광대한 정원, 수많은 거실의 보물, 감시소, 정성을 다한 건축, 진귀한 목재, 청결함과 건축 기교 등 이 하나하나가 발하는 독특하며 광활한 조망은 참관자에 각별한 충격을 주었다.

성 전체가 매우 두터운 돌담 위에 축조된 성채로 둘러싸여 있고 그곳에는 감시용 종이 설치되고 각 요새마다 보초가 밤낮없이 경계를 섰다. 모든 주요 벽에는 위에서 아래까지 잘 만들어진 깔끔한 철로 덮여 있었다. 위쪽 방향으로 노부나가의 오락용 마구간이 있는데 그곳에는 말 대여섯 마리가 있을 뿐이었다. 그곳은 마구간이라고는 하지만 매우 청결하고 구조가 훌륭하여 말을 휴식시키기 위한 곳이 아니라 오히려 신분이 높은 사람들의 오락용 거실과 비슷하였다. 그곳에서 말을 보살피는 젊은이 네다섯 명은 비단옷을 입고 금 칼집에 넣은 칼을 차고 있었다. 소년 서른다섯 명이 동트기 한 시간 전에 빗자루를 들고 모든 가옥을 깔끔하고 완벽하게 청소하였다. 그들은 꼼꼼히 청소하는 데만 신경 썼고 항상 이 점을 염두에 두었기 때문에 마치 매일 매일이 성대한 축제일 같았다.

일본 목수는 솜씨가 매우 좋은데, 신분이 높은 사람의 큰 저택 같은 경우 필요에 따라 해체하여 다른 장소로 운반할 수 있었다. 먼저 목재만을 전부 손질하여 두고, 3, 4일간 조립하여 세우는 방식이기 때문에 1년이 걸려도 완성하기 어려울 법한 집을 어떤 평지에 뚝딱 세우곤 한다. 원래 목재를 손질하고 짝을 맞추는 데 다소 시간이 걸리지만 그것을 끝낸 후에는 실로 단기간에 조립하여 완성하기 때문에 보기에는 갑자기 완성된 것처럼 느껴진다.

축성이 끝나자 노부나가는 자기 이름을 더욱 과시하고 높이기 위하여 궁전의 호화스러움을 자랑하고자 모든 국에 포고를 내려 남녀노소 누구나 수일간 자유롭게 궁전과 성을 구경할 수 있게 입성을 허가하였다. 여러 국에서 끊임없이 몰려온 엄청난 군중의 수는 모두를 경탄시켰다. 구경꾼들 사이에는 오르간티노 신부와 함께 다른 신부, 수사 등의 모습도 보였다. 그들은 궁전을 참관한다기보다도 노부나가에 대하여 품고 있던 큰 존경을 표시하고, 앞서 언급하였듯이 이 기회에 아즈치 산에 수도원과 교회를 건립하기 위한 약간의 땅을 얻을 수 있는지 여부를 확인하러 온 것이었다.

순찰사 접견과 선물

순찰사가 아즈치 산에 도착하자 노부나가는 성을 보여 주고 싶다면서 신분이 높은 가신 두 명을 파견하여 동반하도록 하였다. 또한 노부나가는 수도원에 있는 모든 신부와 수사, 이들과 함께 거주하는 동숙同宿도 만나보고 싶으니 함께 오라고 하였다.

그들이 도착하자 극진히 환대하고 성과 궁전을 바깥부터 시작하여 내부까지 보여 주었다. 어디를 지나가고 무엇을 먼저 보는 것이 좋을지 안내하기 위하여 많은 사자를 보냈고, 노부나가 자신도 세 번에 걸쳐 신부와 환담하고 여러 질문을 하였다. 신부들이 성의 완성도가 훌륭하다고 칭찬하자 노부나가는 극도로 만족감을 표시하였다. 사실 그곳의 모든 것은 볼 만한 가치가 있었고 칭찬받아 마땅한 것뿐이었다. 노부나가는 미노 국에서 보내온 말린 무화과와 비슷한 과일이 든 상자를 내오게 하였는데, 이 과일은 이런 종류로는 일본 내에서 가장 품질이 좋은 것이었다. 노부나가는 친히 과일 상자를 신부에게 건네면서 다음에 다시 한 번 초대하고 싶다고 하면서 이별을 고하였다.

성에서 나와 보니 많은 인파가 몰려 있어 신부 일행은 가까스로 뚫고 지나갔다. 크리스천들은 신부들이 명예로우며 큰 위안이 되는 호의와 대우를 받았다는 사실에 기쁨을 숨기지 않았다. 순찰사는 그곳에 한 달 가까이 머물고 성령 축일 미사가 끝나자 셋쓰, 가와치 등 지방의 크리스천들을 방문하기 위하여 노부나가에게 허가를 구하였다. 그는 애정에 찬 말로 그것을 허가하고 어디든 원하는 곳으로 가거나 원하는 곳에 설교자를 파견하라고 하였다.

순찰사가 그곳의 방문을 마친 후, 아즈치 산으로 가 이별을 고하고 규슈 지방으로 출발하게 되었을 때 노부나가는 다시 큰 호의를 표시하였다.

그중 하나는 1년 전에 노부나가가 만들게 한, 병풍이라 불리는 부유한 일본인들이 독특한 방법으로 사용하는 장식 천이다. 그것은 금색이며 그들 사이에 매우 애호되는 사물이 그려져 있었다. 그는 일본에서 가장 우수한 직인에게 그것을 만들게 하였다. 병풍 속에 성을 배치한 시가지와 지형, 호수, 집, 성, 도로, 교량, 기타 모든 것을 실물 그대로 조금도 차이가 없게 그리게 하였다. 병풍 제작에는 많은 시간을 필요로 하였다.

그리고 병풍의 가치를 한층 높인 것은 노부나가의 애착이었다. 다이리가 병풍을 보려고 노부나가에게 문의하고, 마음에 들자 그것을 양도하여 달라는 뜻을 전하였지만 노부나가는 그의 부탁을 모르는 척하였다. 그런데 순찰사가 얼마 후 출발한다는 사실을 알자 노부나가는 측근을 신부에게 파견하여, "신부가 나를 만나기 위하여 머나먼 곳에서 와서 이곳에 오래 체류하다가 이제 돌아가게 되었다. 기념이 될 만한 선물을 제공하고 싶은데 내가 무엇보다 마음에 들어 하는 그 병풍이 어떨까 한다. 그것을 직접 보고 만일 마음에 들면 갖고 마음에 들지 않으면 돌려 달라."라고 하였다. 여기서도 그가 신부들에 대하여 품고 있던 애정과 사랑하는 마음을 알 수 있다.

순찰사는 자신에게 내린 은혜에 깊이 감사하고, 그것은 노부나가의 애장품인 데다가 아즈치 산에 관하여 말로는 용이하게 설명할 수 없는 내용을 그림을 통하여 중국, 인도, 유럽 등에도 소개할 수 있기 때문에 다른 어떤 물품보다도 귀중하다고 대답하였다.

원래 일본인들은 신기한 것을 보고 싶어 하는 강한 호기심을 갖고 있기 때문에, 아즈치 산, 교토, 사카이, 분고에서 이 병풍을 보려고 모여든 사람들의 숫자는 자못 많았다. 이들의 희망을 충족시키고 남녀 모두 자유롭게 구경할 수 있게 하려면 그것을 교회에 전시하는 수밖에 없었다. 이교도들은 노부나가가 어떤 경우라도 자국인에게 행한 적이 없는 그러한 지대한 호의를 베푸는 일을 보고 우리들을 행운아라고 불렀다.

그 후 노부나가는 다른 사자를 파견하여 순찰사에게 "신부들이 아즈치 산에 수도원을 건축하는 데 막대한 비용이 들 것이다. 만약 원조가 필요하다면 기꺼이 도움을 줄 터이니 알려 달라."라고 하였다. 신부들은 어떻게 할 것인지 협의한 끝에 어떤 요청도 하지 않는 편이 좋다고 결론을 내렸다. 사자에게 우리들에게 은혜를 베풀고자 하는 그의 마음과 선의에 대하여 감사하는 마음만을 전하여 달라고 하였다.

순찰사와 마쓰리

오래전부터 일본에서 이교도가 성대하게 행하여 오는 오본お盆이라는 마쓰리[밤에 집집마다 대문과 창에 등불을 밝히고 제등을 거는 것이 관습이다]가 가까워져 순찰사는 노부나가에게 출발 허가를 받으러 가려 하였다.

바로 그 무렵 노부나가는 성안에 다른 건물을 세웠는데 그것을 신부에게 보여 주고 싶다면서, 집안을 정리하고 청소시킨 후 부르러 사람을 보내겠다고 신부에게 통보하였다. 이 때문에 신부는 다른 행동을 취할 수 없었고 기다릴 수밖에 없었다. 신부는 교회와 연락책 역할을 수행하는 신분 있는 가신에게 이미 출발 준비가 되어 노부나가의 허가를 기다리고 있다는 말을 전달하여 달라고 몇 번이나 요청하였다. 그러나 그 가신은 10일 동안 계속 다른 이유를 들어 마쓰리의 날이 될 때까지 모른 채하였다. 보통은 가신들이 모두 각자의 집 앞에서 불을 피우고 노부나가의 성에서는 불을 피우지 않는 것이 관습이었는데, 이날은 완전히 반대였다.

노부나가는 어떤 가신도 집 앞에서 불을 피우는 것을 금지하고 그만이 각종 색깔의 호화롭고 아름다운 제등으로 천수각을 장식하였다. 일곱 개 층을 둘러싼 회랑이기에 높이 솟은 무수한 제등의 무리는 마치 하늘에서 불타오르는 것처럼 선명히 보여 장관이었다. 그는 도로[그것은 우리 수도원 모퉁이에서 출발하여 앞을 통과하여 성이 있는 산기슭까지 이어져 있다]에 횃불을 든 대군중을 모아 그들을 길 양측에 정연히 배열하였다. 지위가 높은 다수의 젊은 사무라이와 병사들이 도로를 달려갔다. 횃불은 갈대에 불을 붙인 것이라서 불타오르면 불티가 흩어졌다. 그것을 손에 든 자는 일부러 불티를 땅에 흩뿌렸다. 도로에는 날리는 불티로 가득하였고 그 위를 젊은 무사들이 달렸다.

　이러는 와중에 상당한 시간이 경과하였고 신부, 수사, 수도원의 아이들이 편안히 쉬면서 창밖으로 마쓰리의 불꽃을 바라보고 있을 때 노부나가가 도보로 우리 수도원의 입구를 통과하였다. 순찰사는 노부나가가 기뻐할 것이라 여기고 다른 신부들과 함께 밖으로 나와 머리를 깊이 숙였다. 그는 상당한 시간 동안 신부들과 환담하고 마쓰리를 구경하였는데, 그것에 대하여 어떻게 생각하는지를 묻고 그 이외에 여러 질문을 한 뒤 헤어졌다. 그 다음 날 노부나가는 신부들에게 성에 오라고 명령하여 이미 그들이 본 적이 있는 건물을 다시 한 번 보여 주었을 뿐만이 아니라 그 후에 지어진 호화롭고 구경할 만한 다른 건물을 참관하게 하였다. 이 일이 끝나자 비로소 그는 애정 어린 작별 인사를 하고 순찰사를 출발하게 하였다.

노부나가, 신이 되고자 하다

노부나가의 업적

　노부나가의 천성과 그와 관련된 여러 일은 이미 다른 곳에서 서술하였다. 그는 원래 오와리 국 절반의 영주에 불과하였지만 재능과 병력騎兵으로 국 전체를 정벌하였을 뿐만 아니라 인접한 미노 국을 점령하고 수년 후에는 일본 전체의 국주國主인 다이리에 다음가는 인물인 구보사마에게 교토都 정권을 장악하게 하였다.

　그는 전쟁에서 대담하고 관대하며 재략에 뛰어났다. 선천적인 예지를 갖고 일본 인심을 장악할 수 있는 방법을 터득하였고 나중에 구보사마를 교토에서 추방하고 일본 왕국을 의미하는 천하로 칭하여지는 여러 국을 정복하기 시작하였다. 이 과정에서 순조로운 성과를 거두어 명성과 평판, 지위를 높이고, 제압한 여러 국의 국주들 여러 명을 살해함으로써 마침내 일본의 마흔 개가 넘는 국을 정복하고 자신의 지배 아래 두기에 이르렀다.

　노부나가는 막대한 양의 보물을 모으고 일본의 모든 중요 재산과 귀중품을 손에 넣었으며 권력을 더욱 더 과시하기 위하여 해당 지방에서 특필할 만한 많은 일을 행하였다.

　그는 오미 국 아즈치 산에 실로 훌륭하며 불가사의할 정도로 청결한 성과 궁전을 조영하였다. 그가 가장 자랑스러워 하였던 것 중 하나는 그 저택의 미려함과 재산 그리고 7층을 헤아리는 성채였다. 그는 성 기슭에 시가지를 조성하였는데 그것은 점점 더 발전하여 이미 1리, 혹은 그 이상의 길이에 도달하였다. 그는 정복한 국을 안전하게 보호하기 위하여 여러 국의 주요 영주들에게 아즈치 산에 거처를 정하고 광대하며 호화스런 저택을 세우라고 지시하였다.

그는 교토로부터 아즈치까지 도로를 만들었다. 그것은 14리 정도이며 정원처럼 평탄하였는데 도로에 접한 바위산과 험준한 산지를 잘라 만들었다. 도로 양측에는 나무가 심어져 있고 지면을 청소하기 위한 빗자루가 걸려 있었다. 또한 모든 통행인이 발을 적시지 않고 통과할 수 있게 고도의 기술을 필요로 하는 거대한 교량이 세워졌다. 노부나가는 정복된 여러 국에 상황이 허락하는 대로 도로를 건설하였다.

일본에서는 극도로 빈번하게 전쟁이 일어났는데, 본래 무략에 뛰어난 노부나가는 현명하게 또 재능을 발휘하여 평화를 회복하고 안정을 유지하는 데 노력하였다. 그가 통치하기 전까지는 도로에 강제권이 발동되었고[122] 강제적으로 세금이 부과되었지만 그는 모는 것을 자유롭게 하고 세금을 면제하여 서민의 마음을 한층 장악하였다. 그는 다이리의 저택을 재건하고 고액의 수입을 바쳤으며 부유한 교토에 황자를 위하여 별도로 고가의 저택을 건설하였다.

주[122] 무로마치 시대에는 사원과 귀족들이 주요 유통로마다 관소關所를 설치하여 통행세 명목으로 세금을 거두었다. 노부나가는 자유로운 상품 유통을 보장하고 상거래를 활성화시키기 위해 관소를 철폐하였다.

노부나가의 신격화

노부나가에게는 일찍이 이곳 왕국을 지배한 자에게서 거의 볼 수 없던 한 가지 특별한 점이 있었다. 그것은 일본의 우상인 신과 불에 대하여 의례와 신앙을 일절 무시하였다는 점이다. 하나님은 그들의 사원과 우상을 파괴하기 위하여 노부나가를 승려들에 대한 채찍으로 사용하셨다.

그는 천하의 저명한 예배소인 장대한 사원, 대학, 건물을 파괴하고 유린하며 승려와 싸워 그들을 살육하고 파괴할 수 있는 품격 내지 영향력을 갖추고 있었다. 우상을 숭배하는 승려들의 수입은 매우 막대하였는데 노부나가는 그것을 빼앗어 병사와 귀인들에게 나누어 주었다. 그는 일본의 여러 국왕, 제후, 제장諸將 등 모든 사람을 경멸하였는데 우리에게만은 애정을 보였다. 또한 이국인이라는 이유로 우리를 가엾게 여기고 다음과 같이 말하였다.

"때론 그대들을 반대하는 자의 음모가 커서 나에게 빈번히 위증하는 자가 있지만 나는 선교사들의 행실을 잘 알며 그 가르침이 선량하며 진실하다는 것을 잘 이해하고 있다. 따라서 나의 생존 중에는 그 누구의 괴롭힘이나 방해도 받지 않을 것이며 내 영내에서 하나님의 가르침을 말하고 교회를 세우는 것을 보장하겠다."

그는 때론 설교를 듣기도 하였고 설교 내용이 그의 마음을 움직이기도 하여, 우리는 내심 그의 진실성을 의심하지 않았다. 그렇지만 오만함과 거만함이 그를 크게 지배하였기 때문에 이 불행하고 불쌍한 인물은 터무니없는 광기와 맹목에 빠져 자기보다 뛰어난 우주의 주이신 조물주는 존재하지 않는다고 말하였다. 그의 가신들이 명언하듯이 노부나가 자신이 지상에서 숭배를 받기를 소망하고 자신 이외에 숭배를 받을 가치가 있는 자는 아무도 없다고 말하기에 이르렀다. 왜냐하면 그는 자신의 사업이 더욱 번성하여 나가는 것을 보고 자신에게 초인적인 무엇인가가 있다고 생각하였고, 또 사람들이 그와 같이 선전하였기 때문이다.

노부나가는 전쟁에서 더욱 순조로운 성과를 거두었기 때문에 그가 지금껏 무력을 행사한 적이 없는 멀리 떨어진 관동 지방의 여러 국들도 그의 명성과 부유함과 권세에 관하여 듣고 사절을 파견하여 그의 지배하에 들어가겠다고 청할 정도였다. 그는 이 모든 것이 조물주의 강한 손길로 주신 위대한 은혜와 하사물임을 인정하고 겸손해지기는커녕 더욱 오만해져서 자신의 힘을 과신하여 난폭하고 교만한 행동을 일삼아 마침내 파멸이라는 극한 상황에 도달하였다.

그는 이제 자신을 일본의 절대 군주라고 칭하고, 여러 국에서 그렇게 대우받는 것만으로 만족하지 못하였다. 전신을 불사른 악마적인 오만함 때문에 돌연 네브카드네자르[123]의 무모함과 불손함을 취하여 자신이 단순히 지상에서 죽어야 할 인간이 아니며 마치 신의 생명을 소유한 불멸의 주인 것처럼 만인으로부터 숭배되기를 바랐다. 노부나가는 신을 모독하는 이런 욕망을 실현시키기 위하여 자기 저택 근처 동근 산 위에 사원 하나를 건립하라고 지시하고 그곳에 악독한 야망과 의지를 적어 게시하였는데, 이것을 우리 유럽 말로 번역하면 다음과 같다.

"위대한 일본의 멀리 떨어진 여러 국에서 바라만 보아도 희열과 만족을 주는 아즈치 성에 일본 전체의 군주인 노부나가는 소켄지摠見寺라는 사원을 건립하였다. 사원을 참배하고 깊은 신앙심과 존경심을 바치는 자가 받을 수 있는 공덕과 이익은 다음과 같다.

주**123** 12세기 바빌론 왕으로 느부갓네살이라고도 한다.

첫째, 부자가 이곳에 참배하러 오면 그 부가 더욱 늘어날 것이고 가난한 자나 신분이 낮은 자, 천한 자가 참배하러 오면 참배한 공덕으로 부유한 몸이 될 것이다. 자손을 늘릴 자녀나 상속자가 없는 자는 즉시 자손과 장수의 은혜를 입고 큰 평화와 번영을 얻을 것이다.

둘째, 여든 살까지 장수하고 질병은 즉시 치유되며 소원은 성취되고 건강과 평안을 얻을 것이다.

셋째, 나의 탄생일을 성일로 삼아 당 사원에 참배하라.

넷째, 이상 모든 것을 믿는 자는 약속한 바가 반드시 실현되며 믿지 않는 사악한 무리는 현세나 내세나 멸망할 것이다. 따라서 모든 사람은 늘 이곳에 깊은 숭배와 존경을 바쳐야 한다.

노부나가는 생애 동안 신불을 참배할 뜻이 전혀 없었을 뿐만 아니라 그것을 조롱하거나 소각을 명령할 정도였다. 그런데 지금 악마의 권유와 본능에 조정당하여 일본에서 가장 숭배받고 가장 많은 참배자를 가진 우상을 여러 국에서 가져 오라고 지시하였다. 그는 이것을 그물로 사용하여 자신에 대한 신앙심을 한층 높이고자 하였다.

신사에는 통상 일본에서 신체神体라고 칭하는 돌이 있다. 이것은 신상神像의 마음과 실체를 의미하는데 아즈치에는 이것이 없었다. 노부나가는 자기 자신이 신체라고 말하였다. 그런데 (일반적인 통념과) 모순되지 않도록, 즉 (이로 인해) 그에 대한 참배가 다른 우상에 대한 참배에 뒤떨어지지 않게 하려고, 어떤 인물이 봉산盆山이라 불리는 적합한 돌을 가져왔다. 그러자 노부가나는 사원의 가장 높은 곳, 모든 불상 위에 창이 없는 불단을 만들어 그곳에 돌을 놓으라고 지시하였다. 나아가 그는 영내 여러 국에 포고를 내려 모든 도시와 촌락 및 부락에 거주하는 모든 신분의 남녀, 귀인, 무사, 서민, 천민은 그해 다섯 번째 달 그가 태어난 날이 사원과 그곳에 안치된 신체를 참배하러 오라고 지시하였다. 여러 국방방곡곡에서 이곳에 모여든 사람들의 수는 눈을 의심할 정도로 어마어마하였다.

그렇지만 노부나가는 창조주이자 세상을 속죄하기 위한 주이신 하나님에게만 바칠 수 있는 제사와 예배를 횡령할 정도로 광기어린 언행과 폭거를 자행하였기 때문에 우리 주 하나님은 그가 군중들의 참배를 통하여 맛본 환희를 19일 이상은 허락하지 않으셨다.[124]

주[124] 노부나가의 생일은 5월 12일이며 6월 2일에 죽었다. 1582년 5월은 29일까지 있었기 때문에 프로이스가 말하듯이 꼭 19일 차이가 난다.

3부 미완

남겨진 과제

| 2장 | 노부나가의 죽음

❖ **연도:** 1582년 49세

❖ **주요사건:** 혼노지의 변, 야마자키 전투, 아케치 미쓰히데의 사망

❖ **연표:** 1582년 생애 마지막 해를 맞은 마흔아홉 살의 노부나가는 권력 면에서 정점을 이루었고 전국 통일을 눈앞에 두고 있었다.

같은 해 2월 노부나가는 오랫동안 싸워 왔던 숙적 다케다 가문을 멸망시키기 위해 장남 노부타다를 선봉에 세워 출진시켰다. 연일 승전보가 아즈치로 전해졌고 3월에는 노부나가도 출진하였다. 같은 달 오다 군의 총공세로 도망갈 곳을 잃은 다케다 가쓰요리 부자가 할복하였고 마침내 다케다 가문은 멸망하였다.

4월 큰 승리를 거둔 노부나가가 아즈치로 귀환하였다. 그러자 5월 4일 천황은 노부나가에게 사자를 보내 큰 승리를 거둔 것을 축하하고, 태정대신, 관백, 정이대장군의 삼직 중에서 노부나가가 원하는 관직이 있으면 무엇이라도 수여하겠다는 의향을 전달하였다.

그러나 노부나가는 끝내 자신이 원하는 관직에 관하여 명확한 입장을 밝히지 않았다. 이로 인하여 현재 노부나가의 최종 단계 정권 구상이 과연 무엇이었는지를 정확히 파악하기란 매우 어려운 상황이다. 심지어 노부나가가 애당초 확고한 정권 구상을 갖고 있지 않았기 때문에 대답하지 못한 것에 불과하다는 견해부터, 이 세 관직에 전혀 관심이 없기 때문에 대답하지 않은 것이며 노부나가는 스스로의 신격화를 통하여 천황 권력을 초월하려 했다는 견해까지 다양한 해석이 존재한다.

동쪽의 숙적 다케다 가문을 멸망시킨 노부나가는 이제 서쪽의 모리 가문을 없애려고 하였다. 같은 해 5월 29일 노부나가는 친히 모리 가문을 공격하기 위하여 상경하였고 교토에 오면 항상 머무르던 혼노지에 진을 폈다.

그러나 6월 2일 노부나가는 예상하지 못한 아케치 미쓰히데가 일으킨 혼노지의 변으로 사망한다. 이어 노부나가와 합류하는 데 실패하고 교토 니조 성二條城에서 농성하던 장남 노부타다도 아케치 군대의 공격을 막아내지 못하고 할복하였다.

6월 4일 노부나가의 부고를 전달받은 히데요시는 모리 가문과 서둘러 화해 약속을 맺고, 신속하게 군대를 교토 방향으로 이동하여 같은 달 13일에 교토 인근의 야마자키山崎에서 아케치 군대를 격파하였다. 이와 같이 주군의 복수전을 주도한 히데요시는 이 업적을 내세워 경쟁자들을 제거하고 노부나가 후계자로서의 길을 밟아 나갔다.

❖ **해설**: 이 장에서는 아케치 미쓰히데가 반란을 일으켜 노부나가를 죽이고 잠시 권력을 취하였으나 도요토미 히데요시의 반격으로 죽음에 이르는 과정을 서술하고 있다.

그중에서도 "사람을 속이는 일흔두 가지 방법을 깊이 체득하고 학습"한 아케치가 "이러한 술책과 거짓으로 그다지 모략에 정통하지 못한 노부나가를 완전히 기만하고 미혹시켰다."라고 노부나가와 미쓰히데의 차이를 비교하는 대목이 흥미롭다.

또한 '광기'와 같은 살인의 풍조가 노부나가만에 국한되는 현상이 아니라 이 시기의 만연된 풍조라는 점도 눈길을 끄는 부분이다. 어떤 무사가 "전투에 참여하지 않았기 때문에 조금이라도 빨리 수급을 베어 노부나가가 살해된 장소로 가져가려고 조바심한 나머지 마을마다 다니며 목을 베었는데 어느 마을에서는 서른세 명 가운데 서른 명의 목을 베어 장례식에 바쳤다고 한다."라고 일반 백성의 살해 가능성을 언급한 대목에서 '임진전쟁임진왜란' 시기 일반 백성의 코와 귀를 베는 잔학한 만행이 결코 우발적이거나 우연적인 사건이 아니었음을 짐작하게 한다.

다케다를 멸망시키다

다케다 가문의 멸망과 혜성

조노스케도노城介殿라는 이름의 노부나가 후계자(노부타다)는 자신의 영지에서 신부들을 원조하고 교회를 세우기 위하여 땅을 제공하거나 그의 도시 기후에 큰 십자가를 세우기 위한 광장을 제공하는 등 종래 우리에게 깊은 관심과 애정을 보여 주었다.

그러나 시세에 순응하여 부친을 기쁘게 하기 위해서인지, 아니면 마찬가지로 악마에게 사기를 당하였기 때문인지 아버지와 함께 가이 국甲斐國의 신겐信玄[125]을 토벌하고 귀환한 후 그 지역에서 숭배되던 우상을 하나 가져 와 오와리 국에 안치하고 예배하도록 지시하였다. 그리고 교토에 도착하자 그곳에서 3리 정도 떨어진 아타고愛宕[126]라고 칭하여지는 산에 있는 악마에게 2,500크루자두를 헌납하였다. 악마에 대한 깊은 신앙심에서 악마에게 바치는 일종의 희생 행위로서 자신의 저택에서 벌거벗고 온몸에 눈雪을 뒤집어쓰는 고행을 하였다. 그렇지만 [후술하는 것처럼] 그 후 3일 이내에 악마를 봉사한 대가를 받게 되었다.

주[125] 이 당시 신겐은 이미 죽었다. 신겐의 아들 다케다 가쓰요리가 맞다.
주[126] 현재 교토 시 북서쪽에 위치한 산이다. 아타고 산에는 뇌신雷神으로 유명한 아타고 신사가 있다.

노부나가가 아즈치에서 8일 내지 9일이 걸리는 가이 국에 아들을 먼저 파견하고 자신은 병사 60,000명을 거느리고 출발하기에 앞서, 만인에게 무한한 관용과 사랑을 보여 주시는 하나님이 항상 그러하시듯이 그곳에 약간 놀라운 징후와 불가사의한 일이 생겼다. 이 가련한 인물이 그 징후로 말미암은 공포심에서 자신의 본연의 모습으로 돌아가고 어떤 방법이든 하나님을 천지의 절대자로서 인정할 수 있게 인도하기 위해서였다. 그러나 그가 빠진 어둠은 너무나 뿌리가 깊어 어떤 빛도 그에게 깨달음의 눈을 열게 하는 데 부족하였다.

1582년 3월 8일 밤 10시에 동쪽 하늘이 아주 밝아지고 노부나가의 가장 높은 탑 위가 두려울 정도로 빨갛게 물들어 아침까지 계속되었다. 그 밝음과 빨간색이 너무나 낮게 위치하여 그곳에서 20리 떨어진 곳에서는 보이지 않았지만 나중에 분고 국에서도 같은 징후가 나타났음이 밝혀졌다. 우리는 노부나가가 이 두려운 징후에 개의치 않고 출진하는 데 경악하였지만 그 땅에서 그의 군대는 순조로운 성과를 거두었다. 그는 가이 국의 영주 부자를 토벌하고 서너 개의 자못 큰 영지를 장악하였다. 노부나가가 멸망시킨 상대는 그를 가장 괴롭혔고 그가 항상 두려워하던 적 중 한 명이었기 때문에 노부나가는 이번 승리로 한층 오만함에 사로잡혔다.

5월 14일 월요일 밤 9시 하늘에 혜성이 나타났다. 매우 긴 꼬리를 끌고 수일에 걸쳐 보였기 때문에 사람들에게 극심한 공포심을 주었다. 수일 후 정오 우리 수도원의 일고여덟 명은 혜성인지 불꽃인지 정체를 알 수 없는 물체가 하늘에서 아즈치로 낙하하는 것을 보고 경악하였다. 그런데 이 징후를 본 자라면 그것들이 놀라운 일임을 깨닫고 마땅히 다른 일이 일어날 전조로서 두려워해야 하였다. 그렇지만 일본인들은 이러한 길흉의 점을 그다지 치지 않았고 그것이 본래 무엇인지 깨닫지 못하는 듯하였다.

노부나가는 아주 쉽게 영지를 정복하고 돌아온 후 [앞서 말하였듯이] 아즈치의 새 도시를 확장하고 웅장하게 하는 데 여념이 없었다. 날마다 여러 채의 저택을 짓고 도로를 건설하게 하였으며, 가장 훌륭하고 큰 저택을 세운 자일수록 많은 공적을 세운 것으로 여겼다. 하시바 지쿠젠 (도요토미 히데요시)이 세우기 시작한 저택의 경우 기초 비용만으로도 7,000 내지 8,000크루자두를 썼다고 한다.

모리 영지로의 출진 준비와 중국 정복 구상

전투가 너무나 순조롭게 진행되었기 때문에 노부나가는 과거 수년에 걸쳐 교전 중인 모리와의 전쟁도 서둘러 매듭을 짓고 영토를 정복하기를 원하였다. 노부나가는 신분도 낮고 혈통도 미천하지만 교활하고 전쟁에 숙달된 하시바 지쿠젠이란 인물을 그곳에 파견해 놓았다.

하시바는 이미 모리의 수개 국을 점령하고 있었는데 궁지에 빠진 모리는 최후의 한 명까지 투입하여 전력을 다하여 항전할 태세였다. 이를 위하여 모리는 영민들을 소집하였나. 하시바는 20,000명 정도의 병력밖에 없었으므로 노부나가에게 편지를 보내 원조를 요청하였다. 그는 편지에서 노부나가가 출진하지 않아도 별도로 20,000 내지 30,000명의 병사가 있으면 13개 국 모두를 점령하고 모리의 목을 바칠 수 있다고 썼다. 노부나가는 나중에 실제로 행동에 옮겼듯이 교토로 가기로 결심하고 그곳에서 사카이로 나아가 모리를 평정하고 일본 66개국의 절대 군주가 된 후 거대 함대를 편성하여 중국을 무력으로 정복하고 여러 국을 아들들에게 나누어 줄 생각이었다.

이미 후계자인 장남에게 미노와 오와리 양국을 주었는데 이번에 새로 점령한 가이 국 국주가 소유하였던 네 개국을 더 주었다. 고혼조御本所로 호칭되는 차남에게는 이세와 이가 양국을 주었고 교토를 향하여 출발하기에 앞서 산시치도노三七殿라는 삼남을 시코쿠 네 개국을 평정하기 위하여 파견하였다. 노부나가는 그에게 14,000 내지 15,000크루자두를 황금으로 주었다. 후계자인 그의 형(노부타다)과 다른 무장들도 그가 모두에게 사랑받고 있었고 또 그렇게 하면 부친이 기뻐한다는 사실을 알고 황금과 고가의 물건을 산시치도노에게 선물하였다. 그는 1만4, 5천 명의 병사를 거느렸다. 그가 매우 화려하고 아름답게 꾸민 장식과 복장을 갖춘 규율이 바른 군대를 이끌고 교토를 통과할 때 오르간티노 신부는 이별의 인사를 하려고 그의 저택으로 갔다. 이렇게 그를 찾아간 것은 그가 전부터 우리와 친근한 사이이기도 하고 크리스천이 되고 싶다는 희망을 표시하였기 때문이다. 그때 그는 다음과 같이 말하였다.

"저는 부친의 명령으로 시코쿠의 여러 국들을 평정하기 위하여 아와阿波로 갑니다. 그곳을 평정한 후에는 그 지방에서 신부님들의 가르침이 널리 퍼지기를 기대합니다. 이를 위하여 신부님들이 다른 원조를 받지 않아도 되게 수입을 나누어 주려고 합니다. 신부님들이 항상 저를 신뢰하고 그러한 기회를 기다리고 있음을 잘 알고 있습니다. 저는 신부님들의 희망을 반드시 실현시킬 것이니 안심하였으면 합니다."

그는 이 말을 남기고 이별을 고하였다.

산시치도노가 출발한 후 노부나가의 장남이 교토에 도착하였고 그와 함께 부친의 의제義弟인 미카와 국주 이에야스, 그리고 새로 정복한 여러 국의 중요 무장 중 한 명인 아마노도노天野殿[127]가 왔다. 우리들은 교토

주**127** 아마노 야스카게天野康景이다.

교회에 있었는데 미카와 국주가 우리 수도원에 숙박하기를 원하는 것이 아닐까 크게 우려하고 있었다. 왜냐하면 항간에 그런 소문이 있었기 때문이다. 그렇지만 후술하는 바처럼 그런 일은 우리를 위험에 빠뜨리는 것이기 때문에 우리 주님이 바라지 않으셨다. 이에야스와 가신들은 전부터 상경할 때 숙박하던 우리 수도원 근방의 몇몇 집에 투숙하였다. 그리고 2, 3일 후에 노부나가의 도착을 기다리지 않고 사카이와 나라를 구경하기 위하여 출발하였는데 그 수일 후에 일어난 사건을 생각할 때 이는 위대한 하나님의 섭리에 의한 것이었다.

입경한 노부나가는 가신 하시바가 모리와의 전쟁을 종결하기 위하여 원군을 파견하여 달라고 너무나 재촉하였기 때문에 즉시 많은 무장을 파견하였다. 주스토 우콘도노도 그중 한 명으로 곧바로 출발하였는데 그렇지 않았다면 그도 그물 안에 남겨졌을 것이다. 당시 노부나가와 장남은 교토에 있었는데, 그들은 각각 서너 블록 떨어져 수 명의 사람들과 함께 있었다. 또한 그곳에는 2, 3일 후로 예정되어 있던 노부나가의 사카이 행에 동행하기 위하여 대기하고 있던 수 명의 유력한 무장들도 있었다.

이 무렵 오르간티노 신부는 다른 신부 및 수사 네 명과 모든 수도원의 생도인 아이들과 함께 아즈치에 있었고 교토에는 프란시스코 갈리안 신부가 수사 두 명과 함께 있었으며 다른 자들은 다카쓰키와 미노에 있었다.

혼노지에서 죽다

아케치 미쓰히데라는 인물

노부나가의 궁전에 고레토 휴가노카미도노惟任日向守殿, 다른 이름은 주베에 아케치도노+兵衛明智殿라는 인물이 있었다. 그는 원래 고귀한 출신이 아니며 노부나가 치세 초기에는 구보사마 거처의 귀인 중 한 명인 효부노타유兵部太輔[128]라는 사람을 섬겼다.

그런데 그는 재주와 계략, 심려, 교활함으로 인하여 노부나가의 총애를 받게 되었고 주군과 은혜를 어떻게 이용해야 하는지 알고 있었다. 그는 오다 가문 내에서 타국 출신이었기에 거의 모두에게 환영받지 못하였지만 자신이 받은 총애를 유지하고 높이는 데 뛰어난 재주가 있었다. 그는 배신과 비밀스러운 모임을 즐겨하고 형벌을 내리는 데 잔혹하며, 독재적이기도 하였다. 자신을 위장하는 데 빈틈이 없고 전쟁에서는 모략을 주특기로 하였으며 인내심이 강하고 계략과 책모의 달인이었다. 또한 축성에 조예가 깊어 뛰어난 건축 수완을 보였으며 전투에 선발되면 숙련된 병사를 잘 활용하였다.

그는 누구보다도 노부나가에게 끊임없이 선물하는 일을 소홀히 하지 않았고 총애를 받기 위하여 노부나가가 좋아하는 일을 모두 조사하여

주**128** 호소카와 후지타카細川藤孝이다.

아주 사소한 것이라도 그의 기호와 요구에 거스르지 않게 조심하였다. 열심히 일하는 그의 모습을 동정하는 노부나가의 앞에서 울기도 하고, 열심히 봉사하지 않는 일부 사람들을 보면 자신은 그렇지 않다고 위장하기 위하여 눈물을 흘렸다. 그것은 진실된 눈물로 보였다. 또한 친구들 사이에서 그는 사람을 속이는 일흔두 가지 방법을 깊이 체득하고 학습하였다고 떠들어 대기도 하였는데 마침내 이러한 술책과 거짓으로 그다지 모략에 정통하지 못한 노부나가를 완전히 기만하고 미혹시켰다.

노부나가는 그를 단바丹波와 단고丹後의 국주로 발탁하였고, 자신이 이미 파괴한 히에 산比叡山의 대학[129]의 모든 수입[그것은 오미 국 수입의 반 이상에 해당하였다]도 그에게 주었다. 아케치는 교토에서 4리 정도 떨어진 히에 산 근처이자, 오미 국의 둘레 25리나 되는 커다란 호숫가에 위치한 사카모토坂本라고 하는 곳에 저택과 성채를 지었다. 그것은 매우 호화 장엄한 것으로서 노부나가가 아즈치 산에 건립한 성에 버금가며 아케치의 성만큼 유명한 것은 천하에 없을 정도였다. 노부나가는 이상할 정도로 그를 가까이 두었고 이번에는 자신의 권력과 지위를 한층 과시하려고 미기의 국주의 기이 국의 주요 무장들을 위하여 향연을 열기로 정하고 성대한 잔치의 준비를 그에게 맡겼다.

아케치의 배신 이유

이 행사와 관련하여 노부나가가 밀실에서 아케치와 이야기를 나누고 있을 때, 노부나가가 분노에 휩싸여 벌떡 일어나 아케치의 정강이를 한두 차례 발로 찼다는 이야기가 돌았다. 그 까닭은 노부나가는 원래 잘 흥분하고 자기 명령에 반하는 의견을 말하는 것을 못 견디는데, 아케치

주[129] 프로이스는 서양의 수도원처럼 일본의 사원을 대학으로 간주하였다.

가 노부나가가 좋아하지 않는 일에 대하여 말대답을 하였기 때문이라고 한다. 이야기는 두 사람 사이에 은밀하게 일어난 일이어서 나중에 백성들에게 소문으로 남지도 않았다. 이 일이 벌어진 것은 아케치가 어떤 구실을 만들어 내려고 하였을 수도 있고, 아니면[아마도 이쪽이 보다 확실하다고 생각되는데] 아케치에게 과도한 욕심과 야망이 쌓이고 쌓여 마침내 자신이 천하의 주가 되기를 바랐기 때문인지도 모른다.

아케치는 이를 가슴 깊이 숨기면서 계획된 음모를 실행할 적당한 때를 살피고 있었다. 그는 아즈치의 노부나가로부터 모리와 싸우고 있는 하시바를 원조하기 위하여 7, 8천 명의 병사를 거느리고 즉시 출병할 것을 지시받았다. 그래서 지시받은 향연의 접대역을 미루어 둔 채 군비를 갖추기 위하여 즉시 단바 국으로 출발하였다. 그리고 병사를 거느리고 교토에서 5리 떨어진 가메야마龜山라는 성으로 향하였다. 병사들은 모리와 싸우러 갈 때 통과해야 할 길이 아닌 것에 놀랐지만, 빈틈이 없는 아케치가 누구에게도 자신의 결심을 알리지 않았으므로 그에게 그런 무모한 계획이 있을 것이라고 생각한 자는 한 명도 없었다.

혼노지의 난

성체 축일 후 수요일 밤 가메야마 성에 군대가 집결하였을 때 아케치는 가장 신뢰하는 부하 지휘관 네 명을 불러 그들에게 짧게 사정을 설명하였다. 그는 자신이 궐기하지 않으면 안 되는 사정과 뚜렷한 명분이 있으니 노부나가와 장남을 반드시 죽이고 자신이 천하의 주가 되기로 결심하였다고 선언하였다. 그리고 지금이 어렵고도 곤란한 일을 감행하기에 가장 좋을 때이며 생각지도 않았던 절호의 기회가 생겼음을 분명히 말하였다.

"노부나가는 병력을 동반하지 않고 교토에 체류하고 있으며 모반의 가능성에 대하여 생각이 미칠 겨를이 없다. 병력을 가진 주장들은 모리와의 전쟁에 출동하였고 노부나가의 삼남은 1만3, 4천의 병사를 거느리고 시코쿠라는 네 개국을 정복하기 위하여 출발하였다. 이러한 기회를 맞아 일을 지연시키는 것은 재앙의 씨앗이 될 뿐이다. 이미 위험을 무릅쓰고 이 계획을 명백히 밝혔으니 이제 부하들에게 주어질 보수는 그들의 훈공과 협력 정도에 따라 마땅히 처리될 것이다."

모두들 아연실색하였고 한편으로 이 계획의 중대성과 위험성을 감지하였다. 그들은 아케치의 말이 끝나자 이제 그의 결심을 되돌리거나 그의 명령을 거부하는 것이 불가능하다는 것을 깨닫고 초초한 마음을 그대로 표정에 드러내며 대답을 하지 않은 채 서로 얼굴만 쳐다보았다. 그러나 그들은 과감하며 용기 있는 일본인들이었다. 또 그가 계획을 결행할 의지를 이미 이 정도까지 굳게 갖고 있다면 따를 수밖에 없었기 때문에 전원은 그에게 충성을 보이고 목숨을 바칠 각오라고 대답하였다.

그런데 아케치는 매우 주의 깊고 총명했기 때문에 만일 그들 중에 누군가가 먼저 노부나가에게 밀고하기라도 하면 자신의 기도가 실패할 뿐만 아니라 어떤 경우든 죽음을 면치 못할 것을 잘 알고 있었다. 그래서 그는 즉시 그 자리에서 전원을 무장시키고 말을 타도록 지시한 후 한밤중에 출발하여 동이 틀 무렵 교토에 도착하였다.

아케치는 자신의 국들과 사카모토의 성채를 굳게 방어하고 잘 수리할 것과 자신의 부재중에 어떠한 소동도 생기지 않게 성안을 끊임없이 감시할 것을 지시하였다. 그리고 교토에 들어가기 전에 병사들에게 그가 얼마나 훌륭한 군대를 거느리고 모리와 싸우러 출진하는지를 노부나가에 보이고 싶다고 하면서 전군에 화승총을 즉시 발사할 준비를 마치고 대기하라고 지시하였다. 그것은 앞서 말하였듯이 1582년 6월 20일 수요일의 일이었다. 병사들은 그러한 움직임이 도대체 무엇 때문인지 의아하게 여기기 시작하였는데, 그들은 아케치가 노부나가의 지시에 따라 의제 미카와 국주를 죽일 계획이라고 추측하였다.

아케치는 병사를 데리고 혼노지라는 법화종 대사원에 도달하였다. 혼노지는 노부나가가 승려를 쫓아낸 후 조성한 훌륭한 저택이며, 노부나가가 교토에 왔을 때 항상 숙소로 삼는 곳이었다.

아케치는 날이 밝기 전에 3,000명의 병사들로 하여금 사원을 완전히 포위하게 하였다. 그런데 이 사건은 교토 사람들에게는 너무나 예상 밖의 일이었으므로 사람들은 대부분 가끔씩 일어나는 어떤 소란 정도로 여겼다. 사실 처음에는 그렇게 소문이 났다. 우리 교회는 노부나가의 거처에서 겨우 한 블록 떨어져 있을 뿐이었다. 크리스천 몇 명이 교회로 와서 때마침 아침 미사 준비를 하고 있던 카리안 신부에게 노부나가 저택 앞에서 소란이 발생하였으므로 잠시 기다리라고 하였다. 그리고 그 장소에서 싸움이 일어났다면 중대한 사건일지도 모른다고 보고하였다. 얼마 후 총성이 울렸다. 혼노지에서 타오르는 불길은 우리 수도원에서도 보였다. 다음 사자가 와서 저것은 소란이 아니라 아케치가 노부나가의 적이 되어 모반을 일으켜 그를 포위한 것이라 하였다.

혼노지 문 앞에 도착한 아케치의 군대는 가장 먼저 경비를 서고 있던 수비병을 죽였다. 안에서는 반란을 의심하는 낌새가 없었다. 숙소에는 숙박하고 있던 젊은 무사들과 시중을 드는 차 승려茶坊主와 여자들 외에는 아무도 없었기 때문에 병사들에게 저항하는 자는 없었다. 이번 일에 특별한 임무를 맡은 자가 병사들과 함께 노부나가가 있는 곳으로 들어갔다. 마침 손과 얼굴을 씻고 수건으로 몸을 닦고 있던 노부나가를 발견하자 즉시 그의 등에 활을 쏘았다. 노부나가는 화살을 뽑아내고 낫과 같은 모양을 한 긴 창인 나기나타薙刀라는 무기를 손에 잡고 나왔다. 잠시 싸웠으나 팔에 총상을 입자 노부나가는 자기 방으로 들어가 문을 걸어 잠갔다. 그가 그 방에서 할복하였다는 자도 있고 그가 즉시 저택에 불을 지르고 산채로 불타 죽었다고 하는 자도 있다. 그렇지만 화재가 컸기 때문에 우리는 그가 어떻게 죽었는지 알 수 없다. 우리가 알고 있는 것은 목소리뿐만이 아니라 이름만으로도 만인을 전율하게 한 그가 머리카락 한 올, 뼈 한 조각 남김없이 모두 재로 변하여 이 세상에서 흔적도 없이 사라졌다는 것이다.

오다 노부타다의 선택과 도쿠가와 이에야스

노부나가와의 전투는 매우 신속하게 종결되고 그곳에 있던 젊은 무사 수 명도 함께 살해되어 생존자는 한 명도 없었다. 혼노지는 송두리째 맹렬한 불꽃에 휩싸였다.

이미 교토에서는 사건의 전모가 알려졌고, 달려온 수 명의 도노가 혼노지 안으로 들어가 합류하려고 하였으나 (아케치) 병사들이 시가지를 점령하고 있었으므로 노부나가의 장남 노부타다의 거처로 발길을 돌렸다. 노부타다는 침상에 있다가 이 보고를 접하고 황급히 일어났다. 숙소로 사용하던 사원은 안전하지 않았으므로 몰려 온 무사들과 함께 근처에 살고 있던 다이리의 황자 저택으로 피난하였다. 그 저택은 아즈치에 이어 비견될 곳이 없을 정도로 호화스러웠으며 노부나가가 3, 4년 전에 지어 다이리의 세자에게 준 곳이었다.

노부타다는 그곳에 몸을 기탁하였으나 사건이 너무나 급박하였기 때문에 허리에 찬 큰 칼과 작은 칼 외는 어떤 물건도 휴대하지 않았고 그를 따르는 자들도 마찬가지였다. 게다가 그곳은 무기 등을 사용할 일이 없는 다이리의 세자 저택이었다. 무기가 있을 턱이 없었고 부녀자 이외에는 아무도 없었기 때문에 이런 방문객은 황자에게 틀림없이 상당히 무거운 짐이 되었을 것이다. 노부타다와 함께 교토 쇼시다이所司代[130] 무라이도노村井殿가 있었는데 그의 진언에 따라 다이리의 아들은 말에 탄 채 바깥 도로에 있던 아케치에게 사자를 파견하여 자신이 어떻게 해야 하는지, 할복해야 하는지 여부를 물었다.

아케치는 "전하에게는 아무 위해도 가하지 않을 것이니 즉시 그곳에 나오시되, 노부나가의 아들 조노스케도노가 도망치는 일이 생기면 안 되니 말이나 가마로 나오지는 마시라."라고 답하였다.

다이리의 아들은 이 보고를 받자 여자들과 함께 그의 부친의 저택으로 들어가기 위하여 상경으로 향하였다. 저택 안에 있던 자들은 선발된 주요 무장들이었기 때문에 실로 잘 싸워 한 시간 이상 항전하였다. 그러나 숫자도 많고 잘 무장된 데다가 대량의 총을 갖고 있던 바깥 적을 성 안에서 저항하기란 매우 어려웠다. 그 사이 노부타다는 매우 용감히 싸웠으나 총탄과 화살에 맞아 많은 상처를 입었다. 마침내 아케치의 군대가 안으로 침입하여 불을 놓았기 때문에 다수가 산 채로 불타 죽었다. 이 혼란의 속에서 노부나가의 후계자 노부타다는 다른 무사들과 함께 불행한 운명 아래 생애를 마쳤다. 겨우 두 시간 사이에 그는 현세의 재보와 쾌락, 부를 남겨둔 채 미래의 영겁 지옥에 빠지고 말았다.

아케치의 병사들은 수가 많았고, 노부나가의 가신, 무사 및 후계자 등 고귀한 도노들의 목을 베어 내 아케치에게 바치려고 도로와 집들을 수

주[130] 무로마치 막부에서 교토 내 군사·경찰 임무를 맡은 사무라이도코로侍所의 장관인 쇼시所司의 대리인이다. 오닌의 난 이후 혼란 속에 장관인 쇼시를 수행할 인물이 없게 되면서 쇼시다이所司代가 실질적으로 장관의 역할을 수행하였다. 프로이스는 쇼시다이를 교토 봉행奉行으로도 표현하였다.

색하기 시작하였다. 아케치 앞에는 이미 그러한 목이 산처럼 쌓였고 사체는 거리에 버려졌다.

교토의 주민들은 모두 이 사건이 종결되기를 기다렸으나 아케치가 집안에 숨어 있는 자를 마음대로 살해하였으며 그의 잔인한 성격으로 보아 시가지를 약탈하고 방화를 지시하지 않을까 우려하였다. 우리가 교회에서 품고 있던 걱정도 이에 못지않게 컸다. 교토 사람들과 동일한 공포는 물론이거니와 아케치가 악마와 우상의 친구이고 우리에게 냉담할 뿐만 아니라 악의마저 갖고 있으며 하나님에 대하여 어떤 애정도 갖고 있지 않아 앞으로 어떻게 될 것인지 전혀 예측할 수 없었다. 지금까지 노부나가의 비호를 받아 왔기 때문에 아케치가 방화를 지시하지는 않을지 또는 교회에 고가의 물품이 있다는 소문이 나서 병사들로 하여금 교회를 습격시키는 것은 아닌지 신부들의 근심은 실로 컸다.

그렇지만 아케치는 교토의 모든 거리에 포고하기를 시가지를 불태우지 않을 터이니 어떤 근심도 하지 말 것이며, 오히려 자신의 과업이 대성공을 거두었으니 함께 기뻐하여 줄 것을 요청하였다. 만일 병사 중에 시민에게 폭행을 가하거나 불법을 일삼는 자가 있으면 즉시 처형하라는 지시가 내려졌기 때문에 사람들이 품었던 공포심은 겨우 사라지고 안심할 수 있었다.

우리 주이신 하나님은 교토 교회와 당시 이곳에 살고 있던 우리들을 불쌍하게 여기시어 불과 수일 전에 미카와 국주 이에야스가 사카이로 출발하게 안배하셨다. 그는 노부나가의 의제였기 때문에 아케치는 반드시 그를 죽이기 위하여[그도 역시 살해된 자 중 한 명이 되었을 것이다], 그가 묵고 있던 저택과 인접한 우리 교회를 방화하였을 것이다. 아니면 우리 수도원이 더 견고하기 때문에 그가 이곳으로 피난하여 왔을지도 모른다. 어느 쪽이든 그가 이곳에 머물렀다면 우리는 위험에 벗어날 수 없었을 것이다.

도요토미 히데요시의 등장

아즈치의 대혼란과 크리스천

　아케치는 노부나가와 후계자 노부타다, 그리고 기습으로 무찌른 다른 사람들을 모두 살해하자, 군대를 거느리고 오전 8, 9시경에 바로 출발하여 교토에서 4리 거리에 있는 자신의 성 사카모토로 갔다.

　앞서 서술한 것처럼 교토에서 아즈치까지는 14리였는데, 비보는 같은 날 12시 아즈치에 전하여졌다. 그 도시에 생긴 커다란 동요를 여기서 설명하기란 불가능하다. 우리들은 실제로 무슨 일이 벌어졌는지 정확히 알지 못하였고 게다가 외국인이기 때문에 어떻게 해야 할지 더더욱 알 수 없었다. 아니 그 날에는 아직 정확히 판단할 수가 없었다. 왜냐하면 교토에서 5리 떨어진 곳에 노부나가가 얼마 전에 만든 일본 제일이라 일컬어지는 세타 다리瀨田橋가 있고 그 아래로 25리의 호수가 있으며 다리 옆에는 감시를 임무로 맡은 지휘관과 병사가 주둔하는 성채가 있었는데 그곳의 지휘관이 노부나가의 부음을 듣고 아케치 군대가 신속하게 아즈치를 향하여 통과하지 못하게 즉시 교량을 절단하였기 때문이다. 다리를 절단하여 다음 토요일까지 이곳을 통행할 수 없었는데, 아케치의 신속한 조치로 인하여 바로 수리 복구되었다. 호수는 물이 깊고 물살이 매우 빨랐기 때문에 그것은 불가능한 일로 여겨졌다.

　3일간 아즈치에서는 헤아릴 수 없을 만큼 많은 소문이 떠돌았다. 아케치가 오면 도시 전체는 성이나 저택 무엇 하나 남김없이 불탈 것이다. 이 거대한 근심의 소용돌이 속에서 끊임없이 유포되는 정보는 공포를 더욱 증폭시켰다. 신부들은 신학교의 아이들과 그곳에 있던 주요 제기祭器에 대한 조치와 함께 흥분 상태로부터 벗어나는 방법에 관하여 소수의 크리스천과 협의하였다. 일동은 아즈치의 신학교와 수도원에 있던 자들이 그곳에서 3, 4리 떨어진 호수 한가운데 있는 한 섬으로 퇴거하는 편이 좋다고 생각하였다.

그러자 그 섬의 도적 한 명이 배 한 척을 갖고 와서 섬까지 태워 주고 싶다고 하였다. 그는 우리를 동정하는 척하면서 그 섬으로 도망치는 것 이외에 살 수 있는 길이나 방법은 없다고 말하고 우리가 외국인이기에 인도적인 차원에서 우리를 구조하고 싶다는 듯이 꾸몄다. 우리는 최후의 방법으로 같은 주 금요일에 감행하기로 하였다. 수도원에는 수사 빈센테와 일본인 예닐곱 명을 남긴 채 오르간티노 신부 외 스물여덟 명은 아즈치에서 함께 승선하였다.

아즈치 거리는 이때 최후 심판의 날을 보는 듯하였다. 왜냐하면 사람들은 서나나 사방팔방으로 흩어져 환란을 피하여 몸을 의덕힐 곳을 찾기에 급급하였다. 부녀자의 목소리, 아이들의 울음소리, 남자들의 고함 등으로 가득 찬 거리에서 보이는 민중의 혼란과 광기는 개탄할 만한 것이었다. 자신의 생명을 구하기에 급급한 나머지 가옥과 가재도구는 방치되었다. 이러한 사태가 생길 때마다 사람들은 거리를 떠났기 때문에 우리는 공포와 불안이 점점 커지는 가운데 낮에도 밤에도 대혼란 속에서 지내야 하였다.

도적이 살고 있는 섬에 도착하자, 해적들은 가재도구 절반을 바치라며 사악함을 드러내기 시작하였다. 이에 우리는 이치를 따지며 맞섰다. 우리는 그들과 그런 약속을 한 적이 없으며 이미 약정한 대로 그들에게 뱃삯만을 줄 것이라고 하였다. 도적들은 우리 말을 듣지 않고 가재도구의 절반을 내놓으라고 재차 압박하였다. 사람들을 이곳으로 데려온 남자가 계략의 장본인이었지만, 그는 간계에 능하였고 놀랄 만한 사기꾼이었으므로 신부와 수사 앞에서는 다른 사람처럼 친절하게 애정을 표시하면서 지켜 주는 척하였다. 그렇지만 그들 패거리와 몰래 거래하면서 우리를 어떻게 다루어야 할지를 알려 주었다. 통상 아즈치에서 3, 4리 떨어진 이곳 섬까지의 뱃삯은 1탄[131]나 2탄가 정도에 불과하였으나 우리는 70크루자두 남짓을 지불하였다. 해적들은 우리가 많은 보물을 숨기고 있다고 상상하였으나 바로 빼앗기 어려워 우선 안심시켜 보물을 손에 넣은 다음 이 사건을 누설할 사람을 남기기 않기 위하여서는 한 명도 남김없이 모두 죽일 수밖에 없다고 생각하였다.

교회의 은을 모두 잃어버릴 절대 절명의 순간에 오르간티노 신부는 위험을 무릅쓰고, 그들이 다른 곳에서 빼앗아 축사[우리들은 이곳에 감금되어 있었다]에 넣어 둔 가재도구 안에 하루 동안 은을 숨겼다. 그리고 다음 날 밤이 되었을 때 신부들과 함께 온 매우 충실한 일본인에게 이를 꺼내 산으로 옮겨 두었다가 일이 진정된 후에 다시 가져오게 하였다. 그것은 오로지 하나님의 섭리였다. 도적들은 우리가 금은을 갖고 있지 않다고 결코 믿지 않았기 때문에 옷을 모두 벗으라고 말하였다. 그들이 은을 찾아내면 이를 자백하지 않았다는 이유로 일행을 죽일 것이 확실하였다.

그들은 (우리가) 소지하고 있던 가재도구를 모두 내놓으라고 지시하였

주131 포르투갈령 인도에서 사용되는 화폐이다.

지만 그것들은 매우 적었고 은과 장식품은 이미 산에 숨겼기 때문에 그들이 원하는 것을 찾을 수 없었다. 그렇지만 그들은 포기하지 않았고 우리는 여전히 안전하다고 할 수 없었다.

우리를 구출하기 위하여 하나님이 사용하신 방법은 다음과 같다. 어떤 크리스천은 이교도 조카가 아케치와 친근한 사이였으므로 자신의 조카 앞으로 편지 한 통을 보내 우리의 편의를 봐 줄 것을 부탁하였다. 그 결과 그 크리스천은 아즈치에 있던 일본인 수사 빈센테와 함께 사람들을 데려올 안전한 배를 이 섬으로 보낼 수 있도록 주도면밀하게 조치하였다. 우리가 그 배를 보았을 때의 환희는 말로는 다 표현할 수 없다. 도적들은 아직도 이곳에서 하고 싶은 일이 많았으나 어쩔 수 없이 배로 온 사람들에게 이미 빼앗은 가재도구를 모두 건넸다. 그리고 우리들도 마침내 산에 숨겨 두었던 물건을 회수하였다. 이리하여 도적의 시도는 완전히 실패로 끝났다.

아케치의 아즈치 성 재물 분배

신부들이 앞에서 말한 섬을 향하여 출발한 바로 다음 날인 토요일, 아케치가 아즈치에 도착하였는데 그에게 저항을 시도할 만한 자는 모두 도망쳐 버리거나 없었으므로 아무런 저항 없이 들어왔다.

아케치는 즉시 노부나가의 성과 저택을 점령하고 가장 높은 곳에 올라 노부나가가 재물을 보관하던 창고와 거실을 개방하였다. 그는 호기롭게도 우선 그의 병사들에게 거의 힘 안 들이고 손에 넣은 금은을 분배하였다. 노부나가가 수많은 어려움과 전쟁을 거치며 오랜 세월 동안 축적한 물건을 아케치는 불과 2, 3일 만에 사람들에게 나누어 주었다. 무장들에게는 그들 신분에 따라, 부하 가신들에게는 자기 마음대로 주었다.

믿을 수 있고 권위가 있는 사람들이 신부에게 말한 바에 따르면 무장들 중에는 금 막대로 7,000크루자두를 받은 자도 몇 명 있었다고 한다. 모든 분배는 이미 정확히 정해져 있었다. 아케치는 다른 자에게는 3, 4천 크루자두를 지급하였고 일본 전토의 국주인 다이리에게는 나중에 호의를 얻기 위하여 20,000크루자두 이상을 주었다. 오산五山[132]이란 다섯 개의 중요 사원이 있는데, 각각의 사원에 노부나가와 그 장남의 장례식과 공양을 위하여 5,000크루자두를 증정하였다.

또한 교토 등지에서 찾아온 지인들에게도 다량의 금은을 주었다. 뿐만 아니라 고가의 차 도구도 주었는데, 이로 인하여 노부나가의 말로는 더욱 비참해졌다. 노부나가는 아즈치에서 교토로 상경할 때 자신의 명성과 재산을 과시하고 미카와 국주와 가이 국 무장들을 접대하는 자리에서 보여 주기 위하여 자신이 소장하고 있던 최고 가치가 있다고 평가되는 가장 유명한 차 도구 마흔두 개를 가지고 있었다. 그렇지만 그것들 대부분은 정당한 절차로 입수한 것이 아니었으므로 우리 주 하나님은 3대째 계승자는 말할 나위 없고 최초 계승자조차 소유하지 못하게 하셨다. 왜냐하면 화염과 전쟁의 와중에 노부나가는 사망하였고 그곳에 있던 모든 것이 재로 변하였기 때문이다. 그래서 아케치는 이 막대한 재산의 향유자가 아님을 예지한 것처럼 거리낌없이 아끼지 않고 몇몇 귀인과 가난한 사람들에게 그것을 나누어 주었고 단지 돈 냄새만 맡고 그곳으로 급

주**132** 오산은 본래 남송의 관사 제도로서 중앙 정부가 주지를 임명하는 최고 선종 사원 다섯을 의미하였다. 가마쿠라 막부는 겐초지建長寺를 오산의 제일 사원으로 삼았고, 무로마치 시대에는 교토를 중심으로 난젠지南禪寺를 오산의 제일로 하였고, 그 후 교토 오산과 가마쿠라 오산을 각각 두어 선종계 사원의 서열을 정비하였다. 중국과 달리 무로마치 막부는 총 열 개 사원을 오산으로 삼은 점이 특징이다.

히 모여든 잘 모르는 사람들에게도 200 내지 300크루자두를 주었다.

이처럼 재물 분배에 여념이 없을 때 돌연 적의 군대가 아주 빠르게 접근하고 있으니 만사 제쳐놓고 달려오라는 전언이 교토에서 파발로 전해졌다. 그래서 아케치는 성과 거리를 불태우지 않고 약간의 수비병을 거느린 지휘관만을 남겨둔 채 아즈치에 온 지 3일도 안 되어 일찍부터 각오하였던 전쟁을 치르기 위하여 교토와 인접한 쓰노 국과 가와치 국으로 향하였다.

그가 떠난 후 아즈치에서는 집집마다 약탈, 강탈, 파괴, 노상강도가 횡행하였다. 더욱이 그곳뿐만이 아니라 사카이에서 5, 6일 거리에 있는 미노와 오와리 양국의 모든 길과 마을에서 살인과 강탈이 밤낮으로 행해져 그 황폐함은 지옥 전체가 개방된 것과도 같았다. 단지 한 사람으로 인하여 이 정도로 많은 국들이 전복될 정도로 소동이 일어나고 동요한다는 것은 확실히 놀랄 만한 일이었다.

우리도 이 고난과 손실의 소용돌이 속에서 예외가 될 수 없었다. 아즈치의 우리 수도원과 신학교는 모두 새로 지어진 데다가 여전히 공사가 계속되있기 때문에 병사들은 즉시 모든 것을 약탈하기 시작하였다. 그것은 성 옆에 있고 노부나가 눈앞에 위치하였기 때문에 이 지방에서 우리가 소유한 수도원 중에서 제일 안전한 곳이라 생각하여 가장 호화로운 장식품과 다른 모든 수도원 중에서 가장 우수한 가구가 모여 있었다. 그리고 수도회의 요구에 따라 신학교의 아이들을 양성할 목적으로 모든 것이 훌륭하게 설비되어 있었다. 전술한 바와 같이 교회의 벨벳 장식품과 은, 약간의 서적은 이미 반출되었으나 그 외 물건은 무엇 하나 남김없이 약탈되고 도난을 당하여 가구뿐만 아니라 솥, 짧은 냄비, 방문, 창, 다다미, 칸막이 문, 게다가 400크루자두 이상이나 지불하고 새로 구입하여 그곳에 모아 놓은 목재까지 없어졌기 때문에 남은 것이라곤 운반할 수 없는 기둥과 지붕뿐이었다.

오다 노부타카의 반격과 아케치의 실수

당시 노부나가의 삼남 산시치도노는 아직 사카이에 있었다. 그는 부친이 영지로 준 네 개국을 병사들과 함께 점령하러 갈 준비를 끝냈다. 그는 모반이 일어나 부친과 형이 살해되었다는 소식을 듣자마자 즉시 되돌아가 복수를 위한 준비를 시작하여 우선 사촌인 시치베도노七兵衛殿[133]를 죽여 신변의 안전을 도모하고자 하였다.

시치베는 노부나가 형[134]의 아들로 그의 부친은 유산을 상속하려는 노부나가에게 수년 전 살해당하였다. 이 젊은이는 노부나가에게 살해된 자의 아들이었으며 아케치의 딸과 결혼하였기 때문에 모두들 그가 장인과 함께 모반을 일으켰다고 생각하였다. 이 젊은이는 당시 노부나가의 명령으로 니와고로자에몬丹羽五郎左衛門이라는 무장과 함께 사카이에서 2리 반 정도 거리에 있는 오사카 성을 지키고 있었다.

노부나가의 삼남 산시치도노의 군대는 시코쿠 여러 국의 정복을 돕기 위하여 각각 다른 지방에서 모여 편성된 병력이었기 때문에 모반의 소식을 접하자 대부분 병사들은 떠나갔다. 이 때문에 산시치도노는 초조해하면서 복수가 지연되는 것을 슬퍼하였으며 자신에게 남아있는 군대를 이끌고 노부나가 아들의 친구인 다른 지휘관과 함께 사촌 시치베도노가 있는 오사카로 향하였다.

시치베도노는 자신이 살해될지 모른다고 두려워하여 산시치도노가 들

주**133** 쓰다 노부즈미津田信澄이다. 달리 오다 노부즈미織田信澄라고도 한다.
주**134** 노부나가의 동생 노부유키信行를 말한다.

어올 수 없도록 내부에서 간청하며 동분서주하였으나, 여러 교섭 끝에 지휘관의 호의를 얻어 결국 산시치도노가 오사카에 들어왔다. 이틀을 머문 후에 산시치도노는 다른 지휘관인 고로자에몬과 협의하여 탑의 최상층에서 나오지 않고 신변을 경계하는 사촌을 어떻게 죽일 것인지 논의하였다. 고안한 책략은 우선 고로자에몬이 노부나가의 아들을 배까지 배웅하는 것처럼 위장하고 그때 산시치도노와 고로자에몬 가신 간에 소동을 일으키자는 것이었다.

(막상 이 책략이 실행되었을 때) 사촌의 가신들은 성에서 나오지 않았고 사촌 역시 의심하는 바가 현실이 될까 두려워하여 밖으로 나오려고 하지 않았다. 이처럼 거짓 소동을 꾸며 고로자에몬의 가신이 패배한 척하고 성안으로 도망가자 산시치도노의 가신도 이를 추격하여 안으로 들어가 탑 내부의 사촌이 있던 장소를 급습하였다. 어떤 사람들은 시치베가 스스로 할복하였다고 하고 또 어떤 사람들은 신분 높은 젊은 무사가 그를 죽였다고도 한다.

이로써 산시치도노가 용기를 보여 주고 주위의 믿음을 획득하자 즉시 가와치 국의 모든 유력자들이 그를 방문하였고 수군으로 인성하기에 이르렀다. 그는 사촌의 수급을 사카이 거리 근처에 효시하라고 지시하였다. 사실 시치베도노는 이상할 정도로 잔혹하여 누구라도 그를 폭군으로 여겼고 그가 죽기만을 소망하고 있었다.

전술한 사카이에 부임한 두 사람, 즉 노부나가의 의제인 미카와 국주(도쿠가와 이에야스)와 아나야마도노穴山殿[135]라는 다른 한 명은 이날 사건이 발생한 것을 알고 자신의 영지로 피난하기 위하여 급거 돌아갔다.

주**135** 아나야마 노부타다穴山信君으로 아나야마 바이세쓰梅雪라고도 한다.

미카와 국주는 많은 가신과 가는 도중 상대편을 매수할 수 있는 황금을 갖고 있었기 때문에 고생은 하였지만 무사히 피난하였다. 아나야마도노는 출발이 늦었고 동행자 숫자도 적어 도중에 습격을 당하였다. 소지품을 모두 약탈당하고 가신들도 살해되었으며 수많은 위험을 겪다가 마침내 그도 살해되고 말았다. 그는 가이 국의 주요 인물인데, 이 반란에 앞서 아즈치에서 설교가 개최되었고 또 몇 년 전부터 하나님의 규율에 관한 소문이 그의 영지에도 전하여져 그 자신도 설교를 듣고자 하였으나 그의 부덕함으로 인하여 소망을 이룰 수 없었다.

아케치가 노부나가를 살해하였을 무렵, 쓰노 국의 도노들과 중요 무장들은 모리와의 전투에 출진하여 부재중이었다. 아케치는 그곳의 여러 성을 즉시 점령하라고 지시하지 않았는데 이것은 큰 오판이었고 그가 멸망한 단초가 되었다. 그 여러 성들은 노부나가의 명령으로 거의 파괴된 상태였고 게다가 병사도 없었기 때문에 병사 500명 정도로도 (쓰노 국 도노들이 맡긴) 인질을 빼앗을 수 있었고 병사들을 쉽게 입성시킬 수도 있었다. 그러나 그가 한 일은 모두 좋은 결과로부터 그를 멀어지게 하였다.

하시바 히데요시의 움직임

모리 국의 정복자인 하시바 군영에 적들보다 먼저 노부나가의 죽음이 알려지자, 하시바는 이미 그들을 크게 궁지에 몰아넣은 상태였으나, 유리한 입장에서 그들과 강화를 맺었다. 그리고 도노들은 급히 자신의 거성으로 귀환하기 시작하였고 하시바도 아케치와 일전을 벌일 준비를 완료하였다.

주스토 우콘도노가 다카쓰키에 도착하자 크리스쳔들은 모두 다시 살

아닌 듯 했고, 즉시 (자신들이) 아케치의 적임을 선언하고 급히 성을 수리하였다. 그는 노부나가의 아들 산시치도노와 모리의 정복자인 하시바와 함께 성을 수리하면서, 복수심으로 단결하고 모을 수 있는 가장 좋은 군대로 함께 아케치를 토벌할 각오였다. 이 지방의 주요 크리스천들이 있는 가와치와 쓰노 국의 모든 무장들이 그들에게 합류하였는데 산가도노만은 아케치가 가와치 국 절반과 병사들에게 분배할 황금을 실은 말 한 필을 약속하였기 때문에 반대 편에 섰다.

하시바는 절대적인 권력과 모리 영국을 소유하여 만인에게 두려움을 주는 존재였지만 표면상으로는 노부나가의 삼남 산시치도노를 매우 존중하였으므로 민중들은 산시치가 부친의 자리를 이을 것으로 생각하였다. 그러나 하시바의 생각은 그러한 예상과 거리가 멀었다.

아케치는 교토에서 1리 거리에 있는 도바鳥羽라는 곳에 진을 치고, 교토에서 3리 떨어진 곳에 위치한 노부나가의 가신이 성주인 쇼류지勝龍寺라는 중요한 성 하나를 점령하고 있었다. 그는 그 주변에 머물면서 자신에게 투항하러 오는 자들을 기다리는 한편, 하시바가 어떻게 대응하는지 시켜보려 하였다. 악엽과 산혹함이 너무나도 심한 아케지는 한편으로는 조심성 있고 빈틈이 없는 용감한 사령관이었기 때문에 절호의 기회를 약간 놓쳐 모든 것이 그의 기대와 어긋나게 진행되고 있음을 즉시 간파하였다. 당시 그는 8,000 내지 10,000명의 병사를 갖고 있었던 것 같다. 그런데 쓰노 국 사람들이 예상과 달리 자신에게 투항하여 오지 않자 그는 몇몇 성을 포위하기로 결심하고 다카쓰키에 접근하였다.

야마자키山崎 전투

쓰노 국의 주요 무장 세 명은 하시바가 그리 멀지 않은 곳까지 와 있을 것이라는 희망으로 출진하여 군대를 거느리고 야마자키라는 매우 크고 견고한 촌락까지 전진하였다. 그들이 서로 맺은 협약에 의하면 당시까지 주스토 우콘도노의 최대 라이벌이었던 세이효에도노瀨兵衞殿¹³⁶는 군대를 거느리고 산기슭으로 진격하기로 되어 있었다. 그리고 이케다도노池田殿¹³⁷라는 다른 한 명은 그 지방 최대 하천 중 하나인 요도가와淀川를 따라 진군하고 우콘도노는 야마자키 마을 사이에 머무르기로 하였다.

우콘도노는 마을에 들어가 아케치가 이미 근처에 와 있음을 알아내고 아직 3리 이상이나 후방에 있던 하시바에게 급히 사자를 보내 될 수 있는 한 빨리 와 줄 것을 요청하였다. 그러면서 한편으로는 병력의 숫자가 적은 데도 출격하여 적과 일전을 벌이고 싶어 안달이 난 자기 편 병사를 통제하고 있었다. 우콘도노는 하시바의 군대가 늦어지자 자신이 직접 가 현재의 위험을 보고하려 하였는데 바로 그때 아케치의 군대가 마을 문을 두드리기 시작하였다. 그래서 우콘도노는 더 이상 기다릴 수 없다고 생각하였다. 그는 용감하며 도량이 넓은 대장이며 하나님을 신뢰하고 전투에서 대담하였기 때문에, 약 1,000명 남짓한 그의 병사와 함께 문을 열고 적을 향하여 돌진하였다. 크리스천들은 전력을 다하여 실로 용감하게 싸웠다. 그곳에서 아군은 단 한 명만 전사하였지만, 아케치의 신분 높은 자들의 목을 200명이나 베었다. 이 때문에 아케치 군대는 순식간에 동요하고 혼란에 빠졌다.

이 첫 번째 충돌이 끝나자 우콘도노와 간격을 두고 진군하던 두 명의 도노도 도착하였다. 그러자 아케치 군은 전의를 상실하고 등을 돌려 퇴

주¹³⁶ 나카가와 기요히데中川淸秀이다.
주¹³⁷ 이케다 쓰네오키池田恒興이다.

각하기 시작하였는데 적의 용기를 꺾은 가장 큰 요인은 노부나가의 아들과 하시바가 그곳에서 1리 남짓한 곳에 20,000명 이상의 병사를 거느리고 도착한 사실이 알려졌기 때문이다. 그렇지만 이들 군대는 많은 여행과 긴 여정을 재촉하며 급히 왔기 때문에 피로로 인하여 예정대로 도착하지 못하였다. 그것은 하나님의 섭리에 의한 것이었다. 우콘도노는 어렸을 때부터 항상 무훈을 세우고 용감함과 선량한 인격을 갖추어 만인에게 존경을 받았는데 하나님은 특히 이 승리가 우콘도노와 병사들의 공으로 돌아가게 하여 천하의 모든 무장 중에서 그가 최대의 명망을 획득하기를 바라셨다. 이 승리는 영광된 동정녀 성모님의 방문 축일 정오에 이루어졌다. 그리고 이 전투가 아케치 패배의 주된 요인이었다. 훗날 산시치도노는 우콘도노가 크리스천이기 때문에 이처럼 성공적으로 아케치를 패주시킬 수 있었다고 말할 정도였다.

오후 두 시에는 많은 아케치 병사들이 합류하여 교토 거리를 통과하였다. 그들은 모든 것이 무겁게 느껴져 가능한 몸을 가볍게 하고 목숨을 구하려고 도중에 무기를 버렸기 때문에 창과 총도 휴대하지 않았다. 우리는 창문으로 바라보있는데 그들이 모두 통과하는 데 두 시간이 걸렸다. 어떤 자는 교토에 들어가려고 하였지만 무장한 시민들이 출입문을 세워 입구를 지켰기 때문에 그들은 아케치의 주성인 사카모토를 향하여 걸어갔다. 그러나 도둑과 부락의 백성들, 노상강도 일당이 나타나 말과 무기 그리고 의복을 약탈하기 위하여 멋대로 그들을 살해하여 많은 자들은 목적지에 도착할 수 없었다.

아케치 미쓰히데의 최후

들은 바에 의하면 같은 날 오후 아케치는 전장에서 약 2리 정도 떨어진 쇼류지 성勝龍寺城에서 농성하고 있었다. 얼마 후 아케치의 모든 군사들이 이곳으로 왔지만 교활한 그는 밤에는 몸을 숨기고 나타나지 않았다. 왜냐하면 그는 이제 자신과 함께 성안에 있는 자들을 믿을 수 없었기 때문이었다. 그렇지만 성 바깥에 있던 자들은 경계에 힘썼으며, 밤새도록 총 쏘는 소리가 교토까지 계속 들렸고, 적을 잘 감시하기 위하여 성 주위로 환하게 불을 밝혔다. 성안의 아케치 측은 주스토 우콘도노나 다른 무장들에게 화해를 청하였으나 우콘 측에서는 전투에 가담한 자도 뒤에 온 자도 모두 피로하였기 때문에 이에 응하지 않았다. 그렇지만 날이 밝자 즉각 성을 넘겨받았다.

아케치는 사카모토 성으로 가서 그곳에서 재기할 생각이었고, 새벽에 혼자 나서다가 얼마간의 부상을 입었다고 한다. 그런데 밤까지 도착하지 못하여 그 부근에 몸을 숨기고 있었다.

다음 날이 되자 즉시 약탈과 참수의 광풍이 불어 노부나가가 살해된 장소에는 처음 분량만으로 1,000개 이상의 수급이 운반되어 왔다. 모든 적의 수급을 이곳으로 가져오라는 지시가 내려졌기 때문이다. 그리고 노부나가의 장례식을 거행한다는 지시도 내려졌다. 태양이 한창 내리쬐자 감당할 수 없는 악취가 가득 찼으며, 그곳에서 바람이 불어오면 우리 수도원에서는 창문을 열어 둘 수 없을 정도였다. 한 도노는 앞선 전투에 참여하지 않았기 때문에 조금이라도 빨리 수급을 베어 노부나가가 살해된 장소로 가져가려고 조바심한 나머지 마을마다 다니며 목을 베었는데 어느 마을에서는 서른세 명 가운데 서른 명의 목을 베어 장례식에 바쳤다고 한다. 이틀 후 일부 신부들이 노부나가가 살해된 장소를 지났는데 사람들이 공양에 쓸 새끼줄에 매단 서른 개 이상의 머리를 마치 양이나 개의 머리를 운반하듯이 아무런 감정 없이 들고 가는 것을 목격하였다. 이렇게 숫자를 늘려 짧은 시간에 2,000개를 넘겼다.

불쌍한 아케치는 숨어 다니면서 백성들에서 금 막대를 줄 테니 자신을 사카모토 성으로 데려다 줄 것을 부탁하였다고 한다. 그렇지만 그들은 금을 받고나서 도검도 갖고 싶다는 욕심에 빠져 그를 찔러 죽이고 목을 베어냈다. 그들은 아케치의 목을 산시치도노에게 바칠 용기가 없었기 때문에 다른 남자가 이를 바쳤다. 그리고 목요일에 노부나가의 명예를 위하여 아케치가 노부나가를 죽인 장소이자 다른 적들의 수급이 놓인 장소에 아케치의 몸과 목이 놓여졌다.

하나님은 일본 내를 교란시킬 정도의 용기를 갖은 아케치가 잔혹한 반역을 수행한 후 11일이나 12일 이상 살게 허락하지 않으셨고, 이처럼 실로 비참한 최후를 맞게 하셨다. 더욱이 이때 아케치는 이교도의 신분 높은 자가 명예로운 죽음을 맞고자 하는 할복을 할 시간조차 갖지 못하고 가난하고 천박한 백성의 손에 불명예스럽게 죽었다. 뿐만 아니라 산시치도노는 아케치의 몸과 목을 합친 후 옷을 벗겨 만인에게 보여 주기 위하여 도시 한편 왕래가 빈번한 거리에 십자가에 걸라고 지시하였다.

아케치의 군대가 쓰노 국에서 참패하였다는 소식이 아즈치에 전하여지자 그가 그곳에 두고 간 무장은 낙담하며 급히 사카모토로 퇴각하였다. 아케치의 무장들이 그 호화로운 건물을 그대로 두고 갔지만, 하나님은 노부나가가 그처럼 자만하던 건물을 그대로 세워 두시지 않으시고 그 흔적을 없애셨다. 명료한 지혜로써, 부근에 있던 지능이 떨어지는 노부나가의 아들 고혼조로 하여금 아무 이유도 없이 저택과 성을 불지르게 하셨다. 상층부가 모두 화염에 휩싸였고 고혼조가 거리에도 방화하였기 때문에 대부분이 소실되고 말았다.

아즈치를 떠난 아케치의 무장들은 사카모토 성에서 농성하였는데 그곳에는 아케치의 부녀자와 가족, 친족이 있었다. 다음 화요일 그곳에 하시바 군대가 도착하였을 때에는 이미 다수가 성에서 도망쳤다. 아케치의 무장들은 군대가 접근하고 우콘도노가 최초로 입성하는 무리들의 선봉임을 알고서 "다카야마高山, 이쪽으로 오시오. 당신을 부자로 만들어 주겠소."라고 부르며 대량의 황금을 창에서 호수로 던지기 시작하였다. 그런 후 "그대들 손에 죽으리라고 생각하지 마라."라고 하면서 가장 높은 탑 안에서 농성하였다. 그리고 부녀자를 모두 살해한 후에 탑에 불을 지르고 자신들은 할복하였다. 그때 아케치의 두 아들도 죽었는데, 이들은 매우 기품이 있는 아이들로서 유럽의 왕자를 연상시킬 정도였다고 하며, 큰 아들의 나이는 열세 살이었다.

8일 내지 10일 사이에 쓰노 국에서 미노 국에 걸쳐 집행된 귀인 및 다른 사람들의 죽음에 대해서는 모두 서술할 수 없을 정도이다. 어떤 자는 적이란 이유로 죽이고, 어떤 자는 재물을 뺏기 위하여 또 어떤 자는 재물을 탈취하기 위하여 사람을 죽였다. 그 숫자는 실로 어마어마하여 우리 신부들이 요도가와를 거슬러 올 때 500구의 시체가 강 하류로 흘러가는 것을 목격할 정도였다. 사카모토 성을 점령하는 데 어떤 방해도 없었기 때문에 군대는 바로 아즈치로 향해 갔고 다시 그곳에서 미노와 오와리 국으로 진격하여 아케치에게 가담한 자는 한 명도 남김없이 생명을 빼앗았다. 여러 풍설이 일치하는 바에 의하면 며칠 사이에 이미 10,000명 이상이 살해되었다고 한다.

현세뿐만 아니라 하늘에도 자기를 지배할 자가 없다고 생각하였던 노부나가가 마침내 이처럼 비참하고 불쌍한 말로를 맞았다. 하지만 노부나가는 매우 드물게 보이는 뛰어난 인물이며, 비범하고 이름난 사령관이자 현명하게 천하를 통치하였던 자라는 점을 부정할 수 없다. 그리고 오만함과 과도한 자신감이라는 점에서 그에게 뒤떨어지지 않으려 하였던 아케치도 자신의 본분을 잊었기 때문에 불우하고 비참한 운명을 걷게 되었다. 설령 그가 사람들의 눈에는 레바논 삼나무와 같이 높이 솟아 있는 것처럼 보였을지 모르겠지만, 매우 짧은 시간이 지나자 권력을 나타내는 것은 무엇 하나 남지 않고 순식간에 지옥으로 떨어졌다.

일본에는 인간사의 덧없음과 그 흐름의 빠름을 생각하게 하는 일이 너무나 많이 일어나고 사람들은 이에 대하여 불가사의한 놀라움과 공포를 느낄 정도이다. 변화하고 지나가는 모든 일들에 빠져들수록, 생각이 변해가고 죽음에 관해 생각하지만 얼마 지나지 않아 모두 잊고 만다.

도요토미 히데요시 편

도요토미 히데요시 초상화(京都府 高台寺 소장)
앞 쪽의 그림은 히데요시의 정실 네네가 남편의 명복을 빌기 위하여 건립한 사원에 전해지는 초상화이다. 볼품없고 왜소한 외모의 특징이 잘 드러나 있다.

1부 출세

천하의 주主

| 1장 | 전사前史: 백성에서 무사로

❖ **연도**: 1537년 1세~1581년 45세

❖ **주요사건**: 히데요시 출생, 기노시타에서 하시바로 개성改姓, 오미 국 나가하마 성주 취임, 모리 가문과의 싸움

❖ **연표**: 히데요시는 1537년 2월에 오와리 국 아이치 군愛智郡 나카무라中村에서 부친 야에몬과 모친 나카의 장남으로 태어났다. 1534년생인 오다 노부나가는 히데요시보다 세 살 많았고, 1542년생인 도쿠가와 이에야스는 히데요시보다 다섯 살이 어렸다.

1543년 1월 히데요시가 일곱 살이 되던 해에 그의 부친이 병사하였고, 이후 모친은 노부나가의 동붕중同朋衆 중 한 명인 지쿠아미와 재혼하여 1남 1녀를 더 낳았다. 동붕중이란 머리를 깎고 승려가 되어 쇼군 등 무사 저택을 출입하면서 꽃꽂이, 다도, 렌가連歌 등 예능을 통해 무사의 말벗을 하거나 각종 잡무를 담당했던 자이다. 참고로 1543년은 포르투갈인이 일본에 최초로 두 자루의 총을 전해 준 해이기도 하다.

1551년, 열다섯 살이 된 히데요시는 무사가 되어 출세하고자 고향 나카무라를 떠나 도쿠가와 이에야스의 고향인 미카와 국과 바로 이웃한 도토미 국으로 가서 구노 성의 성주 마쓰시타 유키쓰나를 섬겼다. 하지만 타국에서 온 신참을 견제하는 토박이들의 시샘을 견디지 못하고, 열여덟 살이 되던 1554년에 오와리로 다시 귀국하여 기요스 성주인 오다 노부나가의 부하가 되었다.

1561년 8월, 스물다섯 살이 된 히데요시는 아시가루 조장組頭인 아사노 나가카쓰의 양녀 네네와 결혼하였고 이후 기노시타 도키치로木下藤吉郞라고 칭하였다. 히데요시가 기노시타라는 성을 썼다는 사실에서 그가 성이 없는 일반 백성과 구별되는 무사 신분임을 알 수 있다.

그런데 기노시타라는 성을 확인할 수 있는 확실한 첫 사료는 1565년 11월 히데요시가 스물아홉 살 되던 해 미노 국의 쓰보노우치 도시사다坪內利定 앞으로 내린 문서이다. 현재 그 이전 시기에 히데요시가 기노시타라는 성을 사용한 자료는 발견되지 않고 있다. 따라서 서른 살 가까운 시기에서야 비로소 기노시타라는 성이 확인된다는 점을 근거로 당초 히데요시가 성을 소유할 만한 신분이 아니며 백성 출신에 불과하다는 주장이 제기되었다.

실제로 1564년부터 히데요시는 미노 공격으로 전공을 쌓기 시작하여 1566년 기소 강 주변에 미노 공략의 거점이 된 스노마타墨俣의 성채를 세워 이름을 알렸다고 전하여진다. 이런 전후 사정을 고려해 보면 히데요시가 노부나가의 휘하에서 점차 두각을 나타내면서 기노시타라는 성을 쓴 것이라 추정된다.

1568년 9월, 서른두 살의 히데요시는 노부나가를 따라 상경하였고 이후 교토 인근을 비롯하여 각지에서 차근차근 전공을 쌓았다.

1573년 7월에는 거병한 쇼군 아시카가 요시아키가 노부나가군에 패배하여 교토에서 추방되고 이로써 무로마치 막부는 사실상 멸망하였다. 같은 해 8월, 서른일곱 살의 히데요시는 요시아키와 합세하여 노부나가를 여러 차례 궁지에 빠뜨린 아사쿠라·아자이 가문을 없애는 데 큰 공을 세웠고 그 공적으로 오미 국 북쪽의 세 개 군郡 120,000석을 하사받았다. 가난한 농민에서 무사로, 다시 이제 일국의 다이묘가 된 히데요시는 이보다 조금 앞선 7월 20일경부터 종래 사용하던 기노시타 대신에 하시바羽柴라는 새로운 성을 쓰기 시작하였다.

1574년 9월에는 규슈 정복을 염두에 둔 노부나가의 뜻을 받들어 지쿠젠노카미筑前守라는 관직명을 받은 이후 하시바 지쿠젠노카미라고 불리웠다.

1577년 10월 마흔한 살의 히데요시는 노부나가의 명령에 따라 서쪽 하리마 국을 공략하기 시작하여, 1578년 2월 하리마 미키 성의 벳소 나가하루를 공격하였다. 이듬 해 1579년 9월부터는 오다 세력의 확장을 저지하려는 모리 가문과의 본격적인 전투도 시작되었다.

1580년 1월에 하리마의 미키 성을 함락시키고 이후 이나바 국과 호키 국을 침공하였으며 1581년 10월에는 이나바 국에 있는 난공불락의 성으로 알려진 돗토리 성鳥取城 함락시켜 모리 가문에 대한 압박의 강도를 높였다.

❖ **해설**: 1582년 혼노지의 변을 일으킨 아케치 미쓰히데를 제거하여 본격적으로 주목을 받기 이전의 히데요시에 관한 기술은 상대적으로 적은 편이다. 프로이스 측에서 히데요시가 노부나가의 후계자가 되리라고 전혀 예상하지 못한 점에도 그 이유가 있을 것이다. 히데요시가 관백에 취임하여 중앙 권력을 장악한 이후에야 관련 서술이 비약적으로 늘어난다. 이 장에서는 히데요시의 출신과 성격에 관해 언급한 부분이 눈에 띈다. 무엇보다 히데요시가 가난한 백성의 아들이라는 점과 키가 작고 추악한 용모이며 손가락이 여섯 개였다는 신체의 특징을 서술한 부분이 주목된다.

아울러 내용상 다른 부분에 넣기 어려운, 일본인 출신으로 예수회 선교사의 통역을 담당한 로렌스 수사에게 했던 히데요시의 농담, 천황의 조상신인 아마테라스오미카미에 관한 언급, 무사 계층을 세 계급으로 나누고 있는 내용 등을 이 장에 배치하였다.

히데요시라는 사람

태생과 성품

　히데요시의 태생과 성격을 알면 이 사태를[1] 보다 분명히 이해할 수 있다. 그는 이번에 일본에서는 일찍이 없었던 상상을 초월하는 큰 박해를 야기한 악마의 직계 부하였다.

　그는 미노 국美濃國 출신으로[2] 가난한 백성의 아들로 태어났다. 어렸을 때는 산에서 나무를 해다가 팔아 생계를 꾸렸다. 그 일은 지금까지도 비밀로 할 수 없기 때문에 그는 아주 가난할 때 낡은 돗자리 이외에 몸을 덮을 것이 없었다고 술회한다.

　그러나 그는 용감하고 책략에 뛰어났다. 그리하여 그런 천한 일을 그만두고 전사로서 봉사하기 시작해 점점 출세하여 미노 국주國主[3]에게 주목을 받아 전쟁할 때 발탁되기에 이르렀다. 노부나가는 미노 국 정복이 끝나자 히데요시가 뛰어난 전사이자 기사임을 인정하고 봉록을 늘려 주어 오다 정청政廳[4] 안에서의 평판도 높아졌다. 그러나 원래 미천한 소생

주[1] 1587년 6월 히데요시가 규슈에서 내린 선교사 추방령을 말한다. 따라서 히데요시 태생과 성격에 관한 서술은 1587년 6월 이후에 작성된 것으로 히데요시를 비판하는 입장이 전제되어 있다.
주[2] 히데요시는 오와리 국尾張國 출신이다.
주[3] 오다 노부나가를 말한다.

이었기 때문에 중요 무장들과 말을 타고 이동할 때 그는 말에서 내려 (예를 표하였고) 다른 귀족들은 그대로 말을 타고 갔다.

그는 키가 작고 추악한 용모를 지녔으며 한 손은 손가락이 여섯 개였다.[5] 눈은 튀어나오고 중국인처럼 턱수염이 적었으며, 아들이나 딸을 얻지 못했으나 빈틈없는 책략가였다. 그는 자신의 권력, 영지, 재산이 순조롭게 증가함에 따라 수없이 많은 나쁜 버릇과 고약한 행동을 더해 갔다. 가신뿐만 아니라 외부 사람에게도 극도로 오만하여 그를 증오하지 않는 사람이 없었다. 그는 어떠한 조언이나 도리도 수용하지 않았고 모든 일을 자기 생각대로 결정하였으며 감히 누구라도 그의 뜻에 거스르는 말을 한마디도 할 수 없었다. 그는 더할 나위 없이 배은망덕한 자로서 자신을 섬기는 사람들의 봉사는 못 본 체하고, 오히려 자신을 극진히 섬겨 공을 많이 세운 사람을 추방하거나 명예를 더럽히고 치욕을 느끼게 했다. 그는 범상치 않은 야심가였고 그의 야망은 모든 악의 근원이 되어 잔혹하고 질투심 많은 불성실한 인물, 기만자, 거짓말쟁이, 교활한 자가 되게 하였다. 그는 날마다 제멋대로 수많은 불의와 횡포를 부려 모든 사람을 경악시켰다. 그는 본심을 드러내지 않고 기만하는 데 능수능란하였고 못된 꾀가 많고 남을 잘 속이는 것을 자랑으로 여겼다.

나이가 이미 쉰을 넘었는 데도 육욕과 품행의 면에서 매우 방종하게 행동하였다. 야망과 육욕이 그에게서 정상적인 판단력을 빼앗아 갔다고 생각된다. 극악한 욕정은 멈출 줄을 몰랐고 그의 온몸을 지배하였다. 그

주4 프로이스는 오다 가신단을 구성한 기구를 정청政廳으로 파악하고 있다.
주5 마에다 도시이에前田利家의 『국조유언國祖遺言』(사본)에도 "다이코사마大閤樣=히데요시는 오른손 엄지 하나가 더 많아 여섯 손가락이다."라는 기록이 있다. (『フロイス日本史』 1, 中央公論社, 1981, p.331).

는 정청 안에 중신들의 어린 딸들을 300명이나 머무르게 하였으며 방문하는 여러 성마다 젊은 여성들을 여러 명 두었다. 그가 여러 국을 방문할 때 주된 목적 중의 하나는 아름다운 여자를 찾아 거두는 일이었다. 그의 권력은 절대적이어서 아무도 그의 뜻을 거스르지 못하였기 때문에 어떤 창피함이나 두려움 없이 부모들이 흘리는 많은 눈물을 완전히 무시하고 국주國主와 제후, 귀족, 평민의 딸들을 수탈하였다. 그는 거만한 성격이었기에 그런 나쁜 버릇이 도가 지나치다는 사실을 전혀 알지 못하였다. 그는 자신의 행위가 얼마나 천하고 부정하며 비열한 짓인지 전혀 몰랐고 오히려 이를 자랑하고 긍지로 여겼다. 그는 잔인한 악행에 만족하고 기뻐하며 제멋대로 명령하고 즐거워하였다.

누가 보아도 잘못이 명확한 그의 행위는 설령 귀로 들더라도 믿지 못할 것이다. 그렇기에 이는 굳이 기록할 가치조차 없다. 그렇지만 이러한 그의 성격과 행위에 대해 안다면, 악마가 크리스천 종단과 교회에 대해 독살스런 공격을 꾀할 때 이 인물이 얼마나 적합한 도구였을지 쉽게 미루어 알 수 있다.

로렌스 수사와 히데요시

로렌스 수사는 오래된 크리스트교 신자로 고키나이의 모든 제후와 안면이 있어 그들과 자유롭게 대화를 나누었다. 히데요시도 여러 해 동안 그를 알고 지냈는데 어느 날 장시간 담소를 나누다가 반쯤 농담으로 말하였다.

"만일 선교사들이 내가 많은 여자를 거느리는 것을 허가해 준다면 나는 크리스천이 될 것이야. 이 점만이 하나님의 가르침 중에서 나를 곤란하게 만드는 것이라고 생각해."

그러자 수사는 마찬가지로 반은 놀림조로 대답하였다.

"전하殿下, 제가 허락하지요. 크리스천이 되셔도 됩니다. 왜냐하면 도노만은 지옥에 가시게 되겠지만 도노가 크리스천이 됨으로써 많은 사람이 크리스천이 되어 구원받게 되기 때문입니다."

히데요시는 수사의 대답을 듣고 큰소리로 웃으며 즐거워하였다.

아마테라스오미카미

오미 국 아즈치 산 아래 시가지町가 조성되어 있는 곳에서 그리 멀지 않은 지역에 고귀한 신분의 무장 한 명이 있었다. 그는 오미 국의 3분의 1 내지 4분의 1 정도를 영지로 가졌고 혈통이 좋고 부유했으므로 노부나가는 그에게 자기 딸을 시집보냈다. 무장의 이름은 히노의 가모도노日野蒲生殿[6]였다.

그런데 히데요시는 자기 기반을 한층 더 확보하기 위하여 우지사토에게 선조 대대로 오미 국에서 계승한 영지를 전부 자신에게 넘기고 대신에 이세 국의 절반을 받으라고 요구하였다. 우지사토는 히데요시의 제안을 수락하였다.

그곳에는 모든 신들 중에서 최고신인 아마테라스오미카미天照大神를 모신 일본에서 가장 참배자가 많은 신사가 있었다. 전하는 바에 따르면 그 신은 한 여성이 태양으로 변신한 것으로, 그녀는 황금색 태양이었다고 한다.

무사 계급의 분류

교토京都 지역에는 귀인貴人으로 칭해지는 세 계급이 있었다. 제1계급

주6 가모 우지사토蒲生氏鄕이다.

은 다이묘로 불리는 사람들로서 말하자면 백작이나 후작에 해당한다. 제2계급은 우마마와리 중馬廻衆이다. 이들은 전시든 평시든 천하의 주主가 말을 타고 외출할 때 수행하는 사람들이다. 제3계급은 다이묘나 우마마와리 중의 자제들로, 고쇼 중小姓衆이라 하는 신분이 높은 젊은 무사들이다.

신학교神學校가 있는 다카쓰키의 성주 주스토 우콘도노(다카야마 우콘)는 다이묘이자 우마마와리 중으로 제1, 제2계급에 해당하였다.

1부 출세
천하의 주±

| 2장 | 후계자로의 길

❖ **연도**: 1582년 46세~1584년 48세

❖ **주요사건**: 야마자키 전투, 기요스 회의, 노부나가 장례식, 시즈가타케 전투, 고마키 나가쿠테 전투

❖ **연표**: 1582년 6월 2일에 오다 노부나가가 아케치 미쓰히데의 배신으로 사망하였다. 6월 3일 밤 이 소식을 전해 받은 히데요시는 다음 날 4일 전투 중이던 모리 가문과 급히 화해를 맺고 6월 6일 자신의 근거지인 히메지 성으로 서둘러 돌아왔다. 여기서 놀랄 만큼 신속하게 교토 방면으로 군대를 이동시켜, 히데요시가 모리와의 싸움으로 현지에 발이 묶여 있을 것이라고 생각한 미쓰히데의 허를 찔렀다. 미쓰히데는 이러한 상황 전개를 예상하지 못하였고 따라서 이에 대한 대비에 소홀하였다.
6월 13일에 히데요시는 오사카에서 교토로 가는 중요 길목인 야마자키에서 아케치 군을 크게 무찔렀다. 싸움에서 패한 미쓰히데는 재기를 도모하며 자신의 본거지인 오미 국 사카모토로 도망가던 중에 어느 이름 모를 백성들에게 사로잡혀 죽임을 당하였다. 미쓰히데와의 싸움에서 승리한 히데요시는 바로 자신이 주군 노부나가의 복수를 하였다는 점을 내세워 이후 정국 운영에 있어 주도권을 행사하였다.
6월 27일에는 죽은 노부나가의 후계자와 영지 처리를 결정하기 위하여 오와리 기요스에서 열린 회의에서 히데요시는 반대파의 뜻을 꺾고 자신의 뜻을 관철시켰다. 즉, 히데요시는 노부나가의 주요 가신이 참여한 회의에서 셋째 아들 노부타카를 후계자로 삼으려는 시바타 가쓰이에의 의견을 물리치고, 노부나가의 정식 후계자였던 노부타다의 어린 아들 산보시三法師=노부히데를 후계자로 삼는 데 성공하였다.

히데요시는 이 여세를 몰아 같은 해 10월 자신의 주도 아래 교토 외곽 다이토쿠지大德寺에서 노부나가의 장례식을 단독으로 거행하였다. 이에 노부나가의 두 아들과 시바타 가쓰이에를 중심으로 반 히데요시 세력의 불만이 더욱 커져 갔고, 이듬해인 1583년 초에 이들은 순차적으로 거병하였으나, 같은 해 1583년 4월 히데요시는 오미 국 시즈가타케에서 시바타 가쓰이에 군을 물리치고 곧바로 가쓰이에의 본거지인 에치젠 국 기타노쇼로 추격해 들어가 그를 죽였다. 이어 오다 노부타카를 죽여 노부나가의 후계자 지위에 한발 다가선 히데요시는 같은 해 9월부터 오사카에 성을 쌓기 시작하였다.

그러나 1584년 3월, 날로 늘어가는 히데요시의 전횡에 불만을 품은 노부나가의 차남 오다 노부카쓰가 도쿠가와 이에야스를 끌어 들여 히데요시에게 반기를 들었다. 그리하여 같은 해 3월과 4월에 양 세력은 오와리 접경의 고마키小牧와 나가쿠테長久手에서 각각 충돌하였다. 그렇지만 승부가 결정되지 않고 전쟁이 교착 상태에 빠졌다. 히데요시는 이 사건을 계기로 무력을 중시하는 기존 노선을 수정하여 천황을 내세운 외교전으로 방향을 전환하였다. 같은 해 11월, 히데요시는 일단 이에야스·노부카쓰와 화해를 맺는 데 성공하였다.

바로 그 직후인 11월 22일 히데요시는 종삼위從三位 곤노다이나곤權大納言에 임명되어 무사 출신으로서 공경 귀족의 반열에 올랐다. 이는 조정으로부터 노부나가를 대신할 인물로 인정받은 것이며, 중앙 정권 수립에 한발 더 다가갔음을 의미하였다.

그러나 이에야스는 여전히 건재하였고, 교토 남쪽에 위치한 사원 세력인 네고로와 사이카 무리들은 히데요시의 부재를 틈타 오사카를 노렸다. 또 심지어 교토 내에서도 불온한 움직임이 있었다.

❖ **해설**: 초기 히데요시의 동정에 관한 서술은 다소 정확하지 않다. 이 장에서 언급한 다이토쿠지大德寺에서 열린 노부나가의 장례식과 노부나가의 후계자를 결정한 기요스 회의는 선후 날짜가 뒤바뀌어 있다.

기요스 회의는 1582년 6월 27일에 열렸고 다이토쿠지의 장례식은 같은 해 10월 15일에 거행되었으나 프로이스는 장례식이 회의보다 시기가 앞선 것으로 파악하고 있다.

이 점에서도 히데요시가 노부나가의 사후부터 바로 주목을 받은 인물이 아니라는 것을 알 수 있다. 훗날 중요 인물이 된 히데요시를 나중에 기록되다 보니 기록의 불일치가 생겨난 것이다. 보다 근본적으로는 애당초 기요스 회의가 오다 가신단 내부의 회의였기 때문에 외부인이 프로이스가 이에 관한 정확한 날짜를 파악하기 어려웠을 것이다.

한편 잔혹하고 광범위한 살인을 자행한 것은 노부나가만에 국한되지 않았다. 히데요시가 도쿠가와 이에야스와 싸우러 오와리에 갔을 때, 그의 부재를 틈타 교토에서 내란을 획책한 사건이 일어났다. 프로이스에 따르면 히데요시는 범행에 가담한 참가자 30명을 굶어 죽이는 잔혹한 조치를 취하였다. 시대는 여전히 전국 시대처럼 분노와 광기의 시대였다.

노부나가의 손자를 내세우다

두 명의 경쟁자

오다 노부나가가 죽자 일본 대부분 지역은 동요하였고 혼란에 빠졌다. 여러 국과 주위 환경, 개인에게 끼친 변화가 너무나 커서 마치 돌연 다른 세계가 펼쳐진 것 같았다. 노부나가의 뒤를 이어 그의 가신 중 하시바 지쿠젠도노羽柴筑前殿[7]라는 자가 천하의 정치를 관장하게 되었다. 그는 우수한 기사이며 전투에 능하였지만 기품은 없었다. 노부나가는 그를 시켜 모리의 여러 국을 공격하도록 하여 이미 네다섯 개국을 무력으로 점령하였다.

히데요시에게는 고귀함과 무훈의 측면에서 훨씬 뛰어난 두 명의 경쟁 상대가 있었는데 히데요시는 그들을 제거하려고 굳게 결의하였다. 그래서 먼저 에치젠 국의 군주인 시바타도노柴田殿[8]와 일전을 벌여 그를 멸하고 5, 6천 명의 병사를 죽였다. 시바타 자신은 농성하다가 불을 지르고 성내 가신들과 함께 할복하였다. 두 번째 인물은 노부나가의 아들인 산시치도노三七殿[9]였다. 그는 예전에 부친의 가신이었던 자에게 신하로서

주[7] 도요토미 히데요시이다.
주[8] 시바타 가쓰이에柴田勝家이다.
주[9] 오다 노부타카織田信孝이다.

복종하는 것을 견딜 수 없었다. 그는 미노 국의 군주이며 두 번에 걸쳐 히데요시를 치려고 군대를 일으킨 적이 있었다. 그러나 히데요시의 군대가 자신을 공격하러 온다는 것을 알자 이에 대항할 병사가 없었기에 그때까지 지키고 있던 형제의 성[10]을 버리고 슬하 무장에게 원조를 구하러 도주하였다. 그렇지만 동행하던 그의 가신이 히데요시에게 충성심을 보이면 많은 보수를 받을 수 있을 것이라 지레 짐작하고 도중에 그를 살해하였다.[11]

노부나가 장례식과 기요스 회의

히데요시는 우선 첫 번째로 주군 노부나가에 바치는 공양을 매우 호화롭고 성대하게 하라고 명령하였다. 이를 위하여 인접한 여러 국에서 제후와 무장을 교토로 소집하고, 마치 노부나가의 유해가 안치되어 있는 것처럼 꾸민 훌륭하게 장식된 관을 만들었다. 위계를 가진 모든 승려들이 관을 따르고 호사롭고 화려한 행렬을 이루어 교도 밖 1리里 떨어진 무라사키紫사원[12]까지 갔다. 그곳은 일본 내 선종 사원 중에서 가장 품격이 높은 곳이다. 그곳에서 왕자王者의 풍격을 갖춘 뛰어난 인물이었던 노부나가에게 어울리는 장례식이 거행되었다.

참석자 전원이 일본 관습에 따라 불상들 앞에 무릎을 꿇고 향내가 자욱한 가운데 불 속에 향을 던져 노부나가를 추모하였다. 히데요시는 즉시 노부나가를 위하여 지극히 뛰어난 양식의 작은 사원을 만들었는데

주10 오다 노부카쓰織田信雄의 거성인 기후 성岐阜城이다.
주11 시바타 가쓰이에가 죽고 난 후 노부타카는 오다 노부카쓰의 책략으로 기후 성에서 나와 오와리로 갔지만 노부카쓰의 지시로 할복하고 말았다.
주12 무라사키노紫野 다이토쿠지大德寺이다.

그것은 매우 진귀하고 볼 만한 가치가 있었다. 뿐만 아니라 노부나가의 흉상을 만들어 공가의 의상을 입혀 제단 위에 안치하고 사원에 봉록을 주고 상주 승려를 두었다. 이 사원은 매우 청결하고 구조가 훌륭하였다.

두 번째로 행한 일은 다음과 같다. 노부나가에게는 상속자인 세자의 아들,[13] 즉 손자인 한두 살 된 아이[14]가 있었다. 히데요시는 자신이 천하의 지배권을 찬탈하여 절대 군주라는 명칭을 획득하려는 것이 아니라 (정식 후계자인) 아이로부터 정치를 위임받고 아이가 일정한 연령에 도달할 때까지 보호자로서의 임무를 다할 뿐임을 보여 주려고 아즈치 산安土山에 훌륭하고 청결한 가옥을 만들어 그곳에서 아이를 양육하도록 하였다. 노부나가의 차남이자 아이 숙부인 고혼조御本所[15]를 후견인으로 삼아 동거하게 하고 조만간 아이에게 적당한 수입과 관리役人를 주고 정무를 볼 관청을 세우려 한다고 선언하였다.

이처럼 노부나가의 손자를 앞세워 화려한 계획을 세우고 그를 아즈치에 살게 하자, 사람들은 히데요시의 정치 방향이 정도에 맞는 것이라고 생각하였다. 히데요시는 이를 통하여 인심을 얻었다. 그 사이에 그는 세심하게 배려하고 주의를 기울여 스스로 구축한 지위를 공고히 하려고 노력하였다.

그러면서도 천하의 주요 국인 가와치와 셋쓰를 탈취하여 원래 있던 모든 영주와 토호를 추방하고 수입 전부를 손에 넣었으며 여러 성을 파괴하고 단지 영지를 관리하고 세금을 얻기 위한 목적만으로 가신을 주둔시

주13 오다 노부타다織田信忠이다.
주14 아명은 산보시三法師이며 나중에 오다 노부히데織田信秀라 하였다.
주15 오다 노부카쓰이다. 처음에는 오다 노부타카가 후견인이었다.

컸다. 또한 오미와 단바 두 국을 빼앗아 두 명의 조카[16]에게 주고 야마토와 기이 국은 동생 미노도노美濃殿[17]에게 주었다. 이처럼 그는 일본의 군주와 제후 다수로부터 여러 국과 영지를 빼앗고 그 3분의 1에도 미치지 않는 영지를 멀리 떨어진 곳의 토지로 대신 지급하였다. 이에 모든 이들이 공포를 느꼈지만 이미 그들의 권위는 실추되었고 수입은 삭감되어 감히 모반하거나 반기를 들지 못하였다.

이렇게 하여 기반이 공고해져 자신의 계책이 성공할 조짐이 보이자 히데요시는 갑자기 가면을 벗어던지고 노부나가에 관하여 어떤 거리낌도 없었으며 모든 면에서 그를 능가하고 보다 뛰어난 인물이 되려고 부단히 애썼다. 아즈치 산에 있던 소년(산보시)을 쫓아내 지위도 명예도 없는 일개 개인私人으로 만들어 시골에 머물게 하였고 천하의 주로 받들어질 것이라는 희망을 완전히 꺾어 버렸다.

주16 도요토미 히데쓰구豊臣秀次와 도요토미 히데카쓰豊臣秀勝이다.
주17 도요토미 히데나가豊臣秀長이다.

도쿠가와 이에야스와 싸우다

고마키·나가쿠테 전투

　1584년 3월, 히데요시는 다음 달 출진할 터이니 준비를 갖추라는 지시를 인접한 여러 국에 내렸다. (여러 국의 무사들은) 어디인지는 확실하지 않지만 고야高野의 히지리聖로서 네고로 중根來衆이라 불리는 승려들의 종단과 대사원을 치고, 이와 동시에 사이카雜賀라는 몇몇 탑과 견고한 요새에 틀어박혀 있는 오사카 승려를 공격하리라고 추측하였다. 네고로 중은 병사들처럼 전투로 밤낮을 보냈으며 히데요시에게 몇 가지 무례를 저질렀고 어떤 음모를 꾸미고 있었다.

　군비를 갖출 무렵 돌연 세 개국의 군주인 노부나가 차남 혼조도노(노부카쓰)가 아버지를 본받아 전하의 군주主가 될 수 있는지 시험해 보려고 거병을 결심하였다는 보고가 들어왔다.

　혼조도노의 신분 높은 가신 중에는 히데요시에게 인질을 보낸 세 명의 중신이 있었다. 고혼조는 그들이 거병에 동의하지 않을 것이라 판단하고 일본의 관습에 따라 호화스런 향연을 열고 유흥이 최고조에 달하였을 때 돌연 세 명 모두를 참수하라고 명령하였다. 그는 자신의 군대만으로 히데요시와 자웅을 겨룰 자신이 없어 도쿠가와 이에야스라는 미카와 국주國主에게 원조를 구하였다. 이에야스는 다섯 개국의 지배자로 일본에서 가장 강대하며 전투에 뛰어난 무장 중 한 명이었다.

히데요시는 세 명의 무장이 살해되었음을 보고받자 음모를 정확히 알 수 없었지만 일의 진행은 쉽게 추측할 수 있었기에 몸소 선제공격을 가하기 위하여 놀랄 만큼 단시간에 교토를 향해 출발하였다. 그러자 순식간에 각지에서 병력이 모이기 시작하여 고혼조의 영지 세 개국 중 주요 지역인 이세 국에 도착하였을 때 병사는 이미 70,000명에 달하였다고 한다. 그는 적의 여러 성을 포위하고, 다소 고충을 겪었지만 무력으로 그들을 차례차례 함락시켜 나갔다. 적들은 나가시마長島라는 성 하나만 남기고 국 전체를 히데요시에게 바쳤다. 두 번째 국 이가에서는 즉시 항복하였기에 어떤 문제도 없었다. 이곳에서 매우 신속하게 오와리 국으로 진격하자 이누야마 성은 즉시 항복하였다. 그곳은 계속 전진하기 위하여 반드시 함락시켜야 할 성이었다. 히데요시 군대는 성을 점령한 후 미노와 오와리 두 국을 나누는 물살이 매우 빠른 큰 강을 건넜다.

미카와 국주는 즉시 3리 앞에 있는 고마키小牧라는 곳에 성을 쌓고 이곳에 20,000명이 넘는 병력으로 진영을 갖추었다. 고혼조도 마찬가지로 오와리 국경 어느 한 진지에 자신이 직접 병사를 인솔하고 대기하였다.

히데요시는 군대를 계속 진격하게 하여 도중에 몇몇 성과 도시町를 정복하면서 미카와 국주의 군영에서 반 리半里 떨어진 지점에 도착하였다. 여기서 몇몇 성주 앞으로 편지를 보내 항복을 권유하였다.

성주들이 이 사실을 주군인 미카와 국주에게 보고하자, 이에야스는 항복을 위장하여 히데요시 군대를 자국 내로 깊숙이 끌어들인 후 습격하여 궤멸시키라고 지시하였다. 일은 그대로 전개되었다. 성주들은 히데요시로부터 상당 액수의 돈을 받고 성을 넘겨줄 것을 약속하였다. 그 말을 믿은 히데요시는 수 명의 지휘관에게 1만4, 5천 명의 병사를 주어 보냈다. 지휘관들은 안전하다고 생각하여 서로 상당히 떨어져 있었다. 이에야스는 밤을 틈타 새로 지은 고마키 성에서 빠져나와 날이 밝을 때를 기다려 히데요시 조카의 군영을 습격하였다. 그들은 방심하고 있었기 때문에 이에야스는 어려움 없이 히데요시 조카를 패퇴시켰다.

　승리 후 이에야스는 즉시 떨어져 있는 또 다른 군영의 병사를 공격하였다. 같은 날 9시, 격렬한 전투가 전개되어 많은 전사자가 나왔다. 쌍방 사망자가 10,000명을 넘었다고 하며 대부분은 히데요시 측이었다. 이에야스가 승리를 거두고 고마키 성으로 돌아가자 히데요시는 즉시 20,000명의 병사를 동원해 성을 포위하라고 지시하였다.

　쌍방 간 전투가 이미 끝났을 무렵 히데요시를 원조하려고 에치젠, 가가, 노토에서 30,000명에 가까운 군대가 도착하였지만 히데요시는 이제 더 이상 대규모 원군은 필요하지 않다며 돌려보냈다.

　한편 히데요시가 참가한 전투에서 적군(이에야스와 노부카쓰)이 거의 난공불락으로 간주되는 성에 농성하자 히데요시는 수공을 써서 이들을 익사시키기로 하였다. 이를 위하여 흙담과 비슷한 매우 깊고 넓은, 주위가 2리에 가까운 견고한 제방을 쌓아 그들을 포위한 뒤 그 안으로 수량이 풍부한 큰 강물을 끌어들였다. 강의 자연적인 물살을 인공적으로 끌어왔다. 강물은 주위 땅을 모두 침수시켰고 이윽고 성안도 침수시키기 시작하였다. 다가오는 공포를 느끼며 제방에 포위된 사람들은 많은 유리한 조건을 제시하고 목숨을 구걸하였지만 히데요시는 들으려고 하지 않았다. 그렇지만 결국 히데요시는 유리한 조건으로 화평을 맺고 노부카쓰가 소유한 세 개국 중 한 개국 반을 몰수하고 인질로 그의 딸 한 명과 이에야스의 아들을 손에 넣었다.

고키나이의 귀를 자르는 풍습

　히데요시가 이번 전투를 위하여 오사카를 출발한 후에 네고로와 사이카의 승려들은 이 기회를 틈타 약 15,000명이 출격하여 새로 건설된 오사카 도시 모두를 불태워 버리기로 결의하였다. 히데요시가 자신들을 싫어한다는 것을 알고, 그가 전쟁에서 승리하여 돌아온 후에 반드시 자신들을 공격하러 올 것이라 믿었기 때문이다.

그리고 오사카 성을 점거하고 나서, 노부나가가 5, 6년이나 포위했던 승려(겐뇨)를 다시 모시고자 하였다. 오사카 성과 시가지에는 싸울 수 있는 자가 거의 없었을 뿐만 아니라 당시에는 새로 건축 중이어서 성 전체가 개방되어 있었다.

적은 서서히 전진하면서 도중에 몇몇 곳을 파괴하거나 불태우며 갔기 때문에 4, 5일이 걸렸다. 오사카에 있던 사람들은 이대로라면 도시 안에 무엇 하나 남지 않을 것이라 생각하였기 때문에 가재도구와 의복을 가능한 반출하고 불길이 번지는 집은 포기하였다. 이미 오사카 시가지 안팎으로 도적이 가득하였으며 물건을 들고 걸어가는 자는 바로 약탈을 당하였다. 약탈의 양상은 예전에 아즈치 산이 불탔을 때와 거의 같았다.

이에 앞서 히데요시는 이즈미 국 기시와다岸和田 성에 6, 7천 명의 병사를 거느린 사령관을 배치하였다. 이 사령관은 용맹하기로 자못 유명하며 이름은 마고이치孫一라 하였다.[18] 성은 적이 반드시 통과해야 하는 길목에 있었지만 적들은 수비대가 배치됐다는 사실을 몰랐으며 실제 그들이 경험하게 된 강경한 저항을 예상하지 못하였기 때문에 쉽게 함락할 수 있으리라고 생각하였다.

마고이치는 전군을 투입하여 적에게 매우 큰 타격을 입혔고 단시간에 적병 4,000여 명 정도를 살육하였다. 고키나이에서는 자신이 죽인 적의

주**18** 나카무라 가즈우지中村一氏이다.

수급을 지휘관에 바치는 풍습이 있었지만 병사들은 이미 지쳤기 때문에 귀만 잘라갔다. 이 일은 적군이 오사카에 도착하기 5, 6리 앞에서 일어났다. 뒤에 따라 오던 무리는 즉시 패배의 영향을 받았고, 앞서 전진하고 있던 무리도 낙담하고 실망하여 급히 되돌아갔다. 이 전투에서 승리함으로써 오사카는 얼마 지나지 않아 평화와 안녕을 회복하였다.

교토 내의 반란과 천황가

오와리에서 전투가 시작되려고 할 때 몇 명의 적[19]이 몰래 교토 상경上京에 침입한 사건이 있었다. 이때 봉행奉行 마에다 겐이前田玄以가 교토에 없었으므로 시내에 큰 반란이 일어나 심각한 혼란에 빠졌다.

그렇지만 히데요시가 배치한 사령관[20] 한 명이 병사를 거느리고 교토에서 3리 떨어진 곳에서 달려 왔다. 적은 즉시 발견되어 일부는 저항하다가 살해당하였고 다른 자들은 포박되어 연행되었다. 봉행이 돌아와 사건을 엄격히 조사하였는데, 그 사이 3, 4일간 교토 상경의 번화가 서너 군데는 사람들이 퇴거하여 폐허 상태였다.

출진해 있던 히데요시는 이 사실을 전해 듣고 체포한 서른 명을 끓여 죽이라고 지시하였고 수일이 지나자 한 명, 두 명 죽기 시작하였다. 그들 중에는 부유한 자도 있어 목숨을 구하기 위하여 대량의 금은을 바치기로 하고 다이리内裏(천황)의 아들인 왕자[21]에게 도움을 요청하였다. 왕자가 히데요시에게 중재한 결과 그들은 죄를 용서받고 원래 지위를 회복하였다.

주19 교토 이치조一條町에서 사쿠마 도토쿠佐久間道徳 등이 반란을 일으켰다.
주20 오노기 시게가쓰小野木重勝이며 오노기 시게쓰구小野木重次라고도 한다.
주21 사네히토 친왕誠仁親王이다.

1부 출세
천하의 주主

| 3장 | 정권의 창출

❖ **연도**: 1585년 49세~1586년 50세

❖ **주요사건**: 승병의 종말, 관백關白 취임, 오사카 성과 취락제聚樂第의 조영

❖ **연표**: 1585년과 1586년은 노부나가의 후계자가 히데요시로 확정된 해이다. 1585년 7월 관백에 오른 히데요시에게 1586년 10월 이에야스가 신하의 예를 표하면서 사실상 히데요시에 대항할 수 있는 인물은 사라졌다. 당시 히데요시는 마흔아홉, 쉰 살로서 인생의 절정에 있었다.

1585년 3월 히데요시는 정이위, 내대신에 임명되었고, 같은 해 3월 이즈미와 기이 국에 침공하여 네고로와 사이카의 사원 세력을 굴복시켰다. 6월에는 시코쿠 지역으로 병사를 보내기 시작하였고, 7월 말에 조소카베 모토치카가 항복하여 시코쿠 평정이 완료되었다.

이보다 조금 앞선 7월 11일 히데요시는 종일위 관백에 취임하여 새로운 무사 정권을 열었다. 미나모토노 요리토모나 아시카가 다카우지처럼 쇼군에 취임하여 막부를 여는 방식은 아니었다. 귀족이 취임하던 관백이라는 관직을 수여받았다는 점에서 태정대신에 임명받아 천황을 보필하는 방식을 택한 다이라平氏 정권과 유사한 측면이 있다. 같은 9월 조정은 히데요시에게 도요토미라는 새로운 성을 내렸다.

1586년 4월 분고의 오토모 소린은 히데요시에게 규슈의 분쟁에 개입하여 줄 것을 요청하였다. 시마즈 가문과의 전투에서 패해 불리한 상황에 처한 소린은 히데요시를 끌어들여 당면한 난국을 타개하고자 하였다.

같은 해 5월, 히데요시는 도쿠가와 이에야스에게 이복 누이동생인 아사히히메를 시집보냈고, 9월에는 어머니 오만도코로를 이에야스에게 누이동생 방문이라는 명목하에 사실상 인질로 보내면서까지 이에야스의 교토 상경을 재촉하였다. 10월 최대한 몸값을 올린 이에야스는 상경하여 27일 오사카 성에서 히데요시를 만나 신하의 예를 표하였다. 11월에는 오기마치 천황이 퇴위하고 고요제이 천황이 즉위하였다. 이 과정에 히데요시가 깊이 간여하였고 그 공로로 12월 히데요시는 태정대신에 임명되었다.

이해에는 오사카 성의 니노마루, 교토의 취락제 및 대불전 등 굵직굵직한 건축 조영이 다발적으로 계획되고 시행되었다.

❖ **해설**: 이 장에서는 네고로·사이카를 공략할 때 히데요시가 이끈 부대의 행렬이 주목되는데 여기에 히데요시 직할군의 규모를 추정할 수 있는 내용이 있다.

당시 히데요시 군의 행렬을 본 목격자의 증언에 따르면 선봉 30,000명에, 히데요시의 본진 병력 100,000명으로 총 130,000명이었다. 본진 병력은 다음과 같다.

히데요시 앞에는 1만2, 3천 명을 거느린 우키타 히데이에와 5,000명을 이끄는 가모 우지사토가 있었다.

이들 뒤로 기마병 1,000명, 신분 높은 자제들로 구성된 말을 탄 600명과 도보의 50명이 따랐고, 이들은 히데요시 바로 앞에서 행진하였다. 또한 히데요시의 바로 뒤로 사무라이 2,000명이 따랐고 다시 그 뒤로 창병 10,000명, 일부 조총수와 대다수가 궁병으로 구성된 7,000명, 나기나타長刀병 2,000명이 행진하였다. (이상 22,650명이 히데요시의 친위대 및 직할 부대라 할 수 있다.)

그리고 이들 약 23,000명의 직할 부대 뒤로 약 60,000명이 뒤따르고 있었다.

한편 1585년 3월 히데요시가 네고로와 사이카 세력을 토벌한 이후 더 이상 사원 세력이 무사에게 무력으로 도전하는 일이 사라졌다. 이 장에는 이 시기까지 맹위를 떨치던 사원 세력의 병력을 추정할 수 있는 내용이 있다.

히데요시에게 대항한 사원 세력 중 하나인 네고로 중衆의 경우 승려는 하인을 제외하고도 8,000명 내지 10,000명에 달하였다. 또한 네고로 중의 하인은 "도망친 노복, 악인, 하등한 무리"였지만, 일단 네고로 중이란 정식 멤버가 되면 "미천한 혈통이나 비열한 생활 습관"도 더 이상 오점이 아니며 존경을 받을 수 있었다고 한다. 이를 통해 당시 많은 일본 민중들이 네고로 세력에 투신한 이유도 추정해 볼 수 있다.

승병을 제거하다

히데요시와 사원 세력

히데요시가 오와리 전투를 마치고 귀환하자 그의 성공을 본 관동[22] 지방의 몇몇 무장은 그와 우호 관계 맺는 것이 상책이라 여겨 투항하였다. 1584년 12월 말 히데요시는 교토로 가서 절대적인 갈채와 환대를 받았다. 그는 교토에 수일간 체재하면서 이미 오래전부터 피로가 누적되어 있던 군사들을 모두 해산시키고 자신도 휴양을 위하여 오사카로 돌아갔다.

하지만 그는 군대가 휴식을 취하고 나면 마음속에 깊이 숨겨 둔 또 다른 사업 하나를 결행하리라 다짐하였다. 바로 사이카의 승병과 네고로중根來衆이라는 승려들에게 복수하는 일이었다. 그들은 히데요시가 없는 틈을 타 오사카를 점령하려고 습격한 적이 있었다. 격노한 히데요시는 자신이 당한 모욕을 갚기 전에는 어떠한 승리도 위대하지 않고 어떠한 기쁨도 완전하지 않다고 여겼다. 그는 어떻게 염원을 달성할 것인가에 최대한 주의를 기울였다. 왜냐하면 적은 지극히 전투적인 데다가 무력으로 침공하기 매우 곤란한 곳에 주둔하였다. 일찍이 노부나가도 두 차례 공격하였지만 목적을 달성할 수 없었다. 그렇지만 히데요시가 품은 불타는 증오는 이런 장애물을 뛰어넘었다.

주[22] 원문은 반도坂東이다. 프로이스는 관동을 반도, 규슈는 시모下, 교토는 미야코都, 교토와 오사카 일대는 가미上로 표기하고 있다.

고야 산과 고카와 세력

사건의 전개를 명확히 이해하려면 먼저 적의 세력과 그들이 살고 있던 더없이 안전한 장소에 대해 알 필요가 있다.

사카이 부근을 보통 이즈미 국和泉國이라 부르며 그 너머에는 나라 전체가 악마 숭배와 믿음에 전념하는 기이 국紀伊國이란 나라가 있다. 그곳에는 일종의 종교 단체가 네다섯 개 있었고 각각은 공화국과 같은 형태로 존재하였으며 예로부터 신앙 활동이 성행하였다. 어떤 전쟁도 악마의 신앙을 없애지 못하였을 뿐만 아니라 그 땅에 참배하러 오는 순례 행렬은 날이 갈수록 늘어났다.

그 종단 중 하나인 고야高野는 3, 4천 명의 승려를 거느리고 있었다. 그 종파의 시조는 고보 대사弘法大師로, 그는 700년 전 자신을 그곳에 산 채로 매장하라고 하였다.[23] 이 종파를 진언종眞言宗이라 한다. 고야 종단은 높은 산속에 자리잡고 있었으며 산 정상에 넓은 평지와 그들의 휴식처가 있었다. 매년 수많은 참배자와 순례자가 방문하지만 여성은 출입이 금지되고 여성과 관련된 물품도 가져올 수 없었다. 그렇지만 주지하는 바와 같이 이곳 승려들은 혐오스러운 무리이며 생활은 극도로 음탕하였다.

그 나라의 두 번째 종단은 고카와粉河라고 불린다. 이 종단은 전자에 비해 사람 수나 규모에 있어 훨씬 뒤떨어지기 때문에 특필한 가치가 없어 생략하기로 한다.

용병 네고로 중

일부가 승려인 세 번째 종파와 종단은 네고로 중根來衆이라고 한다. 그

주23 구카이空海이다. 고야 산에서 결가부좌한 채로 입적하였다는 설이 널리 유포되었다.

들은 본래 고야의 승려들과 같은 종단에 속하였지만 나중에 분리되어 독자적인 종파를 형성하였다.[24]

네고로의 승려들은 일본 여타 종파와 전혀 달랐고 주목할 만한 몇 가지 특징을 가졌다. 그들의 주 임무는 부단한 군사 훈련이었다. 매일 화살을 한 자루씩 만드는 것이 종단의 규칙이었으며 많이 만들수록 공덕을 많이 쌓는 것이라 여겼다. 그들은 비단옷을 입고 속세의 병사처럼 행동하였으며 부유하고 수입이 많아 훌륭한 금장식이 달린 칼 두 자루를 차고 돌아다녔다. 가타기누肩衣를 옷 위에 걸치지 않은 점만 빼면 그들의 복장은 속인들과 다를 바 없었다. 가타기누란 일본인의 복장을 논할 때 언급했듯이, 장식용 의복이며 하오리羽織의 일종인 얇은 자루 형태의 옷이다. 나아가 그들은 나사렛 사람처럼 머리카락을 등 중간까지 길게 늘어뜨렸고 어떠한 일이 있어도 승려 모자를 쓰지 않았다. 한번 흘낏 보기만 해도 불손한 느낌을 주는 면상과 괴이한 모습을 통해 그들이 섬기는 주인이 어떤 자인지를 잘 알 수 있다.

주24 히데요시가 토벌하기 이전 네고로에 관한 자료가 있다. 1572년 9월 프란시스코 카브랄 신부는 네고로 사람들을 "종교상의 관리권을 가진 완전한 수도자"와 유럽의 "마르타騎士단처럼 오로지 전쟁에만 종사하며, 엄청나게 호전적이고 종군하여 봉급을 받"는 자로 나누었다. 특히 후자의 경우 수도자처럼 삭발할 수 없으며, "오토나乙名라고 불리는 연장자 열 명이 그 땅을 지배하고 있다. 부녀자는 그 땅에 들어갈 수 없다. 여자를 매우 혐오하여, 여자를 알고 있다는 것만으로 오토나, 즉 감독자가 될 수 없을 정도"였다고 한다. "종을 한 번 치면 3리 범위에서, 25,000 내지 30,000명의 전사가 집합"하는데 이러한 일은 서너 시간 내에 이루어진다. "여자와 관계하지 않기 때문에 자식이 없어 주변에서 소년을 뽑아" 양자로 삼았다. 또 "진실을 더 말하자면, 그들을 남첩으로 삼아 사후에는 자신의 영지의 상속자로 삼았다. 그들의 가옥은 이런 종류의 가옥 중에서 유례없이 훌륭하여 자신이 본 집 중에 40,000 내지 50,000크루자도 이하의 것은 한 집도 없었다."라고 묘사하였다. (『フロイス日本史』1, p.165)

교토와 인접한 여러 국에 있는 일본의 무장과 제후들은 서로 교전할 때 게르만인들처럼 이 승려들을 돈을 주고 사서 용병으로 고용하였다. 그들은 군사에 관한 한 매우 숙달되어 있었고 특히 평소 총포술과 궁술을 부단히 훈련하였다. 그들은 자신들에게 유리한 조건을 제시하는 쪽에 쉽게 따랐다. 그들의 사원이나 저택은 일본의 어떠한 불교 사원보다도 청결하였으며 황금으로 덮은 호화로움이란 측면에서는 발군이었다. 그리고 사원이나 주거가 청결하면 할수록 실생활에서는 더욱 혐오스런 인간이었다.

그들은 종단 내에 머물며 전투가 없을 때에는 다른 승려와 마찬가지로 우상 숭배와 종파 의식에 종사하였다. 또 그 지역을 방문하는 순례자들을 융숭히 대접하고 2, 3일간 무료로 식사를 제공하였다. 그들을 섬기는 하인들을 제외하고도 승려 숫자만 8,000명에서 10,000명이었다. 하인들 대부분은 비천한 출신으로 도망친 노복이나 악인, 하등한 무리들의 집합체였다. 그렇지만 일단 네고로 중이 되면 바로 존경을 받게 되고 미천한 혈통이나 비열한 생활 습관도 더 이상 자신에게 오점으로 남지 않는다고 믿었다.

사이카와 일향종—向宗[25] 세력

기이 국의 네 번째 종단은 사이카雜賀라 불리는데 그곳 주민들은 유럽식으로 말하면 이른바 부농富農들이었다. 물론 유럽의 부농과 완전히 똑같다는 것은 아니다. 그들은 수륙 양면의 군사 훈련에서 네고로 중에 조

주25 정토진종淨土眞宗의 다른 칭호이다. 일향일심一向一心으로 아미타불을 염불하면 서방 정토로 갈 수 있다고 하였기 때문에 일향종이라 하지만, 반대자들이 경멸의 뜻으로 이와 같이 부를 때도 있었다.

금도 뒤떨어지지 않으며 전장에서 항상 용감하였기 때문에 용맹하고 호전적이라는 명성을 일본 내에 떨치고 있었다. 그들은 승적은 없으나 모두 일향종 신도였고 일찍이 오사카 시가지와 성의 군주였던 승려 겐뇨를 최고 주군으로 받들고 따랐다. 당시 겐뇨를 지탱한 힘은 그가 항상 곁에 두고 있던 6, 7천 명의 사이카 병사였다. 그들은 자기 종교에 대한 신앙심과 열의에서 끊임없이 오사카 성으로 달려갔고 자비를 들여 의식주를 해결하였으며 해상과 육지 전투에서 무기와 탄약을 보급하였다.

요충지인 사이카는 난공불락이었다. 두 면은 바다로 둘러싸여 있고 다른 한 면은 수량이 풍부한 강이 흘렀으며 남은 한 면은 험준하고 높은 산이 우뚝 솟아 있는 데다가 입구가 하나밖에 없었다.

노부나가는 사이카를 함락시키면 수년간 포위하여 온 오사카도 자멸할 수밖에 없음을 알고 두 번에 걸쳐 공격하였다. 첫 번째는 병사의 수가 100,000명에 이르렀고 두 번째는 70,000명의 군대로 공격하였다. 그렇지만 사이카가 너무나도 견고하여 두 차례 시도는 모두 실패로 끝났고 얼마간 손실도 입었다. 다만 결국에는 장기간 포위로 오사카 시가지와 성에 나소 타격을 입혀 (화해의) 협정이 체결되었나. 승려는 가족과 막내한 재산을 가지고 성을 나와 사이카에 몸을 의지하였고 그곳에서 오사카와 동일한 신분을 유지하며 존경을 받았다.

사이카의 주민들은 히데요시가 전장에서 돌아왔다는 소식을 듣자마자 만약 자신들이 공격을 받으면 자기 생명과 토지, 재산이 위험에 빠질 것임을 예감하였다. 그래서 사이카와 네고로 중은 침공을 어렵게 하고 기세를 꺾기 위하여 히데요시 군대가 반드시 통과해야 하는 이즈미 국 해안 부근에 상상을 초월하는 성의로 여러 성을 쌓았다. 이 대책은 히데요시의 투지에 불을 붙이는 결과를 낳았다. 만약 도발이 없었다면 뒤로 미루었을지도 모를 전투를 즉시 실행할 결심을 굳혔다. 사이카 무리는 여러 성 중에서 특히 첫 번째 성[26]을 병사와 탄약으로 굳건히 하여 격렬한 초반 전투에 버틸 수 있도록 하였다.

히데요시의 직할군

히데요시는 적의 동향을 잘 알고 있었다. 그는 여러 국에서 병사를 소집하고 일찍이 노부나가가 사이카에서 고전한 경험을 거울삼아 이번 공격에 모든 위신을 걸기로 결심하였다. 이를 위하여 잘 정비된 수많은 쾌속선을 해상으로 보냈으며 아고스티뉴[27]라는 크리스천을 총지휘관으로 임명하였다. 바다와 육지 양면에서 공격하여 만약 일이 잘 풀리지 않아 적이 사이카에서 바다로 도주하더라도 이를 막을 수 있게 하였다.

1585년 성주간聖週間의 수, 목, 금요일에 히데요시는 사카이에 가까운 이즈미 국 기시노와다岸和田 성에 30,000명의 병사를 선발대로 보내 자신의 도착을 기다리게 하였다. 그는 성토요일에 오사카를 출발해 정오에는 100,000명이 넘는 대군을 거느리고 사카이를 통과하였다.

이를 목격한 사카이의 어떤 성실한 크리스천이 메모한 기록에 따르면 행군 순서는 다음과 같다.

세 개국 영주이자 열일곱 살의 청년인 하치로도노八郎殿[28]가 선봉에 나서며 1만2, 3천 명의 병사를 거느렸다. 바로 뒤이어 히노日野 가모도노蒲生殿[29]가 5,000명을 이끌었다. 그는 노부나가의 딸과 결혼하였으며 이번

주26 센고쿠보리 성千石堀城이다.
주27 고니시 유키나가小西行長이다.
주28 우키타 히데이에宇喜多秀家이다.
주29 가모 우지사토蒲生氏鄕이다.

출진을 조금 앞두고 크리스천이 되었다.

그 뒤를 신분 있는 청년 50명이 도보로 따랐다. 이어 크고 긴 비단으로 만든 군기 다섯 개가 나아갔으며 그 곁으로 훌륭하고 화려한 마구와 덮개 천으로 장식된 말 일곱 마리가 행진하였다.

또한 기마병 1,000명이 행진하였다. 그들은 큰 칼과 작은 칼을 찼으며 등에는 일본에서 호로母衣[30]라고 불리는 것을 달고 있었다. 호로는 각양각색의 비단으로 덮인 지구본 같은 둥근 형태의 물건이다. 그들의 등 한 가운데에는 사방 6파우무[31]의 사각 깃발도 달려 있었다.

그들 뒤로는 신분이 높은 청년 600명이 말에 탄 채 앞서 말한 사각 깃발을 달고 진군하였다. 그들은 일본 갑옷으로 아름답게 무장하였으며 갑옷은 우리 갑옷보다 훨씬 약하지만 화려하고 정교하게 제작되었다.

그들 뒤로 신분이 높은 청년 두 명이 금 자수로 가장자리를 장식한 자루에 넣은 훌륭한 칼 두 자루를 어깨에 메고 따랐다.

이어 고귀한 청년 50명이 도보로 진군하였다. 그들은 무장의 아들로서 명문가 출신이자 히데요시 측근으로 금 칼집에 들어있는 칼 두 자루를 차고 있었다.

바로 그 뒤를 검은 말을 탄 히데요시가 행진하였는데 귀인 두 명이 각각 양쪽에서 말고삐를 잡았고 등을 곧게 세운 다른 귀인 한 명은 모자를

주30 호로는 고대에 갑주를 보조하여 활과 돌을 막는 도구였는데, 남북조 무렵에 등에 꽂는 방식으로 변화하였다. 전국 시대에 조총의 전래로 인하여 호로의 본래 용도는 거의 사라져 일종의 장식으로 변화하였다. 그렇지만 전국 시대에도 많은 호로가 존재하였고 히데요시의 직할 부대에도 황호로중黃母衣衆과 적호로중赤母衣衆이 있었다. 호로에는 여러 종류의 다채로운 비단이 사용되었고 자신의 이름, 가문의 문장, 신불의 이름, 경전, 다라니 등을 적어 넣었다.
주31 1파우무는 약 22센티미터이다.

들고 나아갔다.

히데요시 주변 10브라사[32]의 공간 안으로는 그들 이외에 어떤 누구도 접근할 수 없었지만 해군 총사령관 아고스티뉴의 아버지인 크리스천 조친 류사立佐만은 히데요시와 대화하며 사카이 거리를 걸어갔다. 히데요시는 흰색 다마스코 천으로 만든 옷을 입고 그 위에 진홍색 견연사로 만든 짧은 도복을 걸치고 벨벳으로 싸인 주홍색 모자를 쓰고 있었다.

그 뒤를 문장이 들어간 사각 깃발을 세운 무장한 2,000명의 사무라이로 이루어진 후속 부대가 따랐다.

다시 그 뒤를 남은 모든 병사가 따랐다. 그들은 금색 창을 가진 창병 10,000명, 조총병과 대다수는 궁수인 7,000명, 나기나타 組長刀組로 편성된 병사 2,000명이었다. 나기나타는 긴 손잡이가 있으며 칼날 부분은 낫과 같은 형태를 한 무기이다. 병사들은 모두 살갗이 희고 청결하고 아름다웠다.

13리 떨어진 오사카와 사카이 사이 들판에는 특별히 히데요시를 접대하기 위하여 휴식용 가옥 몇 채가 지어졌다. 이 가옥은 옛날 전쟁을 묘사한 금병풍을 사용하여 일본풍으로 매우 아름답고 청결하게 장식되었다.

센고쿠보리 성 전투

오후 세 시에 기시와다 성을 통과하여 이미 대기하고 있던 선발대와 합류하였다. 히데요시는 해안선을 따라 육로로 행군하였고 이때 해상으로는 눈에 보이는 가까운 거리를 유지하며 함대가 항해하였다.

적의 첫 성인 센고쿠보리千石堀 가까이에 도달하였을 때에는 이미 오후

주[32] 1브라사가 약 2.2m이므로, 약 20m정도이다.

네 시가 지났기 때문에 즉시 공격에 나설지 다음날로 연기해야 할지 의견이 분분하였다.

기시와다 성의 지휘관인 마고이치孫―[33]는 무장들 사이에서 일어나, 천하의 주께서 비교도 안 되는 적병 때문에 진영을 다시 갖추는 것은 명예롭지 못하며, 시간을 끌면 먼 나라에도 좋지 않은 소문이 날 것이라 하였다. 히데요시는 그 의견이 옳다고 여겼다. 그래서 센고쿠보리 성, 특히 필사적으로 방어 태세를 취하고 있던 야마토 국大和國의 병사들을 향하여 과감한 공격을 시작하였다. 적병은 약 1,500명으로 수많은 전쟁으로 단련된 노련한 사이카와 네고로의 병사였고 그 외에 노약자와 부녀자 4, 5천 명이 있었다.

히데요시 군을 기다리던 적병은 성 밖으로 나와 맞서 싸웠다. 서로 간에 치열한 전투가 계속되었고 적은 실로 용감히 싸워 1,000명 이상을 죽였다. 고전하던 히데요시 군이 퇴각하자 적은 더욱 용기를 내어 새로운 병력을 투입하여 공격하기 시작하였다. 그들은 자신과 가족의 생명이 전적으로 이 싸움에 걸려 있었기에 다시금 창을 맹렬히 휘두르며 싸워 수많은 히네요시 병사들 살상하였다. 두 번째 선부에서노 히데요시 군은 퇴각할 수밖에 없었다.

이미 히데요시 군 내부에는 상당히 회의적인 분위기가 돌았다. 그날 안에 성을 공략할 수 없게 되자 후방에 있던 히데요시는 심각한 아군의 피해에 적잖이 동요하면서도 직접 총을 들고 전투에 나섰다.

이에 적은 전원을 신속히 후퇴시키고 성벽이나 목책 주위에 대기하면서 곧이어 자신들에게 닥칠 다음 공격에 대비하였다. 전투는 치열하고

주33 나카무라 가즈우지中村―氏이다.

격렬하였으며 병사들은 창을 사용하여 성에 올랐다. 이번에도 히데요시 군에서 다수의 사망자가 나왔지만 성은 순식간에 함락되고 생명이 있는 모든 것은 인간과 동물의 구분 없이 불과 칼 아래 사라지고 말았다. 성은 화염에 휩싸였고 개, 고양이, 말, 그 외 성안의 누구 하나 생명을 유지할 수 없었다. 이때 남녀노소를 합해 약 6,000명 정도가 죽었을 것이다.

네고로 중의 멸망

첫 번째 성인 센고쿠보리가 함락된 후 밤이 되기 전에 여기저기서 승리가 이어졌다. 다른 두 성도 공격하였는데, 상당한 저항 속에 쌍방 간 사상자가 많이 나왔으나 해가 질 무렵에 모두 함락시켰다. 히데요시 측이 승리하자 그때까지 아무 피해가 없던 다른 성에서 큰 동요가 일어나 사람들이 공포에 떨다가 때마침 찾아온 밤의 어둠을 이용하여 어떤 자는 사이카로 어떤 자는 네고로나 고야 산으로 무사히 도망쳤다.

이틀이 지나자 이미 이즈미 국에서 할 일이 없어졌으므로 모든 군사들은 기이 국을 향하여 행진하였다. 그곳에는 네고로 중이란 승려들이 8,000명 혹은 10,000명이 있었지만 감히 히데요시에게 대항할 자는 없었고 일부는 고야 산으로, 주력군은 사이카로 도주하였다.

네고로 분지로 들어선 히데요시는 하룻밤 묵을 군영을 설치하였다. 승려들은 부유하였고 히데요시 병사들은 무엇보다 시가지町와 사원, 그리고 재물이 쌓여있는 집들을 약탈하고 싶었기 때문에 그들에게 날이 밝을 때까지 기다린다는 것은 견디기 힘든 일이었다. 더욱이 날이 밝은 다음 히데요시가 호화로운 사원과 훌륭한 저택들을 보고 소각을 금지하고 오사카로 옮기라고 명령할지도 모른다고 걱정하였다.

그날 밤 운 좋게 강한 바람이 불자 병사들은 여기저기를 방화하며 온

갖 물건을 약탈하기 시작하였다. 불은 빠른 속도로 번졌고 기세가 엄청나 히데요시가 묵고 있던 집까지 불길에 휩싸이기 시작하였으므로 히데요시는 재빨리 집에서 나와 어떤 산 위에서 지냈다.

그곳 지형을 잘 알고 있는 자에 의하면, 광대한 네고로 분지에 있던 1,500개 이상의 사원과 그보다 훨씬 더 많은 신상과 불상이 불에 탔다고 한다. 이것의 원래 소유자인 승려들은 일본에서도 가장 호화롭고 부유한 자들이었다. 고카와와 마키노오槇尾의 사원에서도 이러한 약탈과 방화가 행해졌으며 그 숫자는 500개를 넘었다고 한다. 이날 이후 악마의 부하인 승려들이 다스리는 공화국의 권세는 소멸하였다. 단지 생기를 잃은 뿌리만은 남았지만 앞으로 다시 크게 자랄 일은 없을 것이다.

그 땅에 어떻게 사원이 2,000개나 있을 수 있는가? 이러한 의심을 받지 않기 위하여서는 [심지어 많은 사람들은 네고로 중의 절만으로도 3,000개였다고 말하곤 한다] 다음과 같은 사정을 이해할 필요가 있다.

10,000명의 승려들이 한 사원에서 한 명의 우두머리 밑에서 살고 있던 것이 아니라 2, 3, 혹은 4리에 걸친 청정하고 광대하며 아름다운 분지에 널리 퍼져 살고 있었다. 중요 승려들은 자기 집坊을 소유하였으며 주위를 큰 울타리로 둘렀다. 이곳이 본산本山이며 그 안에 자신의 저택, 마구간, 식당, 히로마廣間,³⁴ 거실居間, 제자 승려들 등을 소유하고 수입에 따라서는 다수의 작은 산사山寺를 소유하기도 하였다. 그 외에도 다수 사원이 각처에 산재하였다.

또 수많은 고위 승려들로 인하여 사원 수가 증가하였으며 적어도 우리들이 지금까지 봐 온 사실과 이와 유사한 사례에 비추어 볼 때 이런 종

주**34** 각종 모임에 사용되는 큰 방이다.

류의 사원이 매우 많았음은 의심할 여지가 없다. 왜냐하면 사원들은 목조이므로 건축이 용이하고 매우 비싸고 장대하며 화려함을 자랑하는 대사원이 있기는 하지만 유럽의 웅장하고 호화로운 교회에 비하면 고귀함과 화려함의 면에서 매우 뒤떨어졌기 때문이다.

히데요시가 정벌에 성공하였다는 사실이 알려지자 고야 산의 승려들은 자신들이 상당히 멀리 떨어진 곳에 있음에도 불구하고 도주하여 온 네고로 중을 숨겨 주기를 두려워하였다. 이들을 숨겨 준다면 분명 자신들도 멸망할 것이라고 판단하여 같은 종파임에도 불구하고 피난해 온 자들을 모두 참수하여 히데요시에게 선물로 보내고 그들이 히데요시의 적이므로 자신들이 이렇게 협조하였다는 뜻을 알렸다.[35]

사이카의 항복과 53명의 주모자 처리

그 후 히데요시 군은 기노가와紀川라는 수량이 풍부한 큰 강을 건너 사이카로 향하였다. 적은 이 강을 주요 방어물의 하나로 삼고 있었으며 또 강의 맞은편이자 사이카의 정면에는 주요 성 두 개가 있었기 때문에 피해를 입지 않고 그 사이를 통과하기란 불가능하였다. 그래서 성들을 통과하여 계속 전진하기에 앞서 먼저 진지를 구축하고 4일간 머물렀다. 두 성은 지휘관들의 교묘한 작전으로 점령하였다.

그리하여 사이카에는 오타 성太田城이라는 가장 중요한 주성만 남게 되었다. 이 성은 마치 하나의 시가지町와 같았고 사이카가 소유한 재물의 정수가 축적되어 있었다. 그곳에 네고로 중과 사이카의 중요 지휘관 전

주35 히데요시가 네고로지根来寺를 멸망시킨 후 사이카를 공격한 4월 10일에 고야 산 高野山은 히데요시의 지시에 따랐다. 고야 산이 무사할 수 있던 것은 히데요시에게 총애를 받은 승려 오기應其의 중재에 힘입은 바가 크다.

원이 모여 있고 무기, 병사, 식량도 풍부히 비축되어 있었는데 일본인의 주식인 쌀만도 200,000섬俵이 있었다고 한다. 오타 성은 모든 성문이 교묘하고 견고히 방비되어 있었다. 그래서 물리적인 공격을 통해 성내로 침입하기가 매우 어려워 히데요시는 기발한 계책을 쓰기로 하였다. 성 주위 3리에 걸쳐 일종의 토담 같은 제방을 건설한 다음에 적군이 방어에 사용하던 수량이 풍부한 강물을 그 안으로 끌어들여 적들을 익사시키고자 하였다.

히데요시는 제방 공사를 모든 지휘관들에게 분담시켰다. 제방은 다다미 9, 10장 정도의 폭과 다다미 대여섯 장 정도의 높이로서[36] 성으로부터 대략 소총의 사정거리를 살짝 벗어난 정도에 위치하였다.

성안 사람들은 성이 침수되어 익사당하는 것을 막기 위해 해자를 따라 만들어지는 제방에 대항할 대책을 바로 강구하기 시작하였다. 그러던 차에 제방 안으로 강물이 들어오기 시작하였다. 그런데 강물이 너무 세차게 흘러 엄청난 기세로 밀려왔기 때문에 세 개국의 영주인 하치로도노八郎殿[37]가 담당하던 제방의 일부분이 무너져 버렸다. 공사 책임자였던 그의 가신은 이 일로 주군의 명예가 실추되었다고 여겨 허리에 찬 작은 칼로 그 자리에서 할복하였다. 하치로도노도 이 실책으로 인해 히데요시가 전쟁을 수행하는 데 막대한 지장을 받을까 우려하였다. 그는 아직 젊었기 때문에 히데요시로부터 질책을 받기보다는 소수의 군사를 이끌고 적의 성안에 침투하여 전사하는 편이 보다 떳떳하다고 여겼다. 그러나 히데요시는 바로 그를 귀환시키고 제방이 무너진 것은 그의 과실이 아니

주36　1장은 약 176cm이다.
주37　우키타 히데이에宇喜多秀家이다.

며 물의 흐름이 격렬하였기 때문이라면서 용서해 주었다. 그리고 매우 짧은 시간 안에 제방의 손실된 부분을 모두 복구하였다.

강물이 격류를 이루며 다시 제방 안으로 들어오기 시작하자 성안 사람들은 공포에 찬 나머지 히데요시에게 사람을 보내 화해를 청하고, 목숨을 살려준다면 500,000크루자두를 제공하겠다고 하였다.

그러나 히데요시는 귀를 기울이지 않았고 모든 적들을 수장시킬 각오였다. 이러한 전황 속에서 히데요시 군대는 제방 밖 기복이 심한 고지대에 포진해 있었다.

히데요시는 해군 총사령관 아고스티뉴에게 몇 척의 배를 거느리고 제방 안으로 들어가 성안에 있는 병사들과 싸우라고 명령하였다. 전군의 승리가 이 선단의 도착에 달려 있었다. 아고스티뉴는 수많은 십자가 깃발을 내건 배들을 이끌고 왔다. 적의 성을 향해 나아가 성의 흙담 가까이에 이르렀지만 배 안에서는 성안이 보이지 않았다. 성안 사람들은 자신들을 지키기 위하여 불, 조총, 화살, 돌, 그 외 여러 화기를 동원하여 일제히 위에서 공격을 퍼부었다. 이에 대항하여 아고스티뉴 군은 배에 탑재한 머스켓 총 등 큰 총포로 적군을 심히 괴롭혔다. 전투는 두세 시간에 걸쳐 벌어졌으며 일동은 숨을 죽이고 선단 병사들의 용맹하고 과감한 전투 모습을 지켜보았다.

히데요시는 부하 장병들과 함께 높은 지대에 진을 치고 마치 관람석에서 관람하듯이 전투 상황을 지켜보고 있었다. 무장들은 서로 얼굴을 마주보며 지금까지 일본에서 이처럼 볼 만한 전투에 임한 적은 없었다고 이야기하였다.

우리들의 주께서는 아고스티뉴의 전사를 면해 주시고 그의 병사의 손실이 크지 않게 하여 주셨다. 연기와 화염이 엄청난 기세로 배를 뒤덮었기 때문에 병사들이 그물을 뒤집어쓰고 실로 교묘히 불을 껐지만 히데요시조차 이미 배가 소실되고 병사들은 전사하였다고 여길 정도였다. 이제 병사들도 지칠 대로 지쳤으므로 히데요시는 전투를 중지하고 철수하라고 명령하였다.

성안의 적군도 장시간에 걸친 전투로 아고스티뉴 군 이상으로 피로하여 망연자실한 상태에 빠져 있었다. 또한 물이 이미 그들이 쌓은 흙담을 넘어 흘러 들어오고 있어 헤엄쳐 도망칠 준비를 시작하는 자가 속출하였다. 더욱이 함대가 물러난 것은 진용을 재정비한 다음에 한층 더 큰 공세를 가하기 위함이라고 생각하여 두려워하면서 다른 조건을 내어 히데요시에게 자비를 구하였다. 히데요시가 네고로 중과 사이카 무리에게 도전과 모욕을 받은 것은 모두 성안에 숨어 있는 53명의 주모자가 벌인 일이라 하면서 이들의 목을 건네 줄 테니 노여움을 거두고 응분의 보상으로 삼아 나머지 생명은 용서해 줄 것을 청원하였다. 히데요시는 이 조건을 수락하였다.

다음 날 아침에 53명 전원의 목이 선물로 보내어져 오자 모든 머리를 철봉에 꽂아 사카이와 오사카의 가도에 줄을 맞춰 세워 놓을 것을 지시하였다. 또한 히데요시는 이후의 본보기로 삼고 사이카 무리에 대한 분노를 해소하려고 주모자의 처 28명을 하리즈케 형磔刑[38]에 처하도록 명령하고 성 전체를 불살라 성은 순식간에 재로 변해 무너졌다.

이리하여 이즈미 국과 기이 국은 항복하였고 히데요시는 군대를 거느리고 오사카로 돌아온 뒤 두 개국을 동생 미노도노美濃殿[39]에게 주었다.

주38 십자가에 매달고 창으로 찔러 죽이는 형벌이다.
주39 도요토미 히데나가豊臣秀長이다.

맨발의 도요토미 히데나가

 신부(그레고리오 세스페데스)는 히데요시의 동생이자 두 개국 영주가 된 미노도노를 방문하였다.

 그는 이교도임에도 불구하고 신부를 더할 나위 없이 정중히 대접하고 큰 존경을 표시하며 이야기하였기 때문에 동석한 가신들이 몹시 놀랐다.

 그는 이별할 때에 신부를 배웅하러 정원까지 나와 신을 신지 않은 채 양손을 땅에 대고 인사하였다. 이것은 대승정大僧正[40]이나 자신보다 윗사람에게 보이는 일본 최고의 예의범절이었다.

주40 율령제에서 승관은 승정僧正, 승도僧都, 율사律師로 구성된다. 후에 권관權官이 별도로 설치되면서 승정은 대승정, 승정, 권승정의 세 관직으로 나뉘어졌다. 승정, 승도, 율사가 승관이라고 한다면 승위僧位에 해당하는 것이 호인法印, 호겐法眼, 홋쿄法橋이다.

관백에 오르다

관백 취임과 천황

히데요시는 만사에 자신의 명예를 높이기를 원했으므로 일본 국왕인 천황[41]으로부터 자신이 수여받을 수 있는 최고 직위인 관백도노関白殿를 얻기 위하여 교토로 갔다. 이 위계는 천황 다음의 이인자가 받는 것으로 노부나가 역시 무엇보다 이 일본 최고의 직함을 바랐지만 그의 재주와 지혜, 권세, 천황에게 베푼 수많은 혜택으로도 수여받지 못하였다.

또한 히데요시는 자기의 명성을 한층 높이려고 연로한 천황[42]의 자리를 장자[43]에게 양위시키기 위하여 아름다운 궁전을 지어 받쳤다. 히데요시에게는 아들도 딸도 없었기 때문에 어느 귀인의 딸을 양녀로 삼아 그녀를 천황의 손자[44]와 결혼시켰다. 그 손자는 아버지의 뒤를 잇는 황실의 계승자가 될 것이다.

그러나 비천한 출신인 히데요시가 이처럼 재물, 명예, 현세의 영광의 측면에서 정상에 오르면 오를수록 오히려 그의 경쟁자들은 [일본에서 지

주41 원문은 Vo, 즉 왕(혹은 황)이다.
주42 오기마치正親町 천황이다.
주43 사네히토誠仁 친왕이다.
주44 가즈히토和仁 천황이다. 후에 오기마치 천황의 뒤를 이은 고요제이後陽成 천황이다.

금껏 그래 온 것처럼] 수레바퀴의 탈선이 빨라지기를 호시탐탐 노리고 있다. 돌이켜 보면 450년[45] 전부터 지금까지 일본의 모든 지역은 잠시도 평화가 없는 나날을 보내고 있다.

노부나가와 히데요시의 비교

매우 암담하고 미천한 가문에서 몸을 일으킨 이 인물(히데요시)은 불과 몇 년 사이에 돌연 일본인 최고의 명예와 영광스런 지위를 획득하였다.

이것은 터무니없이 기이한 일로서 모든 일본인을 경악시키기에 충분하였다. 그가 신분, 권력, 명예, 재산 면에서 일찍이 가신으로서 봉사하였던 전임자(노부나가)를 능가함은 명백한 사실이다. 그의 위계는 눈부시고 권력 면에서 더 많은 가신을 갖고 여러 국國 위에 군림하였으며 명예로 보면 일본 천황 다음의 최고 높은 지위인 관백에 이르렀다. 이것은 노부나가가 모든 훈공과 권력을 갖고도 획득하지 못한 일이다. 더욱이 재산의 측면에서도 여러 국에서 가장 중요시 여기고 재정의 근간을 이루는 금은과 그 밖에 가치 있는 모든 보물을 오사카 성에 모아 놓았다고 한다.

다만 그것들은 가톨릭 왕과 제후들이 우리들에게 보여 주듯이 공평하고 정당한 수단으로 획득한 것은 아니었다. 사람들은 히데요시를 극도로 무서워하고 말 그대로 신하로서 복종하였지만 이것은 폭력과 탄압을 통해서였다. 그는 자신에게 복종하는 일본의 영주들을 그들의 출신지와 영지로부터 다른 지역으로 보내고 자신이 원하는 나라는 빼앗았다. 또 제후들이 원하지 않더라도 서로 영지를 바꾸게 하였다.

주[45] 450년 이전은 대략 1135년 무렵이다. 1156년에 호겐保元의 난, 1159년에 헤이지平治의 난이 있었다.

그는 모든 권세가들에게 장대한 궁전과 아름다운 저택을 오사카에 짓게 하고 그들이 많은 노력과 비용을 들여 건축을 마치면 그것을 신참자들에게 양도하게 하였다. 그런 다음에는 또 다른 궁전과 저택을 짓게 하고 그들의 처자식을 확실한 인질로서 자신의 근거지인 오사카에 머무르게 하였다. 그는 1년 반이라는 짧은 기간 안에 오사카를 조성하였고 그러던 중에 오사카 시가지는 1리 반까지 확대되었다. 식료품, 상품, 건축자재, 그 외 주민들의 필수품이 모일 수 있게 면밀히 배려하였기 때문에 거리마다 모든 물품이 풍부히 진열되었다. 이렇게 된 데에는 겨우 2리 떨어진 바닷가에 일본의 주요 시장인 사카이가 위치하고 있다는 점, 교토로 통하는 가도에 위치하고 있다는 점이 적지 않게 공헌하였다. 모든 이들이 증언한 바와 같이 오사카에 조성된 궁전, 성, 거실, 해자, 정원 등은 노부나가가 아즈치에 구현한 건축물과 웅장함을 능가하였다.

생각하건대 우리 주 하나님은 크리스천이 책략을 부릴 필요가 없고 또 예수회 회원이 이교도들에게 원한을 사는 일도 없도록 불교 승려들을 때릴 채찍으로 노부나가를 발탁하여 히에 산의 강당을 포함한 다수의 사원을 파괴하게 하시었다. 악마는 크게 낙담하였으며 신봉자들에게 신용을 잃게 되었다. 그 이외에 나라의 대불大佛, 덴노지天王寺, 스미요시住吉, 하리마의 쇼샤 산書寫山 등 일본에서 더할 나위 없이 유명하며 다수의 참배자를 가진 많은 사원이 파괴되었다. 또 노부나가가 구보사마(아시카가 요시아키)와 관계가 나빠져 교토 상경上京과 그 주변을 불태웠을 때 당시 상경에 있던 모든 사원도 파괴되었다.

지금 후계자 히데요시가 네고로 중 종단과 사원 일체를 우상과 함께 파괴하고 고카와와 사이카의 승려들도 쫓아내고 야마토 국의 저명한 도노미네 종多武峰宗과 오사카 승려의 거만함과 허영도 때려 부쉈다. 이 모든 일은 성스러운 복음과 크리스트교의 영광을 널리 펼치고자 계획하신 주의 배려이다.

도쿠가와 이에야스와 히데요시

일본에서 '동쪽의 여러 국'이라 불리는 동쪽 지방에 이에야스라는 대여섯 개국을 소유한 강대한 영주가 있다. 그는 노부나가의 여자 형제와 결혼하였고[46] 고귀한 혈통에 속하였으며 용감한 무장이자 다수의 가신과 호전적인 부하를 가졌다. 그는 일본에서 항상 큰 명성을 과시하고 있었다.

히데요시가 지배자 자리를 차지하기 시작하였을 때 이에야스는 노부나가의 아들을 도와 무력으로 천하의 주 자리에 앉히려 했으므로 히데요시는 대군을 이끌고 그를 공격하였다. 당시 히데요시는 지금만큼의 명성, 위계, 권력, 재산을 가지고 있지 않았으므로 이에야스는 이 싸움에서 히데요시 휘하의 10,000명 가까운 병사를 살육하였다. 화평을 체결한 후에 히데요시는 자신의 여동생을 이에야스에게 시집보냈다. 그러나 그녀는 이미 나이를 먹고 용모도 추하였기 때문에 혹시 처로 삼고 싶지 않으면 하다못해 첩으로라도 받아달라고 전하고 그 대신 자기를 천하의 군주로 인정해 달라고 하였다. 그렇지만 이에야스는 히데요시가 그의 친어머니를 인질로 보낼 때까지 그의 요청을 받아들이지 않았다.

이윽고 이에야스는 훌륭한 선물을 가지고 큰 위엄을 떨치며 호화로운

주46 이는 프로이스의 오해이며 이에야스의 장남 노부야스信康가 노부나가의 장녀 도쿠히메德姬=五德와 결혼한 것을 말한다.

수행자들을 이끌고 오사카로 들어가 히데요시로부터 자신이 가져간 물품에 뒤떨어지지 않는 호화로운 선물을 받았다.

이에야스가 오사카로부터 교토로 돌아왔을 때 오르간티노 신부는 그를 방문하였다. 이에야스는 신부와의 만남을 기뻐하고 왜 선교사들은 자기 영지에 오지 않느냐고 물었다. 그 땅은 하나님의 가르침을 퍼뜨리기 위한 넓은 문과 입구가 열리는 곳으로 예수회에서 여러 해 동안 크게 바라던 바였다.

오사카에 성을 쌓다

오사카 성의 모습

하시바 지쿠젠도노(히데요시)는 전쟁에서는 물론이거니와 평화 시기에도 하는 일마다 성공하였다. 일본인의 이야기에 따르면 그의 위대함과 영토의 광활함은 전임자 노부나가를 능가하였다.

노부나가는 6년이라는 장기간 동안 오사카의 혼간지本願寺 성을 포위한 끝에 유리한 형태로 강화를 맺었다. 오사카 승려 겐뇨는 모든 재산, 부인, 가신을 거느리고 종래의 영화를 간직한 채 성에서 나와 배로 사이카로 이주하였다. 시가지, 사원, 궁전, 성곽 등은 즉시 파괴되었고 집들은 한 채 남지 않고 재로 변하였다. 하지만 오사카는 교토에 인접한 여러 국 중 지리상 가장 이점이 많았기 때문에 히데요시는 이곳을 선택하여 새로운 도시와 궁전과 성을 건설하기로 하였다. 그리고 그것은 노부나가가 장엄함과 위대함을 널리 떨치기 위하여 만든 아즈치 산의 모든 건축물을 훨씬 능가하는 것이어야 하였다.

히데요시는 먼저 그곳에 장대한 성을 쌓았다. 성곽은 엄밀히 말하면 다섯 개 천수天守[47]로 이루어졌다. 각각의 천수는 서로 구별되고 떨어져

주[47] 천수란 일반적으로 성 중심부에 있는 천수각을 말한다. 프로이스는 성안에 설치된 망루도 천수로 파악하고 있었다.

있으며 내부에 많은 건물을 갖춘 매우 높고 장대한 성들이었다. 히데요시는 그중에서도 가장 중요한 성本丸에 살고 있으며 여자들도 이곳에 있었다. 8층으로 이루어졌고 최상층에는 그것을 밖에서 둘러싼 회랑이 있었다. 해자, 성벽, 보루, 각각의 입구, 성문, 철을 덧댄 창문이 있으며 문들은 드높이 솟아 장엄하였다. 이곳이 바로 히데요시 자신과 그의 무장과 측근 가신들의 주거지였다.

혼간지 시절 옛 성의 성벽과 해자는 이처럼 모두 새로 건설되었다. 그리고 보물을 보관하고 무기와 병량미를 저장하는 커다란 지하실이 많이 있었는데 오래된 부분은 모두 새로 개조되었다. 경비를 위하여 주위에 설치된 성채는 설계와 미려함을 볼 때 새로운 건축물에 속하며 특히 천수각은 멀리에서 조망할 수 있는 건물로서 눈부신 화려함과 장대함을 보여 주었다.

새로운 성에는 '니와'라는 내정內庭이 있었는데 그것은 우리 유럽의 기교를 부린 정원을 상기시키고 자연석, 수목, 초목 등 신선한 자연을 소재로 사용하여 1년 사계절을 표현하였다. 다음으로 어떤 깨끗하고 편리한 장소에 부엌으로 불리는 가옥이 연달아 있는데 그곳은 제후의 대기장소로도 사용되었다. 그 외 청결한 차실로 사용되는 집도 있었다. 성을 따라 조성된 여러 개의 정원은 주변에 기품과 상쾌함을 가져다주었다.

다른 곳에는 훌륭하고 아름다운 방들이 있었는데 그것들은 우리말로 표현하면 금으로 번쩍였으며 그 아래로 펼쳐진 많은 녹색 전답과 사랑스런 하천을 조망할 수 있었다. 또 무수히 많은 방들은 각종 그림으로 장식되어 있었다. 예를 들어 일본인들이 뛰어난 솜씨로 그린, 크고 작은 새나기타 자연 풍광을 묘사한 그림과 일본과 중국의 오래된 역사를 다룬 그림은 바라보는 이의 눈을 호기심으로 가득 차게 하고 즐거움을 준다.

건물들은 모두 나무를 사용하여 만들어졌고 벽은 지주 사이에 두꺼운 대나무를 여러 개 끼워 넣고 점토로 덮은 후 그 위에 다시 하얀 회반죽을 발랐다. 내측과 외측을 모두 발랐기 때문에 언뜻 보면 유럽 건물처럼 보여 우리 눈에 어떤 위화감도 없었다.

다만 금박을 입힌 방들이나 오락용 방에는 우리와 다른 점이 있다. 취향과 구조, 이상할 정도의 청결함, 내부 장식, 조화 등은 우리 건축 설계와 너무 차이가 크고 독특하며 우리 건축물과 비교하여 매우 적은 비용으로 큰 위엄을 만들어 낸다. 원래 유럽에는 이와 유사한 것이 없으므로 양자의 차이를 정확히 말할 수는 없다. 특히 궁전들과 광대한 방들의 청결함은 감탄을 자아낸다. 그곳에는 의자, 허리받이, 책상, 큰 상자나 수납장은 없다. 그렇지만 방들이 동일한 기교로 만들어진 점, 또 아름다운 그림으로 장식된 점에서 볼만한 가치가 있다.

바닥은 다다미로 덮여 있다. 다다미는 속에 짚을 넣어 단단하게 굳힌 일종의 깔개로 흡사 널빤지 같은데, 길이는 8파우무, 폭은 4파우무이다. 다다미는 한 장씩 그 위에 훌륭한 돗자리를 붙이고 테두리에 타마스코 직물 혹은 무늬가 있는 천으로 장식하였다. 다다미의 두께는 3데도[48] 정도이며, 모든 방안에는 다다미가 깔려 있다. 지붕에는 각각 정면부가 있고 상부에는 귀신 얼굴이 부착된 황금색 도깨비 기와가 덮여 있고 모서리 부분도 마찬가지이다. 기와들은 모두 황금색이며, 건물을 한층 훌륭한 광채로 물들게 하였다.

오사카의 지리적 이점과 시가지

히데요시는 혈통으로 볼 때 고귀한 출신이 아니며 가계 측면에서도 천

주**48** 데도는 손가락으로, 1데모는 손가락 하나 두께만큼의 길이다.

하의 통치권을 장악하여 일본 군주가 될 수 있는 신분과는 아주 멀다. 따라서 지금 고위직에 올라 행운의 자리를 얻고 일본 역사상 미증유의 저명하고 걸출한 왕후 무장이라는 노부나가의 후계자가 되자 모든 방법을 동원하여 자신을 꾸미고 내세우는 데 모든 힘을 쏟았다. 이를 통하여 호방한 인품과 위엄 있는 정치로 일본 모든 국민에게 존경과 높은 평가를 받은 노부나가를 대신하여 히데요시 자기 자신에게 사람들의 이목이 집중되기를 바랐다. 그리하여 지금 오사카 성의 건물과 방, 오사카의 확장된 시가지, 성 주변에 지어진 일본 제후와 무장의 저택 등은 아름다웠던 아즈치 성과 시가지를 훨씬 능가한다는 평가를 받고 있다.

시가지는 이미 1리가 넘으며 풍부한 식료품이 넘치고 솜씨 좋은 직인들이 거주하고 있다. 사실 오사카 땅은 다른 곳과 비교할 수 없을 정도로 지리적 이점을 갖고 있기에 이러한 것들을 매우 쉽게 얻을 수 있었다. 일본 제일의 국제 도시이자 무역 도시인 사카이와 인접하였고 배들이 오사카의 가옥들 가까이까지 접근할 수 있으며 수도인 교토로 통하는 길목이기도 하였다. 이에 비하여 아즈치는 오미 국이란 구석진 장소에 위치하여 이러한 이점을 갖지 못하였고 멀리 떨어진 곳에서 필수품을 구입해야 하였으므로 노부나가의 정청政廳은 많은 불편을 감수하여야 했다.

오사카 근처에 요도가와淀川라는 강이 있다. 교토로 가는 배는 이 강을 따라 가야 하는데 강위로 무수히 많은 군중이 왕래하였기 때문에 지나가기가 매우 어려웠다. 또한 배를 타려는 사람들이 너무 많아 모두 싣지도 못할 정도였으며 일정한 운임을 내야 하였기 때문에 가난한 사람들은 강을 건너기가 어려웠다. 히데요시는 아주 아름다운 목조 다리를 건설하여 그런 문제를 해결하고 사람과 말이 밤낮으로 어려움 없이 강을 건널 수 있게 해 주었다.

히데요시는 앞서 언급한 바와 같이 사이카로 이주한 오사카 승려 겐뇨를 강 맞은편, 자기 궁전 앞에 고립된 저지대에 거주하게 하였다. 그가 악행이나 배신를 저지르거나 폭동을 일으키지 않도록 하기 위해서였다. 하지만 그곳에 벽을 쌓거나 해자를 파는 일은 허락하지 않았다. 겐뇨는 많은 저택을 지었고, 그 주변으로 커다랗고 훌륭한 시가지가 만들어졌다. 그것은 모두 그의 종파인 일향종—向宗의 소유였으며 그는 일향종의 수장이었다.

오사카 성의 해자와 석재를 실은 배

일본 부관구장副管區長 코엘류[49]가 고키나이五畿內를 방문하기 2개월 이상 전부터 행해지던 오사카 성 해자 공사는 그가 체재한 3개월 동안에도 계속되었으며 40,000명이 넘는 사람들이 쉴 새 없이 일하였다. 다만 세상에 일반적으로 알려지거나 히데요시에게 직접 들은 바에 따르면 60,000명이 종사하였다고 한다. 더욱이 그들은 채굴 인부나 석공들이 아니라 제후나 귀인들이었다.

해자는 장소에 따라 폭이 다다미 40장이고 그보다 좁은 곳도 있지만 높이는 모두 다다미 15, 16장에 달하였다. 해자는 안쪽과 바깥쪽 모두 밑바닥부터 돌로 만들어졌기 때문에 일하는 사람들은 밤낮이 따로 없었다. 각자 할당된 장소에 돌을 놓으려면 야간에도 손이 많이 필요한 데다가 지하로부터 세차게 분출하는 물을 퍼내는 데에 혼신의 힘을 다하여야만 했다. 다카야마 우콘을 비롯한 몇몇 크리스천 무장들의 증언에 따르면

주[49] 포르투갈인 가스파르 코엘류는 1556년 인도에서 예수회에 입교하였고, 1572년 일본으로 와서 시모下=규슈 교구의 상장上長을, 이어 일본 포교장을 역임하였다. 1581년 일본의 교구 승격에 따라 첫 부관구장을 맡았으며 1590년에 사망하였다.

제후 중에는 자신의 영지로부터 데리고 온 인부 외에 돈을 주고 고용한 인부의 인건비만으로 매일 130크루자두를 지출한 자도 있었다고 한다.

모든 사람들이 이와 같은 대량의 석재를 과연 어디에서 가져올 수 있는지 불가사의하게 여기고 경탄하며 경외심을 품었다. 돌들은 작거나 중간 정도의 크기도 있었지만 실로 거대한 것도 있었다. 우콘도노가 육로로 1리, 해로로 3리나 운반시킨 돌은 1,000명의 인부가 필요하였으므로 오사카 주민 모두가 감탄하였다. 보통 돌들은 사람들이 끄는데, 돌 위에서 "움직여! 서둘러!"라고 명령하는 남자들을 태운 채 고함소리와 굉음을 내면서 운반되었다.

히데요시는 오사카 주변 20 내지 30리 이내에 있는 모든 영주들에게 각자 봉록에 따라 매일 할당된 숫자만큼의 배에 돌을 실어 보내라고 지시하였다. 사카이만 해도 매일 돌을 실은 배 200척을 보내야만 하였다. 강을 한눈에 내려다 볼 수 있는 높은 언덕에 위치한 우리 수도원에서, 신부들은 매일 석재를 가득 싣고 들어오는 무수한 선박을 목격하였다. 오후가 되면 미풍으로 돛이 부풀어 오른 배들이 차례대로 강을 거슬러 올라가고 그 이외에는 아무것도 보이지 않을 정도였다.

우리는 때때로 믿을 수 있는 사람들에게 매일 몇 척 정도가 오사카의 강에 들어오느냐고 물어보았다. 그러자 거의 대부분 사람들이 1,000척이 훨씬 넘으며 담당 관리가 매일 연안에 나가 몇 척이 외부에서 들어오고 나가는가를 기록하고 있으므로 그 숫자에는 착오가 없다고 말하였다. 이 모든 과정이 매우 엄격한 명령 아래 행하여졌으므로 예컨대 누가 돌 하나라도 훔쳐 자기 주머니에 넣는 것은 허락되지 않았고 만약 그런 짓을 하였다가는 누구라도 당장 참수되었다.

더욱이 히데요시는 공사를 빨리 진척시키고 공사에 대한 집중도를 높이기 위하여 위협적인 조치를 취하였는데, 할당된 노동자 수나 실적을 채우지 못하면 즉시 제후를 추방하고 봉록과 영지를 몰수하였다.

성 주위에는 보루가 축성되어 아득히 멀리까지도 바라볼 수 있었고 각 보루 정면에는 금색 귀면 기와가 얹혀 있었다. 또 같은 성안에는 서로 구별되는 일곱 종류의 건물과 장대한 궁전들이 축조되었다.

교토 취락제聚樂第 축성과 공사 목적

히데요시는 스스로 말한 대로 자신의 위명偉名을 남기는 것 이외에 아무 것도 바라지 않기 때문에 자기 권력을 과시하기 위하여 교토에서 매우 비범한 일을 행하였다.

우선 첫 번째는 낙외洛外 천황 궁전으로부터 조금 떨어져 있고 탁 트인 조망이 가능한 평야에 오사카와 비교할 수 없을 정도로 훌륭한 궁전들과 성곽 및 건축물을 자신을 위하여 만들라고 명령하였다.[50] 오사카 성 축성 공사에 40,000명 이상이 종사하고 있던 바로 그때 비슷한 수의 사람들이 교토 공사에 참여하였다. 그는 공사 총감독에 유능한 젊은이인 조카(도요토미 히데쓰구)를 임명하고 다수의 귀인과 무장들로 하여금 그를 보좌하게 하였다. 히데요시 자신도 가만히 있기보다 활발히 움직이는 것을 좋아하는 성격으로 한 곳에 오래 머무르지 못하였다. 그래서 기분 전환을 위하여 한 달에 보름은 오사카 공사에 간여하고 나머지 날들은 교토에서 보냈다.

만약 여기서 강제 노동에 동원된 사람들의 상상을 초월한 노동과 경비의 과중함, 괴로움에 대하여 서술한다면 너무 긴 이야기가 될 것이다.

주50 교토 우치노內野에 축성된 주라쿠테이聚樂第를 말한다. 1586년 2월에 착공하여 다음해인 1587년 9월경에 준공하였다.

그들 대부분은 머나먼 지역에서 온 사람들이며 막중한 경비와 책임을 떠맡아 일을 할 여유가 없었기 때문에 모든 것을 고향에서 가져왔다. 그래서 그들의 숙소는 크고 작은 도검, 조총, 갑옷, 안장, 의복 등으로 가득 차 있었고 그것들을 헐값에 팔아 비용을 충당해야만 하였다. 왜냐하면 그들은 아무리 궁핍하더라도 이러한 사정을 히데요시에게 상세히 아뢰거나 원조를 청할 수 없었기 때문이다. 뿐만 아니라 히데요시는 무장들에게 이러한 막대한 경비나 노고를 강요하고 끊임없는 가렴주구를 통하여 그들을 최대한 제약함으로써 그들에게 모반을 시도할 기회와 시간을 주지 않으려고 하였다. 그들 가운데는 이미 내놓을 것을 다 내놓아 생계를 꾸릴 수도 없고 그렇다고 경제적인 원조를 구할 수도 없어 자신과 함께 가신들도 망해 가는 상황에 절망한 나머지 불안과 고뇌에서 벗어나는 방법은 죽음밖에 없다며 단도를 빼서 할복하는 자들도 상당수 있었다. 그러나 이러한 비참한 상태에 빠진 동료가 너무나 많았기에 사람들은 별로 놀라지도 않았고 오히려 그들이 고뇌로부터 도망치는 길을 찾아냈다며 용감하고 현명한 행위라고 칭찬하였다.

두 번째는 진쿠 일본의 군주인 친황을 위하여 호화로운 궁전들을 새로 건축한 일이다.[51] 전하는 바에 따르면 이는 과거 교토의 여러 군주들이 소유하던 궁전에 뒤떨어지지 않는다고 한다.

호코지方廣寺와 명예욕

세 번째는 나라奈良에 있는 것과는 별도로 대불大佛을 건립하도록 지시한 일이다. 그것은 본래부터 있던 신불에 대한 신앙심과 존경 때문이 아니라 단지 자신의 이름을 높이기 위하여서였다. 이 대불은 전에 야마토

주51 이 궁전은 오기마치 천황이 퇴위한 후의 거처인 센토고쇼仙洞御所를 지칭한다.

국 나라에 있던 것과 마찬가지로 일본 최대의 우상이었다.⁵² 교토 외곽에는 사람과 똑같은 크기이거나 혹은 그보다 약간 큰 전신에 금박을 입힌 부처 입상 1,000여 개가 안치된 유명한 사원이 있는데 히데요시는 그 근처에 대불을 만들었다.

대불 주조를 위하여 자재를 수집하였지만 히데요시는 자신의 궁전과 성곽을 건축할 때 쏟아 부은 만큼의 배려와 정성은 보여 주지 않았다.

토지 조사와 총 소지 금지

히데요시가 행했던 또 한 가지 일은 중대하고 심히 포학하며 부정한 일이었다. 그는 교토와 사카이 마을 주변 평지에 있는 모든 들과 논밭을 측량하였다. 그곳은 매우 광대하였고 승려들이 그 주변에 절 땅을 가지고 있어 생계에 꼭 필요한 곳이었으며 마을과 주변의 많은 사람들에게도 생활을 지탱해 주는 수입원이었다. 히데요시는 들과 논밭을 모두 횡령하고 자기 것으로 삼았다.⁵³ 그는 자신에게 복종한 국에서는 설령 원래 영주가 있더라도 큰 창고를 지어 다량의 수확물을 수납시키고 그것을 매각하여 금과 은으로 바꾸어 자신의 보물로 삼았다.⁵⁴

또 총으로부터 스스로를 지키려고 자기 궁전과 근접한 두서너 개국에서는 그 누구라도 총을 소지하면 사형에 처하였다.

주52 1586년 4월 히데요시는 교토에도 대불을 조영하기로 결정하였다. 이 공사는 일단 중지되었다가 1588년 5월부터 당초 예정된 도후쿠지東福寺 부근에서 조금 벗어난 곳에서 착공하였다. 대불은 높이 6장 3척(약 19m)이며 칠교오채漆膠五彩의 목조 상이었으며 1593년 9월에 대불전의 상량이 행하여졌다. 대불전은 1596년 7월에 교토 인근에서 발생한 대지진으로 파괴되었다.

주53 1582년부터 히데요시가 각지에서 행했던 토지 조사檢地이다.

주54 정복한 다이묘의 영지에 설치한 히데요시의 직할지藏入所를 말한다.

2부 교류

예수회

| 1장 | 고키나이五畿內 지역의 예수회

❖ **연도:** 1586년 50세

❖ **주요사건:** 예수회 부관구장 접견

❖ **연표:** 1586년의 주요 사건은 이미 앞장에서 서술한 바 있다. 쉰 살의 히데요시는 인생에서 전기를 맞아 숙원 사업이 일단락되었다. 도쿠가와 이에야스가 상경해서 히데요시의 부하가 되었으며, 오사카 성 2단계 공사와 교토 취락제 건설에 힘을 쏟았고 나라의 대불을 모방하여 교토에도 대불전을 조영하기 위한 준비 작업에 착수하였다.

❖ **해설:** 1586년 3월 16일 예수회 일본 부관구장 가스파르 코엘류가 루이스 프로이스와 함께 히데요시를 방문하였다. 이 장에는 바로 이때 한창 공사 중이던 오사카 성안 모습과 예수회 선교사들을 접대하는 당시 히데요시의 생생한 육성이 현장감 있게 묘사되어 있다.

특히 일본 자료에서는 좀처럼 찾아 볼 수 없는 오사카 성안 천수각의 모습과 예수회 선교사와의 접견에서 보이는 히데요시의 행동과 말이 서술되어 있다. 사교적이고 과시하기 좋아하는 히데요시의 성격이 잘 드러나고 있다.

1585년 7월 관백에 취임한 지 아직 1년이 채 되지 않은 히데요시는 선교사를 융숭히 대접하였다. 서쪽으로는 규슈의 시마즈 가문, 동쪽으로는 고호조 가문을 비롯하여 여전히 적대 세력이 적지 않게 남아 있었기 때문에 히데요시는 가능한 예수회 세력을 활용하고자 하는 자세를 취하였다.

히데요시가 직접 오사카 성안 천수각을 자세히 안내하는 역할을 맡은 점도 흥미로운 대목이지만, 그 밖에 황금 다실, 경호 역할을 맡은 열서너 살의 여자 사무라이, 성문 열쇠를 담당하는 시녀, 천수각을 올려갈 때 '머리 조심'을 부탁한 일, 히데요시가 조선과 중국을 침공하기 위하여 나우선 두 척과 항해사를 요청한 일, 여색을 금지해야 하기 때문에 자신은 크리스천이 되기 어렵다는 말 등 여러 진귀한 내용이 많이 포함되어 있다.

또한 사카이의 살인 사건에 대한 재판 과정도 흥미롭다. 여기에는 물고문이 행하여진 사실과 차 도구 압수 등이 세세히 기록되어 있다.

일본 부관구장을 만나다

코엘류의 방문과 접견 모습

1586년 5월 4일 일본 예수회 부관구장 가스파르 코엘류가 오사카 성을 방문하였다. 신부 네 명과 수사 네 명, 교회 관계자와 신학교의 소년들이 각각 수 명씩 수행해 대략 서른 명이 넘었다.

우리는 히데요시와 접견할 때까지 우콘도노의 저택에서 잠시 대기하였으며 그 사이 일본의 관습에 따라 히데요시와 그의 모친, 부인, 그리고 양자(도요토미 히데쓰구)를 위한 선물을 미리 보냈다. 이를 본 히데요시는 매우 기뻐하며 만족의 뜻을 표하였다.

우리는 그가 선물을 보고 있는 사이 그의 거실 맞은편에 있는 훌륭한 집에서 나시 내기하였다. 이 집은 히네요시의 시위를 과시하는 용도로만 사용되며 주위에 아름다운 호피와 중국에서 온 무두질한 가죽, 그 밖에 고귀한 물건들이 질서정연하게 진열되어 장관을 이루었다.

때마침 히데요시는 여러 국의 제후들과 무장, 각 지방에서 온 사신들과 함께 있었는데 선교사를 환대하는 모습을 보여 주려고 그들을 기다리게 하였다. 그들 전원에게 우리가 기다리고 있는 방으로 가서 알현실에 들어 올 때까지 응대하라고 지시하였다. 그로부터 30분이 지나 그는 다시 제후들을 안으로 불러들였고 모두들 히데요시가 있는 방 말단에 정연히 착석하였다.

그 방은 세로 다다미 13조疊, 가로 4조의 넓이였고 나무와 새가 황금으로 그려져 있었으며 히데요시는 안쪽 상좌에 앉아 절대적인 위엄과 관록을 과시하였다.

코엘류는 입실하여 첫 번째 방 입구에서 즉시 히데요시를 향해 허리를 숙여 경례하였다. 그 뒤를 다른 신부들이 한 사람씩 허리를 숙여 경례하면서 앞으로 나아가니 크리스천 비서가[55] 목소리를 높여 일일이 누구이고 이름이 무엇인지를 히데요시에게 아뢰었다. 우리는 아까와 같은 순서로 일어나 뒤로 물러서서 입구 가까이에 착석하였다. 히데요시는 마치 멀리 아득히 떨어진 제단에 있는 것과 같아서 본래 볼품이 없는 그의 용모[56]의 특징을 겨우 식별할 수 있었다.

얼마 지나지 않아 히데요시는 우리들에게 자기 방에 바로 붙어 있는 방으로 오라고 명령하였다. 우리들이 그곳으로 자리를 옮기자 제후들에게 그 방 한쪽에 있는 복도로 물러나 있으라고 지시하였다. 주스토 우콘도노에게는 "너는 크리스천이므로 선교사 가까이로 오라."라고 하여 그만이 우리와 동석하였다. 이는 우콘에게 보인 특별한 호의였다.

잠시 후 온갖 과일이 담긴 황금색 쟁반이 두 개 운반되어 신부들 앞에 놓였고 신부들은 각자 과일을 하나씩 집었다. 히데요시는 자기 자리에서 일어나 코엘류 바로 가까이에 와서 앉았는데 두 사람 사이의 거리는 다다미 반 장 정도밖에 되지 않았다. 그는 조금씩 신부에게 말을 걸고 자신이 행하고자 결심한 일을 몇 가지 털어놓았다.

주[55] 아이 고자에몬 시몬安威五左衛門シモン이다.
주[56] '대머리 쥐'라든가 '원숭이'가 히데요시의 별명이었다.

중국 정복 구상과 두 척의 나우선

히데요시는 통역을 하던 루이스 프로이스를 바로 발견하고 노부나가 시대에 고키나이에서 있었던 옛일을 이야기하였다. 그는 몇 번이나 반복하며 오로지 종교를 전파하기 위하여 일본에 체류하고 있는 선교사들의 마음가짐을 칭찬하였다. 그런 후 다음과 같이 말하였다.

"나도 너희처럼 이미 최고의 지위에 도달하여 일본 전국을 귀속시켰으니 이제 영토나 금이나 은을 갖고 싶은 마음은 더 이상 없으며 그 밖에 어떤 것도 바라지 않는다. 오직 나의 명성과 권세를 사후에 남기고자 할 뿐이다. 일본 국내의 분쟁을 종식시켜 사람들을 평안하게 하고 싶고 그것을 달성한 후에는 일본국을 동생인 히데나가에게 양도하고 나 자신은 조선과 중국 정복에 전념하고 싶다. 그 준비로 대군이 바다를 건널 때 사용할 2,000척의 선박을 건조하기 위하여 현재 목재를 모으고 있다. 나는 선교사들에게 충분한 장비를 갖춘 대형 나우선[57] 두 척의 조달을 알선해 달라는 부탁 외에 다른 원조를 요구할 생각은 없다. 그리고 그 나우선도 무상으로 얻을 생각은 조금도 없다. 그 값을 치를 것이며 배에 필요한 물품도 역시 모두 돈을 지불할 것이다. 항해사들은 숙련된 자여야 하며 그들에게 봉록과 은을 하사할 것이다.

또 만일 내가 이 사업으로 죽을지라도 나는 어떤 후회도 없다. 왜냐하면 앞서 말한 것처럼 나는 후세에 이름을 남기고 일본의 통치자로서 옛날부터 지금까지 아무도 시도하지 못한 일을 감히 하고 싶을 뿐이기 때문이다. 그리고 만일 이 계획이 성공하여 중국인들이 나에게 굴복하고 복종을 표명하더라도 나는 중국인을 지배하는 일 이외에 그들에게 아무

주[57] 카라크선carrack이라 하며, 14~16세기 유럽에서 이용한 대형 범선이다.

것도 요구하지 않을 것이다. 나 자신도 중국에는 거주하지 않을 것이며 그들의 영토를 빼앗을 생각도 없다. 그때에는 그 땅 곳곳에 교회를 세우게 하고 중국인이 모두 크리스천이 되도록 명령할 것이다. 그 후에 나는 일본에 돌아올 작정이다."[58]

또 그는 말하기를, "장래 일본인 절반 혹은 대부분이 크리스천이 될 것이다."라고 하였다.

오사카 성의 천수각

그 후 히데요시는 주성天守閣과 재보가 저장되어 있는 탑의 문과 창문을 서둘러 열게 하고 친히 성안을 안내하였다.

우선 그는 우리들에게 우콘도노의 뒤를 따라 자신이 앉아 있는 방으로 들어와 호화로운 황금 칠을 한 다른 방들과 일본에서 비할 데 없이 진귀하고 뛰어난 기교와 청초함으로 조화를 이룬 정원을 구경하라고 하였다.

우리들이 그의 방에 들어가자 그는 몸소 방 밖으로 나와 우리를 수행한 동숙同宿과 교회 관계자들을 모두 불러들였다. 탑이 안쪽에서 열리자 히데요시는 우리를 인도할 사람에게 성과 망루 사이를 통해 데려가라고 명령하여 우리들은 탑 밑으로 향하였다. 그곳에는 철판으로 덮인 하나의 작은 비밀 문이 있었다. 바로 그때 문 위에서는 여러 명의 인부들이 발판을 짜서 바깥쪽에서 벽면을 칠하거나 보수하고 있었다. 우리가 도착하자

주[58] 이때 같은 자리에 있던 이탈리아인 오르간티노 신부는 프로이스와는 다른 내용을 보고하였다(1589년 10월 10일 자, 나가사키 발신, 오르간티노 편지). 여기에는 코엘류가 프로이스를 통역으로 삼아 히데요시에게 규슈 출진을 간청하고 명나라를 정복한다면 선교사 측이 포르투갈의 배를 알선하겠다고 말하였다고 한다. 프로이스와 오르간티노의 상반된 주장에 관하여는 松田毅一, 『太閤と外交』, 桃原社, 1966, pp.50-54 참조.

안내인은 인부들에게 일을 중지시키고 안으로 들어갈 수 있도록 발판을 부수게 하였다.

히데요시는 문의 열쇠를 가진, 수녀처럼 머리를 깎은 비구니 한 명만을 데리고 위에서 내려왔다. 문이 열리자 히데요시는 입구에 서서 선교사와 수행자 모두 성안으로 들어가라고 하였고, 무기는 지니지 말라고 지시하였다. 이렇게 일행은 성에 들어갔는데 코엘류를 사카이까지 태워 준 크리스천인 선주船主도 같이 있었다.

히데요시는 마치 공인이 아닌 일반 개인인 양 신부들의 안내역을 맡았다. 그는 성안에서 오르내릴 때 낮은 천장이 있는 몇몇 장소를 통과할 때는 걸음을 멈추고 머리를 부딪치지 않게 주의하라고 일러 주었다. 그리고 중간 중간 닫혀 있는 문과 창문을 몸소 열었다. 이렇게 우리는 8층까지 함께 갔다. 도중에 각 층마다 그곳에 저장되어 있는 보물에 관해 이렇게 말하였다.

"여러분이 지금 보고 있는 이 방에는 금이 가득 차 있다. 다른 방에는 은과 견사, 다마스크 직물, 저 방에는 차 도구가, 저쪽 방에는 크고 작은 노심이나 넛신 부구武具[59]가 가득 차 있다."

어떤 방을 지나갔는데 그곳에는 열 벌 내지 열두 벌의 유럽풍 새 홍색 외투가 걸려 있었다. 일본에서는 매우 진귀하고 일본산이 아니었으므로 더욱 귀중한 보물로 여겼다.

히데요시는 우리에게 자물쇠가 걸린 매우 긴 큰 함들을 열어 보여 주었는데 그것을 본 우리는 서로 얼굴을 마주보며 할 말을 잃고 감탄하였다. 우리들이 목격한 것은 우리 기대와 상상을 능가하고 있었기 때문이

주**59** 무기와 투구·갑옷의 방어류, 깃발 등을 총칭하는 용어이다.

다. 일본에는 접이식 침대나 일반 침대가 없고 침대에서 자는 습관도 없었음에도 조립식 침대 두세 개가 함 안에 들어 있었다. 그것은 금실로 재봉되어 있었고 유럽에서 고가의 침대에만 사용되는 온갖 훌륭한 장식이 달려 있었다.

또 그는 온통 황금으로 만들어진 방[60]이 있는 곳을 보여 주었다. 그 방은 해체하여 기다란 큰 상자 여러 개에 넣어 이동할 수 있도록 되어 있었다. 히데요시는 이 방이 어제 막 정리가 끝났으며 만약 해체하지 않았더라면 우리에게 보여 주기 딱 알맞았을 것이라며 아쉬워하였다. 동행자 중에 한 사람이 후일 크리스천들이 다른 사람에게 참관한 경위를 말할 때 설명할 수 있도록 한 세트만이라도 조립하여 보여 주지 않겠느냐고 청하였는데 히데요시는 그럴 수 없다고 하였다. 왜냐하면 우리와 함께 온 우콘도노라도 이것을 보면 탐낼 것이기 때문이라면서, 그렇지만 다음 기회에 특별히 조립해 보여 주겠노라고 우콘도노에게 호의를 보이며 농담조로 답하였다.

모든 층과 계단을 오를 때 히데요시 앞을 매우 사랑스럽고 민첩하며 훌륭한 의복을 입은 열서너 살의 소녀가 칼을 어깨에 메고 앞장섰다. 히데요시는 때때로 이 소녀에게 무엇인가 말하며 갔는데 히데요시가 거처하는 여인들의 거처大奧에는 남자의 출입이 금지되어 있었기 때문에 모든 용무는 고위 귀족의 딸들이 수행하고 있었다.

대략 4층까지 올라가자 히데요시는 지쳤을 테니 차를 마시라고 권하였다. 그러자 차가 정성스럽게 운반되어 왔다. 마지막 층에 올랐을 때에도 차를 가져오라고 지시하고 아래로 내려왔을 때에도 그랬다. 그 차는 일

주**60** 히데요시의 황금 차실이다.

본에서 가장 품질이 좋은 차로 그가 가장 애호하는 훌륭한 용기에 담겨 따라졌다.

마지막 층에는 주변으로 돌출된 바깥 난간外廊이 있었다. 때마침 성의 해자 안에서 공사가 진행되고 있었으므로 히데요시는 바깥 난간에 나가 공사 현황과 고키나이의 여러 국을 바라보라고 하였다. 여러 국은 평지에 있었기에 멀리 조망할 수 있었다. 일행은 잠깐 동안 난간에 서서 바라보았는데 히데요시는 마치 한 명의 일반 개인인 양 우리 사이에 끼여 있었다. 밑에서는 무수히 많은 사람들이 공사를 하고 있었는데 그들은 성꼭대기에 검은 옷을 입은 많은 선교사들과 수사, 동행자들이 있으며 그 가운데 히데요시가 끼어 있는 것을 보고 놀라움을 감추지 못하였다.

히데요시는 오사카 공사와 교토 공사를 위하여 30여 개국에서 사람들을 데려 왔다고 말하였다. 또 그는 성채와 이를 경호하는 병사, 유례없이 크고 대단히 청결한 창고를 보여 주었는데 그곳에는 성안 사람들이 생계를 유지하기 위한 식량이 가득 차 있었다.

꼭대기 층에서 히데요시는 천천히 자리에 앉았고 우리 일동도 그의 주변에 자리를 잡았다. 그 장소는 좁고 우리들 일행은 서른 명을 넘을 정도로 많았기 때문에 몇 명은 히데요시와 옷깃이 스쳤다. 그 자리에서 히데요시는 자신의 결심을 진지하게 이야기하였다.

시모下(규슈) 아홉 개국을 분고豊後, 사쓰마薩摩, 야마구치山口의 여러 국주에게 분배하겠지만 모두 종래 가지고 있던 영지보다는 어느 정도 삭감될 것이라고 하였다. 만일 자신에게 복종하지 않는 자가 있다면 즉시 출진하여 멸망시킬 것이라고 하였다. 히데요시는 이 말을 할 때 대단히 유쾌하고 밝은 표정을 짓고 있었기 때문에 우리를 대할 때 마치 그가 고귀한 신분을 망각한 것 같았다. 그리고 신부들에게 매우 명확히 자신의 결심을 털어놓았다.

그는 일찍이 노부나가 시대에 노부나가의 면전에서 루이스 프로이스와 로렌스 수사가 니치조日乘 상인上人이라는 승려와 논쟁을 하고 그 승려가 설복을 당하자 긴 칼로 로렌스 수사를 살해하려 했던 일을 회상하였다. 히데요시는 "나도 그 자리에 동석해 있었는데 그대들의 편이었다. 만일 지금이라면 그 승려가 그처럼 무례한 짓을 그대들에게 할 수 없을 것이다. 왜냐하면 내가 즉시 그를 죽여 버릴 테니까."라고 말하였다.

이렇게 말하고 히데요시는 일어서서 여러 다른 계단으로 내려가기 시작하였다. 우리들은 더욱 비밀스러운 몇몇 방 앞에서 잠시 멈추었다가 나아갔는데 히데요시는 평소 부인과 자는 방을 우리에게 보여 주었다.

그는 난도納戶[61] 문을 몸소 열고 그 안에 천천히 앉았기 때문에 우리들도 그와 함께 앉았다. 그때 히데요시가 선교사들을 보고 싶으면 나와도 좋다고 허락하자 상당한 수의 여자들이 모습을 나타냈다.

그는 특히 자기 부인을 시중드는 크리스천 두 명을 가까이 오도록 하였는데 그중 한 명은 부인의 비서인 막달레나이고 다른 사람은 천황의 친족에 해당하는 공가公家의 처인 조안나였다. 히데요시는 이 시녀 두 명에게 술잔을 가져와 시중을 들게 하였다. 그는 술잔을 든 후 직접 코엘류에게 건넸다. 또 술잔을 두 잔 더 달라고 하여 각각의 잔으로 술을 조금씩 마시고 남은 술은 술잔을 씻는 그릇에 쏟았다. 그러면서 그는 이렇게 하는 것은 일본 관습에 따라 여러 사람에게 자신의 술잔을 주는 것과 똑같은 것이라고 말하였다. 이런 식으로 신부들부터 수사, 동숙들에게 술잔

주[61] 원래는 의류와 가재 도구류를 넣어 주는 수납 공간인데, 경호하는 무사가 대기하는 공간이기도 하였다.

이 돌아갔다. 또 의례로 제공되는 술안주인 과일이 나오자 그는 식사할 때에 쓰는 작은 젓가락으로 친히 집어 코엘류를 비롯한 모든 신부와 수사들에게 차례차례 권하였다. 히데요시는 이처럼 코엘류와 그 수행원을 극진히 환대하였다. 이를 목격하거나 나중에 소문을 들은 자들은 하나같이 히데요시가 천하의 주가 된 이래 그 어떤 고위의 인물에게도 선교사들과 같은 호의나 명예와 환대를 베푼 적이 없었다고 말하였다.

이러한 담화와 환대로 두 시간 이상이 경과한 후에 히데요시는 우리에게 이별을 고하였다. 그는 부인 한두 명에게 평소에는 열지 않는 비밀 문의 열쇠를 안에서 가져오도록 명령하고 그 문으로 나가는 것이 가장 지름길이라고 말하였다. 그가 앞장서서 내려가고 우리가 그곳을 지나 앞서 히데요시와 회견한 장소까지 오자 그는 잠시 멈추어서 매우 기쁜 표정으로 다시 이별을 고하였다.

이번 환대에 관하여 특별히 상세히 기록한 것은 이로부터 일 년 후 상황이 완전히 바뀐 것을 잘 판별하기 위하여서이다.

히데요시의 선교사 인식

후에 오사카 성안의 크리스천 부인들을 통하여 다음과 같은 사실을 알게 되었다. 우리가 히데요시를 알현한 날 그는 크리스천 부인들과 다른 이교도 귀부인들 앞에서 우리들에 관하여 그의 부인과[62] 계속 이야기하고, 부인을 선교사들과 대면시키지 못한 점이 아쉽다고 하였다고 한다.

히데요시 부인은 그것은 당연한 일로서 궁전과 성안에서는 어떠한 남자와도 접촉하지 않는 것이 관례이므로 히데요시가 그런 생각을 한다는

주**62** 히데요시의 정실인 기타노만도코로北政所이다.

것은 믿을 수 없는 일이라고 답하였다.

그러자 히데요시는 그러한 관습은 선교사들을 대할 때 중시할 필요가 없다. 왜냐하면 그들은 외국인이고 선량한 사람들이며 일본인과 달리 걱정할 필요가 없기 때문이다. 그런데 신부가 부인에게 선물한 자수가 놓인 중국산 짧은 바지를 그녀가 매우 마음에 들어 하였기 때문에 히데요시는 그녀에게 착용시켜 실내를 걷게 하고 이야기를 하는 동안 그 옷을 입고 있으라고 하였다. 그날 밤 부인은 히데요시에게 다음과 같이 말하였다.

"저는 오늘 전하가 선교사들을 어떻게 대접하실지 일말의 우려와 불안을 품고 있었습니다. 그들은 외국인이고 그들 종교의 명예가 걸린 일입니다. 그러한 까닭으로 그들은 사람을 통하여 저에게 청한 바가 있었습니다. 그래서 저는 마음속으로 전하가 그들을 환대하시기를 몰래 빌었습니다. 그런데 전하가 세심하게 배려하여 그들을 영접하고 우대하셨다는 소식을 듣고 매우 기뻤습니다. 다시 한 번 전하에게 감사드립니다."

그 다음 날 히데요시가 제후들과 이야기할 때 크리스트교가 자연히 화제에 올랐는데, 그는 자신이 아는 한 일본 귀족 사이에서 가장 세력이 있는 선종보다도 크리스트교 쪽이 낫다고 생각한다고 제후들 앞에서 공공연히 말하였다.

이 일이 있기 이전에 부관구장 코엘류가 고키나이에 도착하기 전인 성화요일에 히데요시가 노부나가의 아들과 다른 제후를 거느리고 갑자기 오사카의 교회를 내방한 적이 있었다. 우리 측에서는 어떤 준비도 되어 있지 않았지만 일단 주임 신부가 그를 영접하였다. 히데요시는 제단 근처의 다다미 위에 앉아 신부를 가까이 불러 제단에 놓인 구세주의 상에 관해 이것저것 질문하였다. 신부가 질문에 답하자 그는 바로 이해하고 대답이 지당하다고 인정하면서 모두의 앞에서 다음과 같이 분명히 말하였다.

"나는 선교사들이 강 건너에 사는 오사카의 승려보다 옳다는 것을 잘 알고 있다. 왜냐하면 그대들은 그들과 달리 청정한 생활을 하고 다른 승려들처럼 더러운 일을 행하지 않기 때문이다. 이로써 그대들이 그들보다 낫다는 점을 잘 알 수 있으며 나는 또한 크리스트교의 가르침에 전부 만족하고 있다. 만일 그대들이 많은 부인을 거느리는 것을 금지하지만 않는다면 나 또한 크리스천이 되는 데 전혀 문제될 일이 없다. 이 금제를 풀어 준다면 나도 크리스천이 될 것이다."

이렇게 이야기한 후 그는 꽤 긴 시간을 그곳에서 보내다가 떠났다.

예수회에게 포교의 특허장을 내리다

히데요시 부인과 특허장

부관구장 코엘류가 미사와 기도를 통해 가장 간절히 원한 것은 다음과 같은 세 개 내용이 포함된 히데요시의 특허장이었다.

첫째, 관백關白(히데요시)은 영국領國 전역에서 어떤 방해 없이 자유롭게 하나님의 가르침을 포교할 수 있게 허가한다.

둘째, 우리의 모든 수도원과 교회에 대하여 승려 및 사원과 암자에 부과되는 일반적인 의무를 면제한다. 사원은 관례상 병사들의 군영이나 숙소로 제일 먼저 지정되어 그들이 자유롭게 사용하나 우리 수도원은 병사를 숙박시키거나 병영으로 사용되는 의무에서 면제받는다.

셋째, 일본에서는 도시와 촌락의 중심가에 거주하는 주민에게 많은 과역, 의무, 봉사를 강제하는 관례가 있다. 이것은 여러 국의 영주가 보편적으로 부과하는 굴레이며 승려들 역시 어떤 경우라도 면제받을 수 없었다. 그렇지만 우리는 외국인이기 때문에 이 조항에 근거하여 즉시 그런 구속에서 벗어난다.

이에 관하여 여러 논의를 거친 결과 오사카 성안 크리스천 부인들에게 본 건에 대하여 이야기하고 히데요시 부인을 우리 편으로 삼아 (일을 추진하는) 것 이외에 더 좋은 방법은 없다고 여겼다.

그렇지만 부인들은 크리스트 교단을 위하여 일이 실현되기를 바랐지만, 히데요시 부인을 통하여 히데요시로부터 특허장을 얻어 낸다는 것은 매우 어려운 일이라고 생각하였다. 왜냐하면 히데요시 부인은 이교도이고 신불神佛을 독실하게 믿는 신봉자이므로 이런 요구는 그녀의 신조에 반하는 일이었기 때문이다. 그러나 하나님의 강력한 손길은 이를 극복할 방법을 가지고 계시기 때문에 인력으로는 도저히 불가능하다고 생각하던 일을 쉽게 이루어 주셨다. 더욱 놀랍게도 히데요시 부인은 큰 관심을 가지고 기꺼이 이 일을 맡았다.

그녀는 히데요시가 기분이 좋을 때 기회를 놓치지 않고 단숨에 이야기를 꺼내 특전을 간청할 기회를 엿보았다고 한다. 뿐만 아니라 그녀는 선교사들의 희망이 이루어질 수 있도록 어느 날 밤 비밀리에 교회에 사람을 보내 자기가 만든 것인 양 히데요시에게 보여 주려고 한다며 선교사들이 희망하는 형식의 특허장 초안을 작성하라고 하였다. 수도원에서는 그날 밤 이 일을 놓고 장시간에 걸쳐 협의하였다. 일본인은 문자로 쓰는 일에 고도의 기술을 갖고 있었다. 세계 어떤 이교도보다도 가장 간결하고 요령 있게 글 쓰는 것을 좋아해, 우리가 종이 한 장에 길게 써야 하는 특허장을 저들은 겨우 두서너 개 조항만으로 표현하였다.

마침내 그녀는 히데요시 앞에 나아갔다. 교회의 일본인 수사들은 초안에 히데요시에게 요청할 수 있는 최대한의 것을 담았다고 생각했으나 히데요시는 자신의 생각으로 다음 두 가지 사항을 덧붙였다.

우선 중심가 주민에 대한 세금과 봉사의 의무 면제를 주장한 조항에 관해서는 "그럴 필요는 없다. 선교사들에게 그런 의무를 부과하는 자가 일본에 있을 리가 없다."라고 말하였다. 그렇지만 그녀가 이유를 설명하자 그 조항을 허락하였다. 또한 초안의 첫째 항목에서 그의 영국領國

전역에서 하나님의 가르침을 자유롭게 설교할 수 있도록 허가를 구한 것에 관해서는 "이 조항은 옳지 않다. 나는 다이리內裏 다음의 관백이므로 내가 '나의 영국에 있어'라고 말할 필요는 없다. 나는 일본 전국의 주主이기에, '일본 전국에서 포교한다'고 해야 적절하다."라고 말하였다.

뿐만 아니라 그는 "보다 큰 호의를 보여 주기 위하여 같은 내용의 특허장을 두 통 작성해 선교사들에게 주겠다."라고 말하였다. 한 통은 선교사들이 일본을 순회할 때를 위한 것이고 다른 한 통은 인도와 포르투갈에 보내기 위한 것으로 두 통 모두 그가 서명하였다. 이러한 일은 지극히 드문 일에 속했으니, 보통 그의 서간과 특허장은 붉은 도장만 찍어서 발행되었기 때문이다.

히데요시의 포교 특허장

히데요시 부인은 이렇게 히데요시의 결재를 얻어 그의 서명이 들어간 특허장을 오사카에 있던 코엘류에게 보냈다. 그 사본은 다음과 같다.

관백도노關白殿의 특허장 사본

선교사伴天連들이 일본 내 어느 지역에서 거주하든 나는 이를 허가하며 그들 사원에 병사들을 숙박시킬 의무와 승려들의 사원에 부과되는 모든 의무로부터 면제받을 특권을 부여한다. 그들이 크리스트교의 가르침을 포교할 때 방해하거나 난폭한 행동을 해서는 안 된다.

덴쇼天正 14년 5월 4일　　　　　히데요시

예수회 회원과 크리스천들이 이를 통해 얻은 기쁨은 매우 컸으며 일부 크리스천이나 이교도들은 히데요시가 그와 같은 특허장을 줄 리가 없다며 믿지 않았다. 그들은 그것을 직접 보자 경탄하며 머리 위로 삼가 받들었다. 승려나 일반 속인이라면 이것보다 훨씬 중요하지 않은 특허장이라도 종종 금은을 내어야 하였을 것이다. 그러므로 모두가 말하듯이 이것을 얻기 위하여 상당한 금은이 들었을 것임은 의심의 여지가 없다.

그 후 2, 3일이 지나 코엘류는 히데요시의 은혜에 감사를 표하기 위하여 다시 성을 찾았다. 히데요시는 처음 방문하였을 때보다 훨씬 친근한 태도로 맞이하였다. 히데요시는 코엘류와 오르간티노 신부와 대화한 뒤 그들에게 저녁 식사를 대접하라고 명령하였다. 마침 외부에서 온 많은 제후들이 배석하였는데 히데요시는 그들이 식사하고 있을 때 다른 곳으로 갔다.

히데요시 부인은 이때까지 아직 선교사들과 이야기를 나눈 적도 만난 적도 없었으나 오사카 성의 높은 곳으로부터 두 차례에 걸쳐 고귀한 부인 두 명을 시켜 코엘류에게 약간의 과일을 보냈다. 외국인인 선교사가 처음으로 의뢰한 일을 잘 끝냈다는 사실에 만족감을 표시하고, 앞으로도 원한다면 선교사들을 위하여 힘쓸 것이라고 전하였다.

황금 차실과 선물

그로부터 수일 후 히데요시는 분고의 국주 프란시스코[63]를 접대하기 위하여 객실에 황금 차실을 꾸미라고 명하였다. 그것은 앞서 말한 방이었다. 차실을 꾸미기 위하여 방이 일단 비워지자 히데요시는 황금 차실을 보여 줄 테니 성으로 오라는 전갈을 신부에게 보냈다. 아고스티뉴의 아버지 조친 류사立佐가 앞장을 섰고 히데요시는 모든 것을 황금으로 만든 차실과 차 도구를 우리들에게 보여 주었다. 차 도구들은 흠잡을 데

주**63** 오토모 소린大友宗麟이다.

없이 아름다웠고, 방은 청결하고 광택이 나서 볼 만한 가치가 있었다.

코엘류는 오사카에서 히데요시를 방문하는 임무를 완수하자 교토로 향하였다. 이미 며칠 전부터 부관구장의 방문을 기다리고 있었던 크리스천들은 교토 교외에서 상당히 떨어진 곳까지 나와서 영접하였다. 그들은 남녀노소 할 것 없이 나들이옷을 입고 관습에 따라 선물로 식료품을 가지고 왔다. 코엘류는 즉시 교토 봉행奉行[64]과 히데요시 조카를 방문하였다. 그는 새로운 궁전과 성을 건설 중이었다. 두 사람은 모두 성격이 꼼꼼한 편으로 예의를 다하여 신부를 정중하게 대접하였다.

그 후 수일이 지나 히데요시가 교토 공사를 시찰하러 왔다. 사실 그는 그때 건강을 해쳐 병석에 누워 있었지만 누구 하나 그것을 눈치 채지 못하였기에 코엘류는 그를 만나러 갔다. 그러자 히데요시는 코엘류를 안으로 들게 하여 평소와 같이 대접하고 코엘류가 떠날 때 여러 과일과 음식이 든 사각형으로 된 큰 상자를 시종에게 들려 보냈다. 그 음식은 전날 다른 곳에서 히데요시에게 선물로 보내온 것으로 신부는 교토의 크리스천들을 초대하여 이 선물을 맛보게 하였다.

주**64** 마에다 겐이前田玄以이다.

사카이堺에서 생긴 일

사카이의 크리스천 세 명

　일본의 주요 도시 중 하나인 사카이에서 이 지역 출신으로 크리스천이 된 자는 불과 세 명에 지나지 않는다. 현재 이곳에 사는 크리스천은 모두 외부 출신이다.

　사카이 최초의 크리스천은 히비야日比屋 디에고 료케了珪로 이 지방에서 개종자가 나왔을 때 첫 크리스천이 되었다. 그는 아직 이교도였을 때도 가스파르 빌렐라를 자기 집에 묵게 하였다. 그 지역에 아직 교회가 없던 시기에 몇 년 동안이나 우리들은 그의 집에서 숙박하고 그곳에서 미사를 올리고 크리스천들에게 성체를 주었다. 그는 예수회의 공로자였다.

　두 번째 크리스천은 료케의 형제인 가스파르이다. 가스파르 빌렐라가 사카이에서 세례를 내린 최초의 인물로 하나님의 가르침을 충분히 깨닫고 소년 시절부터 예수회 신부들의 교육을 받고 성장하여 그 지역에서 결혼하였다.

　세 번째 크리스천은 료케의 사위인 루카스 소사쓰宗札로서 료케의 딸 사비나를 아내로 맞았다. 두 사람이 아직 어릴 때 나 루이스 프로이스는 이들에게 세례를 내렸다. 그는 이미 네 아이의 아버지였으며 교회의 진실된 아들이자 우리의 성실한 벗이었다. 그의 덕행과 굳은 믿음, 무엇보다 깨끗한 양심으로 인해 고키나이 사람들에게 많은 사랑을 받고 있었다. 예수회 신부들은 사카이에서 일어난 어떤 일이든 마치 같은 수도회의 수사인 양 그에게 원조를 받고 있었다.

살인 사건의 발생

사카이에서는 일본의 다른 지역과 마찬가지로 친구의 친척을 서로 초대하는 관습이 있었다. 어느 날 밤 가스파르는 형제들과 몇 명의 친구와 친척을 초대해 식사를 함께 하고 모두가 평소 대단히 즐기는 차 모임 자리를 마련하였다. 초대 손님은 네 명으로 가스파르의 형제이자 이교도인 토안, 료케의 사위 루카스 소사쓰, 루카스의 동생이자 이교도인 료칸, 마지막 인물은 그들 모두의 친구이자 부유한 이웃 주민 도사쓰道察였다. 가스파르를 포함하면 동석자는 모두 다섯 명이었다.

가스파르가 접대를 잘하여 손님들은 모두 대단히 만족스러워 하였다. 이윽고 가스파르가 일어나 그때까지 머물던 방에서 사람들을 배웅하려고 할 때 루카스의 동생 이교도 료칸은 출입구 바로 옆에 있었다. 루카스는 때때로 그를 질책한 적이 있고, 평판이 나쁜 동생과 불화가 있었다. 더욱이 료칸은 때때로 마치 미치광이나 악마에 홀린 듯 광포한 인물이었다. 다른 사람들이 정중하게 이 악마의 아들에게 "당신이 출입구 쪽에서 있으니 가장 먼저 나가도 된다."라고 하니 그는 기꺼운 표정을 지으며 나이순으로 나가자고 하였다.

그래서 그의 형 루카스가 먼저 일어서서 나가고 그 뒤를 이웃 주민 도사쓰가 따랐다. 세 번째로 가스파르의 형제 토안이 나가려고 할 때, 료칸은 잽싸게 일어나 품에 숨기고 있던 단도를 꺼내어 출입구 쪽에서 토안을 찔러 죽였다. 이때 루카스와 도사쓰는 이미 밖으로 나간 뒤였다. 자신의 형제가 살해된 것을 보자 가스파르는 큰 소리로 외치며 료칸에게 덤벼들어 뒤에서 꼭 끌어안고 다른 사람이 달려올 때까지 일단 그를 제압하고 있었다.

(그러나) 료칸은 이를 뿌리치고 오히려 도사쓰를 붙잡아 일이 이렇게 되었지만 자신에게는 책임이 없다는 편지를 지금 당장 천하의 주 히데요시 앞으로 쓰지 않으면 당신도 똑같이 살해하겠노라고 위협하였다. 할 수 없이 도사쓰는 그의 손아귀에서 벗어나기 위하여 급히 종이와 붓을 가져오게 해 악인이 구술한 대로 썼다. 이에 료칸은 만족하면서 나갔으나 여기서 그치지 않고 돌연 같은 방에 맨손으로 있던 가스파르를 뒤에서 습격하여 단도로 살해하였다.

가스파르의 하인이 달려와 몇 군데 상처를 입히자 료칸은 잡히기 전에 선수를 쳐서 같은 단도로 자신의 목을 찔러 앞의 두 사람과 같은 장소에 쓰러져 절명하였다. 루카스와 도사쓰는 너무나 갑작스런 일이라 손을 쓸 겨를이 없었다. 그들은 이 독이 든 살벌한 초대에 응한 것을 후회하면서 더할 나위 없는 비탄에 빠져 집으로 돌아갔다.

이시다 미쓰나리와 물고문 형벌

이 무렵 히데요시는 교토에 몇몇 장대하고 호화로운 건축물을 짓고 있었다. 그는 이 사건을 파발을 통해 보고받자 즉시 진상을 조사하라고 지시하였다. 왜냐하면 그는 전부터 사카이에서 소동을 일으킨 자가 있으면 중죄로 다스려 사형에 처하고 재산을 몰수할 것이라고 명언한 바가 있었기 때문이다. 한편으로 사카이 주민들에게 악의를 품고 그들을 멸망시킬 기회를 엿보고 있었다. 사망자의 친족들은 이에 대한 대비를 시작하였고 그들과 함께 사는 인근 사람들도 앞으로 일어날 사태를 두려워하고 걱정하면서 저택과 재물을 경비하는 데 힘썼다.

2개월쯤 전에 히데요시는 두 명을 사카이의 대관代官으로 임명하였다. 한 사람은 조친 류사立佐로서 현 해군 총사령관 아고스티뉴 야구로 도노 弥九郞殿(고니시 유키나가)의 아버지이다. 조친은 매우 선량한 인물로서 교토 최초의 크리스천 중 한 명이고 교회와 크리스천들의 오래된 벗이다. 그의 동료는 히데요시의 가신 사키치도노佐吉殿[65]로서 히데요시의 폭정에 반감을 가지고 있는 조친의 적이자 크리스천의 적이었다. 또한 그는 질투가 심한 야심가이며 오만하고 악덕으로 가득 찬 인물이었다. 이 두 명이 사카이의 일을 함께 처리하는 대관이었다.

사키치도노는 이 사건을 접하자마자 본 건이 동료인 류사에게 불리한 일이며 크리스천들이 꺼릴 만한 일임을 알고 히데요시에게 충성스러움을 보이려고 자신에게 협력하고 있던 다른 위선자 두 명과 결탁하였다. 그들은 사망자들의 친족을 붙잡은 뒤 사망자의 부인들을 찾기 시작하였으며 우선 사망자들의 집에 있던 재산 일체를 몰수하였다. 그리고 서둘러 부인 세 사람을 모두 체포하였는데 그녀들은 전부 명망 있는 사람들의 딸이었다. 뿐만 아니라 부인 세 명의 자녀, 나아가 루카스와 료케의 딸인 그의 처와 자녀들, 차 모임에 동석한 도사쓰도 체포하였다. 나 프로이스는 여기서 그들이 도사쓰의 재산을 모조리 몰수했음을 밝혀 둔다. 그들이 원한 것은 오로지 재산 몰수였으며 정의란 거의 신경 쓰지 않았다.

죄 없는 루카스를 심문할 기회를 얻은 그들은 사악하게도 그를 죽이고 그의 훌륭한 다도茶道 물품을 몰수하려 하였다. 이것은 원래 그의 아버지 것으로 일본에서 유명한 물건인데, 중국의 화가가 종이에 묵으로

주**65** 이시다 미쓰나리石田三成이다.

그린 고목 회화 그림이다. 그것은 8,000 내지 10,000크루자두의 가치가 있으며 그는 가족을 봉양하기 위하여 사카이의 다른 시민의 손에 담보로 맡겨 놓았다.

루카스는 살인자의 형이며 모임에 동석하고 있었으므로 그의 동생이 다른 사람을 살해한 이유를 알고 있으리라는 혐의를 받았지만 사실 그에게 어떤 죄가 있을 리 없었다. 그는 무고하게 체포되었고 상황은 점차 악화되었다. 그의 절조, 선량함, 친절함, 독실함 등이 선한 사람들에게 알려져 사랑을 받으면 받을수록 사악한 무리들에게 질투를 받았다. 결국 최고 폭군(히데요시)은 그를 물고문형에 처하도록 명령하고 그것으로 그의 덕은 한층 시련에 처하게 되었다. 그 고문 방법은 입에 물을 들이부어 해당자를 빈사 상태에 빠지게 하는 특수한 것이었다. 이 크리스트 기사(루카스)는 모든 고통을 큰 용기와 인내로 견디고 실제 알지 못하는 일은 어떤 말도 하지 않았다.

교회 측은 사람 힘으로 할 수 있는 모든 조치는 다 취하였다. 우선 루카스와 그의 처자식을 돕기 위하여 외부에서 급히 달려 온 사람들을 다 받아들여 식사와 잠자리를 제공하였다.

오르간티노 신부는 주스토 우콘도노와 그 밖에 다른 친구와 이 일을 협의하였다. 이때 마침 우콘도노는 히데요시와 그의 다도茶道 스승인 소에키宗易를[66] 자택에 초대할 기회가 있었다. 소에키는 이교도였지만 우콘도노의 친구였기에 두 사람은 히데요시에게 그 억울한 사람의 일을 이야기할 기회를 엿보았다. 이윽고 화제가 이 사건에 이르러 두 사람이 히데요시에게 강하게 변호하자 그는 "그 이야기는 이제 그만. 그 사건은 더

주**66** 센노리큐千利休이다.

이상 말하지 마."라고 하였다.

이교도이자 우리의 적인 사카이 대관(이시다 미쓰나리)은 십자가 여섯 개를 제작하라고 급하게 명령하였다. 한 개는 루카스, 한 개는 처인 사비나, 남은 네 개는 자식들에게 쓸 것이었다. 아이들 중 세 명은 아들이고 한 명은 딸로, 장남은 열다섯 살, 차남은 다섯 살, 삼남은 두 살, 딸은 아홉 살이었다. 이같이 죄 없는 어린아이들이 하리쓰케 형에 처해진다면 그것만큼 슬프고 놀라운 정경이 있을까.

11월 22일 성 세실리아의 날에 마침내 루카스를 하리쓰케 형에 처한다는 지극히 부당한 최후 선고가 내려졌다. 그는 처와 아이들과는 다른 가옥에 갇혀 있었다. 그는 기쁘게 하나님의 뜻에 따라 일본인으로서 더할 나위 없이 불명예스런 죽음을 놀랄 만한 인내로써 감수하였다.

하리쓰케 형의 집행

같은 날 오후 그레고리오 데 세스페데스는 그의 고백을 듣기 위하여 감옥을 방문하였다. 고백이 끝나자 악마의 사자인 옥리가 이미 곁에 와 있다가 그의 연행을 재촉하였다.

그가 감옥을 나오자, 그때까지 받았던 학대와 고문으로 매우 쇠약해졌기 때문에 가마에 태워졌다. 그렇지만 처형 장소로부터 두세 번째 이전 거리에 이르렀을 때 예수 그리스도의 수난을 기리며 맨발로 걸어가고 싶으니 가마에서 내려 달라고 말하였다. 옥리들은 그를 가마에서 내려놓자마자 마치 막대나 돌을 다루듯이 묶인 줄을 거칠고 잔혹하게 잡아끌고 갔다. 정해진 장소에 도착하자 루카스는 그때까지 위에 입고 있던 비단 옷을 벗겨 달라고 하였고 곧 그렇게 하였다. 옥리들은 그를 땅 위에 넘어뜨리고 십자가에 강하게 동여맨 후 목에도 밧줄을 감아 단단히 조였기 때문에 그는 말을 할 수 없었다.

그런데 그곳에 파여 있던 구멍이 얕았기 때문에 십자가를 똑바로 세울 수 없었다. 그러자 옥리들은 보다 깊은 구멍을 파기 위하여 십자가와 거기에 묶인 그를 가차 없이 땅에 넘어뜨렸다.

그때 루카스는 수사에게 지금이 좋겠다며 로자리오와 유품을 떼어 달라고 청하였다. 수사는 그의 희망대로 하였다. 루카스는 그 밖에 하나님의 일을 자신에게 이야기해 달라고 청하였다. 형의 집행을 위하여 경비 100명 정도와 말을 탄 관리들 열두어 명이 동원되었을 것이다.

이교도들은 "불쌍하다. 사카이의 명망 있는 백성이 죄도 없이 이렇게 죽음을 당하다니."라고 읊조렸다. 그들 중 한 명인 경비의 수장을 맡은 자는 루카스가 무고하게 죄를 뒤집어쓴 것을 동정하여 수사를 불러 "처자는 죽이지 않을 테니 걱정하지 말라."라는 말을 전하게 하였다. 이 말을 전하자 그는 "그 일이 나의 가장 큰 걱정이었다. 나 자신은 하나님을 신뢰하고 있기 때문에 아무렇지도 않다."라고 대답하였다.

다시 십자가가 세워지자 밑에 있는 수사와 동료들은 루카스에게 예수와 마리아의 이름을 부르라고 격려하였다. 그러나 그는 거의 쉬지 않고 그들의 이름을 반복하고 있었기 때문에 그 말을 할 필요는 없었다.

경비를 맡고 있던 기마 관료들이 말단 관리와 옥사들에게 루카스를 창으로 죽이라고 명령하였다. 그들은 먼저 인후를 두 번 찔렀다. 창끝은 그의 목을 뚫었고 창에 찔릴 때마다 그는 끊임없이 예수와 마리아의 이름을 불렀다. 이를 목격한 수사가 나중에 말한 바에 의하면 루카스의 마음속에 거룩한 이름이 너무나 깊게 새겨져 있었기에 창에 찔려 목소리가 나오지 않게 되어서도 벌어진 상처 입구로부터 마치 예수님 이름을 부르는 목소리가 들리는 듯하였다고 했다. 이어서 가슴과 옆구리를 네 번 찌르자 그는 절명하였고 그의 지극한 영혼은 창조주에게 바쳐졌다.

위선자들은 루카스 소사쓰의 육체를 하리쓰케 형에 처한 뒤에 또 다른 새로운 사심을 품고 생존자의 마음에도 십자가에 걸겠다며 고액의 돈을 요구하는 사악함을 드러냈다. 그 방법은 다음과 같았다.

벌금형과 차 도구의 몰수

사카이의 만도코로政所(이시다 미쓰나리)는 이 사건을 담당했던 다른 사악한 이교도 두 명과 함께 막대한 세금을 부과하고 다량의 금괴를 요구하였다. 그렇지만 최고 폭군은 자비심을 보였다. 그것은 처음에는 인간적인 동정에서 나온 조치로 보였지만 실제로는 악마와 같은 폭거였다. 왜냐하면 살해된 자와 하리쓰케 형에 처해진 자의 친족이 소유한 재산과 가옥을 몰수하라는 사카이 대관 두 명이 내린 명령을 철회하는 대신에 히데요시 자신에게 응분의 돈을 바치라고 지시하였기 때문이다.

사전에 용의주도하게 계산된 20,000크루자두가 넘는 금화는 료케와 그의 아들 비센테 및 루카스의 자식들을 파멸시켰다. 사람들의 말에 따르면, 포학자 히데요시는 고의로 이런 방법을 선택하였다고 한다. 만일 친족의 재산을 몰수하였다면 담당 관리들이 상당량을 횡령하였을 터이나 가옥과 재산 몰수를 면제해 주는 척하면서 일정 금액을 내도록 명령한다면 몰수하는 것보다 많은 재물을 얻을 수 있다고 생각하였다는 것이다.

사건 당일 차 모임에 초대되고 료케와 같은 조町에 살던 도사쓰는 일본에서는 매우 고가의 진귀한 차 도구 두 점을 갖고 있었다. 그는 한 점만을 바치도록 요구받았고 히데요시가 한 점을 고르기로 하였는데 막상 차 도구를 본 폭군은 모두 마음에 든다며 둘 다 몰수해 버렸다. 루카스의 고목 회화 그림은 8,000 내지 10,000크루자두의 가치가 있었으나 앞서 말했듯이 담보로 들어가 있었다. 히데요시는 그의 사후에 그림을 가지고 있던 인물을 불러들여 그림을 빼앗았다. 이로 인해 그 이교도는 딱하게도 담보를 받고 빌려주었던 돈을 잃었으며 루카스의 자식들도 그림의 소유권을 상실하고 말았다.

료케의 소장품으로는 유명한 작은 철제 오덕五德이[67] 있었는데 불의 온기를 빼앗아 차갑게 보이는 이 명기도 히데요시가 원하는 것이었다. 그 밖에도 가치 있는 차 도구는 모두 빼앗아 간 것으로 생각된다. 우리들의 주께서는 그들이 요구하고 부당하게 빼앗으려는 돈 대신에 오덕을 빼앗아 가도록 배려하셨다. 포학과 약탈은 날로 심해지지만 지금 이들 박해자가 빼앗아 간 것은 미래에 정당한 소유권을 가진 사람의 손으로 돌아갈 것이다. 그리고 부당한 판결로 형을 선고한 자는 후일 다른 정의로운 판결에 의해서 벌을 받을 것이다.

주**67** 차 도구의 하나로서 삼발이 형태의 작은 받침대이다.

2부 교류
예수회

| 2장 | 규슈 지역의 예수회

❖ **연도**: 1587년 51세

❖ **주요사건**: 규슈 원정, 사쓰마의 항복, 선교사 추방령

❖ **연표**: 1587년 3월 히데요시는 규슈 공격에 나섰다. 5월 히데요시 군의 압도적 병력에 굴복한 시마즈 요시히사가 항복하여 규슈 지역도 평정되었다.
그런데 같은 해 6월 19일 그 동안 예수회 선교사에게 우호적 태도를 보이던 히데요시가 돌연 선교사 추방령을 공포하여 크리스트교 탄압에 나섰다.
9월 교토 취락제가 완성되었으며 10월 히데요시는 교토 기타노北野에서 대규모 차 연회를 열었다.

❖ **해설**: 이 장에서는 히데요시가 처음으로 선교사가 아닌 포르투갈인을 만난 내용을 서술하고 있다. 히데요시는 이들을 일견 환대하는 듯한 태도를 보였지만 그의 마음 속에는 강한 의구심이 자리잡고 있었던 것으로 보인다.
6월 10일 히데요시는 하카타에서 선교사의 후스타선에 올라 배를 구경하였다. 이후 6월 19일 히데요시는 포르투갈 총사령관 카피탄몰 도밍고스

몬테이로의 예방을 받고 포르투갈의 나우선도 보고 싶다는 의향을 표시하였지만 총사령관은 수심이 얕고 해로의 문제로 하카타까지 선박이 오기 어렵다고 답변하였다. 히데요시는 웃고 있었지만 그가 만족할 답변은 결코 아니었다.

그날 밤 그때까지 웃는 낯으로 이들을 대하던 히데요시가 돌연 태도를 바꾸어 선교사 추방령을 반포한다. 일 년 전에 가스파르 코엘류를 오사카 성에서 환대하던 모습과는 백팔십도 다른 모습이다. 히데요시라는 인물의 성격과 사고를 잘 보여 주고 있다.

교토에서의 몇 가지 일

인도산 가라목伽羅木

부관구장 가스파르 코엘류는 전에 히데요시가 부탁한 몇 가지 물건을 선물로 주기 위하여 함께 있던 신부 한 명을 시켜 히데요시와 그의 부인을 방문하도록 하였다.

그 신부는 1587년 2월 17일[68] 시모노세키를 출발하여 일본 날짜 1월 2일[69]에 다른 신부들과 함께 오사카에 있는 히데요시를 방문하였다. 그들은 많은 제후와 귀인들이 선물을 갖고 히데요시 앞에 엎드려 순서를 기다리는 모습과 그들이 히데요시에게 바치려고 지참한 매우 많은 분량의 주조된 금괴·은괴를 보고 경탄하였다.

히데요시는 제후들을 자신이 있는 방으로 들이기에 앞서 더 안쪽 방으로 신부들을 인도하라고 지시하였다. 그곳에는 여러 가지 음식과 과일이 담긴 금색으로 된 커다란 사각 그릇이 차려져 있었다.

히데요시가 저녁 식사를 마치자 신부들이 지니고 온 물품들이 그에게 헌상되었다. 그는 특히 두 그루의 크고 두꺼운 인도산 가라목[70]을 마음

주[68] 일본 날짜로는 1월 10일이다.
주[69] 양력으로는 1587년 2월 9일이다. 2월 17일에 시모노세키를 출발하여 같은 2월 9일에 오사카의 히데요시를 방문하는 일은 있을 수 없으므로 출발일이나 도착일, 혹은 양쪽 모두 착오로 보인다.

에 들어 하였다. 이것으로 자신을 과시하려고 오랫동안 자기 방에 놓아 두었다. 이윽고 히데요시는 전면을 금실로 짠 높은 자리에 흡사 제왕인 듯 착석한 후에 신부들에게 입실을 명령하고, 따뜻히 맞아 주었다. 그들과 몇 마디 주고받은 후 나이든 귀인 세 명을 소환하였는데 그중 두 명은 크리스천이었다. 히데요시는 그들에게 선교사들을 다른 방으로 안내하여 그곳에서 식사를 함께 하라고 하였다. 이 귀인들이 신부들의 식사를 보살폈다.

교토로 향하기에 앞서 히데요시는 신부에게 편지를 쓴 후 특별한 호의를 보이고자 친히 서명하였다. 이것은 매우 드문 일이었다. 그는 각별한 호의가 있는 일본의 몇몇 고위 인사에게 주는 편지에만 자필로 서명하였다.

히데요시의 형제

그로부터 며칠 뒤 히데요시가 교토로 출발하기 전에, 어떤 한 젊은이가 화려하고 아름다운 정장을 차려입은 신분이 높은 무사 2, 30명을 거느리고 오시가 정칭에 나다녔다.

그는 이세 국에서 왔으며 히데요시의 피를 나눈 형제로 자칭하였는데 그를 아는 많은 사람들이 틀림없다고 확언하였다. 히데요시는 고귀한 혈통을 계승하기는커녕 미천한 가문 출신이었고 그나 그의 친족들도 농업이나 어업, 혹은 이와 유사한 일을 생업으로 하였다. 그가 절대적인 권력과 명예를 획득하고 최고 지위에 오르자 그의 친족들도 빈곤과 비참한 신세에서 벗어나 지금까지와는 다른 지위나 명예를 얻게 되었다.

주**70** 가라伽羅는 침향목沈香木 가운데 우수함을 나타내는 품질상의 명칭이다.

히데요시는 오만하고 건방지게, 아니 그 이상의 경멸하는 마음으로 자기 어머니에게 그가 아들임을 알고 있었는지, 아들로서 인정하는지를 물었다. 그녀는 그 남자를 아들로 인정하기가 부끄러워져서 하나님에 대한 두려움이 없이 또 정의가 무엇인지 모르는 채 그의 주장을 부정하고, "그와 같은 자를 낳은 기억이 없다."라고 비인간적으로 말하였다.

그 말이 끝나기 무섭게 그 젊은이와 종자들은 모두 포박되어 히데요시 면전에서 참수되었으며 이들의 머리는 막대에 찔려 교토 거리에 내걸렸다. 이처럼 히데요시는 자기의 육친이나 혈족조차도 용서하지 않았다.

그 후 3, 4개월이 지나 히데요시는 오와리 국에 다른 여자 형제가 있으며 그녀가 가난한 농민이라는 소식을 들었다. 그는 당사자가 원하지 않는데도 혈통의 미천함을 감추기 위하여 형제로서 인정하고 그에 상응하는 대우를 하겠다며 그녀를 교토로 소환하였다. 이 불쌍한 여자는 심부름꾼의 악의와 기만을 눈치채지 못하고 하늘에서 좋은 운과 행복을 내려주셨다고 여기고 할 수 있는 한 준비하여 일가 부인 몇 명을 데리고 교토로 갔다. 그녀는 입경하자마자 포박되어 다른 부인들과 함께 무참히 참수되고 말았다.

목재와 히데요시 부인

들은 바에 따르면 히데요시는 오사카 성안에만 일본 전국의 제후와 귀인의 딸들 300명을 측실로 거느리고 있으며 이와 별도로 첫째 부인이 있었다.

그녀는 매우 사려 깊고 드문 소질을 갖추고 있어 다른 부인들도 그녀를 따랐다. 히데요시는 너무나 많은 여성을 거느리고 있으므로 그녀와 함께 생활하지는 않았지만 그녀를 정실로는 인정하였다. 또 많은 부인이 고귀함과 혈통 면에서 그녀보다 뛰어났지만 그럼에도 그녀를 존중하였다. 그녀는 기타노만도코로 사마北政所樣라고 불리는데 이는 위계를 나타내는 명칭이다.[71] 처음에 그녀는 크리스천의 가르침에 적대적이고 우리들을 나쁘게 생각하였는데, 부관구장 코엘류가 오사카에서 그녀를 방문하고 나서부터는 생각을 완전히 바꾸었다. 그것은 그녀가 이번에 신부에게 편지를 쓰고 동시에 호의의 표시로서 훌륭한 옷 두 벌을 보내온 것에서도 잘 알 수 있다. 그 옷은 매우 화려하게 금 자수로 가장자리를 장식한 옷과 붉은색 옷이었다.

사카이에서 발생한 다음 사건은 고키나이에서 상당한 화제가 되었고 이 일을 보고 들은 이교도들은 많이 놀랐다.

교토 지방의 포교장 오르간티노 신부는 건물 기둥으로 쓰려고 멀리 떨어진 지역으로부터 큰 나무 다섯 그루를 사카이로 운반하게 하였다. 그것은 매우 좋은 목재로 사카이에 세워질 교회에 필요한 자재였다. 두 명의 대관 중 한 명(이시다 미쓰나리)은 이교도로서 우리들의 큰 적이었다. 히데요시의 측근이며 적임자인 그는 나무가 누구의 소유인지를 밝히지 않고 사카이에 이런 큰 나무가 있는데 성의 공사에 적합한 자재이니 사용하시는 것이 어떠냐고 히데요시에게 건의하였다. 그 후 놀랄 만큼 빈틈없고 신속하게 오사카로부터 800명에 가까운 사람들이 사카이의 우리 수도원에 와서 대소란을 피우면서 순식간에 나무를 가지고 가 버렸다. 위대한 권력자가 하는 일이었기 때문에 그것을 방해할 수도 항의할

주[71] 1585년 7월, 히데요시가 관백에 임명되었기 때문에 그의 처 네네는 정실로 인정받아 기타노만도코로라고 하였다. 기타노만도코로는 섭정과 관백의 정실을 지칭하는데, 신덴즈쿠리寢殿造リ 양식상 북쪽 방에 기거하였기에 기타北라는 명칭이 붙었다. 아울러 만도코로政所는 귀족의 집안일家政을 다루는 관청에서 유래한다.

수 없었으며 더욱이 우리는 외국인이었다. 그렇지만 우리 신부들 입장에서는 경쟁 상대인 이교도들이 이 일로 큰 만족감을 맛보았을 것을 생각하니 실로 참기 어려웠다. 그것은 히데요시가 우리들에게 호감을 보이고 있다는 세상 사람들의 일반적인 생각을 부인하는 결과가 되기도 하였다.

큰 나무들이 오사카 성내로 운반되자 목수들이 곧바로 이것들을 자르기 시작하였다. 한편 이 소식은 시녀 막달레나나 성안의 다른 고귀한 크리스천의 부인들을 통하여 히데요시 부인의 귀에 들어갔다. 히데요시가 높은 곳에 올라 밑에서 이루어지는 공사를 바라보고 있을 때 부인이 다가가서 말하였다.

"전하, 어제 저기로 가져 오게 한 큰 나무는 외국인 선교사들의 소유물이옵니다. 그들은 제대로 먹지도 못하고 절약하여 자신들의 교회를 세우려고 하고 있습니다."

히데요시는 약간 불쾌한 듯이 대답하였다.

"나는 이 사업을 위하여 나의 형제와 조카를 비롯하여 정청의 모든 귀인들로부터 나무를 징수하고 있다. 선교사들에게 나무 다섯 그루 정도를 징발한다고 무슨 문제가 되겠는가?"

히데요시 부인이 다시 말하였다.

"전하의 아우, 조카와 정청의 귀인들은 모두 일본인이고 전하의 가신입니다. 그들은 전하가 주신 봉록이나 영지로 생계를 꾸립니다. 그러나 저 선교사들은 제가 아직 만난 적도 없고 잘 알지도 못하지만 외국인임은 알고 있습니다. 그들은 전하의 가신이 아닙니다. 그들은 전하로부터 봉록을 받아 생계를 잇지 않습니다. 더욱이 그들이 중국이나 인도에 이처럼 부당한 일을 당하였다고 알린다면 그들에게 전하는 호의를 베풀지 않은 자라고 여겨질 것이고 그러면 전하의 이름과 명예는 필시 상처가

날 것입니다."

히데요시는 이치에 맞는 말에 설득되어 그녀에게 아무런 대답 없이 즉시 공사 감독을 불러 3리 떨어진 사카이의 우리 수도원에 그 큰 나무들을 돌려주라고 일렀다. 다시 앞서와 같은 고함 소리와 소음 속에 700명에 가까운 인부가 큰 나무를 운반하여 사카이로 들어와 우리 수도원에 돌려주었다.

승려의 개종

관동 지방의 아시카가足利 대학에서 18년간 연구한 승려가 우리 수도원을 내방하였다. 그는 서른 살이 조금 안 된 연령임에도 설교 솜씨가 뛰어났다. 그는 아미타 종파에 외곬으로 몰두하고 있었는데 이 종파의 신자들은 이를 정토종이라 칭하였다.

그는 비센테 수사와 며칠 동안이나 논쟁하였다. 비센테는 우리가 지금까지 일본에서 만난 사람 중에서 불교 종파에 관하여 가장 정통하며 우수한 설교사이다. 비센테는 다년간 수도원에서 지내며 끊임없이 이교도들에게 설교하여 왔으나 이처럼 만만치 않은 인물은 만난 적이 없었다. 그 인물은 자신들의 성전을 유창하게 논하고 관련 지식에도 정통하였다. 그러나 그 승려는 결국 설득당하여 세례를 받고 에스테반이라는 교명을 받았다.

비파 법사 크리스천 맹인

고키나이의 제후들은 젊은 맹인 한 명을 집에서 부리는 습관이 있었다.[72] 거기에는 두 가지의 목적이 있었다.

첫째는 자기들의 오락을 위하여 그에게 노래나 연주, 일본의 옛 역사

이야기를 읊게 하였다. 둘째는 외부에 말을 전달하는 역할을 맡기기 위해서였다. 그들은 보통 사려가 깊고 다른 이와 교섭하는 일에 뛰어났다. 우리 교회도 이런 젊은 맹인 몇 명을 개종시킨 후에 쓰고 있다. 단 그 목적은 일본인과 달라서 그들이 시골을 순회하면서 크리스천 교의를 새로운 개종자에게 가르치거나 이교도에게 설교하거나 성인과 하나님에 관한 일을 크리스천들에게 이야기하기 위함이었다.

오사카의 수도원에는 토비어스라는 맹인이 있었다. 그는 어렸을 때부터 교회에서 길러졌는데 성령의 작용으로 관동 지방의 여러 국을 순례하고 싶다고 생각하였다. 그는 복음을 전하기 위하여 먼 지방 사람들의 사정을 알고 싶어 하였다. 보통 맹인들은 손에 두 자루의 지팡이를 들고 걸어 다녔다. 그들 중 어떤 이는 누구의 도움도 없이 일본 전국을 돌며 고되고 위험한 여행을 계속하면서 뛰어난 기량을 발휘하여 생계를 꾸렸다. 사랑스런 맹인 토비어스도 고해성사를[73] 끝내고 여행의 식량으로 성체를 받아 준비를 갖춘 뒤 출발하였다.

그는 이 순례를 교토와 근접한 오미近江 국에서 시작하여 목적지인 중요 귀인들 저택에 도착하였다. 맹인들은 대개 동정과 친절의 대상이기에 숙박을 제공받았다. '들어갈 때는 빌리지만 나갈 때는 내 것으로 삼기 위하여'[74] 그는 우선 등에 짊어지고 있던 비파를 연주하며 옛 노래 몇 곡을

주72 비파琵琶 법사라고 하며 비파를 연주하며 살아가는 맹인 승려이다.
주73 가톨릭 신자가 알게 모르게 범한 죄를 성찰(省察)·통회(痛悔)·고백·보속(補贖) 등의 절차를 통하여 죄를 용서받는 성사이다.
주74 중세 유럽에서 회자되었던 말이다. 남의 집에 들어 갈 때는 남루하여 모든 것을 빌릴 수밖에 없더라도, 나올 때에는 집 주인의 환심을 사서 그를 자신의 편으로 삼는다는 의미이다.

읊고 자신이 가장 잘하는 함축적인 농담 두세 가지로 상대방의 기분을 살핀 후 연민의 정을 얻었다고 느끼자 서서히 하나님의 이야기를 꺼냈다. 그들은 신기함과 애정을 담아 이야기를 풀어 가는 맹인에 적지 않게 놀랐다. 그는 사람들을 만족시키자 그들의 집에 오래 머무르려 하지 않고 이렇게 말하였다.

"이것은 사람의 영혼을 구원하는 매우 중요한 일입니다. 혹시 나으리들이 이야기를 제대로 듣고 싶다면 교토나 오사카, 혹은 사카이로 가시면 됩니다. 그곳에는 교회, 선교사나 설교자들이 있으니 나으리들이 알고 싶어 하는 모든 것을 설명해 주겠지요. 보시는 바와 같이 저는 배우지도 못한 불쌍한 맹인에 지나지 않으며 본디 나으리들에게 필요한 가르침을 전할 수 있는 그릇은 아닙니다."

토비어스는 하나님에 관해 요점만 말하였지만 그들에게 강한 인상을 주고 큰 관심을 불러 일으켰다. 많은 사람들은 그가 자기들의 집에 여러 날 머물기를 희망하였다. 그가 돌아와 말한 바에 의하면 그는 160리 길을 순례하였는데 어떤 숙소에서든 설교를 한 덕분에 말과 안내인을 붙여 다음 숙소까지 보내졌고 1리도 걷지 않았다고 한다.

규슈로 출진하다

출진 모습과 진군 속도

오사카를 떠나기 전에 히데요시는 국경에 있는 여러 성에 병사와 무기, 양식 등을 단단히 준비시켰다.

오미 국에는 수비병 5,000명을 딸려 세 개국 영주인 마에다를[75] 남기고, 교토의 성에는 병사 10,000명과 함께 조카(히데쓰구)를 주둔시켰다. 성을 지키면서 동시에 그 지역에서 해야 할 여러 계획을 준비하기 위해서였다. 히데요시는 자기 군대가 진군할 길목에 위치한 모리 영지의 여러 성을 군 숙영지로 넘기라고 하였고 열세 개국 도로도 수리하라고 명령하였다.

오사카에 있던 우리 신부들은 히데요시의 출진을 목격하였다. 그것은 일본에 히데요시의 위대함을 과시하기 위한 것으로 매우 호화로웠다. 신부들은 이교도에 섞여 크리스천 장병들이 십자가로 장식하고 행진하는 모습을 보고 크게 위로를 받았다. 어떤 자는 투구나 깃발에 십자가를 달았으며 또 어떤 자는 의상에 십자가를 그렸다.

이번 출진을 맞아 히데요시를 수행하는 가미上[76] 지역의 병사는 서른

주[75] 마에다 도시이에前田利家이다.
주[76] 규슈 지역을 지칭하는 시모下와 대비되는 관념으로 교토와 오사카를 중심으로 하는 본토를 말한다.

개국 이상에서 징발되었으며, 40,000명을 넘는 병사가 선두에서 진군하였다.

히데요시의 전방에는 금을 실은 말 다섯 마리와 비단과 자수로 장식된 천을 걸친 말 서른 마리, 훌륭한 마구로 장비된 말 여덟 마리가 우측으로 행진하였으며 훌륭하게 손질된 말 150마리도 앞으로 나아갔다. 히데요시는 촌락에 들어가거나 나올 때에 자신의 위엄을 보여 주기 위하여 반드시 말에 올랐으나 다른 때는 일종의 수레 혹은 가마로 행군하였다. 그는 2, 3리의 땅을 자신의 군영으로 삼아 진을 쳤다. 행군은 매우 깔끔하고 조화와 질서를 유지하여 마치 훌륭하게 정비된 부활제 행렬과도 같았다.

히데요시는 사카이의 대관 조친 류사에게 쌀을 가득 실은 선박을 이끌고 시모노세키로 가 그곳에서 군대 보급을 지휘하라고 명령하였다.

오사카의 승려(겐뇨)는 일본 내 승려 중에서 최고 권력과 지위, 막대한 부를 지니고 거대한 거주지 한가운데에 자신을 위하여 세운 새 궁전에서 살고 있었다. 그리고 그를 부처의 화신으로 믿는 동 종파의 사람들로부터 우러러 받들어졌다. 그가 신도인 일향종 사람들에게 일현을 허락하여 방의 문이 열리면 일동은 엎드려 마치 아미타를 대하듯이 숭배하며 머리를 땅에 대고 절하였다. 히데요시의 어머니도 이렇게 행동하였을 정도로 일본 농민 대부분은 그러하였다. 히데요시는 일향 종도가 일찍이 몇몇 국에서 일으킨 것과 같은 악행을 막기 위하여 막강한 힘을 가진 이 승려에게 규슈 출진에 참가하라고 지시하였고 그 명령은 조금도 어긋남이 없이 실행되었다. 얼마 후 이 승려는 시모노세키에 머무르게 되었다.

천황 다음가는 지위이자 본래 일본의 진정한 군주인 구보사마公方樣는 앞서 노부나가 시대부터 히고 국肥後國에 유배되어 있었는데 히데요시는 그곳에서 예기치 않은 일이 벌어질지도 모른다고 우려하여 자기와 함께 전장에 나가게 하였다. 그는 노부나가의 아들(노부카쓰)을 데리고 가지 않고 그 대신 그의 최정예 병사 2,000명을 참전시켰다.

히데요시 휘하의 병사 숫자는 방대하였고 신속한 진군 속도는 모든 사람을 경탄시켰다. 그는 오사카를 전술한 날(4월 8일)에 출발해 1587년 5월 2일에는 이미 시모노세키에 도착하였다.

히데요시는 기타규슈北九州의 여러 국에 매우 쉽게 진입하였다. 어느 성에서나 하루 이틀밖에 머무르지 않았지만 성을 방어하기 위하여 가능한 짧은 기일 내에 공사를 완성하게 하였다. 여기에 종사한 사람들의 숫자, 헌신적인 노동의 모습, 작업의 신속함 등은 경이로울 정도였다. 만일 다른 성주나 지휘관이 자기 병사들에게 이런 공사를 시켰다면 히데요시가 이틀에 완성한 것을 6개월이 지나도 끝낼 수 없으리라고 많은 사람들이 말하였다. 이 성들에는 지휘관을 각각 남기고 수비병을 붙였다.

아키쓰키 가문의 항복

히데요시는 아키쓰키秋月로 직행하였다. 아키쓰키[77]는 고쇼古處라고 불리는 산의 꼭대기에 주성主城을 세우고 그 주변에 있는 다른 성 일고여덟 개를 소유하였다.

그중 히데요시가 공략하지 못한 곳은 간자쿠巖石라는 성이었다. 히데요시는 의자에 앉아 조카[78]와 다른 지휘관 두 명에게 무력을 써서 성안으로 돌입하라고 명령하였다. 모두들 히데요시의 면전이었기에 공을 다

주77 아키쓰키 다네자네秋月種實이다.
주78 하시바 히데카쓰羽柴秀勝이다.

투어 힘껏 싸웠다.

전투가 한창일 무렵 분고의 군주 프란시스코(오토모 소린)가 이 모습을 드러냈다. 그는 큰 은괴 3개와 진홍색 공단 1필을 선물로 갖고 히데요시를 방문하였다. 히데요시는 그를 극진히 대접하고 곁에 오게 하였다. 곧 병사들이 성벽을 넘어 안으로 침입하여 성안에 있던 자들을 남김없이 모두 살육하였다. 상당한 저항이 있었지만 적의 목 30개가 눈앞에 보이자 히데요시는 크게 만족하고 기뻐하였다. 히데요시는 프란시스코에게 히데요시의 문양이 그려진 심홍색의 비단옷 한 벌을 하사하고 그 옷을 입고 젊게 보이라고 하였다. 또 병영으로 가면서 함께 들어가도록 권유하고 프란시스코에게 과거의 원수를 손쉽게 토벌하였으니 만족하라고 하였다.

간자쿠 성이 함락되자, 바로 얼마 전까지 부젠豊前에서 소유하던 성과 영지를 히데요시에게 강탈당한 다카하시高橋[79]라는 아키쓰키의 아들은 모리 이키노카미毛利壹岐守[80]라는 귀인을 거액의 돈으로 매수해 아버지를 위하여 힘을 써달라고 간절히 청원하였다.

이 귀인은 종자 한 명을 데리고 아키쓰키가 있던 다른 성으로 가서 그의 수염과 머리카락을 깎아 스님으로 꾸민 후 히데요시 앞으로 데리고 나가, "여기에 아키쓰키를 데리고 왔습니다. 그는 전하에게 연민과 목숨을 구하려고 머리를 깎고 출가한 신분入道으로 전하의 발밑에 와 엎드리고 있습니다. 전하, 어떻게 할까요? 만약 용서하지 않으신다면 제가 밖에서 죽여 목을 갖고 오겠습니다."라고 말하였다.

히데요시는 이득을 따지는 인물로 그를 용서할 생각은 없었지만 "하리

주79 다카하시 모토타네高橋元種이다.
주80 모리 요시나리毛利吉成이다.

쓰케磔刑에 처하고 발로 차 죽일 터이지만 머리를 깎고 왔다니 이리로 불러와라."라고 답하였다.

아키쓰키는 히데요시의 발밑에 엎드려 차 도구 하나를 선물로 내 놓았다. 그것은 일본에서 이름 높은 석류나무 정도의 작은 토호土壺로 10,000 크루자두의 값어치가 있으며 히데요시가 간절히 바라던 물건이었다. 그밖에 훌륭하고 비싼 여러 도구가 바쳐졌다.

히데요시는 그에게 성 아래 한 사원에 처자와 함께 머무르도록 명령하고 그의 가옥과 재물 열쇠는 몰수하라고 하였다. 사람들의 말에 따르면 히데요시는 아키쓰키의 적령기를 맞은 딸도 거두었다고 한다.

히데요시는 높은 곳에 위치한 아키쓰키의 성에서 숙박하고 그곳에 1,000명의 병사와 지휘관 한 명을 두었다. 그리고 아키쓰키(다네자네)에게는 병사를 이끌고 사쓰마薩摩와의 싸움에 선두에 서서 출진할 것을 명령하였다.

천연두

시키 섬志岐島에서는 지난 달 사쓰마의 군대가 분고 국을 점령하고 파괴하였을 때 다음과 같은 일이 있었다.

이 섬 지휘관의 처는 남편이 출진해 있는 동안 사쓰마 국주와 친족들이 기뻐할 만한 일을 하고자 하였다. 고심 끝에 크리스천 가신이 몇 년 전부터 그 땅에 세운 십자가 한 기를 자르는 것이 가장 좋겠다고 생각하였다.

오랫동안 신부나 수사도 없었지만 그곳 크리스천들은 그 지방에서 가장 우수하고 열성적인 신자로 존속해 왔다. 그들은 매우 가난하여 자신들의 교회를 겨우 유지할 정도였으나 자기 자식들에게 교리를 가르치거나 죽은 자의 매장을 부탁하기 위하여 일찍이 승려였던 늙은 크리스천한 명을 부양하고 있었다. 이 크리스천은 이교도 여주인의 결심을 알게 되자 다른 이들과 함께 몰래 예수회 신부가 있는 아사쿠사로 갔다.

그들은 늙은이나 젊은이나 모두 허리에 양도兩刀를 차고 있었으며, 신부에게 "우리는 그 악한 이교도가 십자가를 자르려 한다는 것을 알았습니다. 그것은 하나님에 대한 모독이며 우리에게 더없이 불명예입니다. 그러한 행위를 견딜 수 없으므로 십자가를 지키고 그 아래서 죽기 위하여 미리 고해하려고 왔습니다."고 하였다.

신부는 그들의 고백을 듣고 "당신들은 그 섬에서 소수이며 대부분이 이교도이므로 부디 조심하세요."라고 충고하였다.

그러나 크리스천들은 결심을 바꾸지 않고 의연한 태도를 유지하였으며 만약 누군가가 십자가에 손을 대려 한다면 그 자를 죽이고 십자가 앞에서 죽을 각오였다.

그곳에는 이러한 결의를 재빨리 알아챈 사람이 있어 지휘관의 처에게 전쟁이 끝날 때까지 계획을 보류하고 사람들을 불안하게 하지 않는 편이 좋다고 충고하였다. 이 훈계를 듣고 그녀는 이 계획에 대해 모른 척하였다.

그녀의 남편은 전쟁에서 돌아왔지만 이미 서른 살이 넘었음에도 얼마 지나지 않아 천연두에 걸려 죽었고 그녀도 그 뒤를 따라갔다. 크리스천들은 이를 십자가에 행하려한 죄악에 대한 하나님의 징벌이라 말하였다.

야쓰시로의 히데요시

함대가 구치노쓰口之津를 출항한 후 우리는 그곳에서 히고 국으로 향하였다. 히데요시는 이미 그곳에 도착해 있었다. 히데요시가 통과하는 지역의 영주들은 그에게 쉽게 굴복하였고 조금이라도 저항하면 즉시 진압되었다.

　우리는 어떤 기항지에서 2, 3일 있었는데 히데요시 선봉대가 공격했던 많은 도시와 마을이 4, 5일 동안 계속해서 불타오르는 광경을 배에서 볼 수 있었다. 그중에는 다수의 사원과 승려의 암자가 포함되었고 그 누구도 빠져나가지 못하였다. 우리는 그곳에서 야쓰시로八代라는 지역으로 향하였다. 그곳은 사쓰마薩摩가 히고 국에서 소유한 마을 중 가장 중요한 곳이었다.

　우리들은 그곳에 평상시 우리에 관해 이야기하면서 우리와 히데요시의 만남을 주선해 줄 수 있는 무장이 과연 있을지에 다소 의심을 가졌으며 아마도 찾지 못할 것이라 생각하였다. 히데요시 정도의 고위 인물이라면 전쟁과 관련된 용무가 줄어들 리가 없고 더욱이 그는 본래 제멋대로인 데다가 오만하고 거만하기 때문에 자신을 방문하는 제후나 무장들을 벌레처럼 대하고 규슈의 도노들을 이놈, 저놈이라 부르고 있었다. 어떤 사람은 1,000크루자두, 혹은 500이나 300크루자두나 되는 비싼 다기를 선물로 가지고 히데요시에게 인사하러 나왔는데 그의 앞에 나아가서는 머리와 손을 지면에 붙인 채 말 한마디도 못하고 그저 아득히 멀리서 바라만 보았다. 그것만으로도 그들은 대성공하였다고 생각하고 크게 만족하면서 희색이 만면한 채 물러났다.

　히데요시는 성체의 축일 전날 밤, 신분 높은 한 청년을 통하여 부관구장 코엘류와 나우선에 탄 포르투갈인들이 자신을 방문하러 와 있다는 소식을 들었다. 그는 야쓰시로 성이 상당히 높은 곳에 있고 언덕길이며 때마침 비가 내려 걷기가 힘들기 때문에 나이든 선교사를 고생시키고 싶지 않다고 생각해 언덕 아래에 있는 이전 사쓰마 국주의 저택을 수리시키고 그곳에서 선교사와 그 밖의 사람을 접견하겠다고 하였다.

일반 포르투갈인과 중국 정복 구상

성체 축일 저녁 식사를 마친 후 히데요시는 우리를 부르라고 하였다. 선봉에 선 군대가 모두 파괴하고 갔기 때문에 아직도 많은 사람들이 공터를 청소하거나 저택을 수리하고 있었다.

신부 세 명, 수사 세 명, 포르투갈인 세 명으로 이루어진 일행은 어느 큰 방으로 들어가라는 지시를 받았다. 그 중앙에 생사, 견연사絹撚糸,[81] 금칠한 그릇 등 포르투갈 배에서 가져 온 선물이 놓였다.

그곳에는 많은 귀인들이 와 있었다. 모두들 큰 방 주변의 복도에 있고 우리와 이야기하고 싶어 하였지만 누구 한 사람 우리들이 있는 방 안으로 들어오려고 하지는 않았다.

우리가 대기하고 있는 사이 히데요시는 신부와 포르투갈인을 알현할 방을 안쪽에 준비시켰다. 그리고 가지고 온 모든 차 도구를 자신이 있는 방에 두게 하였는데 그것은 모두 황금으로 만들어졌다. 풍로, 물을 끓이는 가마솥, 찻잔, 물을 따르는 그릇, 찻잔을 씻는 별도 그릇, 그 밖에 행사에 사용되는 도구 등이었다. 다른 장소에는 여행에 대비하여 지참한 금이, 그 바깥에는 그의 칼, 투구, 긴 칼, 갑옷, 그만이 사용하는 무기가 놓여 있었는데 모두 호화찬란한 것뿐이었다.

히데요시는 면전에서 시중을 들던 고귀한 젊은 사무라이와 나이든 가신에게 정청에서 자신을 섬길 때 착용하는 가장 좋은 의복을 입으라고 명령하고 자신도 정장하였다.

이런 준비가 끝나자 그는 우리를 부르라고 명하였다. 우리 일행은 일본 관습에 따라 중앙 자리의 정면에 앉아 있는 그를 향해 바깥자리에서 깊

주**81** 실을 꼬아 만든 비단이다.

게 머리를 숙였다. 그는 코엘류를 보자 손짓하며 "이쪽으로 오도록."이라고 하였는데 그것은 그의 평소 행동으로 볼 때 이상한 일이었다. 왜냐하면 그는 일본의 모든 제후를 이 놈이라고 부를 정도였기 때문이다. 그는 포르투갈인들이 훌륭한 의복을 입고 호화로운 치장을 갖추어 인사하러 온 것을 처음 접하였기에 그들을 보고 상당히 기뻐하였다.[82]

히데요시에게 머리를 조아리는 인사를 마치자 그는 안에서 미노 국美濃國의 상등 곶감을 내오라고 지시하고 그것을 일동에게 주었다. 그렇지만 향응 방식은 똑같지 않아 다른 자와 달리 코엘류만은 특별한 그릇에 담아 대접하였다. 히데요시는 앉아 있던 장소에서 일어나 다다미방 입구로 가서 선 채로 코엘류와 포르투갈인들과 잠시 동안 이야기를 나누었다. 루이스 프로이스가 통역을 맡았다.

히데요시는 "모두가 보는 바와 같이 나는 추한 얼굴을 하고 있고 몸도 빈약하지만 내가 일본에서 이룬 성공은 잊혀질 수가 없을 것이다."라고 하였다. 그리고 오사카로부터 야쓰시로에 이르기까지 그가 행한 일과 대군을 거느린 행군이 얼마나 신속한지 등을 간략히 말하였다. 나아가 그는 "일본 전국을 평정하고 질서를 세운 후에는 대량의 선박을 건조하게 해 200,000명에서 300,000명의 군대를 이끌고 중국으로 건너가 그곳을 정복할 생각인데 포르투갈인들은 이 일을 기뻐하는가?"라는 말을 덧붙였다. 이 질문에 대한 답을 듣자 히데요시는 더 없이 만족하고 기뻐하는 모습이었다. 주위에 있던 제후와 중신들은 히데요시의 뜻에 조금이라도 거슬리지 않으려고 끊임없이 신경을 썼고 그의 제안에 절대적인 찬사로 응답하고 환호성과 갈채를 보냈다.

주82 히데요시가 포르투갈인 선교사는 여러 차례 만난 적이 있지만 일반 포르투갈인을 본 적은 없었다.

이 일이 끝나자 히데요시는 원래 자리로 되돌아가 부관구장 코엘류와 통역 프로이스를 안으로 불러 2시간 가까이 여러 가지 이야기를 나눴다.

히데요시는 포르투갈인의 폭이 넓은 도검이 보고 싶다면서 검을 뽑아 오른손으로 그것을 머리 위로 치켜들고 왼손으로는 포르투갈인과 달리 일본인들은 사용하지 않는 둥근 방패를 들고 이런 종류의 무기는 처음 본다고 말하였다. 그렇지만 일본도가 더 만족스럽다는 뜻을 표시하였다. 히데요시는 그곳에 가져온 황금 찻잔茶碗에 차를 따라 코엘류와 다른 신부, 수사, 포르투갈인들이 마실 수 있게 하라고 가신에게 지시하였다. 또 그들을 다다미방의 입구까지 안내해 그곳에 진열된 금으로 만든 호화로운 여러 도구를 감상하게 하였다.

그 후 그는 전쟁 관련 업무와 다음 진군 준비로 지극히 바쁜 데다가 어제 이곳에 막 도착하였기 때문에 유감스럽지만 우리 일행 전원을 초대할 수 없었다고 하였다. 그리고 술잔을 가져오게 하여 다른 사람에 앞서 코엘류에게 잔을 주고 술잔과 함께 제공하는 안주를 먹을 때 그에게 비단옷을 한 벌 주라고 가신에게 명령하였다. 또 그는 다른 신부와 포르투갈인에게도 똑같이 대접하였다.

포르투갈인들은 나우선에 관한 특허장과 다른 부가 조항을 넣은 문서 한 통을 내려주기를 히데요시에게 청원하였다. 그것은 일본 상인들이 전시라도 자유롭게 포르투갈 배에 와서 상행위를 할 수 있고 중국(마카오)에서 출발한 배가 입항할 때 해당 지역 영주들이 배를 우대하게 하려는 의도에서였다.

히데요시는 즉시 특허장 두 통을 작성하라고 비서에게 명령하였는데 한 통은 그들이 마카오에 가져가고 다른 한 통은 일본에 남기기 위하여 서였다.

2장. 규슈 지역의 예수회 311

히데요시는 수심만 가능하면 나우선이 사카이 부근의 어떤 적당한 항구로 올 것을 강력히 바랐다. 그것은 모두 그의 명성을 높이게 위한 것이다. 만일 그의 명령으로 포르투갈 나우선이 그의 전임자 시대에는 일찍이 온 적이 없는 곳에 나타난다면 그의 명성은 한층 높아질 것이다. 히데요시는 이를 위하여 그들에게 많은 원조를 아끼지 않을 것이라고 말하였다. 이에 대하여 코엘류는 나우선의 항해사가 히라도平戶로부터의 항로를 조사하고 그 결과 항해에 필요한 충분한 수심과 배가 들어갈 수 있는 항구가 있으면 포르투갈인들은 기쁘게 봉사하겠노라고 대답하였다. 히데요시는 다시 반복해서 전년 코엘류가 오사카를 내방하였을 때 자신이 그를 얼마나 환대하였는지를 말하고 혹시 인도 부왕副王이 나한테 사절을 파견한다면 이와 똑같이 환영할 것이라고 말하였다.

때마침 이야기할 기회를 틈 타 코엘류가 "사쓰마의 국주가 일본에 하나님의 가르침이 퍼지는 것을 싫어하고 있다."라고 하자, 히데요시는 "그것은 시마즈 마음이 편협하기 때문이다. 당신들이 억지로 강요해서 크리스천으로 만드는 것은 아니므로 자기 스스로 크리스천이 되고자 하는 사람을 무리해서 막을 이유가 없다."라고 말하였다.

시의侍醫 세야쿠인 젠소

신부가 성을 나온 직후에 다음과 같은 일이 일어났다. 히데요시에게는 이미 일흔 살에 가까운 늙은 시의[83]가 있었다. 그는 매우 부유하고 히데요시의 채홍사 임무를 맡고 있었기에 누구보다 히데요시와 가까운 측근이었으며 교회의 친구인 양 가장하였지만 내심 마음속으로는 크리

주83 세야쿠인 젠소全宗이다. 엔랴쿠지의 승려였던 그는 노부나가의 공격으로 엔랴쿠지가 불탔을 때 의사 마나세 도산曲直瀨道三의 문하에 들어갔다.

스트교를 혐오하였다. 그는 노인이어서 육로로 장기간 여행할 수 없어 해로를 통하여 마침 우리와 히데요시가 만나고 있을 무렵 그곳에 도착하였다.

사카이의 시민 중 사쓰마야薩摩屋의 소시쓰[84]라는 부유하고 명망 높은 사람이 오사카에 있었다. 그는 히데요시의 정청에 출입하면서 총애를 얻었고 다도에 정통하였기 때문인지 오사카 성 가까이에 훌륭한 저택을 가지고 있었다. 히데요시 마음은 매우 위험하며 변하기 쉬웠기에 그는 아주 사소한 일로 히데요시의 노여움을 사게 되어 다른 많은 사람들과 마찬가지로 총애를 잃었다. 소시쓰의 친구이자 그에게 돈으로 매수된 세야쿠인이라는 시의는 히데요시의 총애를 믿고 전쟁에서 승리한 히데요시가 기분 좋게 소시쓰를 용서해 줄 것이라 생각하여 오사카에서부터 소시쓰를 동행시켰다. 그리고 도착하자마자 즉시 히데요시에게 이를 고하였다.

히데요시는 자신의 용서를 기대하고 소시쓰를 데려온 것을 알고 불같이 화를 내고 "만일 네가 이 정도로 나이 많은 노인이 아니고 또 그 밖에 몇몇 고려할 만한 일이 없었다면 즉시 죽였을 것이다. 나의 기분을 해치고 총애를 잃은 자를 허가도 없이 동행하여 왔다니 얼마나 분수 넘지는 일을 하였는가?"라고 꾸짖었다. 곧 신분 있는 젊은 무사 두 명을 시켜 동정을 구걸하러 온 사카이 시민 소시쓰의 코와 귀를 베도록 명령하고 그를 처자와 함께 일본 국외로 추방하고 만일 그에게 숙소를 빌려주는 사람이 있다면 사형에 처하고 재산을 몰수하라고 선언하였다. 시의 세야쿠인도 며칠간 히데요시를 만나는 것이 허가되지 않았고, 뒤에야 다시 옛 직책에 올라 봉사하였다.

주**84** 사쓰마야 소세쓰宗拆로 추정된다.

히데요시의 보복

히데요시는 야쓰시로 성에서 3일간 지냈는데 그곳에 도달하기 전 2리 앞에서 다음과 같은 사건이 있었다. 그곳을 통과하고 있던 군대 중 아주 소수의 병사가 무리에서 벗어나 걷고 있을 때 몇몇 백성이 그들을 약탈하였다.

이 사건을 안 히데요시는 우리가 그를 방문했던 성체 축일의 다음날 해 뜨기 전에 500명의 보병과 기마병을 현장에 파견하여 마을 안의 모든 남자를 죽여 버릴 것을 지시하였다. 그 명령은 즉시 시행되었다. 병사들은 300여 명을 살해하였는데 그중에는 존경받던 승려도 포함되어 있었다. 히데요시는 길거리에 사람들의 통행이 늘어나자 그들의 목을 모두 나무에 찔러 도로변에 늘어놓아 다른 주민이 볼 수 있게 하라는 지시를 내렸다.

사쓰마의 사태가 끝나기에 전에 한 승려가 히데요시의 서명이 없는 편지를 가지고 오사카 성에 왔다. 편지에는 "히데요시 군대가 위기에 빠졌기 때문에 고야高野의 승려들이 이 인물을 보낸다. 히데요시 부인은 그에게 보시를 하고 히데요시 군대에 좋은 결과가 있도록 승려에게 부탁하여 부처에게 기도하고 봉폐를 바치도록 하라."라고 쓰여 있었다.

히데요시 부인은 이를 의심하고 [왜냐하면 거의 매일 규슈에서 전달해 온 보고를 들었기에] 편지에 서명이 없는 점에 주목하여 승려를 고문하려고 포박하였다. 그는 체포되어 신변의 위험을 느끼자 그것은 사기이며 가난하였기에 그렇게 해서 얼마간 돈銀子을 얻으려 하였다고 자백하였다. 그는 공공 감옥에 홀로 들어가 히데요시가 귀환하면 처벌될 날을 기다렸다. 매일 병사 두 명이 감시를 맡았다. 그의 앞에는 히데요시가 오사카에 돌아왔을 때 그를 산 채로 볶거나 튀기기 위한 녹인 철이 들어 있는 큰 솥이 놓여 있었다.

사쓰마의 항복

천하의 주가 거대한 군대를 거느리고 바다와 육지 양쪽에서 아득히 머나먼 일본의 가장 끝 여러 국까지 출진하여 얻어낸 결과는 히데요시가 예상한 만큼 승리를 거둔 의기양양한 것은 아니었다.

그는 야쓰시로에서 사쓰마의 국경으로 나아가 센다이川內라고 부르는 큰 강 근처에 진영을 폈다. 때는 바야흐로 7월로 일본에서 더위가 심할 때여서, 계속 내리는 비 때문에 며칠이나 교착 상태에 빠져 병사 가운데는 병든 자가 속출하였다. 또한 악천후로 고키나이로부터 해상을 통한 식량 수송이 곤란하여 아사자가 연일 끊이지 않는 상황이었다. 적으로 돌아선 사쓰마 군은 자국 내의 일이라곤 하나 매우 천천히 신중히 임하였다.

히데요시는 막대한 병사 손실과 식량 부족 때문에 사쓰마 국 안으로 깊이 들어가기를 꺼렸으며 며칠 전부터 사자를 보내, 사쓰마의 나이든 국주가[85] 복종을 표명하고 중요 가신들을 인질로 보낸다면 자신의 군대는 철수하겠노라고 강하게 천명하였다.

사쓰마 사람들은 히데요시 군대가 기아와 병마에 허덕이는 내부 사정을 알 수 없었고, 천하의 주가 대군을 거느리고 문 앞까지 밀고 왔다는 것밖에 몰랐다. 이 때문에 눈앞에 닥친 중대 위험을 두려워한 나머지 연로한 국주가 사쓰마의 수석 가로[86]와 함께 히데요시를 방문하는 것이 좋은 책략이라고 생각하였다.

히데요시는 사쓰마 일행이 그의 거처에 도착하기에 앞서 그들이 자신

주85 시마즈 요시히사島津義久이다.
주86 이슈인 다다무네伊集院忠棟이다.

들의 극심한 궁핍함을 본다면 어떤 배신행위를 할지 모른다고 두려워하여, 은밀히 주스토 우콘도노를 불러 어떤 일이 있더라도 그곳에서 무사히 돌아갈 수 있는 길을 찾아 놓으라고 지시하였다. 그는 자기 진영 사람들에게도 똑같은 공포심을 품고 있었다. 왜냐하면 그들은 심한 기아와 곤궁에 빠져 있었기 때문에 절망한 나머지 폭동이나 모반을 일으킬 염려가 있었다. 뒷날 우리들이 알게 된 바에 따르면 만일 사쓰마의 국주가 5일만 늦게 갔다면 히데요시는 군대를 철수시키고 말을 몰아 되돌아갔을 것이다. 그러면 그의 체면은 완전히 망가지고 그의 이름은 신용을 잃게 될 것이며 모든 다리는 적에게 파괴되어 적지 않은 위험에 노출되었을 것이다. 그렇지만 그런 상황을 알지 못한 사쓰마의 국주와 이슈인도 노이集院殿라는 수석 가로는 결국 항복하고 말았다.

단지 이 일이 실행되었을 뿐인데도 히데요시는 겉으로 큰 성공을 거둔 양 몹시 만족해하면서 즉시 전군을 거느리고 하카다로 되돌아갔다. 이것은 그의 잔꾀였으며 그가 당시 직면한 약점이나 위험은 외부에서는 알 수 없었다.

처음 본 유럽 배

규슈의 쇼군 요시아키

코엘류는 히데요시에게 부탁하고 싶은 용건이 약간 있었지만 야쓰시로에서는 상황이 좋지 않아 히데요시가 하카타博多에 며칠간 체류하는 동안 기회를 엿보기로 하였다. 신부는 곧바로 후스타선Fusta[87]에 올라 나가사키를 지나 하카타에서 히데요시를 기다렸다.

그때까지 히데요시가 우리에게 보여준 호의를 고려하여 그가 이번 전투에서 뛰어나고 순조로운 성과를 거둘 수 있도록 기원하였다. 또 이를 위한 미사와 기도를 항상 드리면서 지난해 그가 오사카에서 일본 전역에 하나님의 가르침을 자유롭게 설교하여도 좋다는 특허장을 준 것처럼 그가 계속 포교 사업을 원조하여 주기를 기대하였다.

7월 코엘류는 수사 세 명과 동료 루이스 프로이스와 함께 나가사키를 출발하였다. 히라도平戶에 8일간 체재하고 하카타에서는 히데요시가 도착하기까지 7일간 대기하였다. 그 사이 메이노하마姪の濱라고 불리는 명소로 가서 상륙한 후 한 사원에 투숙하였는데 신부가 체류하는 동안 설교를 들은 승려 중 두세 명이 크리스천이 되고 싶다고 희망하였.

주[87] 군선軍船으로 2, 3문의 대포가 장착되었으며, 돛과 노를 이용하여 항해하는 300톤 내지 500톤급의 소형 쾌속선이다.

코엘류는 그 지역에 노부나가가 추방한 구보사마公方樣[88]가 있다는 것을 알았다. 그는 이번 전투를 위하여 히데요시와 함께 왔으며 비록 추방된 몸이기는 하지만 사람들은 그를 다이리內裏에 다음가는 일본의 참된 주군으로 인정하고 경외하였기 때문에 신부는 선물을 가지고 방문하였다.

구보사마는 코엘류를 특히 우대하고, 교양이 넘치는 언어를 사용하여 이야기하면서 손수 술과 안주를 내리고 마의로 만든 일본식 홑옷 두 벌을 선물하였다. 그는 오랜 시간에 걸쳐 다음과 같이 말하였다.

"이미 하나님의 가르침은 어느 정도 들었는데 전부 성스럽고 정당하며 전적으로 도리에 맞는다고 생각한다. 그러므로 자신이 원래 직책에 복귀하면 일본 66개국 전 지역에 하나님의 가르침 이외에 어떤 가르침도 전할 수 없게 엄명을 내릴 예정이다. 시모노세키를 통과할 때에 한두 번 설교를 들은 적은 있지만 길을 가는 도중이라 계속 듣지 못하였으므로 설교할 수사를 파견하여 주기를 요청한다."

그래서 파칸 레안[89]이란 관동 출신 수사가 그곳에 가서 두 시간 동안 설교하였고 구보사마와 동석자들에게 많은 만족을 주었다.

구보사마는 시모노세키에서 규슈를 향해 출발할 때 그곳에 많은 승려와 사원이 있었음에도 불구하고 그들을 조금도 신용하지 않고 교회만을 신뢰하여 그곳에 소지품을 맡겼다. 이교도들은 그가 자국인보다 외국인을 중시하고 더욱 신뢰하는 모습을 보고 놀라움을 감추지 못하였다.

주[88] 아시카가 요시아키足利義昭이다.
주[89] 예수회 회원으로 일본인 수사이다. 본래 승려이자 의사였다. 규슈 분고 지역에서 다년간 활동하였고, 1593년 그레고리오 데 세스페데스와 함께 조선으로 간 적도 있다.

후스타선과 남만 모자

히데요시는 하카타에 도착하자 2리에 걸쳐 군영을 세웠다. 무장들은 모두 자기 군영 앞에 문장이 들어간 많은 깃발을 세웠다. 코엘류는 히데요시와의 만남을 주선한 크리스천 무장들의 통보를 받고 즉시 동료들과 함께 후스타선으로 메이노하마에서 하카타로 갔다. 후스타 선내는 아침부터 밤까지 끊임없이 오가는 손님을 접대하느라고 매우 분주하였다.

히데요시는 자신의 명성을 높이기 위하여 지난 전쟁으로 철저히 파괴되어 잡초로 뒤덮인 들판으로 변한 지쿠젠 국 하카타의 조町를 재건하기로 하였다. 그는 하카타에서 반 리 떨어진 하코자키箱崎라고 불리는 곳에 군영을 설치하고 7월 19일 일요일 하카타 옛 주민들을 대상으로 토지와 거리를 구획하기로 하였다.

히데요시가 많은 배를 이끌고 바다로 나갔지만 코엘류는 그런 사정을 전혀 몰랐다. 그때 마침 히데요시가 승선한 배가 해안가에 도착하였다. 그는 후스타선을 보자마자 급히 자기 배를 젓게 하여 순식간에 신부가 타고 있는 배에 올라탔다. 일이 너무 급박하게 진행되어 선상에는 필요한 접대 준비가 되어 있지 않았다.

그러나 히데요시는 지난번보다도 더 친근하게 신부들과 담소하고 응대하였다. 신부들은 방baileo[90] 하나를 준비하여 그곳으로 안내하였다. 그 방에서 히데요시와 그와 함께 후스타선에 올라온 무장들에게 약간의 과자를 대접하고, 절인 레몬과 생강, 소량의 포르투갈 포도주를 선물로 드리겠다고 하였다. 히데요시는 먹지 않은 음식에 대하여 두세 차례 반복하여 자기는 적이 음식에 독을 섞어 넣을 수 있다는 두려움과 의심을 갖

주**90** 갑판과 배 밑바닥 사이의 공간이다.

고 있으니 그것들을 자신의 거처로 운반할 때 잘 봉인하고 충분히 신경을 써 달라고 하였다.

그는 재차 후스타선의 펌프를 작동시켜 보았다. 그는 식품을 저장해 둔 배 밑까지 내려가 살펴보고 선내를 샅샅이 훑어보았으므로 후스타선에서 그가 보지 않는 곳은 한 군데도 없었다. 그는 방에 돌아오자 손짓으로 함께 온 무장들과 코엘류를 불러 장시간에 걸쳐 신부들과 매우 흥미롭고 만족한 표정을 지으며 환담을 이어갔다. 그는 포르투갈어에 관하여 질문하고 포르투갈어로 일본이란 글자를 써 보게 하였다. 그리고 가신들에게 들으라는 듯이 그것을 여러 번 발음해 보기도 하였다. 그리고 두세 차례 "나는 선교사의 제자이다."라고 말하였다.

후스타선이 해안가에 도착하자 그 앞에는 이번에 새로 하카타에 살게 된 약 1,000명의 사람들이 모여 있었다. 그들은 두 종류의 선물, 즉 하나는 은괴들이 놓인 커다란 쟁반, 다른 하나는 쌀로 빚은 일본 술이 담긴 작은 술통 약 50개, 여기에 새, 생선 등 식료품을 가지고 왔다.

히데요시는 그들이 가난하고 의지할 데 없는 자들이기에 은은 그들에게 되돌려주고 여러 식료품은 자신이 타고 있던 후스타선에 모조리 싣게 하고 이를 코엘류에게 주라고 하였다. 신부는 앞서 배 위에서 히데요시가 지면을 구획하기 위하여 측량을 하라고 명령한 사실을 상기하고, 우리들이 일찍이 그곳에 교회를 갖고 있었고 다시 한 번 교회를 건설하고 싶으니 가신에게 이전의 우리 소유지를 돌려주게 명령하여 주셨으면 좋겠다고 청원하였다. 그는 매우 쉽게 그 간청을 들어주면서 선교사가 원하는 장소를 선택하라고 하였다. 히데요시는 이전에 땅을 소유하고 있었던 승려라도 하카타 시중에 사원이나 승방을 세우지 못하게 하고, 시외에서만 건축하라는 지시를 내리고 있었다. 우리 교회만이 이곳에서 가장 좋은 장소 중 한 곳을 차지하게 되었다. 이런 일들은 승려들과 히데요시의 모든 가신, 또 이를 들은 사람들을 극도로 놀라게 하였고, 사람들은 그때까지와 완전히 정반대로 순조롭게 진행되어가는 사태에 경탄을 금할 수 없었다.

히데요시는 후스타선에서 내릴 때에 자기 모자를 가져오라고 지시하였다. 그것은 다후다[91]로 만든 것으로서 그다지 상등품은 아니고 우리 나라에서 사용하는 깔때기와 같은 모양이었다.

코엘류는 마침 그곳에 있던 몇몇 크리스천의 충고를 듣고 때마침 좋은 기회라 생각하였기 때문에 히데요시에게 금색 끈이 달리고 다마스코 직물로 짠 황색 벨벳으로 된 새 모자를 증정하였다. 그는 이 선물에 아주 기뻐하면서 즉시 모자를 쓰고, 마침 한낮이라 볕이 강하였기 때문에 신부에게 배에 머무르고 내리지 말라고 하면서 떠났다.

포르투갈 사령관

그 다음날 월요일 오후 우리는 히데요시가 숙소로 삼고 있던 사원 내 군영을 방문하였다. 코엘류는 그가 선에 바랐던 약간의 음식을 갖고 갔다. 그것들은 모두 봉랍된 상태이며 신부의 도장이 찍혀 있었다.

우리가 군영 안쪽으로 들어가기에 앞서 어느 한 방에 많은 젊은 사무라이나 신분 있는 청년들이 모여 있었다. 그들은 고위 무장의 자제들로 하나님의 이야기를 듣고 싶어 하였다. 우리는 상당한 시간 동안 신부들이 일본에 온 목적과 가톨릭 교의를 요약한 내용 몇 가지를 이야기해 주었다. 이야기를 들으려 하는 자의 수는 점차 늘었고 모두들 큰 관심과

주[91] 광택이 있는 얇은 평직 견직물이다.

희열 속에 신부들의 이야기에 귀를 기울였다. 하지만 시간이 충분하지 않음을 아쉬워하는 모습이 역력하였다. 모두들 하카타나 오사카에서 코엘류를 다시 만나 본격적으로 가르침을 받겠노라고 말하였다.

그러던 중에 더욱 안쪽에 있는 방으로 안내되었다. 히데요시가 우리를 만나기에 앞서 그곳에서 코엘류와 동행한 수사들에게 석식이 제공되었다. 식사가 끝나자 히데요시는 자신이 있는 깊숙한 안쪽 방으로 우리들을 불러들여 즉시 그의 금 찻잔에 차를 담아 주었다. 그리고 코엘류와 느긋이 환담하면서, 선교사들은 이미 며칠 동안 이곳에서 지냈고 나가사키는 먼 곳이니까 이제 돌아가도 좋다고 하였다.

이에 앞서 히데요시는 지금까지 한 번도 포르투갈 나우선을 본 적이 없으므로 현재 히라도平戶에 입항해 있는 배를 보고 싶으니 그것을 하카타로 보내라고 명령하였다. 그렇지만 하카타에는 포르투갈 배가 들어 올 수 있을 만한 항구가 없고 암초나 얕은 물살로 인해 항해에 위험이 컸다. 이 때문에 사령관 도밍고스 몬테이로는 500크루자두 이상에 상당하는 선물을 갖고 히데요시를 방문하여 그 항해가 위험한 이유를 설명하고 무리하게 항해한다면 배를 잃을 수도 있는 중대한 위험에 반드시 부딪힐 것이라 진술하였다. 히데요시는 기분 좋게 사령관과 동행한 포르투갈인을 접견한 후 사령관에게는 훌륭한 큰 칼을 내리고 호화롭게 장식하고 알현하러 온 포르투갈인을 한 번 더 보려고 밖으로 나왔다.

히데요시는 봉랍으로 밀봉된 도장 자국印判에 매우 관심이 있음을 나타내면서 만일 소지하고 있다면 선교사의 인장과 봉랍을 보여 줄 것을 요구하였다. 그래서 수사 한 명이 히데요시의 면전에서 종이에 인장을 날인하여 보여 주자 그는 매우 기뻐하면서 몇 번인가 직접 날인하였다. 그리고 그 수사에게 여름 용 홑옷 한 벌을 선물로 주었다.

이러한 일들은 히데요시 군대 내의 귀인들과 멀리 떨어진 곳에 있는 크리스천들을 크게 만족시키고 기쁘게 하였다. 왜냐하면 이교도들이 천하의 주 히데요시가 선교사들과 하나님의 가르침에 호의를 갖고 있음을 알게 되어 적들이 악행을 시도할 용기와 담력을 잃어 버렸기 때문이다.

반대로 크리스천이 되고 싶은 자는 이 일로 인하여 크리스천이 될 수 있는 보다 큰 자유를 얻었다. 히데요시의 조카인 단바 국丹波國의 영주 단바 소장도노丹波少將殿[92]라는 열아홉 살의 젊은이가 가신들 속에 섞여 후스타선을 구경하러 왔다. 코엘류는 뒤에 그 젊은이가 누구인지를 알고 루이스 프로이스 신부를 그에게 보냈다. 그는 자신의 처소에서 하나님과 유럽의 여러 나라에 대하여 장시간 이야기하였다. 그는 감사의 뜻을 표하기 위하여 교양 있는 편지를 썼고 특별히 코엘류에게 은괴 네 덩어리를 증정하였다. 동시에 그는 코엘류에게 하나님의 이야기를 듣고 싶으니 수사를 한 명을 파견해 달라고 간절히 요청하였다. 또 낮 동안은 여러 일이 있어 시간이 없으므로 수사가 밤에 방문하는 것이 좋겠다고 하였다. 이것은 산티애고의 축일(7월 25일) 전날 생긴 일로서 포르투갈선의 사령관이 히데요시를 방문한 날에 일어난 일[93]이었다.

주92 도요토미 히데카쓰豊臣秀勝이다.
주93 일본 날짜로는 6월 19일이다.

선교사 추방령을 공표하다

선교사 추방의 이유

산티아고의 축일 3일 전에 주스토 우콘도노는 예수회 일본 부관구장 코엘류와 그의 동료들을 만나러 후스타선으로 왔다.

그는 히데요시의 악랄한 성격을 잘 알고 있었기 때문에 후스타선에서 코엘류 등과 함께 하는 시간을 다소 길게 가진 후에 우리들에게 "하나님의 사업은 늘 악마로부터 방해를 받습니다. 저는 악마가 곧 커다란 방해와 반격을 시작할 것 같다는 느낌이 듭니다. 신부들이나 우리들은 그런 사태를 충분히 대비할 필요가 있습니다."라고 하였다. 그러자 코엘류는 그에게 악마가 우리와 크리스천 종단에게 도전한다는 어떤 특별히 실마리가 될 만한 일을 알고 있는지를 물었다. 그는 특별한 소식을 듣지는 않았지만 포교가 이처럼 순조로우니 악마가 방해하지 않을 리가 없다고 확신하고 있다고 하였다. 과연 그것은 얼마 후에 현실로 나타났다.

사도 산티아고의 축일 전날 앞서 말한 것처럼 총사령관이 훌륭한 선물을 갖고 히데요시를 방문하였다. 그날 히데요시는 아무 예고도 없이 크리스천 종단의 최대 버팀목에 대한 공격을 개시하였다. 즉, 그날 밤 그는 돌연 우콘도노의 추방을 명령하였다.

히데요시가 하카타에 이르렀을 때, 늙고 사악한 조언자인 세야쿠인에게 아리마有馬 지역으로 가서 재색이 출중한 신분 있는 가문의 처녀들을 찾아 데려오라고 명령하였다. 그런데 아리마의 주민 대부분은 크리스천이어서 그는 자신이 점찍어 둔 몇몇 부녀자들의 완강한 저항에 부닥쳤다. 그런 명령에서 벗어나려고 어떤 부녀자는 정조의 서약을 내세우고, 다른 이는 양심과 하나님 대한 두려움에서 눈물을 흘리며 할 수 있는 모든 저항을 시도하였다.

이에 노인(세야쿠인)은 격노하였다. 원래 근본부터 크리스천의 적인 그는 이 기회를 틈타 자신이 전권을 위임받은 아리마에서, 히데요시가 선교사 전원을 일본에서 추방하고 기존 크리스천 종단을 전부 없애도록 하는 데 자신의 모든 힘을 다할 것이라고 공공연히 말하였다.

히데요시는 그의 발언에서 알 수 있듯이 훨씬 이전부터 하나님의 가르침에 대하여 격렬한 증오심을 품고 있었다. 교회 측이 그에게 봉사하고 신속하게 행동하며 방심하지 않은 채 그의 뜻에 거슬리는 일을 일절 피하여 왔기에 교회와 인연을 끊을 기회가 없었을 따름이다. 그런데 그날 밤에는 미친듯이 성내며 우리의 주 하나님을 모독하고 신부들과 모든 크리스천 종단에 욕설과 참언을 퍼부으며 가신들을 앞에서 다음과 같이 말하였다.

"나는 이미 이전부터 크리스천 종단을 고키나이五畿內에서 멀리하고 또한 선교사들을 그 지역에서 쫓아내려고 하였다. 그렇지만 그렇게 해도 시모(규슈) 아홉 개 국에는 여전히 많은 선교사와 교회와 크리스천이 남아있기 때문에 오늘까지 미루어 왔다. 이 시모 지방에서 악마의 종파를 파괴하면 고키나이에 있는 모든 것도 매우 간단히 파멸시킬 수 있을 것이다."

히데요시의 세 가지 질문

우리가 후스타선에서 이미 잠든 자정 무렵 아우구스티뉴 야쿠로도노彌九郎殿(고니시 유키나가)의 가신 한 명이 히데요시의 측근 아이도노安威殿와 함께 방문하여 코엘류에게 히데요시의 말을 전하였다. 우리들은 즉시 하선하여 해변에 있는 숙소로 가서 심문을 받으라는 것이었다. 두 사람은 이런 말을 전하게 되어 당혹스러워 하였고 히데요시가 격노하여 언급한 몇 가지 사항, 특히 다음 세 가지 질문을 선교사에게 전하라는 명령을 받은 사실을 알렸다.

첫째, "어떤 까닭에 너희들은 일본의 땅에서 지금까지 그렇게 행동해 왔는가? 다른 종파의 승려들을 본받아야 하지 않는가? 그들은 자기 거처나 사원 안에서만 가르침을 펼 뿐 너희들처럼 종도宗徒를 만들기 위하여 어느 한 지역 사람을 이용하여 다른 지방의 사람을 선동하지 않는다. 따라서 이후로 너희들은 모두 이 규슈에만 머물러야 하고 일본 승려들과 같은 통상적인 방법이 아닌 포교 수단을 써서는 안 된다. 만일 이것이 불만이라면 너희들은 전원 중국으로 돌아가라. 교토都, 오사카, 사카이의 수도원과 교회는 내가 접수하고 그곳에 있는 가재도구는 너희들에게 보내라고 명령할 것이다. 만일 올해 중국에서 나우선이 오지 않아 돌아갈 수 없다면 나는 너희들에게 약 10,000크루자두에 해당하는 쌀 10,000섬을 줄 테니 이를 비용으로 써서 돌아가도록 하라."라고 하였다. 그렇지만 이 비용 지불 약속은 모두 엉터리였다.

둘째, "어찌하여 너희들은 말고기와 소고기를 먹는가? 그것은 도리에 어긋나는 일이다. 말은 여행길에 인간의 노고를 덜어 주고 짐을 운반하며 전장에서 쓰기 위하여 사육된다. 농사용 소는 백성의 도구로 존재한다. 그런데 만일 너희들이 이를 잡아먹으면 일본의 여러 국 사람들은 매우 중요한 두 조력자를 빼앗기는 것이다. 너희를 포함하여 중국에서 배로 건너온 포르투갈인들이 만약 소와 말고기를 먹지 않고 살수 없다면 전 일본의 군주인 나는 다수의 사슴, 멧돼지, 여우, 꿩, 원숭이, 그 밖의 동물을 사냥할 수 있게 허락하고 그것들을 하나의 울타리 안에 넣어둘 터이니 너희들은 그것을 먹도록 하라. 너희들은 이 땅의 풍요로움을 위하여 동물들이 살고 있는 터전을 파괴해서는 안 된다. 만약 이를 거부한다면 나는 차라리 나우선이 일본에 내항하지 않기를 바란다."라고 하였다.

셋째, "나는 상거래를 하러 이곳에 오는 포르투갈인, 타이인, 캄보디아인들이 많은 일본인을 사들이고 이로 인하여 그들이 조국, 부모, 자식, 친구를 잃고 노예가 되어 여러 나라로 끌려간 것을 알고 있다. 이는 용서할 수 없는 행위이다. 따라서 너희 선교사는 지금까지 인도와 그 밖에 머나먼 땅으로 팔려 간 일본인 모두가 다시 일본으로 돌아올 수 있게 조치하라. 만일 너무 멀어 그것이 불가능하다면, 적어도 현재 포르투갈인들이 구입한 사람들만이라도 풀어 줘라. 이에 쓰인 은자는 내가 지불하겠다."라고 하였다.

코엘류는 다음 두 가지 점을 잘 알고 있었다. 우선 하나는 히데요시가 말한 내용 중 일부는 사실이 아닌 허위이며 그가 지시하겠다고 약속한 것도 모두 기만이라는 점, 다른 하나는 사람들이 히데요시에게 노예와 같은 공포심을 느끼고 그의 분노를 두려워하였기 때문에 코엘류가 세 가지 질문에 관하여 있는 그대로 하고 싶은 말을 진술한다고 해도 그 답변이 그대로 히데요시에게 전해지는 것은 아니었다는 점이다. 코엘류는 자신의 의사에 크게 반하였지만, 가슴속 생각을 훨씬 조심스럽게 말하였다.

코엘류는 먼저 첫 번째 질문에 다음과 같이 대답하였다.

"사실 우리는 천지 창조주의 가르침과 구원받기 위하여 사람들이 걸어야 할 진리의 길을 일본인에게 설파할 목적으로 많은 곤란과 위험과 비용을 아끼지 않고 유럽에서 건너온 사람입니다. 실제 세계에서도 특히 이 지역(동양)에 있어 일본인만큼 자유로운 국민은 없습니다. 그러므로 누구 하나 크리스트교를 강제한 사람도 없으며, 힘들일 필요가 전혀 없이 그저 도리와 진리가 인도하였을 따름입니다. 원래 일본인은 이성을 매우 중시하는 국민이므로 그들은 하느님이 가르친 바를 굳게 믿고 매우 쉽게 자신의 우상을 버릴 수 있었습니다. 신불로는 구원받을 수 없다고 깨달은 것입니다. 우리가 사람들에게 이 가르침을 전하면서 여러 국을 방문하고 한 지방에서 다른 지방으로 여행한 것은 사실입니다. 왜냐하면 우리는 외국인이며 이 가르침이 그들 귀에 익숙하지 않기 때문에 우리가 사람들을 찾아가지 않으면 다른 방법으로 우리의 가르침을 퍼트릴 수 없었습니다."

두 번째 질문에 대한 답인데, "우리 나라에서는 말고기라든가, 일본인이 먹는 원숭이, 고양이, 쥐, 꿩, 그 밖에 이런 종류의 동물을 먹는 습관은 없습니다. 그렇지만 말한 대로 소고기를 먹는 것은 사실입니다. 이것은 세계에서 가장 오래된 습관이며 국가에 어떤 손실을 끼치거나 농업에 해를 주는 일 없이 이 습관은 유지되고 있습니다. 왜냐하면 대량의 가축이 식용으로 사육되고 있기 때문입니다. 신부들은 포르투갈 배가 입항하면 같은 나라 사람들과 함께 간혹 그것을 먹기도 하지만 고키나이와 그 외에 멀리 떨어진 곳에 흩어져 있는 신부들은 이미 일본 음식에 익숙해져 있습니다. 우리 신부들은 일본에 온 포르투갈 상인들에게 주의를 환기시키겠습니다. 다만 일본인이 포르투갈 상인들에게 고기를 팔러 오는 이상 그들이 과연 소고기를 먹지 않을 수 있는지 보증할 수 없습니다."

세 번째 질문인 일본인 매매는 "제가 특히 엄격히 금지해 달라고 전하에게 간청을 드리기 위하여 이미 준비하였던 건의서 중 가장 중요한 항목입니다. 일본인과 같이 명예를 매우 존중하는 국민에게 인신매매를 자행한다는 것은 설령 그것이 그들 간 문제이고 국외에서 이루어지는 행위일지라도 믿음을 저해하는 일임이 틀림없고 참담한 마음을 가눌 수 없습니다. 다만 이런 증오할 행위는 규슈 아홉 개국에만 퍼져 있고 고키나이나 관동 지방에서는 보이지 않습니다. 우리 신부들이 이러한 매매와 노예를 폐지시키기 위하여 얼마나 노력했는지 모르실 것입니다. 그렇지만 외국선이 무역을 하러 내항하는 항구의 영주가 이 행위를 엄중히 금지하는 것이 가장 중요합니다."

이런 답변이 이루어진 후에 히데요시는 주스토 우콘도노에게 준 조목별 선고문을 선교사에게 보여 주라고 사자들에게 명령하였다. 그는 선고를 통해 하나님의 가르침을 비난하고 자신을 지극히 섬긴 죄 없는 인물(우콘도노)을 더없이 가혹한 방법으로 처벌하였다.

크리스트교와 일향족—向宗의 비교

이날 밤은 마치 한 무리의 악마가 그 악랄하기 짝이 없는 독재자 히데요시 가슴속으로 숨어 들어갔다고 생각할 수밖에 없었다.

우리에게 보여 준 히데요시의 호의가 가짜임이 드러나기 시작하고 그가 격렬한 증오를 한꺼번에 뿜어내는 것을 보자, 당초 우리의 친구처럼 행동하고 우리를 친구라고 이야기하던 이교도들은 손바닥을 뒤집듯이 태도를 바꾸었다. 히데요시 머릿속에 많은 헛된 생각이 들 때마다 그들의 분노도 불길처럼 타올랐다. 히데요시를 추종하기 위하여 그의 모든 부정을 인정하고 그를 칭찬하며, 아첨으로 가득 찬 말로 신부들에 대한 그의 분노에 동조하였다. 이처럼 그들은 악의에 가득 차 히데요시의 소행에 갈채를 보냈다.

이 독재자가 절대적이고 강력한 군대를 규슈에 집결시킨 것은 결코 사쓰마 군주와 싸우기 위한 것이 아니었다. 왜냐하면 그는 승리를 거둔 후에도 사쓰마 여러 국이 거의 변화 없이 평온하게 살도록 허락하였기 때문이다. 그 대신 그는 악의와 계략의 창끝을 성스러운 복음의 선포, 전능하신 하나님, 신성한 가르침, 크리스천의 종단으로 향하게 하였다. 이를 통해 예수회가 약 40년에 걸쳐 노고, 땀, 혹한과 폭염, 위험과 고뇌와 싸우면서 키어 온 성과를 단시일 내에 소멸시키고자 하였다.

다음날 영광스런 사도 산티아고의 축일, 매우 일찍 일어난 히데요시는 인사하러 온 귀족과 고위 가신들의 면전에서 보다 격렬한 증오와 분노로 재차 신성한 가르침과 신부들을 모독하며 다음과 같이 말하였다.

"일본의 조상, 이자나미와 이자나기의 자손인 우리는 처음부터 신과 부처를 숭경해 왔다. 만약 우리가 이 개들(선교사)이 하자는 대로 내버려 두면 우리 종교와 그 가르침은 잊힐 것이다. 그 놈들은 방대한 지식과 계략을 지닌 자신들의 가르침에 권위를 부여하려고 지금까지 나의 호의와 비호를 이용하여 왔다. 나는 그 놈들의 기만과 허위에 쉽게 속지 않겠지만 조카들과 귀족 두 명은 걱정이다. 선교사들의 막힘없이 교묘하게 꾸민 말과 우리에게 준 단 음식 속에 독이 감추어져 있기 때문이다. 만약 내가 깊은 주의와 자각으로 대처하지 않았다면 나 또한 이미 속았을 것이다.

어느 면에서는 일향종과 유사하지만 나는 그 놈들이 훨씬 위험하고 유해하다고 생각한다. 왜냐하면 너희도 알고 있듯이 일향종은 백성이나 신분이 천한 자들 사이에만 전파되었음에도 서로 단결하여 가가 국에서 영주를 추방하고 오사카의 승려를 국주이자 주군으로 맞이하였다. 오사카 승려(겐뇨)는 나의 궁전大坂城과 나의 눈앞에 있으며,[94] 나는 그가 성을 쌓거나 저택에 방벽을 설치하는 것을 허락하지 않았다. 그러나 그 놈들(선교사)은 높은 지식을 바탕으로 다른 방법을 써서 일본의 중신, 귀족, 명사를 포섭하고자 활동하고 있다. 그들 상호 간의 단결력은 일향종보다도 공고하다. 그들이 이런 매우 교활한 수단을 써서 일본의 여러 국을 점령하고 정복하려 한다는 것은[95] 티끌만큼도 의심할 여지가 없다. 모든 크리스트교의 신도가 그 종문에 철저하게 복종하고 있기 때문이다. 나는 그러한 모든 악을 처벌할 것이다."

히데요시는 가신 두 명을 파견해 코엘류에게 또 다른 말을 전하였다. 그들은 크리스트 신자가 어떤 이유에서 신과 부처의 사원을 파괴하고 그 상을 불태우고 그 밖에 이와 유사한 모독 행위를 하는가를 물어보라는 분부를 받았다고 하였다.

코엘류는 아직 후스타선에 있었다. 사자들이 말을 전달하기에 앞서, 히데요시는 다른 인물에게도 위와 같은 말을 전하게 하였다. 그는 앞선 두 명보다 늦게 도착하였지만 코엘류는 다음과 같이 대답하였다.

"그대들은 전하에게 아뢰시오. 신부는 신과 불, 또는 신불상像과 어떤 관계도 없는 자입니다. 그렇지만 크리스천들은 우리의 가르침을 듣고 진리를 알게 되었고 새롭게 믿게 된 크리스트교의 가르침 외에는 구원받을

주94 오사카 성 강 건너 덴만天滿에 있는 혼간지本願寺 지나이초寺內町를 말한다.
주95 선교사들을 포르투갈과 스페인의 해외 정복 사업의 첨병으로 보는 시각이 존재하였다. 프란치스코 파시오가 1587년 10월 4일 자로 히라도平戶에서 발신된 서간에 따르면, 히데요시가 일찍이 오다 노부나가에게 이러한 의구심을 표하자, 노부나가는 그렇게 먼 곳에서 일본 정복에 필요한 병력을 충분히 보내오는 것은 불가능하다고 대답한 일화가 있다. (『フロイス日本史』1, p.334)

수 없다는 사실을 깨달았습니다. 그리고 그들은 승려들과 같은 일본인이며 어릴 적부터 불교 종파와 그 가르침 속에서 자라 온 사람임에도 불구하고 신이나 부처 또는 그것들이 안치된 사원이 전혀 도움이 되지 않음을 알았습니다. 그들은 크리스천이 되고 나서는 하나님이 주신 빛과 진리를 확신하고 우리들이 설득하거나 권고하지 않아도 자신들의 구원이나 현실의 이익에 도움이 안 된다고 스스로 결단해서 신불의 상을 파괴하거나 훼손시킨 것입니다."

사자는 이 대답을 듣고 돌아갔다.

선교사 추방령

다른 두 명의 사자도 장황하게 말하였지만 결론은 다음과 같았다. 히데요시의 말인즉, "너희들은 일본 종교에 위배되고 해로우며 여러 국을 황폐시키고 천하를 파괴하는 악마의 악랄한 종교를 언제까지 퍼트리려 하는가? 나는 일본 땅 어디에도 너희들이 머무르는 것을 원하지 않는다. 지금부터 20일 이내에 일본에 흩어져 있는 자들을 모아 일본의 모든 국에서 퇴거하라."는 것이었다.

이를 위한 한 통의 포고가 사령관 도밍고스 몬테이로에게 주어졌다. 그는 아직도 우리와 같이 후스타선에 있었다. 그것은 일본어로 쓰였고 붉은 도장이 찍혀 있었다. 그것을 축차 번역하면 다음과 같다.

천하의 주(히데요시)의 결정[96]
1. 일본은 신들의 나라이므로 선교사들이 크리스천 나라에서 악마의 가르침을 설교하기 위하여 온 것은 매우 나쁜 일이다.
2. 이들은 일본의 여러 국과 영지에 와서 그 종파의 신도를 만들고 신과 부처의 사원을 파괴하는데 이런 일은 일본에서 지금껏 단 한 번도 들어

본 적이 없다. 천하의 주가 사람(무사)들에게 국國, 조町, 무라村와 봉록을 준 것은 당대에 한정한다. 그들은 천하의 법과 규정을 조금도 어기지 말고 준수하여야 할 것이다. 또한 민중이 이런 소동을 일으켰다니 이는 마땅히 처벌하여야 한다.
3. 만일 천하의 군주가 크리스천의 의향에 따라 선교사들이 고상한 지혜의 법을 갖고 행동하도록 허락한다면 [앞서 말한 것처럼] 그들은 일본의 법을 파괴할 것이다. 그러나 그것은 매우 부정한 일이기 때문에 나는 선교사가 일본에 머물러서는 안 된다고 결정한다. 따라서 오늘부터 20일 이내에 그들은 신변을 정리하고 자국으로 돌아가야 할 것이다. 만약 이 기간 중에 그들에게 해를 끼치는 자가 있다면 그자는 처벌을 받을 것이다.
4. 포르투갈 나우선이 상거래를 하러 온다면 그것은 전혀 별개의 일이므로 조금도 방해받지 않고 거래를 할 수 있다.

주96 『松浦家文書』에 실린 원문은 다음과 같다.
1. 일본은 신국이므로 크리스천 국가로부터 사법邪法을 전래받는 일은 매우 옳지 않다.
1. 그 국군國郡에 사는 사람을 문도門徒로 삼아 신사와 불각을 파괴한다는 것은 전대미문의 일이다. 무사 가신給人에게 국군재소國郡在所의 토지 지배권知行등을 준 것은 당대에 한정한다. 천하てんか가 내린 법도를 잘 지켜 모든 일을 그 뜻에 맞게 처리하여야 하는바, 아래 백성이 이를 어기니 처벌하여야 할 것이다.
1. 선교사는 지혜가 있어 마음대로 시주자를 가져도 좋다고 허락하였는데 앞서와 같이 일본 지역의 불법佛法을 파괴하니 처벌하지 않을 수 없다. 선교사를 일본 땅에 둘 수 없으므로 오늘부터 20일 내에 준비가 끝내는 대로 귀국하라. 그 사이에 누구라도 선교사에게 시비를 거는 자가 있으면 그자는 처벌을 받을 것이다.
1. 흑선포르투갈 선은 상거래에 관한 것이므로 이것과는 별개이다. 언제나 거래할 수 있다.
1. 지금부터 불법佛法을 어지럽히지 않는 자라면 상인은 말할 것도 없고 어느 누구라도 크리스트 국에서 왕래하는 데 어려움이 없을 것이다.
이상
덴쇼天正 15년 6월 19일 고슈인御朱印

5. 앞으로 상인뿐만 아니라 인도에서 오는 어떠한 사람들이라도 신과 부처의 가르침을 방해하지 않는다면 자유롭게 일본에 올 수 있다.

이상을 알린다.

덴쇼天正 15년 6월 19일

우리에게 이러한 전언을 통보한 사자가 떠나갔다. 히데요시의 군대에 참가하여 그곳에 있게 된 크리스천들은 히데요시의 극악한 성격을 알고 있었으므로 야수의 노여움이 점점 더 커져 가는 것을 보고 비탄과 우려를 금할 수 없었다. 그들은 코엘류에게 신부 신분을 생각해 더 이상 히데요시의 노여움을 부추기지 말라고 충고하였다. 크리스천들은 히데요시가 얼마나 잔인한지를 알고 있었기 때문에 그 누구도 신부와 크리스천 종문에 대하여 단 한마디도 변호할 수 없었다. 누군가가 그 같은 행동을 한다면 히데요시는 자신의 노여움을 풀기 위하여 매우 간단히 그를 처형해 버릴 것이다. 히데요시는 언제나 사소한 일로 일본인을 그렇게 대하고 있었다. 우리 일동과 외부에서 온 몇몇 크리스천은 처형당할 것을 미리 대비하는 일이 가장 중요하였기 때문에 후스타선 위에서 고해를 마쳤다.

코엘류는 동행하고 있던 수사 세 명을 격려하고 우리를 기다리고 있는 독배를 용기를 내 마시자고 말하였다. 히데요시가 우리 육체에 직접적인 악마적 분노와 증오를 쏟아 내지는 않았지만 그에 못지않은 잔혹하고 난폭한 보복을 한 것에 대해서는 나중에 서술한다.

추방령의 내용

히데요시는 유럽인 선교사와 수사뿐만 아니라 현재 가르침을 퍼트리고 있는 일본인 수사도 일본에서 추방시킬 자에 해당되며 그들이 일본에 머무른다면 죽여 버릴 것이라고 하였다. 무시무시한 노여움에 불타오르던 그는 독살스러운 욕망을 만족시키려고 다음과 같이 결정하였다.

1. 상품[97]을 소지하고 나우선으로 일본에 오는 포르투갈인은 일본에 하나님의 가르침을 퍼트리는 어떤 자라도 동행해서는 안 된다.
2. 하카타에 교회를 세우라고 예수회에게 주었던 토지는 즉각 다른 사람들에게 분할하고 승려들은 당초와 같이 하카타의 시내에 사원과 신사를 건축하라.
3. 선교사들이 악마의 가르침을 퍼트리고 신과 부처의 가르침을 파괴하였기 때문에 그들을 일본에서 추방하게 된 경위를 널리 알리고 이 내용을 적은 포고문高札을 하카다의 공공장소에 게시하라.
4. 크리스천 가신들은 십자가가 그려져 있는 깃발을 배와 군영에서 제거하라.
5. 마찬가지로 크리스천들이 목에 걸고 있는 기도용 콘타스(로사리오=묵주)와 성유물聖遺物 용기를 몰수하라.
6. 일부 크리스천 무장과 세례를 받은 지 얼마 안 된 귀인들은 구마노곤겐 熊野權現이란 우상에게 혈판血判 맹세를 하고 크리스트교 신앙을 버려라. 이를 따르지 않는 자는 선교사들과 함께 중국으로 가야 하고 그러지 않고 일본에 남는다면 죽음을 면할 수 없을 것이다.

   일부 소심한 자들은 이교도가 될 마음은 없었지만 히데요시와 타협하기 위하여 겉으로는 그 명령에 복종하는 편이 좋다고 생각하였다. 또 그것을 통해 자기 생명과 영지, 자기 영내의 크리스트교 종단을 구할 수 있다고 생각되어 양보하였다. 이런 자들은 예닐곱 명이었다.
7. 돈 바르톨로메우[98]가 교회에 준 나가사키長崎 지역과 돈 프로타지우[99]가 신부들에게 준 우라가미浦上 땅을 히데요시 것으로 삼아 몰수하라.

주[97] 포목류를 말한다. 당시 포르투갈 선박이 일본에 가져온 상품은 생사와 견직물이 수위를 차지하였다.
주[98] 오무라 스미타다大村純忠이다.
주[99] 아리마 하루노부有馬晴信이다.

8. 가신 두 명은 크리스천의 모든 소유물을 차지하고 나가사키 마을을 지키던 성벽을 파괴하라.
9. 포고문 한 통을 반포하고[이에 대한 자세한 내용은 후술한다], 나가사키의 가난하고 쇠락한 크리스천들[그들은 중국에서 나우선이 입항할 때 선원에게 집을 빌려주어 생계를 꾸리는 이외에는 어떤 수입도 없고 겨우 풀칠하며 살아가는 사람들로서 1년의 태반은 산과 들에서 풀뿌리를 캐어 생명을 유지한다]은 히데요시에게 은 500매,[100] 가신 두 명에게 은 50매를 바쳐라.
10. 오무라와 아리마 지역의 여러 성을 파괴하라.[101]

    이를 위하여 크리스천의 적인 이교도들을 파견하였다. 이들은 교회를 불사르고 십자가를 잘라 내고 크리스천을 약탈하고 그 밖에 많은 모욕적이고 파렴치한 일을 통해 하나님이 주신 돈 바르토 로메오의 영지에 참담한 피해를 입혔다.
11. 사카이와 교토의 도시 및 사람들의 출입이 많은 중요 여러 국, 예를 들면 야마토 국의 나라 시가지와 다수의 순례자들이 모이는 기이 국 고야 高野의 절들과 이세 국 아마테라스오미카미天照大神 신사에 하카타에서 행한 것처럼 포고를 내려 악마의 가르침을 설파한 죄로 우리들을 일본에서 추방한다는 취지를 알렸다.
12. 우리의 교토 교회와 수도원, 오사카의 교회와 수도원, 나아가 사카이의 수도원을 히데요시 자신의 것으로 몰수하였다. 모두 여러 도시에서 가장 훌륭한 건축물의 일부였다.

주100 은 100매는 4콘투conto 30크루자두cruzado, 즉 430크루자두였다. 크루자두는 당시 포르투갈 통화 단위이며 1크루자두는 약 3.5g 금화였다. 또 금 1매는 대략 은 43몬메(은 10매)이자 43크루자두로서 은 1매는 4.3크루자두이었다.

주101 이상 열 개 조항은 히데요시 추방령에 들어 있는 내용이다. 아래 11조에서 19조까지는 당시 실제 시행된 크리스트교 탄압 내용이 적혀 있다.

13. 오르간티노 신부가 교회를 짓기 위하여 사카이에 모아 놓은 좋은 목재를 전부 히데요시의 사업을 위하여 가져갔다.
14. 교토에서 크리스천이 자기 비용으로 새로 건립한 자비慈悲의 교회를 그 늙은 색마 주선인(세야쿠인 젠소)에게 주었다. 그는 즉시 그것을 해체하고 자신의 땅 안에 여러 건물을 세웠다.
15. 지난 전쟁에서 빛나는 무훈을 세운 간베에도노官兵衛殿[102]에게 후젠 국豊前國을 주겠다고 약속하였지만, 그가 크리스천이고 우리 가르침을 듣고 세례를 받으라고 귀인들을 설득하였다는 이유로 크게 질책하고 그에게서 그곳을 몰수하였다. 그 후 이 입장을 계속 유지할 수 없게 되자 그에게 재차 후젠 국을 주었지만 상당 부분은 속여 빼앗았다.
16. 완성되지는 않았지만 종래 일본에 세워진 교회 중 가장 뛰어난 나가사키의 교회를 고바야카와小早川[103]에게 주었고 그는 그것을 지쿠젠筑前으로 옮겨 창고로 썼다.
17. 그 밖에 예수회가 나가사키에 자비로 건축한 새 수도원의 4분의 1과 히라도 교회와 수도원을 모리 이키노카미毛利壱岐守[104]라는 하나님 말씀의 적인 이교도에게 주었다.
18. 규슈의 여러 교회에 있는 시계는 도로 가져가라고 하였다.
19. 마찬가지로 히데요시는 하카타에서 오사카로 출발하기에 앞서 자신은 오사카 성의 크리스천 부인들을 믿을 수 없으며 성에 불을 지를까 염려되므로 이들을 추방하라고 오사카에 전하였다.

우리가 하카타에서 히라도로 출발하기에 앞서 히데요시는 비서를 통하여 포고문 두 통을 코엘류에게 보냈다. 그 한 통은 교토·사카이·오사

주102 구로다 요시타카黒田孝高이다.
주103 고바야카와 다카카게小早川隆景이다.
주104 모리 요시나리毛利吉成이다.

카 지방으로 보냈고, 다른 한 통은 코엘류가 보관해야 하는 것으로 거기에는 다음과 같이 적혀 있었다.

"나 히데요시는 20일이라는 말미를 주고 그 사이에 선교사들은 모두 일본에서 퇴거하라고 명령하였지만, 아직도 계절풍은 불지 않고 승선할 배도 없다는 것을 지금 알았다.[105] 그러므로 나우선이 중국을 향해 출발하기 전까지 기간을 연장한다. 그 동안 히라도로 집결하라."

우리가 추방되어 박해를 받게 되자 히라도 승려들의 만족과 희열은 믿지 못할 정도로 컸다. 왜냐하면 그들은 사쓰마의 승려들과 마찬가지로 우리에게 깊은 증오심을 품고 있었기 때문이다. 그들은 다시 신도들이 선물을 가지고 찾아오는 신분이 되었고 승려들의 명예가 만회라도 된듯이 신도들이 모여들었다.

나가사키의 교회와 크리스첸

히데요시가 크리스첸에게 은 500매를 징수하기 위하여 사자 두 명을 나가사키로 파견하기 전에, 크리스첸 한 명이 아직 하카타에 체류하던 코엘류에게 은밀히 연락을 해 왔다. 사자 두 명이 얼마나 가혹한 짓을 행하러 가는지를 나가사키의 신부들과 크리스첸들에게 미리 신속히 알리고, 당시 나가사키에 일본 교회를 구제하고 유지할 모든 것이 있으므로 특히 교회 재산을 지키라고 권고하였다. 이 보고는 나가사키에 전달되었다.

우리 신부들은 급히 서둘러 교회를 정리하고 제단의 장식 판을 떼어 냈다. 또 가능한 주의를 기울이면서 밤을 틈타 중국에서 온 나우선이

주[105] 나우선은 11월이나 2월 북서풍을 이용하여 출항하였고 여름에는 출발할 수 없었다. 히데요시가 나중에 이를 알았다는 점에서 추방령 자체는 다소 우발적인 상황에서 나온 것으로 추정된다.

월동하고 있는 히라도로 보내기 위해 중요한 가재도구와 수도원에 있는 교회 제기를 두 척의 배에 나누어 실었다. 이 배들은 도중에 나가사키로 가고 있던 히데요시 가신들의 배와 마주칠 수도 있는 모험과 위험 속에 놓여 있었다. 실제로 가재도구로 가득 찬 우리의 두 척 중 한 척의 배가 그들 배와 조우하였다. 그들의 배는 바람의 반대 방향에 있었기 때문에 노로 전진하고 있었고, 반면에 교회의 배는 날씨의 보살핌을 받아 돛을 이용하여 나아가고 있었다. 이 배에는 교회의 진실한 친구이며, 믿을 수 있고 머리가 좋은 안토니오 데 아부레우라는 크리스천이 타고 있었다. 상대방이 어떤 배이며 어디에서 와서 어디로 가는지를 묻자 그는 매우 교묘하게 핑계를 대며 응답하였기 때문에 어려움 없이 통과하였다.

관리들이 나가사키에 도착하면 그들을 온화하고 친절하게 대하라고 코엘류가 매일과 같이 통보하였기에 교회와 나가사키 사람들은 가능한 그러려고 노력하였다. 특히 이교도 관리들은 뇌물을 원하였지만 가난한 크리스천들은 그들에게 뇌물을 줄 수도 히데요시의 지시대로 헌금을 낼 수도 없어 자연히 예수회 유지비 중에서 일단 그들에게 큰돈을 쥐어줄 필요기 있었디. 그 결과 그들은 교회에 대해 무례한 짓을 하지 않았고 단지 임무를 수행하기 위하여 마을 주변의 담을 파괴하는 데 그치고 십자가나 나가사키의 교회를 부수지 않았다.

관리 중 한 명은 히데요시가 하카타를 출발하기 전에 최대한 많은 은을 징수해 와야 해서 가난한 크리스천들을 우려내고 착취하기 시작하였다. 결국 그는 크리스천들로부터 4콘투 30크루자두에 상당하는 은 백 매를, 나아가 그곳에 살고 있던 포르투갈 기혼자들로부터 징수액 대부분을 거두었다. 포르투갈 사람들은 급히 달려와 원조해 주었을 뿐만이 아니라 자기 비용으로 마련한 선물로 방문한 관리들을 달랬다.

먼저 온 관리가 이렇게 모은 은을 갖고 히라도에 도착하자 이미 그곳에 와 있던 코엘류가 다시 은과 옷감을 선물하였다. 그는 500크루자두를 준다면 선교사와 수사들이 적어도 규슈 지방에 남을 수 있도록 히데요시와 교섭할 여지가 있는지 알아보겠노라고 문서로 약속하였다. 그는 탐욕을 채우기 위하여 이런 약속을 한 것이며 히데요시에게 선교사를 위하여 말을 전하려는 자는 아무도 없었다. 그런 일은 가능하기는커녕 상상조차 할 수 없었다.

극악무도한 악마와 같은 히데요시의 사악한 마음은 여기서 그치지 않았다. 첫 번째 가신이 가난하고 비참한 크리스천으로부터 4콘투 30크루자두를 빼앗아 간 후에 다시 8콘투 60크루자두를 내라는 히데요시의 말이 전달되었다. 이번에 크리스천들에게 은을 징수할 관리는 그때까지 히데요시에게 어떤 공도 세우지 못하였기에 이번만은 제대로 일해야겠다며 1,200크루자두를 걷지 못하면 절대로 돌아가지 않을 것이라고 하였다. 이 잔인한 집행인은 다시 불쌍한 사람들에게 포학하게 굴고 착취하기 시작하였다. 그 학대와 비열함이 너무나 심해서 이를 본 자는 무엇이라 비유할 수 없는 비탄에 빠졌다.

사실 크리스천들은 극도로 가난하였기 때문에 이런 요구에 응할 수 없어 어떤 자는 집을 팔고 어떤 자는 옷을, 혹은 식용으로 보존해 왔던 쌀을 팔 지경이었다. 10크루자두 값어치가 나가는 물건을 2크루자두로 내어놔도 사 주는 사람이 없었고, 고통과 불안이 극에 달하여 어떤 자는 열한 살 되는 자식을 5, 6개월 동안 팔아 징수액을 채웠다. 나가사키의 집집마다 빈민들이 흘린 눈물과 탄식이 가득 찼다. 의지할 곳 없는 비참한 사람들은 결국 이런 대량의 은을 지불할 수 없었다. 극도로 궁핍한 그들이 징수에 응하지 않으면 형벌을 받기 때문에, 교회가 재차 부담을

지고 대신 지불해 줄 수밖에 없었다. 그리하여 교회는 550크루자두 이상을 지출하게 되었다.

사카이에서의 물고문

히데요시는 고키나이에 도착한 후 즉시 사카이에서 다른 포악한 행동을 하였다. 그 경위는 다음과 같다.

히데요시는 이전부터 이 도시에서 싸움과 소동을 일으키는 행위를 금지하였다. 그것은 정의를 사랑하는 열정 때문이 아니라 순전히 사적 이익 때문이었다.

히데요시가 규슈에서 전쟁할 때에 사카이 시에서 이교도인 젊은 형제 두 명이 아버지의 유산 분배로 다투다가 그중 한 명이 다른 한 명을 살해하였다. 히데요시가 이 사실을 알자 감옥을 짓도록 명령하고 형제가 사는 조町의 중요하고 부유한 사람들과 다른 조에 사는 이들의 연고자 100명을 투옥시켰다. 이들은 모두 대단히 명망 있는 중요 사카이 주민이었다. 그들이 이러한 조치를 받을 이유는 전혀 없었지만 그럼에도 불구하고 히데요시는 그들을 물고문에 처하라고 명령하였다. 물을 먹어 배가 부풀어 올라 움직일 수 없게 되자 형리가 배 위에서 두 발로 밟고 힘을 주면 그들의 입과 코와 귀에서 물이 흘러나왔다. 이를 한 사람당 네다섯 번이나 연달아 되풀이하였다. 더욱이 그들을 더욱 괴롭히기 위하여 나병 환자만이 식사를 배급하게 하였다.

히데요시의 목적은 결국 벌금으로 20,000크루자두에 상당하는 금 500매를 바치게 하는 것이었다. 지금까지도 이런 포학한 부정행위는 그치지 않고 있다.

히데요시와 히데쓰구의 성품 비교

히데요시는 진실을 말하는 일이 거의 없었다. 들리는 바에 따르면 그렇게 해서 자신에게 거짓말을 한다고 판단되는 자를 속일 수 있다는 것이다.

그는 이전에 포르투갈인들에게 은을 주고 중국의 나우선에 있는 일본인을 되사서 그들에게 자유를 주겠노라고 하였다. 하지만 그 후에 일본인을 데리고 오라고 명령하면서 포르투갈인에게 대가를 지불하지 말라고 하였고 실제로 그렇게 하였다.

나아가 그는 300피코[106]의 비단을 1피코 당 126크루자두에 넘길 것을 나우선에 명령하고, 다른 모든 상인들에게는 1피코에 138크루자두로 사들였다. 그것들이 가난한 과부와 고아들을 부양하기 위한 것임을 알면서도 조금도 동정하지 않았고 오히려 비단이 사카이에 무사히 도착한 것을 기뻐하였다.

원래 그는 고귀한 명문 출신이 아니었기에, 일본에서 상행위에 손대는 일이 천하의 주는 물론[그 이전에 누구도 그런 짓을 했던 자는 없었다], 어떠한 귀인들도 하지 않는 천박한 행위이며 얼마나 심하게 타락하고 불명예스러운 일인지를 느끼지 못하였다.

마고시치로도노孫七郞殿(도요토미 히데쓰구)는 백부인 히데요시와 전혀 달라 모든 이들이 사랑하는 성격의 소유자였다. 특히 금욕을 지키고 야심을 품지 않았다. 일본에서는 자연에 거스르는 악습인 남색男色이 일반적으로 행해졌는데 그는 그것을 싫어하였다. 수일 전에도 가신 한 명이 다른 사람에게 일본에서 그때까지 한 번도 들어 본 적이 없는 행위를 범하자 가신을 죽였다.

주**106** 피코pico는 옛날의 중량 단위이다. 1피코는 약 61Kg이다.

다카야마 우콘과 명예

아카시明石(우콘도노의 영지)에서는 이미 2,000명 이상이 크리스천이 되었다. 그 숫자는 더욱 더 늘어날 터였지만 무사나 농민 모두 전쟁 준비로 바빴기 때문에 신부들은 개종 사업을 중단할 수밖에 없었다.

규슈로 출발할 즈음 우콘도노는 가신들과 함께 전원이 고해성사를 하고 성체배령이 가능한 자는 성스러운 비적秘蹟을 받는 등 준비를 훌륭하게 하였다. 병사들 중 어떤 자는 십자가가 붙은 깃발을, 또 다른 자는 십자가나 주님의 수난 장면이 묘사된 옷을 입고 있었다. 일본의 크리스트천들은 이와 같은 휘장을 매우 좋아하였다.

이번에는 전장이 멀었고 전쟁이 상당히 길어질 조짐을 보였기에 우콘도노는 소수 가신만 거느리고 출발하였다. 기마병 100명, 보병 600명, 그밖에 다수의 잡역부와 짐꾼 외에는 동행하지 않았다.

히데요시는 위의 전언을 신부에게 선포하기에 앞서 우콘도노와 절교하기로 결심하였다. 크리스천들로부터 대들보를 빼앗아 버리면 나머지 세력은 약화될 수밖에 없기 때문이다. 그는 사자를 파견하여 우콘도노에게 다음과 같이 말하였다.

"크리스천의 가르침이 일본 내 신분 있는 무사와 무장들의 사이에도 널리 퍼지고 있는데 그것은 우콘이 그들을 설득한 데에 기인한다는 사실을 잘 알고 있다. 나는 이것을 불쾌하게 생각한다. 왜냐하면 크리스천들이 피를 나눈 형제 이상의 단결력을 보여 천하에 폐해를 가져올까 염려스럽기 때문이다. 마찬가지로 나는 우콘이 전에는 다카쓰키高槻 사람을, 지금은 아카시 사람을 크리스천으로 만들어 절과 신사와 암자를 파괴시킨 것을 알고 있다. 이런 일들은 모두 크나큰 악행이다. 따라서 만일 앞으로 그대가 신분을 유지하려면 즉시 크리스트교를 단념하라."

크리스트교의 용감한 사령관이며 기사인 우콘도노는 겁을 먹지 않고, "내가 전하를 모욕한 기억은 전혀 없고 다카쓰키의 부하나 아카시의 가신들을 크리스천으로 삼은 것은 나의 공적[즉 뛰어난 행위]입니다. 설령 전 세계를 준다고 해도 크리스트교를 단념하지 않을 것이며 제 영혼의 구원과 바꾸지 않을 것입니다. 따라서 나의 신분, 봉록, 영지는 전하가 마음대로 처리하십시오."라고 답하였다. 당시 그의 봉록은 한해에 70,000섬俵[107]이었다.

히데요시는 밤중에 우콘도노에게 연달아 사자를 보냈다. 그는 분노에 차 미친 사람같이 끔찍한 말을 쏟아부으며 우콘도노에게 추방 사실을 알렸다. 평생 동안 매우 관대하고 우수한 사령관에 대한 더할 나위 없는 부당한 처사이며 온통 허위 덩어리였다. 하지만 이러한 불명예나 허위는 무엇 하나도 그의 인품이나 빛나는 명성을 훼손하거나 더럽힐 수 없었다. 왜냐하면 그의 명성과 공적과 생애는 일본 내에 알려져 있고 매우 드문 그의 재능은 천하의 모든 무장과 영주로부터 사랑을 받고 있었기 때문이다.

다음날 이른 아침, 우콘도노는 자신을 섬기는 중요 가신과 무장들을 불러 다음과 같이 말하였다.

"너희들은 오늘까지 이번 사건의 경과를 지켜봤다. 내 자신은 이를 조금도 유감으로 여기지 않으며 오히려 나의 신앙을 표명할 수 있고 또한 우리 주 하나님의 명예와 영광을 위하여 다년간 바라던 고난을 경험할 기회를 주신 데에 대하여 매우 기쁘게 생각한다. 하지만 지금 단지 한 가지 근심은 너희들이다. 너희들은 나와 함께 천하의 주에 봉사하려고 큰 위험에도 목숨을 걸고 나에게 전력을 다해 주었다. 너희들은 용기를

주**107** 70,000섬을 석고石高로 환산하면 대략 35,000석이다.

보여 주었고 적지 않은 명성과 영예를 획득하였다. 그렇지만 나는 유감스럽게도 지금 이에 대하여 보답할 수 없다. 하지만 너희들에게 직접 은혜를 갚을 수 없으니 나는 그것을 전능하신 하나님의 강력하고 위대한 손에 맡긴다. 왜냐하면 너희가 크리스천이며 그 가르침을 깨달은 이상 현세에서는 너희들이 박해로 인하여 세속적인 재산을 얻지 못할지라도 내세에서는 하나님이 현세의 노고에 대한 보답으로 무한의 영광과 재산과 보물을 주실 것이기 때문이다. 여기서 다시 한 번 부탁하건데 너희들에 대한 애정에서 진실로 바라는 것은 용기를 내서 신앙에 머무르고 몸소 모범을 보이며 좋은 크리스천으로서 살아가는 것이다. 나는 그것을 기대하고 있다. 그렇지만 앞으로 상황이 바뀔 일은 없으므로 어쩔 수 없이 너희들은 처자와 가족을 위하여 살아갈 양식과 보호를 구할 수 있는 곳으로 가는 편이 좋겠다. 나의 친구인 천하의 무장들 중에는 나에 대한 호의에서 너희들을 기꺼이 고용하고 자기 영토에 너희들에게 적합한 봉록을 줄 사람들도 분명 적지 않기 때문이다."

그들은 일제히 눈물을 흘리면서도 자기들은 어느 곳에도 가지 않고 주군과 함께 죽고 싶으니 최후까지 고난을 함께 나누고 추방당하고 싶다고 하였다. 그리고 자신들이 얼마나 슬프고 괴로워하면서 그렇게 말하고 있는지를 보여 주려고, 단도를 빼서 그들이 무엇보다 소중히 여기고 품위의 장식으로 여기는 상투를 잘랐다. 일본에서는 주군과 일가 친척이 사망하였을 때나 추방당하였을 때 이와 같이 하는 습관이 있었다.

우콘도노는 이번 추방을 그다지 슬퍼하지 않았다. 오히려 위로받고 기쁨마저 느꼈다. 그것은 그가 이미 몇 년 전부터 이날을 위하여 준비해 왔으며, 하나님의 가르침을 조금이라도 어기기보다는 오히려 어떠한 위험도 감수하고 현세의 재산을 기꺼이 포기하고 목숨까지도 걸겠다는 굳은 결의를 품었기 때문이다.

이것은 히데요시가 노부나가의 장례식을 준비할 때,[108] 우콘도노가 명확히 보여 준 바였다.

장례식장에 관이 반입되어 불상 앞에 안치되었을 때 거기에는 잘게 조각낸 향과 향로가 함께 놓였다. 참석자 전원은 노부나가를 주군으로 인정하는 표시로 이교도의 습관에 따라 각각 불상에 공손히 절하고 향을 향로에 넣었다. 그곳에는 무수히 많은 일본 무장들이 열을 지어 참석하였고 우콘도노는 히데요시를 곁에서 모셨다.

히데요시가 가장 먼저 의식을 끝내고 뒤이어 무장 전원에게 똑같은 의식을 명하였다. 이 때문에 우콘도노는 매우 괴로운 입장에 빠졌다. 왜냐하면 이 우상 앞에서 행하는 의식에 참가하면 명백히 우상을 숭배하는 것이 되며 그렇다고 참여하지 않으면 히데요시의 명령을 어긴 것이 되어 영지뿐만 아니라 생명조차 잃을 수 있기 때문이었다. 그는 이러한 상황에서 불굴의 용기를 갖고 의식을 행하지 않기로 결심하였다. 그리고 누군가 이유를 물으면, 나는 크리스천이며 이와 같은 우상 숭배는 하지 않는다고 답할 예정이었다. 이로 인해 히데요시가 영지를 몰수하고 사형을 명령하면 하나님에 대한 사랑으로 모든 것을 감수할 각오였다.

사람들이 의식을 행하기 위하여 일어서서 나아가고 우콘도노만이 히데요시와 나란히 그 자리에 머물러 있었음에도 불구하고, 우리의 주이신 하나님은 이에 대해 누구도 말하지 않도록 조치하셨다. 그들이 알아채지 못하였기 때문인지 혹은 그가 크리스천이기 때문에 이런 의식을 행하지

주[108] 1582년 10월 15일에 노부나가의 장례가 다이토쿠지大德寺에서 행해졌는데, 이는 약 5년 전의 일이었다.

않음을 알고 있었기 때문인지는 확실하지 않다. 우콘도노는 이러한 하나님의 거룩한 계획하심에 단련되어 이후 어떠한 사태가 발생해도 진실한 크리스천임을 표명하겠다고 결의를 공고히 다지게 되었다.

나우선 사령관의 사절

예수회의 몇몇 신부와 총사령관 및 포르투갈인들은 나우선이 중국으로 출항한 후에도 신부들이 명령을 따르지 않고 일본에 남아 있으면, 히데요시가 자기 뜻을 거슬렀다며 격노할 것임에 틀림없다고 생각하였다. 그들은 일본인들의 의견대로 총사령관 측에서 선물과 편지를 갖고 히데요시를 방문하는 편이 적절하다고 보았다. 그리고 그때 총사령관이 하카타에서 받은 환대에 감사를 표하면서, 나우선은 작고 선실도 협소한 데다가 이미 중국에서 상인들에게 몽땅 빌려주어 상당수의 신부와 수사 전원이 승선할 공간이 없기 때문에 우선 태울 수 있을 만큼 태우고 태울 수 없는 사람은 남겨두고 다음 해에 태웠으면 좋겠다고 건의하고자 하였다.

이를 위하여 프린시스코 기르세스를 총사령관의 대리인으로 뽑았다. 그는 일찍이 군인으로 인도에 있었고 널리 존경받는 인물이자 예수회의 친구였다.

사절은 나우선이 중국으로 출항하기 7, 8일 전에 히라도를 떠났다. 예수회가 선물비를 냈지만 총사령관 명의로 하였고 총사령관의 편지와 전언을 덧붙였다.

3월 7일 가르세스는 오사카에 가서 총사령관의 선물인 흰 비단 50카테 cate[109]와 작은 견연사 상자를 들고 미노도노美濃殿(도요토미 히데나가)를 방문하였다. 미노도노는 크게 환대하고 자신이 직접 히데요시 앞으로 데려 가겠노라고 하였다.

다음 날 8일 가르세스 일행은 히데요시를 방문하였다. 히데요시는 거만함을 드러내면서도 호의를 내비치려고 오사카 성 밖의 해자 위에서 만나자고 하였다. 그는 자신을 과시하고 최대 위엄을 보이고자 의자에 앉아 공사에 종사하는 수많은 군중 앞에서 그를 접견하였고 히데요시 뒤에는 예닐곱 명의 고쇼小姓가 있을 뿐이었다.

선물이 바쳐지자 히데요시는 이를 보고 만족한 표정으로 "어떤 사령관의 사절인가? 나우선인가, 정크선인가?"라고 물었다.

크리스첸 안토니오 데 아브레우가 "나우선입니다."라고 말하자, 히데요시는 즉시 선교사들에 관해 묻고 "그들이 어디에 있는가? 이미 출발하였는가?"라고 질문하였다.

아브레우는 이에 대하여 "나우선은 곧 출항하며 그들을 태울 수 있을 만큼 태울 생각이지만 태우지 못한 사람들은 올해 도착할 나우선으로 갈 수밖에 없어 잔류할 예정입니다. 다만 이와 같이 중요한 때, 더욱이 전하의 위대함이 빛나는 시기에 일본인으로부터 떠나야 할 슬픔 속에서도 그들은 전하의 명령에 따라 규슈로 가 산야에 몸을 숨기고 살고 있습니다."라고 답하였다.

여기까지 이야기가 순조롭게 잘 풀렸고 힘주어 이치를 설명하였으며 이교도이지만 누구 하나 우리를 동정하지 않은 자가 없었으므로 누구나 히데요시도 "알았다. 즉시 선교사들이 다시 돌아와도 좋다."고 말하리라 기대하였다. 그러나 히데요시는 "나는 전원이 사라지는 것을 원한다. 한 명이라도 일본에 남아선 안 된다. 나우선은 나를 모욕하지 않는다면 원

주**109** 1카테는 1근斤이다.

하는 곳 어디든 언제든 와도 된다. 나도 최대한 힘을 쓰겠다. 그렇지만 선교사가 일본에 있는 것은 바라지 않는다."라고 말하였다.

신국神國 일본

이에 아브레우는 거듭 "포르투갈인은 습관적으로 항상 선교사 두서너 명을 배에 태워 동행합니다. 그러므로 전하께서 최소한 이러한 형식으로 일본으로 오는 배에 선교사가 두서너 명 동행하는 것을 인정해 주시길 바랍니다."라고 하였다.

그러자 히데요시는 "아니, 그것조차 원치 않는다. 왜냐하면 선교사들이 일본의 근간을 파괴하기 때문이다. 그들은 신사를 파괴한다. 신들은 일본의 주인이며 일본의 주인은 신들 이외에 없다. 선교사의 가르침은 신들에 반하며 일본의 주인을 정면으로 거스른다. 따라서 어떤 방식이든 나는 그들이 일본에 체류하는 것을 바라지 않는다. 만일 떠나지 않으면 그들을 처형할 것이다. 내가 인도인들처럼 멍청이가 아님을 명심해야 한다. 어디에서든 선교사가 발견된다면 즉시 죽이겠지만 포르투갈 상인들은 일본에 와도 좋다. 일본인이 상거래를 위하여 인도에 가도 좋다. 남만(인도)에서는 그 종교가 용인된다고 해도 일본에서는 좋지 않다. 따라서 너희는 너희 종교를 갖고 일본은 일본의 가르침을 가져야 한다."라고 답하였다.

이렇게 말할 때 그의 표정에는 어떤 노여움도 보이지 않았다. 나아가 그는 농담조로 "말과 소는 일본의 주요 재산이다. 왜냐하면 말은 전쟁에 도움을 주고 전마傳馬로도 사용되며 소는 전답을 경작한다. 선교사가 일본에 있으면서도 소와 말을 먹어 이들 동물은 곧 없어질 것이다. 이러한 이유에서도 그들을 일본에 둘 수 없다."라고 말하였다.

3부 통일

천황과 공명功名

| 1장 | 천황과 통일

❖ **연도**: 1588년~1590년52~54세

❖ **주요사건**: 천황의 취락제 행차, 호조 가문의 멸망, 일본 열도 통일

❖ **연표**: 1588년 4월에는 천황 고요제이를 새로 축조한 교토 취락제로 행차하게 하고 이 기회를 활용하여 도쿠가와 이에야스 등 휘하 무장들의 충성을 끌어내었다.

같은 해 7월에는 백성들의 무기 몰수를 지시한 가타나가리 령刀狩令을 공포하였다. 8월에는 관동의 호조 우지나오가 사자를 오사카로 보냈다. 이에 히데요시는 호조 우지마사와 우지나오가 직접 교토로 상경하여 복종을 표시할 것을 요구하였다.

이듬해 1589년 5월 요도 성에 거주하던 히데요시의 후실 요도기미가 히데요시의 아들 쓰루마쓰를 낳았고 8월 오사카로 왔다. 11월에는 히데요시가 호조 정벌을 결심하고 선전포고를 하였다.

1590년 3월 히데요시는 호조 가문을 치기 위하여 교토를 출발하여 4월 하코네에 도착하였으며 호조 가문의 주성인 오다와라 성을 포위하였다. 5월 호조 가문의 성이 차례차례 함락되었고 마침내 7월 호조 우지나오가 성을 나와 히데요시에게 항복하였다.

같은 해 8월, 히데요시는 새로 얻은 호조 가문의 영지인 관동 여덟 개 국을 도쿠가와 이에야스에게 주고 대신에 미카와 등 기존 영지 다섯 개 국을 거두었다.

❖ **해설**: 이 장은 크게 1588년 4월 14일의 천황의 취락제 행차와 1590년 3월에서 5월에 이르는 히데요시의 호조 가문 정벌로 구성되었다.

히데요시가 천황 고요제이를 영접하기 위하여 다이리에게로 갈 때 거대한 소 한 마리가 이끄는 전체를 검게 옻칠한 바퀴를 단 수레를 타고 갔다는 점과 고요제이는 봉련鳳輦이란 가마를 타고 갔다는 점이 묘한 대비를 이루고 있다.

히데요시가 천황 권위를 잘 이용하였다는 점은 휘하 부하에게 혈서를 통한 맹세를 강요한 점에서도 잘 드러난다. 그런데 이 과정에서 히데요시가 도쿠가와 이에야스, 오다 노부카쓰, 우키타 히데이에, 도요토미 히데나가, 도요토미 히데쓰구를 불러, "나의 생명은 얼마 남지 않았기 때문에 여기 있는 다섯 명 중 한 명이 천하의 주가 될 필요가 있다."라고 하면서, "따라서 그 임무를 담당하는 자는 누가 되든 다이리가 전全 일본의 절대 군주로 존경되고 받들어지도록 각별히 배려해 주기를 바란다."라고 한 점이 주목된다. 히데요시가 천황을 내세워 가신들에게 혈판 맹세를 강요한 점은 널리 알려진 사실이나, 위의 다섯 명을 후계자로 내세웠다는 점은 프로이스의 기록에서만 확인된다.

한편, 이른바 무기 몰수령인 가타나가리 령刀狩令과 호코지 대불 조영을 연계시켜 파악하고 있는 점도 주목할 부분이다. 백성의 봉기 금지와 대불 조성을 연계하는 일은 일본 측 사료에서 널리 확인되는 사항이나, 프로이스는 이 점을 "첫째 명성과 호평을 얻는 것, 둘째 귀인들이 자신

(히데요시)을 대하는 태도를 감별하고 철저히 주지시키며, 또 그들의 생명과 재산을 소진시켜 그들을 완전히 자기에게 종속시키는 것, 셋째 여러 국의 무기를 몰수하여 그들 세력을 말살하여서 사실상 그에게 반기를 들지 못하게 하는 것"이라 하여, 히데요시가 다른 다이묘의 힘을 억제하기 위하여 무기 몰수령을 지시하였다고 해석한 점이 흥미롭다.

천황을 맞이하다

히데요시의 여색女色

오르간티노 신부가 1588년 3월 3일 쇼도지마 섬에서 쓴 편지 사본

일본 제후들은 내키진 않지만 총애를 유지하고 파멸하지 않기 위하여 매년 능력이 닿는 데까지 히데요시에게 선물을 바친다. 히데요시는 이미 매년 4콘트 남짓의 쌀을 금으로 바꾸어 자기 창고에 수납하고 있다. 히데요시는 불행하고 불쌍하게도 재산을 상속받을 자녀가 없고 이미 쉰두 살을 넘었다.[110] 그가 모든 사람에게서 부정하고 악랄한 수단으로 재물을 몰수하는 믿기 힘든 행동을 적는 것은 여기서는 생략한다.

히데요시의 음란한 추행으로 그의 궁전 곳곳은 유곽으로 변할 정도였다. 미모의 처녀와 젊은 부인 중에 그에게서 벗어난 사람은 없었다. 이미 주군 노부나가의 두 딸을 첩으로[111] 삼았으니, 한 명은 그가 죽인 에치젠 국주 시바타(가쓰이에) 아들의 처이고,[112] 또 한 명은 다섯 개국 군주로서 현재 그가 가장 두려워하는 최대 적들 중 한 명인 도쿠가와 이에야스 아들의 처이다.

주110 히데요시는 1537년에 출생하였으므로 1588년에는 쉰두 살, 만으로 쉰한 살이다.
주111 실제 노부나가의 다섯째 딸로 히데요시의 측실이 된 인물은 산노마루도노三の丸殿이다.
주112 노부나가의 여동생인 오이치市의 딸인 챠챠, 후일 요도도노淀殿를 지칭하는 것으로 보인다. 오이치는 챠챠 등 세 딸과 함께 시바타 가쓰이에와 재혼하였다.

노부나가의 아들인 오다 노부카쓰의 딸도 같은 목적으로 거두었고[113] 노부나가가 취했던 모든 예쁜 첩들과 노부나가 후계자로서 그와 함께 죽은 적자 오다 노부타다의 처도 소유하였다. 또 주요 귀인들의 많은 딸들도 양녀로 삼아 그녀들이 열두 살이 되면 자신의 정부情婦로 삼았다. 여러 중신의 딸 중에서 미모가 뛰어나다는 평판이 나고도 즉시 끌려가지 않은 이는 한 명도 없었다.

이러한 채홍사 역할을 담당한 인물이 도쿠운德運[114]이라는 이미 일흔 살에 가까운 노인으로 본래 히에 산比叡山 승려이며 우리의 커다란 적이다. 이 인물이 교토에 호화스런 저택을 지었는데 이는 히데요시를 위한 하나의 커다란 유곽에 불과하였다. 히데요시는 다이리內裏(천황) 가문의 귀인인 공가公家(귀족)들의 딸도 도쿠운을 통해 불러들였고 어느 한 명도 벗어나지 못하였다. 결국 손을 쓸 여지도 없이 히데요시의 방종은 극에 달하여 지금은 모두가 기꺼이 딸들을 바치고 이를 통하여 자신의 안전을 꾀하게 되었다.

지금 모든 중신들은 교토에 지극히 장대한 궁전聚樂第을 조영하라는 명령을 받아 매우 괴로워하고 있다. 그 호화스러움과 여기에 드는 비용은 오사카 성의 두 배에 달하고 그들 누구도 자신의 수입만으로는 과중한 비용을 감당할 수 없었다. 이로 인해 그들은 모두 부채를 짊어지게 되었지만 여전히 히데요시의 궁전과 성에서 대공사와 건축물을 조영하는 데 종사하여야만 하였다. 이미 교토 궁정은 상당 부분 준공되었지만, 이번에는 교토에서 3리 떨어진 요도가와 강 근방에 있는 요도 성 공사를 명령하였다. 그곳에 50,000명이 모여 공사를 하였다.

오사카에서는 다른 공사가 진행 중이다. 모든 사람들이 자기 능력으로 감당할 수 없는 비용을 부담하여 피눈물을 흘리고 있으며, 하층민들도 가혹한

주113 히데요시는 노부카쓰의 딸을 양녀로 삼아, 이에야스의 아들 히데타다秀忠과 혼인을 맺었다.
주114 세야쿠인 젠소施藥院全宗이다.

압정과 포악함에 시달리고 있다. 사카이의 불쌍한 시민과 도시에는 이루 말할 수 없는 고역과 세금이 빈번히 부과되었다. 사카이와 교토 시민 중 다소 유복해 보이는 사람들은 교토 외곽에 조성된 새 궁전 근처에 새로운 주택을 지어야만 하였다. 위아래를 막론하고 누구나 그를 두려워하였기 때문에 땀과 일로 생계를 꾸려 가족을 부양하던 불쌍한 직인들마저 상여도 일당도 없이 일하고 있다.

매일 히데요시가 새로 생각해 낸 야망에 관한 소문이 들려온다. 며칠 전 그는 사람들이 목탄을 만들거나 땔감을 해 오는 산을 몰수하라고 명령하였다. 이로 인하여 불쌍한 백성과 이를 통해 생계를 꾸리던 빈민은 무일푼 신세가 되어 아이와 가족을 데리고 거리로 나앉았다.

쇼도지마 섬에서 1588년 3월 3일

취락제聚樂第와 천황 행차

히데요시는 다른 누구보다 더 자기 권력과 위업을 과시하고자 하였고 사람들의 커다란 박수와 칭송 속에 자신의 명성이 영원히 남겨지기를 바랬다. 그래서 계속되는 전쟁과 여러 국의 동란으로 인하여 근 500년간 망·실된 일본 왕가의 고귀한 몇몇 행사를 다시 부활시키려고 결심하였다. 모든 것은 한층 더 커진 그의 오만함, 그리고 사람들로부터 신불처럼 배례받기를 바라는 욕망에서 기획되었다.

그중 하나로 고쿄御幸, 즉 국왕이 위락을 위하여 궁전 바깥으로 외출하는 행사를 주최하였다. 히데요시는 많은 제후, 여러 국의 도노殿들, 일본 내 무수히 많은 귀인을 교토에 집결시켰다. 그리고 가신들과 함께 각자의 지위와 신분에 맞게 고귀한 의상을 입고 훌륭한 장신구로 치장한 준마를 거느리고 이러한 축전과 성대한 행사에 참가하라고 엄명하였다. 그것은 수개월의 준비를 필요로 하였다.

나아가 열여섯 살이던 일본의 새로운 국왕[115]의 마음을 사로잡으려고 처음으로 즉위 축전을 거행하고 조부로부터 손자에게 왕위를 넘기게 하였다. 그 왕위는 2,230년 전 진무神武 천황이란 인물로부터 지금까지 대대손손 직계로 끊임없이 계승되어 왔다. 히데요시는 새 국왕으로부터 국왕 다음가는 최대 최고의 주主를 의미하는 태정대신太政大臣이란 일본 최고의 칭호와 명예, 위계를 수여받았다.

그는 지금 막 새로 건설한 성과 여러 저택으로 에워싸인 교토 안쪽 지역에 다이리가 쉬고 즐기기 위한 건물을 몇 개 세웠다. 기둥과 철문을 만들고, 금을 칠한 많은 방들 가운데 정교하게 금은으로 내부에 부조浮彫로 장식한 호화로운 방 하나를 만들었고, 니와庭라는 매우 진기하고 청결하면서도 조화를 갖춘 정원을 설치하였다.

히데요시는 이들 건물과 성城에 주라쿠聚樂, 즉 '모든 기쁨과 즐거움을 모은 장소'라는 이름을 붙였다.

천황과 히데요시의 행렬 모습

같은 해 5월 14일[116] 히데요시는 천황을 자신의 거처로 모시려고 다이리 궁전으로 마중을 나갔다. 그 날짜가 길일이라고 점을 친 점술사와 주술사들이 앞장섰다.

짙은 붉은색 다마스코 천으로 만든 옷을 입은 일흔 명이 말을 타고 선두에 섰다. 그들은 테 없는 작은 모자를 왕관처럼 머리에 쓰고 소매가 넓고 긴 중국풍 공가公家 의상을 입었다. 마의馬衣는 모두 짙은 붉은색 견

주115 고요제이 천황後陽成天皇이다.
주116 이날은 덴쇼天正 14년 4월 14일이고 양력으로는 1588년 5월 9일이다. 프로이스는 연월은 양력으로, 일은 일본 날짜로 적고 있다.

연사로 짜 매우 광택이 났으며 섬세하게 금으로 장식하고 옻칠 위에 도금을 한 안장과 등자가 사용되었다. 사람들은 모두 양손에 왕장王杖[117]과 비슷한 것을 잡고 있어 마치 유럽의 궁정 무관을 연상시켰다. 이들은 각자 가신 스무 명을 거느리고 가는데 여섯 명은 흰색 옷을, 나머지는 모두 검은 옷을 입었다. 이 사람들의 위계는 군 사령관, 재무를 담당하는 관리, 사카이의 대관, 기타 이와 유사한 부류였다.

두 번째로 질서정연하게 그 뒤를 따르는 자들은 다이리(천황)를 섬기는, 다이리 다음가는 귀인인 공가로 머리에는 이상한 표장標章이 달려 있었다. 그들은 중국 고관이 사용하듯이 귀를 덮는 모자를 쓰고, 손에는 터키 활과 같은 작은 활을 들고, 허리에는 화살을 몇 개 꽂았다. 이들도 말을 탔고 옛 법식에 따라 많은 인원을 거느렸다.

세 번째로 제후와 여러 국의 직함을 가진 용장들이 나아갔다. 이 사람들도 마찬가지로 일흔 명이고 모두 가라오리唐織(중국 비단옷)라는 아주 눈부시고 멋진 의복을 몸에 걸쳤다. 그들은 각자 가신 이삼백 명을 거느리고 말 옆에 말잡이轡持ち라는 하얀 색 옷을 입은 젊은이 한 명을 대동하였다.

네 번째로 다이리의 친족이나 혹은 다이리 가문에서 고위高位를 점하는 주요 승려들이 타는 아름다운 색채로 옻칠한 가마 열일곱 대가 이어졌다.

다섯 번째로 좋은 목재로 만든 하얀색 가마 열다섯 대가 나아갔고, 여기에는 다이리의 부인들이 탔다. 각각의 가마들은 훌륭한 복장을 입은 무사 열다섯 명의 호위를 받았으며 가마를 어깨에 멘 사람들은 소매가 매우 넓고 긴 검은색 옷을 입었다.

주117　왕홀王笏이다.

여섯 번째로 거대한 소 두 마리가 나아갔는데 소에는 히데요시의 문장을 자수 놓은 옅은 붉은색 수자繻子[118]가 덮여 있었다. 소의 다리를 감은 천도 짙은 붉은색 견연사였고 소를 끄는 줄도 마찬가지였다.

일곱 번째로 전체를 검게 옻칠한 바퀴를 단 수레가 나아갔다. 바퀴는 거울처럼 빛났다. 수레는 그 앞에 가는 소 두 마리와 마찬가지로 훌륭하게 장식이 된 거대한 소 한 마리가 끌었다. 소의 뿔과 귀에는 금박이 입혀졌고, 뿔에는 비단으로 만든 수많은 추국雛菊(국화)과 장미 조화가 장식되었다. 수레 주위에 매우 아름답고 정교하게 만든 얇은 발이 걸렸고 내부에 예쁘게 장식된 가마 한 대가 놓여 있었으며 향내가 매우 좋은 향을 태워 지날 때 마다 방향芳香을 풍겼다. 그리고 가마 안에 우상처럼 거만하기 그지없는 히데요시가 앉아 있었다.

그 뒤를 약 백 명의 공가가 따랐다. 그들은 공가의 관습에 따라 검은색 옷을 입고 옻칠을 한 높은 모자烏帽子를 머리에 썼다. 히데요시의 성으로 다이리를 맞아들이기 위하여 이러한 성대한 의식과 화려한 복장을 하고 목적지인 다이리의 궁전에 도착하였다.

그 후 동일한 인원이 동일한 형식으로 귀환하였는데 거기에 다음과 같은 인물들이 더해졌다. 즉, 두 번째 행렬에 전원이 일본 제후처럼 가라오리를 입은 말을 탄 중년의 공가 서른 명이 행진하였다.

이어 훌륭한 다마스코 직물로 꾸미고 땅을 질질 끄는 긴 옷을 입은 공가의 무리가 도보로 나아갔다. 그들은 궁정 악단원으로 어떤 자는 피리를, 다른 자는 비올라와 비슷한 악기를, 또 다른 자는 다이리 궁전에서 사용하는 각종 악기를 연주하였다. 일본인들에게는 울림이 좋고 경쾌할지 모르지만 우리 음악과 비교하면 귀에 거슬리고 불쾌하였다.

주[118] 날실 혹은 씨실로 짠 부드럽고 광택이 나는 견직물이다.

가마 서른두 대가 일렬로 매우 폭이 넓고 곧은 대로大路를 한쪽으로 나아간 후 도로 양쪽으로 다이리를 섬기는 엄청난 수의 귀부인들이 도보로 따라갔다. 그녀들은 일본의 관습대로 훌륭한 복장을 입었다. 바로 그 뒤를 다이리를 태운 가마가 나아갔다. 이를 봉련鳳輦이라 하는데 훌륭하게 장식되었고 가마 주위에는 뛰어난 기교로 도드라진 자수를 새긴 보라색 비단 가림막이 달려 있었다. 이 수레는 통상 다른 가마를 멜 때처럼 어깨로 메지 않고 손으로 운반하였다. 가마 주변에는 공가 여든 명과 많은 귀인이 따라갔다.

다이리 가마 바로 뒤 가장 명예로운 자리에 전술한 수레를 탄 히데요시가 나아갔다.

다이리와 히데요시가 지나갈 때 이 성대한 의식을 보려고 여러 국에서 교토에 모인 사람은 이루 헤아릴 수 없을 정도였다. 민중은 자기 눈에 비친 신기하고 현란하며 화려한 행사가 500년 전의 기록과 완전히 일치하는 것을 목격하고, 이들(다이리와 히데요시)을 배알할 수 있고 조상들도 보지 못한 것을 볼 수 있었으니 자신들은 행복한 시대에 사는 자들이라며 환희의 눈물을 흘렸다.

히데요시의 선물 목록

다이리는 히데요시의 저택과 성에 5일간 체류하였다. 성대한 축전과 여러 가지 오락 행사가 열렸고 훌륭한 향연과 연주가 매일매일 행해졌.

히데요시는 황금 5,500냥이라는 엄청난 수입에 상당하는 교토 시내 토지와 가옥에 세금을 징수할 수 있는 특권을 다이리에게 바쳤다. 공가들에게는 오미 국 쌀 16,000섬俵[119]을 주고 서로 나누게 하였다.

주[119] 프로이스는 1석을 2섬俵으로 환산하였다. 실제로 히데요시는 공가들에게 오미 국 다카시마 군高嶋郡에 8,000석을 주었다.

히데요시는 천하의 주장主將 다섯 명, 즉 다섯 개국의 주 이에야스, 한 개국의 주이자 노부나가의 아들 고혼조御本所(노부카쓰), 세 개국의 주 하치로도노八郎殿(우키타 히데이에) 두 개국의 주인 동생 미노도노美濃殿(도요토미 히데나가), 일 개국의 주인 조카 마고시치로도노孫七郎殿(도요토미 히데쓰구) 등이 도열해 있는 금이 칠해진 큰 방에 나타나 짧게 다음과 같이 연설하였다.

"나의 생명은 얼마 남지 않았다. 여기 있는 다섯 명 중 한 명이 천하의 주가 될 필요가 있다. 따라서 그 임무를 담당하는 자는 누가 되든 다이리가 전숲 일본의 절대 군주로 존경되고 받들어질 수 있게 각별히 배려해 주기를 바란다. 이와 관련하여 앞으로 의심이 생기지 않게 각자 팔에서 피를 내어 이것으로 맹세해 주기 바란다."

그들은 그 말에 따랐다. 다이리가 돌아갈 때 히데요시는 그에게 다음과 같은 선물을 바쳤다.

극히 호화스럽게 금문자로 적힌 글쓰기를 배우기 위한 습자 교본 몇 권.
여섯 명이 함께 손으로 운반해야 할 정도로 큰 짙은 붉은색 견연사를 담은 쟁반.
다도에 쓰이는 고가의 그림 세 폭.
일본에서 매우 귀한 보물로 여기는 양질의 인도산 가라목伽羅木(침향) 백 카테[120]
황금 백 냥.
중국 비단錦으로 불리는 호화로운 비단 스무 단反.
사향이 담긴 커다랗고 아름다운 주머니 스무 개.
각종 다마스코 직물과 자수로 짠 의상 백 벌.

주**120** 1카테cate는 1근斤이다.

은 접시가 포함된 금으로 된 찻잔茶碗 한 개.

훌륭한 마구로 장식된 말 열 필.

상자 마흔 개.

상자 마흔 개 중 스무 개는 두 명이 함께 하나씩 어깨에 멨다. 이것은 질이 매우 좋은 목재를 사용하여 옻칠을 하고 금가루를 바른 훌륭한 상자이며 화려한 장식으로 꾸며졌다. 전술한 선물들은 이 상자에 넣어져 돌아갈 때 순서대로 운반되었다.

히데요시는 다시 궁전까지 동행하였다. 이 축전에 100,000쿠르자두 이상을 소비하였다고 한다.

교토 대불 조영

히데요시가 자기 이름을 고양시키고 현창하며 자기에 대한 기억을 각인시키기 위하여 두 번째로 한 일은 다음과 같다.

1565년 루이스 데 아르메이다가 편지로 유럽에 이미 소개하였지만 야마토 국 나라奈良 시내에는 몸 전체를 금으로 바른 거대한 우상이 있었다. 그 이름을 다이부쓰大佛, 즉 큰 부처라고 하며, 그곳에는 뛰어난 여러 유물을 가진 큰 사원이 있었다. 일본인은 중국이나 샴[그 종교는 그곳에서 유래하였다]에도 이 정도로 위대한 것은 없다고 하면서 더할 나위 없이 존중하였다. 야마토 국에 몇 차례 전쟁이 일어난 후 노부나가에게 지배받기 조금 전에, 신과 부처를 믿지 않는 불쌍한 병사가 그곳에 불을 질렀다. 그 사원과 대불전은 이틀 밤낮에 걸쳐 불탔다. 일본에서 이 정도로 크고 호화로운 사원을 다시 짓는 일은 거의 불가능하다고 여겨졌기에 히데요시는 이를 재건하기로 결심하였다. 원래 있던 나라가 아니라 교토로 위치를 정하고, 오래된 사원이 많은 곳 근처에 세우려고 하였다.

히데요시는 기초 공사를 할 때 교토 사람들을 소집하여 각종 춤과 유희, 마쓰리, 기타 오락 행사를 열 테니 모두 잘 차려입고 참가하라고 말하였다. 준비가 갖추어지자 돌연 대불 건립 예정지 근처에 있던 가옥 세 채를 수리해 새로 단장하고, 한 채는 자신이 다른 한 채는 자기 정부情婦들에게 다른 한 채는 일본의 제후, 귀족, 무장에게 주고 그곳에서 축제(마쓰리)를 즐기면서 자기를 위하여 준비한 극을 감상하게 하였다.

일본의 마쓰리는 음식과 함께 하지 않으면 환영받지 못하므로 히데요시는 쌀로 만든 떡을 수레 150대에 가득 실어 옮겼다. 또 1,200명의 남자가 다루樽라는 술이 가득 든 용기를 멜대天秤棒로 지고 가서 유럽 술통의 반 정도 크기의 빈 술통 열 두개를 운반해 그곳에 술을 담아 마쓰리에 참가한 사람들이 마음껏 마시도록 하였다.

모든 준비가 끝나자 히데요시는 교토 시가지에 나타나 성대한 박수를 받으며 새 건축 공사장으로 향하였다.

그러나 5월 16일 행사 당일은 구름이 낀 날씨였는데 갑자기 비가 많이 내려 한 발짝도 앞으로 나가지 못하였고 모든 축제는 중지되고 말았다. 그 후 3일이 지나 히데요시가 다시 밖으로 나가려 했으나 또 비가 많이 내려 마쓰리를 단념할 수밖에 없었다.

주술사와 점술사들은 협의하였지만 히데요시를 두려워하여 명확히 대답하지 않았다. 그렇지만 그들은 운세를 보고 히데요시 치세 중에는 대불을 완성할 수 없을 것이라고 자기들끼리 몰래 이야기하였다. 그럼에도 공사는 진척되었다.

1588년에는 후일 도금하기 위하여 부처를 베툼으로 만들었다. 목재는 공사 현장으로 운반되었고 귀인들이 각자의 가신들과 함께 멀리 떨어진 곳으로부터 운반해 온 석재의 거대한 크기는 믿기 어려울 정도였다.

일본을 통일하다

도수령刀狩令과 대불의 목적

히데요시는 무사가 아닌 자로부터 칼을 몰수할 것을 여러 국에 명령하고 그것으로 대불 제조용 쇠못을 만들기로 하였다. [그 지역에서 알려 온 바로는] 야마구치山口 지방 아홉 개국 국주 데루모토(毛利輝元)가 보낸 도검만 하더라도 배 여섯 척에 실은 양이었다고 한다.

하지만 히데요시 자신은 신불을 경시하고 조소하였다. 히데요시가 이 사업을 행한 것은 신불에 대한 신앙심에서 비롯된 것이 아니며 교활하고 치밀하게 노리는 바가 있었다.

첫째 명성과 호평을 얻는 것, 둘째 귀인들이 자기에 대해 어떤 입장을 취해야 하는지 숙고하게 하고 철저히 주지시키며, 또한 그들의 생명과 재산을 소진시켜 그들을 완전히 자기에게 종속시키는 것, 셋째 여러 국의 무기를 몰수하여 그들 세력을 말살하여서 사실상 그에게 반기를 들지 못하게 하는 것이다.

관동 출진 준비

1590년 히데요시는 일본 66개국의 절대 군주가 되었다. 그는 이미 수년 전부터 군주로서 인정받았지만 모두를 자기 뜻대로 통제하지는 못하였다. 왜냐하면 일본의 끝 관동이란 곳에 호조도노北條殿[121]라는 예닐곱 개국 군주인 이교도 무장이 있었기 때문이다.

이 무장은 히데요시에게 복종하고 천하, 즉 일본 왕국의 주主를 방문하라는 지시를 가신에게 내리면서도, 자기 자신은 교토에 와서 복종의 뜻을 표시하지 않았고 히데요시가 요구한 인질을 보내지도 않았다. 그는 히데요시를 천하의 주로 인정한다고 천명하면서도 경계 상태를 유지하였다. 그는 히데요시의 요구 사항에 일절 응하지 않았으며 다른 제후처럼 복종하지 않았다. 뿐만 아니라 그러는 동안 그는 어떤 사태에도 대처할 수 있도록 조금씩 준비를 진행하고 무기, 탄약, 식량 등을 조달하는 데 여념이 없었다. 그리고 히데요시가 다른 일본의 제후처럼 직접 인사를 올리고 공손한 뜻을 표명하라고 강요하자 그는 방문과 복종을 거부할 것을 결심하였다. 결국 히데요시는 직접 군대를 이끌고 가 일전을 벌일 각오로 대규모 전투 준비에 착수하였다.

그런데 호조의 영국으로 가려면 호조의 장인이자 다섯 개국 영주인 이에야스라는 강대한 이교도 무장의 영지를 통과하지 않으면 안 되었다. 근방에는 노부나가의 아들인 고혼조(노부카쓰)라는 다른 영주가 지키고 있었다. 두 명은 히데요시에게 복종하여 항상 인질을 맡기고 일본의 모든 무장들과 마찬가지로 직접 인사를 올리고 예禮, 즉 공순한 뜻을 표명하였지만 호조와도 제휴하여 서로 동맹을 맺고 있었다.

그러나 히데요시는 자못 교활하였기 때문에 두 명의 무장으로부터 자신의 안전을 확보하지 않은 채 호조를 공격하지는 않았다. 그는 평소부터 남다른 애정과 호의를 두 사람에게 베풀고 주종 관계라기보다 오히려 동료와 같이 대하였다. 그들은 히데요시로부터 강력한 지지를 얻었고 긴

주**121** 호조 우지나오北條氏直이다. 고호조 가문의 마지막 당주이자 도쿠가와 이에야스의 사위였다.

밀한 관계로 연결되었다.

한번은 히데요시가 이에야스를 원조하기 위하여 금 90,000크루자두에 가까운 금액을 대가 없이 주기도 하였다. 이는 일본에 일찍이 전례가 없는 일이었다. 나아가 그는 이 무장들에게 호조의 여러 국을 정복하면 이곳을 나누어 줄 것이라 말하고, 그러한 방식으로 차츰 그들을 자신의 지배와 명령 아래 두었다. 그리고 그들을 소환하여, 전쟁이 시작되면 안심하고 통과할 수 있게 그들의 주성을 자신에게 넘기게 하고 나아가 만일을 위하여 수비병을 자기 병사와 교체하고 싶다고 하였다. 이 무장들은 히데요시에게 협력할 의지가 있어서인지 아니면 이제 더 이상 히데요시의 요구를 거부할 수 없다고 생각해서인지 [이쪽이 보다 가능성이 있으니] 성을 넘겨주었을 뿐만 아니라 자신들도 가신과 정병을 거느리고 전쟁에 참가하였다.

이렇게 주변 상황을 유리하게 만든 후 히데요시는 대군을 거느리고 호조 공격에 나섰다. 사람들이 말하는 바에 따르면 병력은 200,000명을 넘었다고 하며 대부분은 육로를 나아갔고 식량을 실은 다수의 선박은 해로로 진격하였다.

일본의 중요 무장들은 모두 전쟁에 참가하였다. 왜냐하면 히데요시는 매우 빈틈이 없고 조심성 많은 인물로 그들에게 인질을 바치게 하여 항상 자기 휘하에 잡아 놓고 때로는 온정과 뇌물로 농락하는가 하면 자기에게 유리한 상황이면 엄한 징벌로 다루었기 때문이다. 또 하나님이 허락하신 것이지만 특히 모든 무장들이 히데요시에게 큰 공포심을 품고 있었으므로 히데요시는 그들을 마음대로 다룰 수 있었다.

호조 가문의 멸망

이렇게 호조의 국으로 들어가 몇몇 지점에서 전투가 시작되었다. 호조는 일부 성을 끝까지 지킬 것을 결심하고 히데요시 군대의 포위에 대비하였다. 왜냐하면 그는 직접 출진하여 히데요시와 야전을 벌이는 것은 적절하지 않다고 생각하였기 때문이다. 히데요시는 전쟁을 수행할 때 뇌물과 압박을 교묘하게 구사하여 다른 모든 국을 손안에 넣었다. 호조 성만이 남아 저항했으나 그 성들도 서서히 포위가 좁혀져 히데요시 군의 맹공을 받았다.

그러나 이러한 상황임에도 불구하고 히데요시 군대의 궁핍은 부정할 수 없었다. 호조 성내에는 식량이 충분히 저장되어 있고 많은 병력이 남아 있었으므로 인력으로 이 성들을 점령하는 것은 불가능하였다. 히데요시 병사들은 멀리 떨어진 지방에서 장기간 행군해 왔기 때문에 쇠약해져 있었고 식량은 부족하였다. 따라서 수개월 남짓으로 성을 함락시키기란 불가능한 데다 자칫 겨울이 되면 눈이 쌓여 포위를 계속할 수 없어 후퇴할 수밖에 없게 된다. 이 퇴각의 시기야말로 호조 군대에게 대망의 기회이며 그때 마음껏 적을 공격하여 일거에 괴멸시키려는 것이 호조 측 복안이었다.

그렇지만 우리 주 하나님은 히데요시를 일본의 성스런 정의의 검과 채찍으로 선택하신 듯하였다. 그는 운명에서도 업적에서도 큰 은혜를 받았으며 매우 신중하였다. 특히 지혜와 책략을 써서 거래하는 술수가 뛰어났기에 여러 성을 고립시켰고 그중에서도 호조가 가신들로부터 제출받아 모아 놓은 대부분의 인질이 갇혀 있던 몇몇 성을 함락시켰다. 호조의 중요 무장들은 대부분 뇌물과 기타 익숙한 수단과 책략에 빠졌고 농성하던 주성의 병사들은 전의를 잃고 손을 들었다. 결국 그들은 호조의 장인인 이에야스의 중재로 성문을 열고 항복할 것을 논의하였다.

히데요시는 항복 신청을 받아들이고 자신의 뜻대로 처리하기로 하였다. 호조도노(우지나오)의 부친[122]과 숙부[123]는 할복시켰고 호조도노는 머리를 깎고 기이 국에 있는 승려들의 광대한 마을인 고야 사원으로 추방하였다. 그곳에는 전쟁에서 패한 자와 추방당한 자, 기타 스스로 꾀한 일에 실패한 불행한 사람들이 모여 있었다.

호조도노는 장인 이에야스의 탄원으로 목숨만은 건졌다. 다른 모든 가신들은 살려 주고, 주요 가재도구를 가지고 성을 떠나는 것을 허락하였다.

국 교체와 도쿠가와 이에야스

이리하여 히데요시는 4개월 만에 기존의 승리 중 가장 명예로운 기대 이상의 승리를 거두었다. 왜냐하면 그는 이번 승리를 통해 일본 전역의 정복 사업을 매듭짓고 절대 군주가 되었기 때문이다. 여기서 그는 일찍부터 가슴속에 품어 왔던 계획을 즉시 실행하였다. 그것은 이에야스에게 그가 원래 소유하고 있던 교토 근방의 이웃한 다섯 개국을 내놓으라고 지시한 것이다. 그 대신 같은 수의 다른 국과 호조에게서 획득한 여러 국을 주겠다고 하였다. 그리고 대답을 듣지도 않고 자신이 하고 싶은 대로 하였다. 아마도 이에야스는 히데요시에게 성을 넘겨주고 호조를 굴복시키는 것을 자진해서 도운 자신의 무지함과 바보스러움을 뼈저리게 깨달았겠지만 그는 울분을 오직 자기 가슴속에만 담아 두었다.

그 후 히데요시는 노부나가의 아들 고혼조에게도 국 교체를 지시하고 다른 두 개국을 주겠노라고 하였다. 고혼조는 이에 이의를 제기하고 기존 국은 부친이 남긴 유산이며 자신은 만족하고 있으므로 그대로 있게 해 달라고 탄원하였다. 히데요시는 이 답변에 매우 격노하여 그가 영지를 소유하는 것을 금지하고 신발을 담당하는 하인 한 명만을 동반하게

주122 호조 우지마사北條氏政이다.
주123 호조 우지테루北條氏熙이다.

하여 영지에서 내쫓았다.

일찍이 히데요시는 노부나가의 가신이었으며 고혼조는 노부나가의 아들이라는 점, 고혼조 영국의 국격國格과 고귀함, 노부나가의 사령관과 무장 대부분이 모여 있고 측근들이 호화로웠다는 사실 등을 고려할 때 이 사건은 일본 내에 형용할 수 없는 공포와 경악을 가져왔다.

중국 원정과 공명功名

이 승리로 히데요시의 마음은 놀랄 만한 오만함과 끝 모를 과신으로 가득 차 마치 지금 루시퍼가 한 명이 나타난 것 같았다. 그는 직접 군대를 이끌고 중국에 건너 갈 것을 엄숙히 선언하고 이 원정을 위하여 대규모 준비를 시작하라고 지시하고 다음과 같이 말하였다.

"지금 나는 일본 전국의 유일한 군주이며 중국을 정복하는 일 이외에 할 일이 남아 있지 않다. 설령 이 일을 수행하는 중에 내가 죽는다고 판단될지라도 이 계획을 단념하지는 않을 것이다. 왜냐하면 나는 일본의 그 누구도 일찍이 도달한 적이 없는 영예와 명성을 남기고 싶기 때문이다. 가령 중국을 정복하지 못하고 도중에 죽더라도 나의 이름은 항상 남아 불멸의 영예로 영원히 기념될 것이다."

규슈의 여러 국에서도 커다란 변동이 일어날 것임이 확실해졌다. 특히 아리마와 오무라의 영지가 있고 우리 크리스트교의 주력이 위치한 히젠肥前은 더욱 더 그러하였다.

히데요시는 중국에서 돈 프로타지우(아리마 하루노부)를 중신으로 발탁할 것이라고 이미 말하였고 만일 크리스천 영주들의 영국이 바뀌어 영토가 이교도 영주에게 넘어가게 되면 이 땅의 크리스천은 전멸할 것이다. 왜냐하면 영국이 바뀔 때 귀인과 명망가는 새 영국으로 옮겨가지만 서민과 백성은 그대로 남아 이교도에게 넘겨지는 것이 일본의 관습이기 때문이다. 예수회는 수도원과 교회를 잃고 신분이 높은 크리스천은 그들의 주군이 가는 곳으로 흩어질 것이다. 이 영주들 중에는 어떤 생활의 보장도 받지 못한 채 경질되어 부하와 함께 추방되어 완전히 망해 버린 자도 있었다.

 히데요시가 적어도 아리마와 오무라의 영지는 바꾸지 않았기 때문에 이 지방들에서는 일찍이 볼 수 없던 대대적인 개종을 위하여 여러 준비를 할 수 있었다. 덧붙여 히고 국肥後國의 절반은 아고스티뉴(고니시 유키나가)가 소유하였고 국주 프란시스코(오토모 소린)의 딸과 결혼한 시몬 후지시로シモン藤四郎[124]는 지쿠고 국筑後國의 상당 부분을 지배하고 있다. 아고스티뉴의 사위 쓰시마 국주[125]는 크리스천이 되었고 크리스트교가 평온을 되찾으면 그의 백성은 모두 크리스천으로 개종할 것이다.

 이와 같이 이 지방에서 개종이 성행하고 있고 나아가 인접한 여러 영주의 지방에도 확산될 터이니 우리가 일일이 응하지 못할 정도의 큰 수확이 있을 것이다.

 그러나 만일 이들의 영지가 바뀌게 되고 히데요시가 신부들을 원래대로 되놀려 수지 않는다면 일본의 하나님 교회에는 일찍이 없었던 커다란 박해와 고난이 기다릴 것이다. 왜냐하면 일본에서는 국 교체가 행해질 때 그 즉시 모두를 굴복시키는 공격이나 파괴 행위가 이어지기 때문이다. 설령 아직 고문이나 순교가 없더라도 우리들이 직면한 불행, 빈곤, 추방 등의 사태는 충분히 잔학무도한 박해에 필적한다.

주124 모리 히데카네毛利秀包이다. 고바야카와 가문에 양자로 들어가 고바야카와 모토후사小早川元總라 하였다. 히데요시의 '히데' 한 글자를 하사받아 히데카네로 개명하였다.
주125 소 요시토모宗義智이다.

3부 통일
—
천황과 공명功名

| 2장 | 외교와 전쟁

❖ **연도**: 1591년~1592년 55~56세

❖ **주요사건**: 친족의 사망, 인도 부왕副王의 국서 전달, 나고야 성名護屋城 축성, 임진전쟁임진왜란

❖ **연표**: 1590년 6월 일본 순찰사 알렉산드로 발리냐노가 인도 부왕의 사절로 일본 나가사키에 왔다. 같은 해 10월 발리냐노는 히데요시를 알현하기 위하여 나가사키에서 시모노세키를 거쳐 세토나이카이를 통해 오사카로 갔으나 2개월간 무로에서 발이 묶였다. 이러는 와중에 같은 해 11월 7일 조선 통신사가 취락제에서 히데요시를 만났다. 해가 바뀐 1591년 윤閏 1월 발리냐노도 취락제에서 히데요시를 만나 인도 부왕의 서간을 전달하였다.

1590년이 히데요시가 일본 통일을 이룬 정점을 달한 해라면, 1591년은 히데요시의 주요 친족들이 차례차례 사망한 해이다.

1591년 1월 동생 도요토미 히데나가가 사망하였고 이어 2월 히데요시의 차 스승이자 히데요시를 대신하여 내정內政을 맡고 있던 센노리큐千利休를 할복시켰다. 8월 5일 아들 쓰루마쓰가 요절하였고 8월 6일 낙담한 히데요시는 도후쿠지東福寺에 들어가 상투를 잘랐고, 같은 날 대륙 침공을 공식화하였다. 10월에는 히젠 국 나고야에 축성을 지시하였고 12월에는 조카 히데쓰구에게 관백직을 물려주었다.

이윽고 이듬해 1592년 3월 전쟁을 일으켜 많은 사람을 죽음으로 내몰았고, 그로부터 7년이 지난 1598년 8월 8일 히데요시 자신도 육십두 살의 나이로 교토 인근 후시미 성에서 죽었다.

❖ **해설**: 이 장에서는 인도 부왕의 사절과 히데요시의 접견을 매우 상세하게 기록하고 있다. 외교 사절을 맞는 도요토미 정권의 의례 절차를 확인할 수 있다는 점에서 귀중한 기록이다.

또한 사절과 함께 로마에 보내졌던 일본인 공자 네 명이 함께 귀국하여 히데요시를 접견하였는데, 이들에 대한 히데요시의 질문이 매우 예리하다. 규슈 출신의 영주와 포르투갈 등의 연계에 의구심을 갖고 있는 히데요시와 이를 숨기려는 일본인 공자 사이의 문답에서 의표를 찌르며 질문하는 히데요시의 모습이 인상적이다.

조선의 행렬에 관한 내용도 있는데, "조선 국왕의 사절도 다수의 수행원을 거느리고 교토에 왔는데, 평소 중국인과 조선인이 하던 대로 수행원 전원이 천박하게 정강이를 드러낸 채 거리를 걷고 길에 서서 음식을 먹을 정도로 천한 자들이었기에 일본인은 그들을 매우 경멸"하였다고 서술하고 있다. 프로이스가 "교토가 만들어진 이래 일찍이 본 적이 없을 정도로 화려한 일행"이라고 포르투갈인의 행차를 보다 강조하기 위하여 과도하게 폄훼한 서술이지만, 당시 외국인에 대한 일본인들의 인식을 약간 엿볼 수 있다.

이 장 마지막 부분에는 유럽과 일본의 도시를 비교한 부분을 배치하였다. 프로이스가 "(유럽은) 시민이나 상인들도 훌륭한 저택을 소유할 수 있으나 교토는 그렇지 않다."거나, "주민, 노점, 점포, 생활비, 물자의 풍부함, 시민의 대우와 일자리라는 면에서 교토는 우리 유럽과 거의 비교가 안 된다."라고 유럽과 일본을 비교하는 비교의 기준과 프로이스의 관점이 흥미롭다.

인도 부왕의 사절

규슈에서 시모노세키로

관동에서 전쟁을 치르고 있을 때 히데요시는 순찰사가 선물을 갖고 도착하였다는 소식을 듣고 매우 기뻐하였다. 우리 용건을 자신에게 전달하는 신망 두터운 복심 아사노 단조도노淺野彈正殿[126]에게 순찰사를 교토로 올라오게 조치를 취하라는 명령을 내렸다.

간베에(구로다 요시타카)와 아고스티뉴(고니시 유키나가), 기타 크리스천 무장은 즉시 순찰사에게 편지를 보내 다음과 같이 충고하였다.

"포르투갈 상인의 수는 많게 하고 신부의 수는 적게 하여 상경하도록 신경을 써야 할 것이다. 그렇지 않으면 히데요시의 의심은 더욱 깊어질 것이며 오만하고 불손한 그이기에 사절을 더욱 경시할 것이다."

아리마도노(하루노부)와 오무라도노, 그리고 다른 규슈 영주들도 같은 견해였다. 조선 국왕의 사절이 300명 이상의 수행원을 거느리고 화려하게 교토에 와 있는 지금이야말로 소수의 수행원밖에 거느리지 않은 인도 부왕의 사절 일행도 선물을 갖고 알현하기 좋은 때였다. 특히 신부 자신이 사절로 와 있으며, 히데요시가 신부들을 추방한 데다가 진짜 인도 부왕의 사절인지 의심을 품고 있으므로 더욱 더 상경할 필요가 있었다.

주[126] 아사노 나가마사淺野長政이다.

이때 나가사키에는 중국에서 나우선으로 건너온 포르투갈인이 많이 있었다. 그들도 이번 여행에 순찰사를 수행하고 싶어 했으므로 그들 중 열두어 명이 동행하게 되었다. 여기에 일본인 공자 네 명¹²⁷과 그들의 포르투갈인 종자, 그 밖에 몇 명을 더해 모두 스물두 명이었다.

겨울이라 여행은 매우 험난하였고 때마침 닥친 혹독한 추위로 한층 고생길이 될 것이라 판단하였다. 그래서 순찰사 일행 중 일부는 일본 거리로 80리里,¹²⁸ 우리로는 50레구아 남짓 거리인 시모노세키까지 바닷길로 가기로 결정하였다. 순찰사는 남은 자들과 함께 지름길인 육지로 시모노세키까지 가기로 하였다. 그리하여 공자 네 명과 디에고 메스키타 신부와 포르투갈인 몇 명은 해로로, 순찰사와 오르간티노 신부, 다른 신부 두 명, 수사 한 명, 포르투갈인 여덟아홉 명은 육로로 나아갔다.

일행은 고쿠라小倉를 출발하여 3리 떨어진 맞은편 해안에 위치한 시모노세키로 갔다. 이미 그곳에는 메스키타 신부가 도착하여 일본인 공자 네 명과 동행한 전원이 함께 있었다. 일행은 그곳에서 2일간 머무른 후 배를 탔다. 날씨가 좋아 5일간 항해하여 무로室¹²⁹ 항구에 도착하였다. 그

주¹²⁷ 1582년 규슈의 크리스천 다이묘인 오무라·오토모·아리마가 순찰사 발리냐노의 권유로 로마 교황과 에스파냐 국왕에게 보낸 네 명의 소년 사절이다. 일명 덴쇼견구사절天正遣歐使節라고 한다. 이토伊東 만쇼와 지지와千々石 미구엘를 정사正使로, 하라原 마르티노와 나카우라中浦 줄리안을 부사副使로 보냈는데, 이들은 모두 열네다섯 살이었다. 1590년 6월에 귀국하였다.

주¹²⁸ 1리는 1시간 걷는 거리로 약 4km이다. 히데요시 시기에는 36정리町里(약 3927m)를 1리로 정하였으며 메이지 시기 1정町은 109m이다. 참고로 오늘날 나가사키에서 시모노세키까지는 자동차 도로로 약 250km이다.

주¹²⁹ 오늘날 효고 현 다쓰노 시市이다. 무로쓰室津라 하며 하리마의 소교토小京都였고 옛날부터 세토나이카이의 주요 항구였다. 근세에는 에도로 참근교대參勤交代하는 서국의 다이묘는 대부분 이곳까지 해로로 와서 육로로 갈아탔기에 많은 숙역 시설이 발달하였다. 조선 시대 통신사도 이곳에 머물렀다.

곳은 사카이에서 31리, 교토에서 45, 6리였다.

무로에서의 교류

순찰사를 히데요시에게 안내할 중요한 역할을 맡은 아사노 단조도노가 아직 교토에 돌아오지 않았음을 알자 간베에(구로다 요시타가)와 그 목적으로 교토에 머무르던 고스메 수사에게서 어떤 언질이 오기까지 일행은 무로에 체재할 수밖에 없었다. 그렇지만 아사노 단조가 교토에 오는 것이 계속 연기되었고 일행은 만 2개월을 무로에서 체류하게 되었다.

무로에서 생긴 일을 이해하려면 다음과 같은 사실을 알아야 한다. 일본에서는 정월, 즉 첫 달이라고 칭해지는 일년의 첫 번째 달에 모든 가신과 종자가 신하로서 봉사하는 신분을 감사하기 위하여 주군에게 문안인사를 올리는 것이 보편적인 관습이다. 일본에서는 이러한 문안 인사를 '예를 올린다'고 한다. 그것은 일본의 일반적인 관습으로 지금 일본 전국의 절대 군주가 된 히데요시는 자신에게도 이 관습을 반드시 준수하라고 강제하였다. 그래서 정월이 되면 일본 내 모든 영주와 무장들은 히데요시에게 친히 인사를 올리는데, 일본에서 관습화된 이 시기뿐만 아니라 히데요시에게 어떤 기쁜 일이나 슬픈 일이 있을 때에도 특별히 상경하였다. 이 제후들은 누구라도 그를 크게 두려워하여 그의 의지에 따라 행동하려 하였고 또한 자신들이 그에게 품고 있는 지대한 애정을 간절히 보여 주고 싶어 설령 멀리 떨어진 벽지라 해도 반드시 와서 인사하고 훌륭하고 비싼 선물을 바쳤다. 이처럼 이 지역에서는 성서에서 "빈손으로 내게 보이지 말찌니라."라는 말씀이 문자 그대로 지켜지고 있다.

이 제후들은 우리들의 이야기를 듣는 것을 매우 기뻐하였다. 우리가 휴대한 지도와 항해도, 특히 중국에서 그려진 커다란 도안의 매우 진귀한 이탈리아 지도를 제후에게 보여 주고 지나온 행로와 여러 국 및 구경한 여러 도시, 특히 로마[그것은 각별히 잘 그려졌다]를 알려주었다. 제후들은 그것을 보았고 그 밖에 이탈리아에서 가져온 기상 관측의, 지구의, 시계와 매우 진귀한 서적을 접하였고 특히 일본 공자들이 입고 있는 교황이 선물로 준 의복의 호화스러움에 감탄하였다. 또 공자들이 우아하고 교묘한 솜씨로 악기를 연주하는 모습을 보고 더욱 감동하였고 연주법을 배우고 싶다며 호기심 어린 눈으로 연주를 계속해 달라고 요청하였다.

아사노 단조가 관동에서 겨울을 날 것이 확실하다는 말을 전해 들었으므로 오르간티노 신부는 빈센테 수사를 거느리고 사절의 상경 수속을 밟기 위하여 무로를 출발하여 교토로 갔다.

교토에서 연일 나쁜 소식이 순찰사에게 전해졌다. 히데요시는 사절에 관해 계속 침묵하였으며 순찰사를 상경시키려는 바람이나 의향을 표시하지 않았고 인도 부왕이 선물한 말이나 다른 물건에 대해서도 갖고 싶어하는 기색을 드러내지 않았다. 뿐만 아니라 때론 가슴속에 담아둔 결의를 살짝 내비치기도 하였다.

반면 순찰사는 이러한 지연 덕분에 안심되는 부분도 있었다. 일이 지연되어 히데요시가 순찰사를 돌려보낼 때에는 이미 나우선은 출발해 버린 후가 될 것이며, 또 순찰사가 인도 부왕 사절의 직함으로 일본에 체재하고 있는 동안은 히데요시도 지금까지 우리가 맛본 엄격한 박해를 가하지 않을 것이기 때문이다.

마침내 간베에가 모든 힘을 써 주어 순찰사는 마시타 니에몬增田仁右衛門[130]란 이교도와 친교를 맺었다. 이 인물은 히데요시에게 사절의 일을

주130 마시타 나가모리增田長盛이다. 히데요시의 다섯 봉행奉行 중 한 명이다.

아뢰고 순찰사를 안내하는 역할을 떠맡았다. 하지만 히데요시는 만일 이번 사절이 부왕의 이름을 내세워 추방령을 무마하기 위하여 상경한 것이라면 그들을 절대 용서할 수 없으므로 만나고 싶지 않다고 하였다. 그렇지만 히데요시에게 인사만 할 목적이라면 사절의 접견을 허락한다고 선언하였다.

순찰사는 모든 크리스천 영주들의 권고대로 단지 히데요시에 인사드리기 위함이며 신부들의 일을 말하려고 방문하는 것은 아니라고 대답하였다. 마침내 히데요시는 그러한 조건으로 순찰사에게 상경하라고 지시하였다.

인도 부왕 사절의 교토 상경 모습과 조선 사절

히데요시로부터 출발하라는 통지를 받았기 때문에 순찰사는 즉시 무로를 떠나 오사카에 상륙하였다. 오사카는 히데요시가 새로 지은 중요하고 고귀한 성이 있는 곳으로 매우 넓고 큰 시가지가 있었다.

간베에의 배려와 공작 덕분에 순찰사 일행이 교토에서 1리 떨어진 도바鳥羽까지 강을 거슬러 갈 때 필요한 배를 제공하라는 지시가 오사카 성 봉행奉行에게 내려졌다. 순찰사는 필요한 준비가 끝나기까지 3일간 오사카에서 체재하였다. 순찰사를 방문한 봉행은 큰 경의를 담은 대우를 해 주었고 쾌적하게 갈 수 있도록 필요한 배를 제공하였다.

순찰사는 숫자가 한층 늘어난 일행과 함께 오사카를 출발하여 강을 거슬러 교토로 갔다. 히데요시의 동생인 하시바 미노도노(히데나가)가 소유한 뛰어난 설비를 갖춘 훌륭한 배를 타고 갔는데, 미노도노는 수일 전 신부가 아직 무로에 있을 때 사망하였다. 봉행은 한층 경의를 표하려고 순찰사와 수행한 신부들을 위하여 선실 두 개와 여러 가지 접대 시설이 잘 갖추어진 이 배를 제공하라고 지시한 것이다. 또 동행한 포르투갈인을 태우고 짐을 운반하기 위한 다른 배도 제공하였다.

일행은 교토에서 1리 남짓 떨어진 도바라는 곳까지 강을 거슬러 올라갔다. 그곳에 상륙하자 일행 전원에게 필요한 만큼의 말, 짐을 옮길 마차, 그리고 신부들을 위한 어깨로 메는 가마, 즉 지붕이 달린 의자 형태의 가마 등이 보였다. 이는 모두 간베에도노와 마시타 니에몬이 준비한 것이었다.

다음날 아침 포르투갈인들은 매우 우아한 복장을 차려입고 행렬을 갖춰 출발하였다. 교토에 도착할 때까지 이 진귀한 행렬을 보려고 사방에서 모인 사람들의 붐비는 모습은 볼 만하였다.

교토에 도착하자 일행이 통과하는 거리마다 셀 수 없을 정도로 많은 사람들이 모였다. 그들은 훌륭하게 장식하고 화려한 의상을 입은 채 질서정연하게 교토를 행진하는 진귀한 이국풍 사람들의 일행을 보고 경탄하였다. 또 일행의 한 사람 한 사람을 하늘에서 내려온 부처, 즉 우상이라 이야기하였다. 그들은 평소 포르투갈인을 그다지 높이 평가하지 않았으므로 그것은 그들에게 의외의 일이었다.

포르투갈인은 매년 정기적으로 나가사키 항에 왔지만 일본인들의 눈에 고귀하고 우아한 사람으로 비치려고 행동하지 않았고 오로지 자신의 상거래에만 욕심을 냈다. 더욱이 일본인의 풍습과 크게 달랐기 때문에 나우선과 거래하러 나가사키에 갔다 돌아온 일본 상인들은 포르투갈인에 관해 좋지 않은 이야기를 전하였다. 이로 인하여 교토 사람들은 이들이 무가치하고 존경할 필요가 없는 사람이라 믿었다.

게다가 수개월 전 코레아(조선) 국왕의 사절도 다수의 수행원을 거느리고 교토에 왔는데, 평소 중국인과 조선인이 하던 대로 수행원 전원은 천박하게 정강이를 드러낸 채 거리를 걷고 길에 서서 음식을 먹을 정도였다. 이처럼 천한 자들이었기에 일본인은 매우 경멸하고 포르투갈인도 그들과 같을 것이라 생각하였다. 이것은 히데요시가 그때까지 이번 인도 부왕 사절에 대해 짐짓 모르는 듯한 태도를 취한 원인의 하나라고 생각된다. 그렇지만 교토가 만들어진 이래 일찍이 본 적이 없을 정도로 화려하게 꾸민 일행이 상경하는 것을 보고 사람들은 모두 넋을 잃고 구경하였다.

그것은 다음과 같이 즉시 히데요시의 태도를 크게 변화시켰다. 순찰사는 동행한 신부들과 함께 어떤 우아한 격식 있는 저택에 숙박하라는 안내를 받았다. 그곳은 히데요시가 천하의 주가 되기 전부터 소유했던 저택이었다. 일본인 공자 네 명은 수행원을 거느리고 디에고 데 메스키타와 함께 맞은 편 다른 집에 숙박하였다. 그곳은 아고스티뉴 쓰노카미津守가 상경할 때 묵는 저택이었다. 그 밖의 포르투갈인은 모두 그 주변 가옥에 숙박하였다.

히데요시가 순찰사를 수행하는 자들의 인품에 관한 이야기를 들어서인지, 혹은 하나님의 특별한 배려인지 알 수 없지만 갑자기 히데요시의 태도가 돌변하였다. 그때까지 사절에 관해 어떤 말도 하지 않고 늘 경시하는 태도를 보여 왔기에 누구나 히데요시가 그들을 냉대할 것이라고 믿었다. 그런데 돌연 사절을 언급하기 시작하고 더욱이 다른 일은 일절 안중에 없는 것처럼 오직 이 일만을 화제로 삼아 이상할 정도로 만족의 뜻을 표시하였으며 일본에서 가능한 최대한의 성대함과 화려함으로 사절을 영접해야 할 것이라 말하였다. 그리하여 교토 쇼시다이所司代(마에다 겐이)와 마시타 니에몬도노를 불러 일행을 정중히 대접하고 사람들의 왕래로 시가지町가 혼란스럽지 않게 감시인을 둘 것을 지시하였다.

얼마 후 쇼시다이와 마시타는 다른 여러 무장을 거느리고 순찰사를 방문하여 히데요시가 일행의 도착에 크게 만족하고 있다고 전하였다. 그리고 일행이 사용할 쌀 270섬俵과 대량의 땔감을 선물하고 일행이 숙박한 거리 입구에 경비를 세워 포르투갈인을 보려는 인파가 일행에게 무례를 범하는 일이 발생하지 않도록 엄중히 감시하였다.

사절을 교토에서 접견하다

접견 준비와 공가 복장

히데요시는 마무리 단계에 있던 (교토) 취락제聚樂第의 각종 공사를 하루빨리 마치라고 지시하였다. 또 사절과 포르투갈인의 눈에 모든 것이 훌륭하게 비치기를 원하였기 때문에 일행이 통과하는 도로를 충분히 청소하고 정비하라고 명령하였다. 또 그날 비가 오고 있었으므로 흙탕물이 튀지 않게 대량의 모래를 거리에 뿌리라고 지시하였다.

그는 오와리 국으로 출발할 예정이었지만 사절 접견을 대대적으로 준비하느라고 8일씩이나 미루었다. 그는 접견일에 일본에서 최대한 성대하고 호화로운 연회를 열 것과 당시 그의 정청에 있던 일본 최강 무장들에게도 참석할 것을 지시하였다. 나아가 행사를 한층 더 화려하게 하고 자신의 넓은 도량을 보여 주려고 자기 면전에서 분배할 수 있게 각종 선물을 늘어놓게 했다.

이리하여 정해진 사순절 제1일요일이 되자 순찰사는 등성하라는 지시를 받았다. 히데요시는 과시할 수 있는 최대의 위엄과 호화로움을 갖추어 그를 맞았다.

히데요시를 따르는 제후들은 신부복과 같은 옷, 즉 통상 입는 옷이 아니라 다이리의 궁정에서 자기 관위와 직무에 상당하는 의복과 표식을 착용하고 있었다. 히데요시는 관백 관위에 어울리는 표식을 하고 제후와 고관들도 각자의 관위, 계급, 경력에 맞는 공가 복장을 입었다. 봉사하는 자들도 마찬가지였다. 이러한 식전과 성대한 의식은 모두 진정한 국왕이자 일본 전체의 군주인 다이리의 궁정에서 공식으로 행사할 때의 관습과 동일한 특별한 것이었다.

사절의 행렬 순서

일요일 아침 먼저 마시타 니에몬이 히데요시에게 인사할 사람 수를 물으러 왔다. 신부들을 제외하고 모두 스물여섯 명, 즉 공자 네 명, 포르투갈인 열세 명, 공자를 따르는 고쇼小姓 복장을 입은 청년 일곱 명, 이들의 통역을 담당하는 수사 한 명과 순찰사 통역을 담당하는 다른 수사 한 명이었다. 모두 교토에 입경할 때 입었던 옷보다 한층 장엄하고 호화스런 의복을 착용하였다. 그것은 포르투갈인 모두가 다른 사람보다 뛰어나 보이려고 서로 경쟁하였기 때문이다.

교토 쇼시다이所司代와 마시타는 이들 일행 전원에게 일본풍으로 아름답게 장식된 말을 제공하였다. 순찰사와 그의 동료로서 히데요시 앞에서 인사할 두 명의 신부, 즉 일본인 공자 네 명의 교사인 디에고 데 메스키타와 안토니오 로페스에게는 말보다 장엄한 가마 세 채를 보내 왔다. 그것은 일본의 고위 승려가 사용하는 것이었다.

행렬 순서는 다음과 같았다.

가장 먼저 인도 부왕의 선물이 일본 관례에 따라 보기 좋게 꾸며져 운반되었다.

> 금장식이 된 매우 화려하고 아름다운 밀라노제製 흰색 갑옷 두 벌.
> 은으로 일부를 도금한 훌륭한 장식물이 붙은 두 자루 형검衝劍, 즉 큰 칼.[131]

일본에서 매우 진귀한 총 두 자루.¹³² 이것에는 회전륜이 있어, 시아 락으로¹³³ 장전하는 방식이 아니라 부싯돌燧石로 불을 붙이는 것이었다.

마찬가지로 잘 장식된 트라사도¹³⁴[동시에 총으로도 변신한다]와 그 부속품. 일본에서 처음 보는 매우 훌륭한 유화 네 장.

두 마리 아라비아 말. 다만 일본에 도착한 것은 그중 한 마리뿐이었다. 매우 훌륭히 장식되어, 한 마리에는 등자가 짧은 것, 다른 한 마리에는 등자가 긴 것이 달려 있고 보라색 및 흑색 벨벳 마포馬布,¹³⁵ 마구, 마락馬絡,¹³⁶ 그 밖에 은 장신구, 도금된 등자가 붙어 있다.

아주 아름다운 야전용 천막 한 개.

일본 관습을 고려할 때 필요하다고 생각하여 약간의 선물과 아라비아 말을 제외한 이상의 물품은 순찰사 명의로 사전에 미리 보냈다. 이것을 본 히데요시는 매우 기뻐하였다. 그는 성장盛裝을 하고 위엄을 갖추기도 전에 호기심에 가득 찬 눈빛으로 위의 물건 하나하나를 살펴보았으며 이를 자랑하고 칭찬하면서 먼 나라에서 온 신기한 선물이 지금 바로 자신의 눈앞에 놓여 있다는 사실에 큰 기쁨을 나타내었다.

그 후 상당한 시간이 흐른 후에 순찰사는 저택을 출발하였는데 행렬

주131 몬탄테montante로 양손으로 드는 검이다.
주132 에스핀가르다espingarda이다.
주133 시아 락sear lock이란 총 발사잠금 장치이다. 초기 화승총은 심지를 꽉 눌러 불을 붙이는 터치 홀식이었는데 명중도가 크게 떨어졌다. 이에 독일에서 화승을 S자형 금속 용구에 끼어 넣는 서펜타인 락식이 고안되었고 15세기 중반 이를 한층 개량해 시아 락과 스냅핑snapping을 단 시아 락식이 고안되었다.
주134 트라사도traçado는 불명이다. 짧은 칼이라는 주장도 있다.
주135 승마할 때 안장이 미끄러지지 않도록 안장 밑에 까는 천이다.
주136 두락頭絡이라고도 한다. 말 머리에서 턱, 뺨, 코 위에 그리고 목덜미에 걸치는 폭이 좁은 가죽으로 만든 마구이다.

순서는 다음과 같았다.

먼저 선두에 훌륭히 장식된 한 마리 말이 나아갔다. 그 말은 매우 아름답고 덩치가 커 지나가는 곳 어디에서나 모든 일본인의 주목을 받았다. 그 말과 비교하면 일본의 말은 모두 노새 같았다. 말을 끄는 인도인 말몰이꾼 두 명은 다양한 색으로 된 긴 비단옷을 입고 머리에는 터번을 감았다. 그것은 일본인에게 매우 신기하고 이국적인 모습이었다.

그 뒤를 동일한 복장을 한 체구가 작은 인도 청년이 인도풍으로 된 매우 아름답고 커다란 양산을 들고 말을 나아가게 하였다. 이로 인해 이 행렬은 한층 위엄 있게 보였다.

그리고 이 청년과 더불어 말을 탄 포르투갈인 두 명이 마치 한층 엄숙함을 더하듯이 함께 나아갔다.

이들 뒤를 말을 탄 고쇼小姓들이 행진하였다. 그들 대부분은 일본인 공자들의 수행원이었으나 공자들이 빌려 준 훌륭한 의복을 입어 누구나 영주의 자제처럼 보였다.

그들 사이에 최고의 복장을 갖춘 공자 네 명이 나아갔는데 교황이 로마에서 선물로 준 금 몰[137]로 가장자리를 장식한 검은색 벨벳 장포[138]를 착용하여 관중을 감탄시켰다. 그들이 착용하기로 되어 있던 다른 의복은 포르투갈 국왕의 명령으로 아우스토리아 추기경이 하사한 것으로 귀국 후 외출할 때마다 입고 있었다.

그들 뒤를 순찰사가 신부 두 명과 함께 평소에 입는 수도복인 긴 옷과

주137 금 몰은 금으로 도금한 장식용의 가느다란 줄이나 금실을 꼬아서 만든 끈 또는 금실을 가로로 견사를 세로로 하여 짠 직물이라는 두 가지 의미가 있다. 몰mogol은 포르투갈어이다.
주138 오파스opas이다.

외투를 입고 나아갔다.

신부들 뒤로 나머지 포르투갈인들이 따라갔다. 모두가 훌륭한 차림새로 교토를 행진하는 광경은 유럽 어디에 갖다 놓더라도 틀림없이 감탄을 자아낼 것이다.

순찰사가 저택을 출발하여 성에 이르기까지 이 진기한 광경을 구경하려고 거리와 집 입구에 사람들이 운집하였다. 그들은 이구동성으로 교토가 만들어진 이래 지금까지 이러한 광경은 본 적이 없었다고 말하였다.

접견 공간과 의례: 인도 부왕의 서간

히데요시의 궁전과 성에 도착한 일행은 모든 준비가 갖추어지기까지 히데요시의 조카이자 이미 후계자로 정해진 다이나곤도노大納言殿(도요토미 히데쓰구)의 저택에서 잠시 접대를 받았다.

그리고 그곳에서 전과 동일한 순서로 히데요시에게 나가 인사를 올렸다. 그는 어떤 큰 거실의 옥좌에 앉아 있었는데, 이 큰 거실은 자시키座敷139라고 불리는 다섯 개 부분으로 구획되었다.

위쪽에 있는 첫 번째 자시키에는 양 측면에 단壇과 같은 것이 둘러져 있고 계단으로 그곳에 올라가게 되어 있었다. 거기에는 오직 관백 표식을 한 히데요시 한 명만이 앉아 있었다.

단 아래의 자시키에는 다이리 궁전에서 주요 고위직 세 자리를 점하는 귀인 세 명이 있었다. 한 명은 몬제키門跡라는 다이리의 친족이며 전중殿中에서 제일 지위가 높은 승려140로, 히데요시보다 한 단 낮은 곳에 앉았다. 두 번째는 공가 중에서 가장 지위가 높은 기쿠테이菊亭141라는 사람

주139 다다미방이다.
주140 미이데라三井寺 쇼고인聖護院의 몬제키인 쇼코인照高院 도쇼道勝이다.

으로 히데요시 좌측에 앉았다. 세 번째는 다이나곤의 지위를 가진 히데요시의 조카 히데쓰구로, 몬제키와 같은 장소이기는 하나 약간 아래쪽으로 내려와 히데요시를 마주보고 앉았다.

첫 번째 자시키에 이어 한 단 낮은 두 번째 자시키가 있고 이곳에는 일본에서 가장 고귀하고 중요한 무장 여덟 명이 순서에 따라 앉았다. 그들 중 아키安藝의 모리도노(데루모토)는 부와 세력에 있어 가장 강력하였지만 위계 순서로는 다섯 번째였다.

나아가 한 단이 더 낮은 세 번째 자시키에는 두 번째 자시키에 있는 사람보다 위계가 낮은 다수의 제후와 무장들이 있었다.

네 번째 자시키에는 연회에 봉사하는 여러 관리가 있었는데 그곳은 또한 봉사하는 사람들의 통로이기도 하였다.

이들 자시키의 후방에는 한 단이 더 낮은 자시키가 있었고 별도의 큰 방으로 꾸며져 있었다.

이들 장소는 어디를 가도 더할 나위 없이 청결하였다. 왜냐하면 마루란 마루에는 일본 관습에 따라 3데도 정도 두께로 명석으로 섬세히 만드는 깔개(다다미)가 깔려 있었고 벽에는 금으로 그린 수목 이외에는 아무것도 없었다. 이 큰 방 한쪽 편에는 툇마루가 있고 그 앞에는 넓고 청초한 정원이 있었다.

순찰사는 자리에서 일어나 히데요시가 있는 곳으로 나아가 인사를 올렸다. 그것은 일본풍으로 '예를 올린다'고 한다.

먼저 포르투갈인 한 명이 인도 부왕의 서간을 히데요시 앞으로 가져갔다. 그것은 길이 4파우무, 폭과 높이 1파우무 반의 상자[142]에 들어 있

주**141** 기쿠테이 하루스에菊亭晴季이다.

었다. 상자 내부에는 금실과 비단을 섞어 짠 녹색 직물이 붙어 있고 바깥쪽은 녹색 벨벳에 금실로 된 끈이 달려 있으며 은으로 세공된 여러 가지 꽃 모양이 훌륭한 조화를 이루며 장식되어 있었다. 서간은 훌륭한 양피지에 쓰였고 여러 가지 모양이 채색되었으며 황금 도장이 날인되어 금실과 보라색 비단으로 짠 훌륭한 주머니 안에 들어 있었다.

서간은 그렇게 봉정되었다. 왜냐하면 일본인은 다른 어떤 국민들보다도 의례와 외적 장식에 신경을 썼으며 이와 같이 증정된 서간을 자못 존중하는 관습이 있기 때문이다. 그래서 순찰사는 부왕 돈 두아르테 데 메네제스의 서명을 받아 가장 걸맞다고 생각되는 형태로 서간을 작성하고 그것을 봉정할 특별한 위임을 받아 방문한 것이다. 서간의 전문은 다음과 같다.

인도 부왕 돈 두아르테 데 메네제스가 천하의 주主 관백도노關白殿에게 보내는 서간

우리들은 멀리 나라가 떨어져 있어 서로 교류하지 못한 채 오늘에 이르렀습니다. 그렇지만 전하의 여러 국에 머무르는 신부들이 보내온 서신을 통하여 전하가 거둔 승리, 업적, 절대적 명성이 머나먼 이곳까지 전해졌으며 나는 이 사실을 일찍부터 알고 있습니다. 전하가 일본 사방의 제후와 여러 국을 정복하고 지배 아래 두었으니 이것은 실로 전대미문이라 말하지 않을 수 없습니다. 이것이야말로 하늘이 주신 놀랄 만한 은혜임에 틀림이 없고 실로 찬양받을 일로서 경하드리는 바입니다.

또 나는 귀국에 체재하는 신부들이 전하로부터 받은 많은 호의에 감사드리고 그 빛나는 은혜를 입어 사람들을 구원하는 가르침을 설교할 수 있음을 잘 알고 있습니다. 그들은 이곳 여러 국의 수도자로서 존경할 만한 자들이며

주142 1파우무는 약 22cm이다. 따라서 길이 88cm, 높이와 폭이 33cm의 상자이다. 현존하는 인도 부왕의 편지는 가로 75cm, 세로 57cm이다.

그들의 교법에 따라 참된 구원의 길을 가르치기 위하여 세계 모든 곳을 방문하고 있습니다. 나는 전하가 그들에게 베푼 호의에 관해 전해 듣고 매우 기뻐하고 있습니다.

 그들은 내게 전하 앞으로 편지를 보내고 사절을 파견하여 이러한 은혜에 사의를 표할 것을 원했으므로 나는 기꺼이 그들의 요청에 응하고 싶습니다. 근년 전하의 여러 국을 다시 방문한 순찰사는 이미 전하의 나라에 알려져 있기 때문에 이번 사명을 그에게 맡깁니다. 나는 본 서간을 통해 전하가 앞으로 한층 더 순찰사와 귀국에 체재하는 그 밖의 신부들에게 자애를 베풀어 주시길 요청하는 바입니다. 나는 그 은혜를 더없는 기쁨으로 여길 것입니다.

 여기에 친교의 징표로서 큰 칼 두 자루, 신식 총 두 정, 갑옷 두 벌, 마구가 붙은 말 두 마리, 금으로 장식된 덮개 천 네 장, 총으로도 쓸 수 있는 트라사도 한 개, 야전용 천막 한 개를 전하에게 증정합니다.

 인도국에서 1587년에 이 서간을 씁니다.

 돈 두아르테 데 메네제스

이 서간은 이처럼 일본 어구와 어법에 맞게 작성되었고 히데요시가 읽을 수 있게 일본 문자와 언어로 쓰인 번역문이 같은 주머니 안에 들어 있었다.

 서간이 히데요시에게 봉정되자 그는 잠시 깊은 주의와 호기심을 갖고 전문을 살폈다. 일본 문자로 된 서간이 그를 위하여 낭독된 후에 순찰사는 자시키 앞 툇마루縁側를 통하여 히데요시의 자시키 즉 그의 큰 방과 이어지는 곳까지 나아갔다. 그 앞에서 의식을 관장하는 역할을 맡은 사람의 안내로 그곳에 있던 몬제키와 다이나곤 사이를 지나가 히데요시가 있는 자시키로 들어갔다. 그리고 안으로 들어가 신부 모자를 벗고 히데요시에게 우리의 예법으로 매번 한쪽 무릎을 바닥에 대고 세 번 배례하였다. 순찰사는 바로 자리에서 일어나 제후 여덟 명이 있는 자시키에 앉도록 인도되었다. 그 누구보다도 상위 좌석에 순찰사를 착석하게 하였다. (그런데) 이 위치에서는 히데요시의 모습을 보려고 하여도 제후들에 가려 볼 수 없었다.

순찰사에 이어 그의 동료 신부 두 명이 안내되었다. 두 명은 함께 같은 장소에 들어가 히데요시에게 동일하게 배례를 드린 후 좌석 순서대로 순찰사의 아래 자리에 앉도록 인도되었다. 그들 다음으로 공자들 네 명이 고쇼小姓를 포함하여 다른 모든 포르투갈인과 함께 다섯 명씩, 자시키에는 들어오지 못하고 툇마루 쪽에서 매우 엄숙히 히데요시에게 배례를 드렸다. 그들은 가장 아래 자시키에 착석하도록 안내되었다. 히데요시를 비롯하여 모든 제후는 우리의 예법에 자못 만족하였다.

얼마 후 일본 관습에 따라 엄숙한 의례 아래 사카즈키盃(술잔 돌리기)와 안주가 제공되었다. 그것은 중요한 손님에게 행해지는 의례이며 환대하는 방식이었다. 손님은 의례상 술을 마시게 되는데 주인은 손님에게 직접 혹은 다른 사람의 손을 거쳐 매우 소량의 안주를 제공한다. 이 술잔과 안주의 향응에 있어 일본인 사이에는 자못 엄숙한 의례가 집행된다. 이번에는 공가이자 일국의 영주인 하세가와도노長谷川殿[143]가 술잔을 나르는 가장 영예로운 역할을 맡았다. 그가 히데요시 앞에 잔을 가져가자 히데요시는 그것을 받아 아주 조금 마시고 즉시 첫 번째 자시키에 있는 주된 귀인 세 명 각각에 잔을 내렸다.

그 후 다른 술잔을 대령하면 히데요시는 다시 그것을 마시고 미리 예정된 것처럼 순찰사를 자신의 자시키로 불러 잔을 내렸다. 순찰사는 입을 축인 후 그 계단을 올라 히데요시의 좌석까지 잔을 갖고 갔다. 히데요시는 손수 안주를 주었는데 그것은 이런 장소에서 그가 할 수 있는 최

주**143** 하세가와 히데가즈長谷川秀一이다.

대의 호의이자 영예로운 행위로서 다른 귀인 세 명 누구에게도 이런 호의를 베풀지 않았다. 순찰사는 계단을 오르내리거나 안주를 받을 때도 일본풍 의례를 따르거나 우리 방식으로 여러 차례 배례하였기 때문에 참석한 사람들에게 큰 호감을 주었고 칭송을 받았다.

순찰사가 관습대로 다시 술잔을 입에 대고 마시려고 할 때 큰 쟁반 두 개를 받든 고관이 나타났다. 쟁반 하나에는 은 100매, 다른 쟁반에는 고소데小袖라는 비단옷 네 벌이 놓여 있었으며 히데요시가 이들 물품을 순찰사에게 증정하였다. 순찰사는 다시 한 번 배례하고 감사를 표한 뒤에 자기 자리로 돌아가 착석하였다.

순찰사를 이어 신부 두 명이 차례로 나아갔다. 히데요시는 그들에게 마찬가지로 손수 술잔과 안주를 주었고, 두 사람은 순찰사와 마찬가지로 인사를 올려 예의를 다하였다. 그들은 한 명 한 명 쟁반에 담긴 은 100매와 고소데 두 벌씩을 하사받았다.

그 후 공자 네 명과 포르투갈인 모두, 고쇼 한 명 한 명이 호출되어 각각 은 5매와 고소데 한 벌씩이 놓인 작은 쟁반을 하사받았다.

통역을 담당한 조인 로드리게스 수사와 임브로지우 페르닌데스 수사는 일인당 은 30매와 비단 고소데 두 벌이 놓인 쟁반을 받았다. 은 1매는 4타이스[144]와 3마스에 해당하므로 순찰사에게 준 금액은 860타이스, 두 신부에게도 같은 금액 즉 각각 430타이스, 두 명의 수사에게 258타이스, 다른 포르투갈인 전원에게 21타이스 반을 준 셈이 된다. 은의 총액은 2,494타이스가 넘으며, 여기에 서른여섯 벌의 비단 고소데만으로도 100타이스의 가치가 있다. 이 선물은 일본 관습에 따라 전원에게 내린

주[144] 타이스는 타엘의 복수형 표현이다. 타엘은 중국 통화로서 1타엘은 일본 은 10몬메匁에 해당한다.

영예이며 히데요시가 지금까지 이러한 알현에서 보여 준 적이 없는 관대함과 대범함을 말해 준다.

이상의 선물 의식은 한마디 말도 없이 정적 속에서 모두 거행되었고 그것이 끝나자 히데요시는 정해진 자시키에 있던 세 명의 고관 중 한 명인 기쿠테이와 다른 공가를 바로 불러 순찰사에게 말을 전하였다. 대체적인 내용은 다음과 같다.

"귀하의 내방은 나에게 큰 기쁨이다. 교토는 지난 전쟁으로 내가 원하는 만큼 아직 훌륭히 수리되지 않았기에 대국에서 온 그대에게 보여 주는 것을 약간은 부끄럽게 생각한다. 그렇지만 지금 나는 교토 개조에 착수하였고 앞으로 부왕과 좀 더 교제하기를 희망하기 때문에 이러한 부끄러움은 차차 사라질 것이다."

그리고 더욱 긴 다른 말을 전달하였다. 그 전언은 히데요시 앞에서 이루어졌다. 일본에서 제삼자를 통해 이야기하는 것은 존경의 표시이며 이야기를 전달하는 사람도 매우 고위 인물이기 때문에 히데요시의 권위가 보장되면서도 다른 한편으로 순찰사에게도 명예로운 일이었다. 순찰사는 다음과 같이 말하였다.

"전하가 베푸신 수많은 은혜와 호의에 깊이 감사를 드립니다. 전하의 호화로움과 위대함, 전하가 달성한 승리와 감탄할 만한 사업과 영토, 전하의 제국帝國과 정청의 웅장함에 관한 이야기와 평판이 우리의 여러 나라에 이미 전해져 있지만 지금 이 눈으로 그 전모를 보니 그곳에 전해진 내용은 실제와 비교하여 매우 부족하다는 사실을 알았습니다. 귀국하면 제가 본 모든 것과 전하가 저와 포르투갈인에게 베푼 은혜와 영예를 부왕에게 보고하겠습니다."

이에 히데요시는 순찰사에게 다음과 같은 말을 전하였다.

"귀하의 말을 아주 기쁘게 생각한다. 나는 귀하가 지참한 선물에 사의를 표하는 바이다. 그것들은 모두 훌륭하고 일본에서 진기하게 여겨지는 물건들로서 눈을 즐겁게 한다."

마지막으로 이러한 말을 전한 다음 히데요시는 일어나 순찰사가 있던 좌석으로 다가와 잠시 편안히 쉬면서 일본의 중요 제후들과 환담을 나누라고 말한 후 자신은 안으로 들어갔다.

연회와 일본인 공자

일본 관습에 따라 얼마 후 식사가 나왔다. 이런 종류의 연회에서 사용되는 사각형 밥상이 한 사람 한 사람 앞에 놓였는데 모두 새로 만든 것으로 일반적인 연회보다 상의 숫자가 훨씬 많았다.

먼저 처음에는 한 사람마다 세 종류의 음식을 얹은 상 세 개가 순차적으로 나왔다. 한 번의 상차림이 끝날 때마다 전원에게 소량의 술이 권해졌다. 그것이 끝나면 또 다른 다섯 상이 동시에 나왔다. 그 하나하나마다 다른 음식이 놓여 있었다. 그것이 본식本式의 식사이며 식사하는 사람도 시중드는 사람도 극도로 정숙하게 행동하였다. 사람들은 모두 아주 소량만을 먹고 그보다 더욱 적은 양을 마셨으므로 음식을 먹기 위하여서가 아니라 의례를 위하여 식사 자리에 앉아 있는 것으로 보였다. 그렇지만 음식도 시중드는 방식도 일본에서 행해질 수 있는 최고의 성대한 의식을 수반하였다.

식사 때에는 각자 자기 자리에 착석하였다. 첫 번째 자시키에는 고관 세 명이, 신부 세 명은 제후 여덟 명과 함께 두 번째 자시키에, 세 번째 자시키에 있던 자는 식사를 하지 않고 배석자로서 다른 사람이 식사하는 모습을 보고만 있었다. 그들은 모두 중요 무장과 제후였지만 그곳에서 식사할 수 있는 위계를 갖지 못하였다. 그렇다고 시중을 드는 것도 아니고 관습에 따라 자시키 상석上席을 차지할 뿐이었다.

음식은 다른 곳에서 운반되어 왔다. 시중드는 사람은 소수이며 매우 정숙히 움직였다. 마지막 자시키에서는 일본인 공자 네 명이 포르투갈인과 함께 식사를 하였다.

연회가 끝날 무렵 음식상이 치워지기 전에 히데요시가 관백 표식을 방 안쪽에 두고 평상복 차림으로 나타났다. 그는 순찰사와 다른 제후가 식사하고 있던 자시키로 내려오는 계단에 앉아 거기서 순찰사에게 친근히 말을 걸고 여러 가지를 질문하면서 매우 기쁜 표정과 붙임성을 보였다. 그곳에는 통역을 맡은 조안 로드리게스가 있었다.

히데요시는 잠시 후 포르투갈인이 식사하고 있는 자시키로 나아가 그들을 한 사람씩 바라보면서 걷다가 자기 앞에 있는 사람에게 몇 가지씩 질문을 하기도 하였다. 특히 이토伊東 돈 만쇼와는 꽤 오랫동안 이야기를 나누면서 깊은 애정과 관심을 보였다. 히데요시는 "너의 종형제[145]는 휴가 국으로 귀국시켰는데 만일 너도 나를 섬길 의향이 있으면 많은 보수를 주겠다."라고 하면서 자신에게 봉사할 것을 계속 권하였다.

그렇지만 돈 만쇼는 다른 생각이 있어 신중하게 다음과 같이 대답하였다.

"순찰사는 항상 나와 동료들을 자기 자식처럼 키워 왔습니다. 그래서 저는 적지 않은 은혜를 입었고 설령 많은 보수를 받는다고 해도 순찰사의 곁을 떠나는 것은 은혜를 저버리는 짓이라는 비난을 면할 수 없습니다."

그러자 히데요시는 "그렇군, 그 말이 맞아."라고 답하였다. 그는 다른 세 명의 공자와도 이야기를 나누어 성씨와 이름, 태어난 국을 물었다. 특

주[145] 이토 스케타카伊東祐兵이다. 휴가 국日向國 오비飫肥의 영주로서 히데요시에게 36,000석의 영지를 받았다. 이토 가문 중흥의 인물이다.

히 돈 미구엘¹⁴⁶과 긴밀히 이야기를 하면서 그가 아리마 가문의 일족인지를 물었다.

미구엘은 자신의 태생을 밝히면 아리마도노(하루노부)에게 어떤 불이익이 생길까 염려하여 둘러대면서 지지와千〃石 출신이라고 하였다. 다시 히데요시가 지지와는 누구의 영내에 있는지 물었으므로 그는 아리마 영내에 있다는 것을 속일 수 없었다. 그러자 히데요시는 다시 너는 아리마의 친척이냐고 질문하였기에 자기 아버지가 아리마 가문의 먼 친척이라고 대답하였다. 결국 히데요시에게 거짓말을 하지 않으면서 태생을 밝히지 않고 대화를 끝냈다. 그렇지만 이를 안 히데요시는 "규슈의 제후들은 선교사들 및 인도 부왕과 깊이 교제하고 있는 것 같구나."라고 말하였다.

그는 마지막으로 다시 한 번 순찰사의 자리로 와서 여러 이야기를 시작하였는데 그 사이에 음식상이 모두 치워졌다.

히데요시는 공자 네 명에게 음악 연주를 듣고 싶으니 자기 앞으로 나오라고 명령하였다. 그리고 이를 위하여 준비된 악기가 즉시 전해졌다. 공자 네 명은 글라베,¹⁴⁷ 아르파,¹⁴⁸ 라우데,¹⁴⁹ 라베키냐¹⁵⁰를 연주하면서 이에 맞추어 노래를 불렀다. 그들은 이탈리아와 포르투갈에서 충분히 연습하였기 때문에 훌륭한 자세로 실로 기품 있고 솜씨 좋게 연주하였다.

주146 지지와千〃石 미구엘은 아리마 하루노부有馬晴信의 종형제이자 오무라 스미타타大村純忠의 조카이다.
주147 지금 피아노의 전신으로 쳄발로이다.
주148 하프이다.
주149 라우데Laude는 기타와 유사한 악기라는 설과 '리우더'라는 만돌린형 중세 악기라는 설이 있다.
주150 오늘날 바이올린의 원시 악기이다.

히데요시는 이들의 음악을 매우 주의 깊게 호기심 어린 표정으로 듣고 그들에게 노래를 더 부르라고 하였다. 왜냐하면 히데요시가 싫어할까 봐 악기를 잠깐 연주하고는 곧 멈췄기 때문이다. 히데요시는 같은 악기로 세 번 연주하고 노래하라고 지시하였다.

그 후 악기를 하나씩 손에 들고 그것에 대하여 공자 네 명에게 여러 가지 질문을 하였다. 또 활처럼 생긴 비올라와 레아레조[151]를 연주하라고 명령하고 모든 악기를 매우 진귀한 듯이 관찰한 후 그들에게 이것저것 말을 걸면서 "너희들이 일본인임을 아주 기쁘게 생각한다."라고 하였다.

히데요시가 이처럼 말하면서 그들을 자기 곁에 두고 싶어 하는 모습을 보였기 때문에 공자들과 순찰사는 적지 않게 마음을 쓰면서 경계하였다. 히데요시는 음악을 듣고 그들과 이야기하면서 상당히 오랜 시간 동안 머물렀다. 그는 다시 순찰사에게 인도 부왕과 우호 관계를 맺고 싶으며 부왕에게 훌륭한 선물을 할 생각이라고 말하였다.

얼마 후 정원에 선물로 받은 천막을 치게 하고 아라비아 말을 보고 싶으니 끌고 오라고 해, 포르투갈인에게 이를 타 보라고 지시하였다. 매우 우아하고 아름다운 천막이 그를 위하여 설치된 후 그는 잠시 그곳에 머무르면서 천막에 대하여 이야기를 나누고 포르투갈인 한 명이 승마하는 모습을 구경하였다. 그는 매우 익숙하게 말을 부렸다.

히데요시는 말이 아름답고 덩치가 크고 빨리 달리는 것을 보고 다른 제후들과 함께 감탄하고 크게 칭찬하였다. 다른 어떤 물건보다 말이 그의 마음에 든 모양이었다. 그 후 갑옷이 놓여 있는 곳으로 가자 갑옷과 도검, 기타 물건에 대하여 호기심으로 가득 차 조안 로드리게스 수사와

주**151** 휴대용 풍금으로 추정된다.

이토 만쇼에게 많은 질문을 하였다.

이날 히데요시는 그 이상 바랄 수 없을 정도의 기쁨과 만족감을 표시하였다.

히데요시의 사절 인식

순찰사와 포르투갈인이 취락제를 구경한 후 히데요시는 깊은 애정을 담아 이별을 고하면서 다시 한 번 너희를 초대하겠다고 하였다.

그리고 오후가 되자 조안 로드리게스 수사를 불러 밤까지 저택에 머무르게 하면서 많은 이야기를 나누었다. 특히 히데요시는 인도 부왕이 선물한 것보다 훨씬 뛰어난 물건을 선물하고 싶다고 하였다. 말이나 서간은 일본이 뒤처지지만 그 밖에 다른 물품은 인도 부왕의 선물보다 우수할 것이라고 하였다. 그리고 즉시 여러 선물 목록을 작성하기 시작하였다. 그중 몇 가지는 뒤에 변경되어 목록에 포함되지 않았지만 자못 훌륭하고 기품이 있는 물품들로 준비되었다. 히데요시는 수사와 많은 이야기를 나누었는데 시종 웃음을 띤 표정이었으므로 동석한 사람들이 깜짝 놀랐다.

다음날 히데요시는 전신 시사 후 순찰사가 선물한 시계의 조작법을 배우기 위하여 이토 만쇼와 함께 로드리게스 수사를 소환하였다. 이날도 오후부터 두 사람을 머무르게 하고 많은 질문을 하였다.

그는 중국 원정에 나설 것이라고 하면서 신부들에 대해서도 언급하였다. 일본에서 승려들이 모두 신부들을 반대하고 있으며, 그 이유는 신부들이 승려들의 시주 대상을 빼앗아 가고 사원과 주거를 파괴하기 때문이라고 설명하였다. 히데요시는 자기 앞에 관리들을 불러 각종 물품을 조달해 오도록 지시하고 그것을 완료할 기한을 정하였다. 그리고 즉시 870 크루자두에 상당하는 금 10매와 은 100매를 그들에게 주어 일에 착수하게 하였다.

나아가 히데요시는 만쇼에게 동료들과 함께 자신의 가신이 될 생각은 없는지 다시 이야기를 꺼냈다. 이 이야기에 앞서 그는 음악과 악기, 또 그들이 방문한 여러 국에 관하여 많은 질문을 하였다. 그렇지만 만쇼는 미리 마음의 준비를 하고 있었기 때문에 자연스럽게 핑계를 대어 사양하였고 히데요시는 그 말에 동의하였다.

마지막으로 그는 두 사람과 작별할 때 다음과 같은 말을 순찰사에게 전하게 하였다.

"나는 내일 오와리[수일 전에 그가 조카에게 다른 영국과 함께 수여한 국으로 교토에서 4일 거리에 있다]로 갈 것이며 그곳에 며칠간 머무를 것이다. 이미 포르투갈의 나우선이 출발하였으니 순찰사의 체재가 길어질 것이다. 다음 나우선이 내항하여 출항할 때까지 어디든 원하는 곳에서 자유롭게 행동하여도 좋다. 나아가 교토나 오사카에 머무르고 싶으면 그래도 좋고 나가사키로 돌아가고 싶으면 그렇게 하여도 좋다. 편한 대로 하라. 또 적당한 때 인도 부왕 앞으로 된 편지와 선물을 순찰사 앞으로 보내겠다."

세야쿠인(젠소)과 마시타 니에몬도노에도 이와 동일한 내용을 전달하였다.

교토에서는 이처럼 생각지도 못한 호의를 받은 이야기가 큰 화제가 되었고 신부들이 추방령 이전의 상태로 되돌아갈 것이란 정보가 일본 내에 퍼졌다. 이 때문에 각지의 크리스천의 기쁨은 매우 커서 즉시 십자가를 세우기 시작하였다. 그렇지만 히데요시를 잘 아는 사람들은 히데요시가 신부들을 옛 상태로 되돌리려는 뜻이 없다는 사실을 잘 알고 있었다.

일본인들은 선교사 일행이 청결하고 존경받고 있으므로 아마도 틀림없이 모든 일에 뛰어날 것이라고 말하였다. 크리스천들의 이야기에 따르면 교토 사람들은 며칠 동안 유럽인의 훌륭한 기품과 그때까지 자신들이 얼마나 그들을 오해하고 있었는지에 대하여 이야기하였다고 한다.

히데요시도 복장 면에서 일본인은 유럽인에 비교하여 거지와 같으며 그들이 매우 멀리 떨어진 지역에서 왔음에도 그처럼 훌륭하고 청결한 복장을 입고 있는 점은 놀랄 만하다고 하였다. 또 자신과 다른 일본인 제후 앞에서도 전혀 허둥대는 모습이 없이 충분한 신뢰와 확신을 가지고 해야 할 일을 하는 것을 보면 그들은 기품이 있고 뛰어난 인물임에 틀림없다고 말하였다. 포르투갈인은 일본인보다 뛰어나다고, 일종의 선망하는 마음으로 의견을 피력하였다. 그렇지만 스스로를 위로하려는 듯이 포르투갈인은 일본인만큼 용감하지는 않을 것이라고 가신들에게 말하였다.

사절의 진위 의심과 마에다 겐이의 조치

그 사이 인도 부왕에게 답장을 할 시기가 왔지만 우리에게 반대하는 자들은 히데요시를 동요시켜 이번 사절의 방문 목적에 의문을 품게 하였다. 이 때문에 히데요시는 격분하여 인도 부왕에게 보내는 오만하고 오해에 가득 찬 답장을 작성하라고 지시하였다.

또 그는 5년 전에 하카타에서 우리를 추방할 때 포고문에 게재된 것과 동일한 선교사 단속에 관한 여러 조항도 작성하라고 하였다. 그 조항 중에는 선교사들이 무례한 가르침을 악랄하게 설파하여 일본의 선량한 관습과 옛 법도를 지키는 신과 부처의 전당을 파괴하였기 때문에 그들을 일본으로부터 추방한다고 적혀 있었다. 당시 교토에 잠복해 있던 오르간티노 신부는 몇몇 크리스천의 도움을 받아 인도 부왕에게 보내는 히데요시의 서간과 포고문 조항을 번역하여 순찰사에게 보냈다.

순찰사는 번역문을 읽은 즉시 오르간티노 신부에게 편지를 보내 어떤 방법을 쓰더라도 서간의 내용을 고칠 수 있게 온 힘을 다하라고 하였다. 또 히데요시에게 제언할 자가 있으면 조안 로드리게스를 통하여, 순찰사가 히데요시의 서간 내용을 이미 알고 있고 이대로 인도 부왕에게 바칠 수 없어 크게 고심을 하고 있으며 어떠한 일이 있어도 그런 서간을 갖고 갈 수는 없다고 결심한 사실을 알리라고 하였다.

오르간티노 신부가 기회를 살펴 우리를 대신하여 히데요시에게 이야기해 줄 누군가를 찾고 있던 차에 우리 하나님은 교토 쇼시다이所司代이며 이교도인 겐이 호인玄以法印의 마음을 움직였다. 그는 히데요시의 깊은 신뢰를 받고 있을 뿐 아니라 정의를 사랑하며 사려 깊고 성실한 인물로 이름을 알렸다. 그렇지만 순찰사는 사절의 임무를 맡아 상경할 때 처음에는 그에게 의지하지 않았다. 사람을 보내 인사는 하였지만 그는 우리를 당연히 기울여야 할 주의를 기울이지 않은 태만한 자로 보고 얼마간 편견을 갖고 있었다.

오르간티노 신부 측에서 파견한 수사 한 명과 쇼시다이가 이야기를 나눌 때 쇼시다이의 친구이자 우리와 면식이 없는 다른 귀인이 동석하고 있었다. 이 인물은 수사가 쇼시다이에게 히데요시를 설득하는 일을 맡아 달라고 요청하는 말을 듣고 그를 동정하여 선교사를 원조해 주라고 청원하였다.

쇼시다이는 "힘이 닿는 데까지 해 보겠지만 서간은 이미 완성되어 날인까지 되어 있기 때문에 바꾸기란 지극히 어렵습니다. 특히 관백(히데요시)께서 일부러 소집한 승려 몇 명이 집필한 것으로 히데요시의 뜻을 각별히 반영하여 작성된 것이기 때문입니다."라고 하였다.

이런 상황에서 어느 날 히데요시는 간베에와 기타 측근과 이야기할 때 일찍이 지시했던 인도 부왕에게 줄 선물이 다 준비되었는지 물었다.

쇼시다이가 이미 다 준비되었다고 대답하자 히데요시는 다음과 같이 말하였다.

"나는 이번 사절이 가짜가 아닌지 의심하고 있다. 선교사들은 나를 속이려고 하고. 그래서 인도 부왕에게 선물을 보내야 할지 망설여진다."

쇼시다이는 대답하기를 "도노殿, 진상을 확인하는 일은 매우 쉽습니다. 이곳 교토에 사절의 통역과 포르투갈인 수 명이 체재하고 있으니 그들을 불러 확인해 보시는 것이 어떠한지요? 그들이 진실을 말하고 있는지 즉시 판단하실 수 있을 것입니다."고 하였다.

히데요시는 그 말이 옳다며 그자들을 부르라고 하였다.

조안 로드리게스 수사가 남아 있던 포르투갈인 두 명과 함께 오자, 겐이와 다른 이교도 귀인은 그들이 히데요시를 만나기에 앞서 미리 내막을 귀띔하였다. 히데요시가 이번 사절의 임무에 깊은 의심을 품고 있으므로 그 경위를 상세히 말하는 것이 좋을 것이며 의심이 풀려 인도 부왕의 사절임이 분명해지면 히데요시가 보내는 선물과 답장을 받게 될 것이라고 하였다. 수사는 커다란 신념을 갖고 다음과 같이 말하였다.

"사절의 임무는 의심할 여지가 없습니다. 왜냐하면 그것은 공적인 임무이며 거짓으로 꾸미는 일은 용납되지 않기 때문입니다. 사절은 많은 수행원을 거느리고 인도를 출발하여 여러 이교국을 지나왔으며 오래 동안 중국에 머물렀고 말과 기타 인도에서만 얻을 수 있는 물품을 가지고 왔습니다. 일행이 몰래 오는 것은 도저히 불가능합니다. 만일 인도 부왕이 선물하지 않았다면 그와 같은 물건을 다른 방법으로 이리로 가져 올 수 없습니다.

사절은 공식적으로 나가사키에 상륙하였고 발리냐노와 함께 일본인 공자 네 명도 왔습니다. 공자들은 모든 것을 목격하였으며 지금 나가사키에는 다른 나우선도 입항해 있으니 그들 전원으로부터 저희가 사절임을 확인할 수 있습니다. 포르투갈인들은 모두 알고 있는 일이며 인도 부왕에게 비밀로 할 방도는 없습니다. 따라서 그의 이름을 사용하여 거짓 사절을 보낸다는 것은 생각조차 할 수 없고 만일 자신이 파견하지도 않았는데도 그의 사절이라 주장한다면 인도 부왕은 크게 분노할 것입니다."

우리에게 호의를 갖고 있던 쇼시다이가 매우 교묘히 전달하였기에 하나님의 계획하신 대로 히데요시는 이를 듣고 아주 만족하며, "이치에 맞다, 당연히 그래야지."라고 하였다.

다른 제후도 이를 듣고 그 말이 옳다고 하였다.

또 수사가 덧붙여 말하길, "전하의 선물임을 포르투갈인 전원이 알고 있기에 부왕에게 반드시 전달될 것입니다. 하지만 선물의 전달을 한층 더 보증하고 부왕의 답장을 받기 위하여 전하께서 사절 수행원 중 몇 명을 인질로 잡아 일본에 체류시킬 수 있습니다."라고 하였다.

히데요시는 그 말이 지당하다고 하면서 자기 앞으로 그들을 불렀다. 그들이 들어 온 뒤에 히데요시는 많은 질문을 하고 여러 가지 이야기를 나누었으며 마침내 수사의 답변에 만족을 표하였다.

히데요시는 "그간의 일은 지금까지 알지 못했다. 선교사들은 죄가 없지만 일부 신도들이 도를 넘는 신앙심으로 자기 가신을 억지로 크리스천으로 만드는 등 신중하지 못한 행동을 하였기에 추방이란 사태에 이르렀다."라고 말할 정도였다. 그것은 크리스트교를 제후들에게 권유하였으며 가신들을 크리스천으로 만들었고 신과 부처를 파괴한 우콘도노에게 모종의 죄를 돌리는 듯하였다. 그러나 사실 우콘도노에게는 죄가 없으며 오히려 매우 큰 명예였다.

히데요시는 "인도 사람은 모두가 크리스천인가?"라고 질문하였다.

수사는 답하길 "인도는 큰 나라로서 종교가 많이 있으며 원하는 사람만 자유롭게 크리스천으로 됩니다. 또 스스로 나아가 귀의하고 싶은 사람만이 가르침을 받들기 때문에 곳곳에서 신부들이 설교하여도 누구나 그것을 나쁘게 생각하지 않습니다."라고 하였다.

이 말을 들은 히데요시는 아주 만족한 표정이었다. "일본도 그와 마찬가지이다. 나는 포르투갈인과의 무역을 계속하기를 바라고 인도 부왕과 내가 서로 사절을 파견하기를 원한다. 그렇지만 종교는 각자가 믿어 온 바를 믿는 편이 좋다."라고 말하였다. 덧붙여 더욱 작은 목소리로 "일본에서 천한 자들이 크리스천으로 되는 것은 일절 상관없다."라고 하였다.

처음 히데요시는 수사에게 자신이 선교사들을 추방했음에도 불구하고 어째서 선교사 한 명이 이번 사절의 임무를 띠고 왔는지를 물었다. 수사는 다음과 같이 답하였다.

"발리냐노 순찰사는 일찍이 일본에 한 번 온 적이 있습니다. 당시 그는 노부나가에게 큰 후의를 입었고 인도에 돌아간 뒤에 전하가 일본의 군주가 되어 신부들을 보호한 사실을 알고 부왕에게 사의를 표할 사절을 파견해 달라고 이야기하였습니다. 그러자 부왕은 순찰사가 일본에 간 경험이 있다면서 그에게 사절의 임무를 맡겼습니다. 발리냐노가 인도를 출발하였을 때는 전하가 신부들을 추방한 사실을 알지 못하였습니다."

히데요시는 다른 여러 가지 이야기를 한 후 마침내 기뻐하고 만족한 표정으로 인도 부왕을 위하여 준비한 몇 가지 물품을 가져오게 하였다. 그는 부왕에 줄 갑옷을 포르투갈인 한 명이 입어 볼 것을 희망하였다. 그리하여 우리는 모두 예수회의 사정이 지금보다 좋아질 것이라는 기대를 품게 되었다.

그 후 쇼시다이는 수사에게 히데요시가 매우 만족하였다는 말을 전하였다. 또 "수사가 모두 진실을 말하였으며 자기 자신은 다른 이들처럼 겉으로는 도와주겠다고 하면서 실제로는 상대방을 속이는 짓은 하지 않는다."라는 히데요시의 말을 전하였다.

수사는 우리 예수회의 최근 일을 언급하고 부왕에게 보내는 서간 내용을 바꾸는 편이 좋겠다며 그 이유를 설명하였다. 이에 쇼시다이는 앞으로 자신이 우리와 히데요시를 연결하는 후원자 역할을 맡고 서간 내용이 변경되도록 힘쓸 것이며 인질이란 명목으로 나가사키에 선교사 몇 명을 둘 수 있게 처리하겠노라고 약속하였다. 또 다음과 같이 말하였다.

"어떤 방식이든 나가사키에 신부 몇 명이 잔류할 수 있게 되면 그들 덕분에 많은 다른 사람들도 남을 수 있을 것이다. 그러나 그렇다고 해도 일본 내에서 포교하러 다니거나 소란을 일으켜서는 안 되며 하루하루 조심하면서 사는 조건이다. 히데요시는 수사들에게 포르투갈인과의 무역을 희망하고 상인은 일본 어디나 체류할 수 있지만 크리스트교의 선교는 절대로 원하지 않는다고 세 번이나 명언하였다. 따라서 당신들이 나의 돌봄을 필요로 하다면 그의 명령을 어겨 내가 히데요시의 면전에서 곤란함을 겪게 해서는 안 된다. 만일 그렇게 할 수 없다면 나는 당신들의 최대 적이나 고발자가 될 것이다. 때가 되면 모든 일이 호전될 것이니 지금은 은인자중하는 편이 낫다. 히데요시라도 죽음은 피할 수 없다. 그때가 되면 당신들은 원하는 대로 가르침을 펼 수 있을 것이다."

쓰루마쓰의 죽음

그 후 며칠이 지나 히데요시의 두 살 된 아들[152]이 죽었다. 히데요시는 매우 슬퍼하고 종래와 비교할 수 없을 정도로 신, 불, 승려들의 기도를 신뢰하지 않게 되었다.

아들의 죽음을 계기로 비탄에 빠져 성대한 장례식을 거행한 후에 한층 마음이 부드러워져 추방한 사람들을 거의 모두 불러들였다. 우리도 우리와 주스토 우콘도노의 추방을 철회할 것이라는 기대를 품기 시작하였다.

히데요시의 답장과 승려, 그리고 인질

이런 와중에 쇼시다이(겐이)는 기회를 노려 히데요시에게 인도 부왕에게 보낼 서간에 대하여 다음과 같이 말하였다.

"사절은 답장의 내용을 알고 매우 상심하고 있습니다. 이 서간을 부왕에게 가져가면 사절은 곤란함을 겪게 될 것이기 때문입니다. 전하가 포르투갈인과의 무역이나 부왕과의 우호 관계를 희망한다면 새 서간을 작성할 필요가 있습니다."

히데요시는 이를 인정하고 그 말이 맞다고 하였다. 서간의 내용을 바꾸려면 이를 쓴 승려들과 다시 절충해야 하였기 때문에 상당히 힘든 일이었지만 결국 부왕에게 보내는 서간은 다시 쓰였고 선물도 준비되었다.

선물을 넘겨주기에 앞서 어느 날 히데요시는 많은 중신을 앞에 두고 쇼시다이를 소환하였다. 두 사람은 잠시 이야기를 나누었는데 동석한 중신들은 그 대화 내용을 이해하지 못하였다.

쇼시다이가 자신의 자리로 돌아가자 히데요시는 큰 소리로 "인도 부왕에게 줄 선물은 이제 모두 준비가 끝났는가? 통역에게 그것을 건네주었는가?"라고 물었다. 쇼시다이가 준비가 모두 끝나 이제 전달하기만 하면 된다고 하자, 히데요시는 "사절의 임무 수행자 중 몇 명을 인질로서 나가

주**152** 요도기미가 낳은 히데요시의 첫째 아이 쓰루마쓰鶴松이다.

사키에 남기겠다. 너는 몇 명을 남기는 것이 좋겠다고 생각하는가?"라고 물었다.

쇼시다이는 즉시 대답하기를 "전하가 열 명이나 스무 명 정도 남기라고 하시는 편이 좋다고 생각합니다. 많으면 많을수록 좋을 것입니다."라고 하였다.

히데요시는 맞는 말이라고 하면서 다른 중신의 의견을 구한다는 듯이 주변을 둘러보자 일동은 일제히 그렇게 하심이 좋겠다고 대답하였다.

이와 같이 예상하지 못한 결과가 나오자 크리스천 제후들은 모두 매우 만족하였다. 히데요시가 신부들에 대한 격노를 표출한 서간 내용은 수정되어 부드럽게 바뀌었고, 히데요시의 명령으로 사절 수행원 중 열 명은 나가사키에 잔류한다는 사실을 알았다. 앞으로 누구든 우리를 고소하지 않을 것임을 알고 한 줄기 새로운 광명이 비추는 듯하였기에 사람들은 모두 주님의 위대한 섭리에 경탄하였다. 도저히 인력으로 해결하기 어렵다고 생각된 절망적인 상황에서 별안간 히데요시가 이처럼 변하여 파도가 잔잔해졌기 때문이다.

인도 부왕에게 보내는 서간

머나먼 나라에서 각하께서 보내신 서간을 잘 받았습니다. 서간을 펴서 읽었을 때 바다와 육지로 수천 리 떨어진 그곳의 풍경이 마치 눈앞에 펼쳐지는 듯했습니다.

서간에 일본국은 60여 국과 제후령으로 이루어져 있고 과거 오랫동안 대란과 전쟁이 이어져 평온하지 못하였다고 쓰여 있었습니다. 대저 그 이유는 사악하고 바르지 않은 무리들이 반역을 도모하여 사람을 모아 국왕의 명령에 복종하지 않기 때문입니다. 이로 인해 저는 청년 시절부터 끊임없이 슬퍼하고 마음을 아파했습니다. 그래서 매우 오랫동안 이 무리들을 굴복시켜 여러 국을 잘 다스릴 수 있는 긴요한 방책만을 깊이 고민하였으며 대저 다음 세 가지 덕을 근간으로 삼았습니다. 즉 다른 사람과 교제할 때 친밀한 우의, 일을 판단함에 현명함과 덕, 불굴의 의지와 용기가 그것입니다.

이 세 가지 덕으로써 일본의 여러 국을 모두 복종시켜 다스렸고 이마에 땀을 흘리며 경작에 수고하는 농부를 불쌍히 여겨 그들을 보호하고 위엄으로 백성을 복종시키고 잘못이 있으면 처벌했습니다. 그리하여 저는 일본 여러 국에 평화와 안정을 회복시켰으며 몇 년이 지나지 않아 일본 왕국을 통일하여 흔들리지 않는 반석처럼 견고하고 움직이지 않게 했습니다. 그 결과 여러 외국과 멀리 떨어진 여러 지방에서도 예속을 원하고 복속의 뜻을 표합니다. 그래서 지금은 일본 내 여러 국은 사방에 남김없이 우리 현명한 주主인 국왕에 복종합니다. 저는 그의 명령을 따라 일본 여러 국 모두를 군주에게 복종시키는 준비된 쇼군카피탄으로서 실권을 행하였고 또 그렇게 할 것을 천명하였습니다. 사악하고 바르지 못한 무리를 죽이고 바다와 육지의 도적을 없애고 일본국의 모든 땅, 가정, 백성을 평온하게 하였습니다. 사람들은 지금에 이르러 비로소 태평함의 절정을 즐기고 있습니다.

또한 저는 반드시 중국 왕국을 정복하리라 결심하였습니다. 얼마 지나지 않아 그 나라로 건너갈 것이고 쉽게 정복할 수 있다고 믿어 의심치 않습니다. 그리하면 귀국에 더욱 다가갈 수 있고 교제하기가 더욱 편리해질 것입니다.

선교사에 관한 일을 말씀드립니다. 우리 일본국은 신의 나라로서 우리는 신이 마음心과 동일한 것이라 생각합니다. 대저 만물의 기원인 마음은 만물의 실체이며 진정한 존재입니다. 만물은 마음과 동일하며 이것으로 귀결됩니다. 중국에서는 이것을 유도儒道라고 하며 천축에서는 불법佛法이라 합니다. 그리고 일본의 예절과 위정爲政은 신의 도를 준수할 때 존재합니다. 예를 지키지 않으면 군신의 분별이 명확하지 않고, 반대로 이를 준수하고 어지럽히지 않으면 부자·부부간에 화합이 완성됩니다. 안으로 서민, 밖으로 나라와 나라의 관계를 다스리는 위정은 화합과 예절에 달렸습니다.

선교사는 몇 년 전에 사람을 구원할 다른 가르침을 전달하기 위하여 일본에 왔지만, 우리는 이미 이런 신들의 도를 견고히 지키는 자들이므로 다른 가르침은 바라지 않습니다. 백성으로 하여금 종래 가르침을 어기게 하고 다른 도道를 받아들이게 하면 우리 나라에 유해한 일이 되기 때문입니다. 이런 이유에서 나는 선교사들에게 일본에서 퇴거하라고 명령했습니다. 그 가르침을 퍼트려서는 안 되고 앞으로 어떤 사람도 새 가르침을 알리기 위하여 이 나라로 와서는 안 됩니다.

그렇지만 우리 사이에 통교는 유지되기를 희망합니다. 당신도 이것을 희망한다면 우리 나라는 바다와 육지의 모든 도적을 소탕할 것입니다. 또 상품을 갖고 오는 자는 얼마든지 일본에 올 수 있고 그 누구의 방해 없이 자유롭게 상거래를 할 수 있도록 허가합니다.

각하, 이상의 일에 대하여 가납하시고 또 양해해 주십시오.

남쪽에 있는 각하의 땅에서 보내 준 물품은 빠짐없이 수령하였고 서간에 적힌 내용도 잘 알았습니다. 어느 것이나 기쁘게 생각하는 바입니다. 저는 우리 여러 국의 물건을 증정하고 그 물품의 목록과 이를 만든 자의 이름을 적어 별지에 붙입니다. 이것을 직접 각하께 전달하라고 각하의 사절에게 의뢰할 것이므로 자세한 내역은 생략합니다.

덴쇼天正 20년 7월 25일[153] 이를 씁니다.

끝에는 히데요시 도장의 판각이 있었다.

이것은 히데요시가 조안 로드리게스 수사와 대화한 후에 만족하여 작성한 최종 서간이다. 당초 이 서간은 이보다 훨씬 오만하고 불손하였으며 우리의 가르침과 신부들을 격렬히 비난하고 신부들 가운데 일본에 도래하는 자가 있으면 이유 여하를 막론하고 모두 죽이겠다고 위협하였다. 마지막으로 수정된 서간과 대조하려고 다시 처음 서간을 검토하여 [학식이 있는 승려들이 그들이 이해할 수 없는 중국 문자로 적어 놓았기 때문에] 낭독시켰을 때, 히데요시는 "오오. 이 서간은 너무 심하군. 부왕

주**153** 덴쇼天正 19년(1591)이 맞다.

에게 제출하기 어렵겠어. 사절이 곤란해 한 것도 무리는 아니네."라고 말하였다.

두 번째 서간을 읽었을 때 만일 서간을 기초한 자가 승려가 아니었다면 이보다 훨씬 호의적이고 정중하게 적었을 것이라고 느꼈다. 그러나 승려들은 변함없이 완고하였다. 또 우리는 자유롭게 히데요시에게 의견을 말할 수 없으므로 승려들이 작성한 서간에 만족할 수밖에 없었다.

어찌되었건 첫 번째 서간이 봉인되어 모든 일이 끝난 뒤에 이것이 취소되거나 수정된 것은 기적으로 여겨졌다. 일본의 관례와 그간의 처리 방식으로 볼 때 사절이 서간을 거부하였다거나, 사절이 좋지 않다고 해서 변경하였다는 말이 나오지 않도록 히데요시는 결코 변경해 주지 않을 것이라고 사람들은 생각하였다.

그러나 주님은 만물 위에 힘을 갖고 계시다. 서간에 만인은 국왕에게 복종하고 있다고 하였는데 그 국왕은 일본 본래의 그리고 진정한 군주인 다이리라 생각된다. 그렇지만 다이리는 지금은 국왕의 이름만 갖고 있을 뿐 어떤 실력도 명령권도 없고 히데요시가 수여한 것 이상의 실질을 갖고 있지 않다. 히네요시가 모든 것을 명령하고 있다.

또한 그가 세 가지 덕을 소유하였다는 점에 관해서, 현덕賢德과 용기는 틀림없다고 할 수 있다. 그렇지만 다른 사람과 교제할 때의 친밀한 우의에 대해서는 동의할 수 없다. 히데요시와 접견할 방법이 없으면 그 누구도 그와 이야기할 수 없고 그가 기분이 좋을 때가 아니면 어떤 변명도 용서받지 못하였기 때문이다. 또한 농부에게 자비와 동정을 베풀고 만민에게 평온한 평화를 누리게 하였다는 부분도 사실상 지금 일본에 전쟁이 없고 대체로 평화롭게 살고 있기는 하지만 사람들은 모두 히데요시에게 공포심을 품고 있다. 또 농부는 지금까지 이 정도로 가난하고 비참한 상태에 빠진 적이 없었고 남녀노소 할 것 없이 모두가 히데요시의 굴레에 얽매인 삶을 살고 있고 단지 그의 속박에서 벗어나기만을 바라고 있다. 어쨌든 히데요시는 서간 속에서 자못 교묘하게 자화자찬을 늘어놓았다.

서간은 길이 8파우무, 넓이 4파우무의 종이에 쓰였는데, 부왕이 보낸 서간의 양피지 체재와 가능한 비슷하게 하려고 특별히 이렇게 만든 것이다. 그 종이는 안쪽에 금 꽃무늬가 있고 종이 길이와 같은 긴 주머니에 일본 관습대로 둥글게 말아 넣었다. 주머니는 금은으로 채색하고 꽃무늬가 그려진 짙은 붉은색 비단이며 일본에서 서간에만 사용되는 상자에 넣었다. 상자는 매우 훌륭하고 근사한 공예품이므로 유럽에서 누구든 그것을 보면 틀림없이 정교한 제작 기술과 우수성에 감탄할 것이다. 안과 밖을 모두 일본에서 옻칠이라고 불리는 방식으로 칠하고 모래와 같은 금가루를 입히는 매우 힘든 작업을 한 후 금은 박편으로 꽃과 장미 모양을 붙여 넣었다. 문양은 아무리 보아도 연결 부분이 보이지 않을 정도로 교묘하게 옻칠로 메워 넣었으므로 그 기술을 모르는 자는 어떻게 이런 공예품을 만들 수 있는지 불가사의하게 여긴다. 겉보기에도 자못 우미하고 호화로우며 아취가 있다. 그리고 상자 양 측면에는 몇 개의 흑동黑銅 부조에 금 고리가 달린 로제이스(원형 장미)[154]가 있고 여기에 상자를 닫을 때 쓰는 끈이 달려 있다. 로제이스는 매우 고가일 뿐만 아니라 뛰어난 제작품이다. 만일 우리의 금고처럼 만들 수 있다면 유럽의 왕후들은 누구나 이를 매우 귀중히 여길 것이다. 이 상자는 매우 부드러운 비단 주머니에 싸여 자물통과 열쇠가 달린 또 다른 멋진 상자에 넣었다.

주**154** 꽃 모양의 원형 장식으로 원 안에 꽃을 그려 넣은 형태의 문양을 가리킨다.

이상 일본의 천하의 주가 서간에 얼마나 심혈을 기울였는지 또 얼마나 부왕에게 경의를 담아 서간을 보내는지를 알 수 있을 것이다. 같은 상자에는 서간과 함께 별지도 넣어 보냈다. 여기에 선물 목록과 도검을 만든 저명한 장인의 이름이 열거되어 있다. 장인은 일본에서 매우 존중된다.

인도 부왕에게 보낸 선물과 평판

선물 목록은 다음과 같다.

우선 갑옷 두 벌이다. 갑옷은 일본에서 사용되는 양식으로 모양은 서로 달랐다. 몸통은 매우 취약하여 우리의 창을 실제로 막을 수 없지만 매우 진귀하고 눈을 충분히 즐겁게 한다. 또 장식이 훌륭하며 가치도 높다. 갑옷 모두 일본의 가장 훌륭한 장인의 손으로 아주 자연스럽게 새긴 장미와 꽃과 두세 가지 동물을 본뜬 판금을 입혔다.

갑옷 한 벌은 매우 자연스런 얼굴과 머리카락이 붙은 머리에 일본 양식의 투구를 씌어 놓았기 때문에 상반신을 보면 마치 나체의 일본인 한 명이 살아 있는 듯하였다. 다른 갑옷 한 벌은 화려하게 무장한 맹렬한 남자를 본떴다. 갑옷들도 하나씩 비단 자루에 넣어 일본인이 출진할 때 등에 메고 운반할 수 있게 특별히 제작된 함에 수납되었다.

함은 깨끗하고 광택이 있는 흑색 돌과 비슷한 검은색 옻칠이 되어 있어 거울처럼 자기 얼굴을 비춰볼 수 있었다. 함들은 모두 도금되고 아름답게 세공된 동 장식이 달려 있었다. 그것은 유럽에서 성유물을 넣는 함으로 사용하기에 적합할 것이다. 함들은 각각 다른 자루에 싸서 보다 큰 함에 함께 넣었다.

그 밖에 히데요시는 인도 부왕에게 줄 나기나타薙刀라는 장도長刀 한 자루를 마련하였다. 그것은 일본인 사이에 널리 사용되는데 걸을 때 몸

앞쪽에 늘 휴대하는 무기의 일종이다. 창 자루보다 훨씬 긴 손잡이가 있고 도刀와 같이 만들어졌다. 도신은 일본에서 매우 귀하게 여겨지는 옛날 것이었으며 손잡이는 서간을 넣은 상자와 마찬가지로 장식되었는데 형태와 세공은 달랐다. 도신을 넣은 칼집은 손잡이와 동일한 양식이며 검은 동과 자못 훌륭한 금을 사용하여 하나의 양식으로 만든 걸쇠와 징, 징 장식이 달려 있었다.

다치太刀라 부르는 도검 한 자루가 있었는데, 유럽의 칼처럼 손잡이가 달려 있지 않으며 양손으로 사용하는 큰 칼이다. 그리고 그들이 가타나刀라고 부르는 보통의 칼과 그들이 와키자시脇差라고 부르는 좀 더 짧은 단검 대신에 사용하는 칼도 있었다.

이상 물품은 모두 나기나타와 동일하게 칼집이 있고 훌륭하게 꾸며졌다. 모두 천하의 주(히데요시) 명령으로 일본에서 만들어진 최우수 공예품에 속하며 겉보기에도 제작 기법으로도 매우 훌륭하고 아름다웠다. 칼날도 잘 들 정도로 담금질이 양호하고 칼을 만든 지 오래된 저명한 장인의 작품이기 때문에 일본에서는 훌륭한 칼로서 귀하게 여겨졌다. 한 자루의 도검은 도신만으로 5백, 1천, 2천, 4천 쿠르자두의 가치가 있고 때로는 6천 쿠르자두에 이른다.

나기나타 한 자루만 긴 상자에 따로 넣고 가타나 등은 전부 다른 상자에 넣었는데 상자도 모두 훌륭하였다. 물품은 하나씩 서간과 마찬가지로 금은 꽃무늬가 달린 비단 자루에 넣었다.

그 밖에 고소데 스무 벌도 이미 완성되었기에 보낼 예정이었다. 그것은 보통 형태의 의복으로 유럽의 긴 실내복과 비슷하며 일본에서 만든 가장 보기 좋은 옷이다. 서간 상자와 동일한 체재를 갖추었으나 형태는 이와 다른 두 쌍의 훌륭한 함에 넣어졌다.

그런데 히데요시가 사절에게 의심을 품고 있을 무렵 그가 경의를 표하는 정실 부인에게 이 옷들을 보여 줬는데 그녀가 가지고 싶어 하였다. 그러자 사람들은 히데요시에게 인도에서 벨벳과 비단으로 된 훌륭한 의복을 보낼 정도이니 부왕은 일본의 고소데를 귀중히 생각하지 않을 것이라 하였다. 결국 옷을 보내려 하였던 히데요시의 의지는 꺾였고 그의 처도 원하였기 때문에 함에 넣은 채로 그녀에게 주었다. 이 때문에 우리는 매우 큰 손해를 입었다.

이교도 중신 몇 명은 선물을 보고, "이 정도로 훌륭한 도신의 나기나타와 가타나를 부왕에게 선물하는 것은 쓸데없는 일입니다. 왜냐하면 그들은 이것을 감정할 수도 상응하는 가치를 판단할 수도 없으며 포르투갈인은 도신보다 칼의 장비를 중시하기 때문입니다. 따라서 가치가 낮은 다른 도신을 보내도 마찬가지로 고도ㅗ刀[155]처럼 높이 평가할 것입니다." 라고 하였다. 그러자 히데요시는 다음과 같이 대답하였다.

"비록 도검을 감정할 수 없더라도 나 정도의 인물이 우수하지 않은 물건을 부왕에게 선물하는 것은 적합하지 않다. 인도 부왕에게 고가의 물품을 신물하였다는 나에 대한 좋은 평판이 일본에 영원히 남기를 원하기 때문이다. 가치가 없는 나쁜 도검을 선물하였다는 말을 듣고 싶지 않다."

그는 끝까지 자신의 말대로 하였다. 모든 선물은 일본에서 매우 훌륭한 고가품이었으며 이를 통해 히데요시가 부왕을 존중하였다는 사실을 알 수 있다.

주[155] 당시 일본인들은 오래된 유서 있는 칼을 새것보다 가치 있는 물건으로 생각하였다.

나고야에 성을 쌓다

나고야 성

히데요시는 조선을 정복하고 그곳에서 중국 점령을 위한 함대를 마련하기 위하여 교토를 떠나 규슈 지방으로 가기로 정하였다. 그는 돈 프로타지우(아리마 하루노부)의 형제이자 이교도인 하타도노波多殿[156]의 영내 나고야名護屋라는 매우 뛰어난 항구에 웅장한 성을 쌓으라고 지시하였다. 그곳은 히젠 국이며 히라도에서 12리 거리였다. 히데요시는 그곳에 모든 함대를 집결시키고 사령관들을 조선에 파견한 후에 조선에서 발생하는 일을 충분히 파악할 때까지 그곳을 군영으로 삼고자 하였다.

또 나고야 성과 쓰시마 사이에 있는 잇키노시마壹岐島라는 섬에도 성을 쌓으라고 지시하였으며, 세 번째 성은 조선에서 18리 떨어진 쓰시마에 만들게 하였다. 이로써 보다 안전하고 손쉽게 병사를 전진시킬 수 있을 것으로 기대하였다.

히데요시에게 축성을 지시받은 사령관들은 실로 비상한 노력을 경주해서 정확히 6개월 혹은 그 이내에 모두 완성하였다. 셀 수 없이 많은 사람들이 그곳에서 일하였고 특히 주력군이 모이는 나고야에는 절단하지 않은 자연석을 사용한 거대한 성벽 두 개가 축조되었다. 안쪽 성벽은

주**156** 하타 노부토키波多信時이다.

다소 작아 100브라사의 면적이고 그 안에 히데요시의 궁전이 만들어졌다. 바깥쪽 성벽은 안쪽 성벽이 완성된 뒤에 축조되었는데 안쪽과 비교할 수 없을 정도로 컸다. 두 군데 다 무수한 거석을 이용하여 성이 축조되었고 교토와 마찬가지로 돌로 쌓아 만든 커다란 해자로 둘러싸여 있었다.

얼마 후 헤아릴 수 없는 수많은 가옥들이 지어졌는데 제후가 자기 가신들과 함께 거주하기 위해서가 아니라 상인과 상점, 여관을 경영하는 사람, 또는 이와 유사한 사람들을 위해서였다. 그리하여 직선으로 뻗은 훌륭한 도로를 갖춘 거대하고 아름다운 도시가 완성되었다. 히데요시의 저택과 궁전도 교토의 궁전에 뒤떨어지지 않을 정도의 꾸밈새를 보였다.

단기간에 대사업을 완수하기 위하여 모든 제후는 히데요시의 명령에 따라 많은 가옥을 짓는 일을 떠맡았다. 그들은 자기 성에서 각자의 저택을 그대로 옮겨오는 방법을 썼다. 그것은 목조이기 때문에 큰 어려움 없이 이동할 수 있었고 아주 단기간에 완성되었다. 매우 호화롭고 광대하고 금박을 입힌 거실[그들은 자시키라고 칭함]을 갖추었으며 정성스럽게 미루리되이 있었디. 수많은 지댁이 나고야로 모여졌고 일나 후 히네요시의 궁전도 완성되었다. 그것은 경탄할 만큼 아름답고 청결하고 신선하였으며 규모도 거대하였다.

여기서 특기할 점은 교토에서 나고야 사이에 히데요시가 통과하는 곳의 영주들이 히데요시가 정한 여정을 따라 그를 위하여 성과 비슷한 형태의 숙소를 지었다는 사실이다. 숙소들은 많은 비용을 들여 최상급으로 만들어졌고 어느 곳이나 금을 바른 자시키를 갖추었으며 주변에는 수행자를 위하여 빌린 집이 다수 준비되어 있었다. 그리하여 히데요시는 매일 밤 궁전과 같은 숙소에서 온갖 사치를 부리며 숙박하였는데 이와 같이 신축된 저택은 스무 개에 가까웠고 하나같이 호화스럽고 게다가 대부분 같은 시기에 만들어졌다. 그 밖에도 조선을 정복하기 위한 함대 등 침략 준비를 추진하는 과정에서 히데요시가 일본 전국에 행한 압정은 상상을 초월하였다.

그러나 히데요시는 이것을 느끼지 못하였고 이를 위하여 자기가 비용을 지불할 필요도 없었다. 그것은 실로 견디기 힘든 일이었으며 귀천상하를 가리지 않고 일본인들이 히데요시에게 보여 준 굴복과 순종은 세상 어디서도 유례를 찾기 힘든 것이었다. 우리 유럽의 강대한 국왕과 제후조차 막대한 경비와 오랜 기간을 소비하지 않으면 불가능한 사업을 그는 아주 단기간에 수행하라고 지시하였다.

모반의 어려움

일이 진행되어 모든 사람이 정복 사업 준비로 매우 분주할 때 다음과 같은 소문이 널리 돌았다. 히데요시는 이 사업을 결국 성취하지 못할 것이며 조선에 출진하기 전에 일본 내 각지에서 대규모 반란이 일어날 것이라는 내용이다. 사람들은 이 사업에 참가하는 것을 매우 싫어하였고 마치 사지로 내몰리는 것으로 생각하였다. 부녀자들은 고독한 처지가 될 것을 슬퍼하고 이제 두 번 다시 자기 아버지와 남편을 볼 수 없다고 생각하였다. 그 후 많은 일이 현실로 되었고 일본 내에 불안과 개탄이 충만하였기 때문에 강력한 무장 중 누군가가 히데요시에게 반란을 일으킬 것이 틀림없다고 느꼈다. 그리고 일동은 이것을 희망하고 누군가가 실행에 옮겨 주기를 기대하였다.

그러나 결국 고양이 목에 방울을 달겠다고 나서는 쥐는 한 마리도 없었다. 일동이 품고 있는 공포심은 지극히 커서 만일 이 일을 감행하는 자가 있다면 그는 다른 모든 이들로부터 외면받을 것이기 때문이었다. 만약 반란이 일어난다면 히데요시가 이에 대응하느라 조선 출진이 잠시 중지되는 것을 기뻐하는 자들은 있을 것이다. 하지만 제후들은 서로 흉금을 터놓고 친교를 맺고자 하는 신뢰감이 전혀 없었고 털어 놓은 상대가 자신을 고발할까 극도로 우려했으므로 어느 한 사람도 움직이려 하지 않았다. 결국 한탄하면서도 원정에 참가할 수밖에 없었다.

히데요시 자신은 안락한 생활을 계속하면서 일동을 분발시키려고 "나는 국 교체와 영지 교체를 행할 것이다. 이번의 원정에 참가한 자에게는 조선과 중국 국토를 상으로 줄 것이다."라고 하였다.

또 아리마도노에게는 "너는 조선이나 중국 땅 세 국을 주겠다."라고 하였다. 그렇지만 아리마를 비롯한 모든 이들은 히데요시 면전에서는 크게 감사의 뜻을 표하고 그런 말씀은 무한한 기쁨이며 죽음도 불사하겠다는 말은 하였지만 본심은 모두 설령 한 조각 땅이더라도 자기가 태어난 토지를 소유하기를 원하였다. 따라서 그들 일동은 히데요시가 실제 국 교체를 할 것이라 우려해 히데요시의 뜻을 무엇 하나 거스르지 않고 충실히 따랐고 누구 하나 반기를 들시 못하였다.

히고 국의 반란

병사들이 조선에 건너간 후 히데요시가 나고야에 체재하고 있을 때였다. 일찍부터 불만을 품고 있던 우메기타[157]라는 사쓰마 국 영주 한 명이 절망 끝에 자기 운명을 시험해 보자며 약간의 부하를 거느리고 히고 국에 침입하였다. 그는 사쓰마 국주의 명령으로 전쟁이 시작되었고 히데요시를 타

주**157** 우메기타 구니카네梅北國兼이다.

도하기 위하여 일본의 모든 제후가 반란을 일으켰다는 말을 퍼뜨렸다.

마침 일본 사람들은 무언가 새로운 사태가 일어나기를 소망하고 있었기에 히고의 도적들도 대거 봉기하여 아고스티뉴와 도라노스케虎之助[158]의 거성을 점령하러 갔다. 그들은 성에 병사가 없으며 낌새도 채지 못할 것이라 생각하였다. 그렇지만 성안에 있던 자들은 책략을 사용하여 성을 넘길 것처럼 해 그들을 성내로 유인한 뒤 모두 죽였다. 이 봉기는 어떤 명분도 없고 동조하는 자도 없었으며 중요한 실력자가 동참하지 않았기에 우메기타가 살해당한 후 백성들은 의기소침하여 뿔뿔이 흩어졌다.

히데요시는 즉시 지휘관 아사노 단조도노를 다수 병사와 함께 히고 국에 파견해 반도를 처벌하고 이 땅의 평화를 회복하였다.

루손 총독의 사절 파견

지금까지 경과로 보아 사태가 꽤 안정되었다고 생각할 즈음, 돌연 예기치 않은 재난이 발생하여 우리 예수회는 일찍이 규슈 지역에서 겪어 본 적이 없는 곤경에 빠졌다. 그 원인은 다음과 같다.

전년(1590년), 히데요시는 전쟁에 승리한 이후 대단한 우월감을 품고 오만불손해졌다. 그 결과 낮은 신분과 천한 혈통임에도 불구하고 전 일본 군주가 된 것만으로는 만족하지 못하고 마치 네브카드네자르[159]와 같이 근린 제국의 국왕과 제후 앞으로 종종 서간을 보내 절대적인 명령과 심한 위협을 가하며 자신을 주군으로 인정할 것을 명령하였다. 그리고 자기 뜻에 어긋나는 자는 파멸시키고 유린할 것이라 말하였다. 그 서

주[158] 가토 기요마사加藤淸正이다.
주[159] 느부갓네살 2세라고도 한다. 신新바빌로니아 제국 2대의 왕으로서 예루살렘을 공격하여 유대를 멸망시키고 주민을 바빌로니아로 강제 이주시켰다.

간의 수신인 중에 루손(필리핀) 총독이 있었다. 히데요시는 그에게 대단히 오만하고 무례한 서장을 보냈다.

이 소식을 들은 순찰사는 몇 가지 방법으로 루손 예수회 상장上長[160] 앞으로 편지를 보내, 그가 비밀리에 총독과 상담하여 히데요시의 서간을 가져온 인물이 체면을 잃지 않도록 처리하는 편이 좋겠다고 의뢰하였다. 이번 일로 인하여 히데요시가 일본에 있는 신부와 포르투갈인에게 새로운 위해를 가하면 곤란하기 때문이다. 그리고 설령 상대방 일본인이 어떤 행동을 하더라도 늘 정중하고 냉정하게 응대할 것을 부탁하는 등 대처 방법에 대해서도 언질을 주었다.

그래서 루손 총독 일행은 자신들이 포르투갈인과 마찬가지로 같은 국왕(펠리페 2세)의 통치를 받고 있으므로, 매우 불명예스럽고 무례한 서장에 답장을 할 의무가 없다고 히데요시에게 알리거나 서간을 가져온 인물을 냉대하여 히데요시가 일본에 있는 포르투갈인을 학대하는 일이 발생하지 않도록 최선을 다 하기로 결정하였다.

마닐라 예수회 상장은 순찰사의 편지를 총독에게 보여 주었으나, 히데요시의 서간에 상상하지 못한 용건이 적혀 있고 내용이 너무나 비약적인 데다가 기존 관습에도 맞지 않아 납득하기 어려웠다. 그래서 총독 및 함께 의론한 사람들은 히데요시에게 사절을 파견하는 것이 가장 타당하다고 결론지었다. 사절을 통해 히데요시에게 다음과 같은 말을 전하기로 하였다.

"전하의 서간을 확실히 받았으나 몇 가지 이유에서 과연 그것이 정말 전하의 서간인지 판단하기 곤란하여 이 점을 확인하기 위해 사절을 파견

주[160] 안토니오 세데뇨이다.

합니다. 서간을 의심하는 이유 중의 하나는 나가사키에 있는 신부로부터 서간에 관한 어떤 통보도 받지 못하였기 때문입니다."

총독의 서간과 사절 임무를 가지고 도미니크 수도회의 후안 고보 신부가 로페 데 랴노라는 한 에스파냐 선장과 함께 파견되었다. 그들이 사쓰마 국에 도착하였을 때 그곳에는 에스파냐인 후안 데 소리스가 머물고 있었다.

소리스는 일행에게 그곳에서 다른 배로 갈아타고 히데요시가 있는 나고야까지 바닷길로 가라고 강력히 주장하였다. 사람이 좋은 신부(후안 고보)는 소리스가 일본말도 하고 그로부터 여러 보고도 받았기에 그를 안내인으로 삼아 히데요시가 있는 규슈 나고야 성으로 갈 결심을 하였다. 이런 연유로 어느 날 저녁 이들 일행이 나가사키 항에 모습을 나타냈는데 안내역을 맡은 소리스만 모두와 함께 하는 것을 원하지 않아 나가사키에서 1리 남짓 떨어진 곳에 머물렀다.

루손에서 사절 두 명이 도착하였다는 소식이 전해지자 사람들은 뜻밖의 일이며 이해할 수 없다고 하였지만, 포르투갈인은 몇몇 신부들과 함께 크게 기뻐하면서 우리 수도원 전방의 해안가까지 일행을 맞이하러 나갔다. 그들은 배로 곧바로 그곳에 도착하였다. 순찰사와 부관구장은 깊은 애정으로 일행을 맞이하였지만 곧 표정과 발언에서 그들이 포르투갈인과 신부들조차 신용하지 않는다는 것을 알았다. 그들은 예수회 앞으로 된 총독의 편지를 갖고 있지 않았으며 왜 일본에 왔는가를 설명하려고 하지 않았기 때문이다. 그 뿐만 아니라 포르투갈인에 대한 불만만을 토로하였다. 예수회 신부들은 곧바로 이 사절이 위험하다고 판단하였다. 그래서 여러 가지로 충고를 하였지만 일행은 들을 가치도 없는 것이라 여겼다.

포르투갈인과 에스파냐인의 갈등

일행은 다음날 아침 히데요시와의 만남을 주선할 임무를 맡은 이교도 수 명과 함께 나고야로 출발하였다. 히데요시는 루손 사절이 도착하였다는 소식을 듣자 인도 부왕 사절과 마찬가지로 성대할 것이라고 생각하였으나 나중이 되어 그들이 실로 인도 사절과는 양상이 매우 다르다는 것을 알고 매우 기분 나빠 하였다. 총독에게 보낸 히데요시의 답장을 보고서야 총독과 사절은 순찰사의 충고를 들어야 하였다고 뒤늦게 깨달았다.

그런데 사절이 나고야를 방문하였을 때 소리스는 또다시 이 기회를 이용하여 히데요시의 면전에서 마치 하나님의 노여움을 모르는 사람처럼, 포르투갈인이 다른 나라의 배가 일본에 도항하는 것을 방해하고 금전까지 몰수하였다는 거짓 보고를 올렸다. 마닐라에서 온 사절도 사실이라 증언하고 각종 험담을 하였다. 히데요시는 포르투갈인에 대하여 불같이 화를 내고 총사령관 로게 데 메로 페레이라에게 "하마터면 그대를 사형에 처하라고 명령할 뻔하였다."라고 말하였다. 또 그는 "포르투갈인들은 마치 나가사키를 무력으로 점령이라도 한 듯 그 땅의 지배자인 것처럼 행동하고 있다. 나는 이 문제를 해결하고 이미 번영을 누리고 있는 이 도시가 그 이상 커지지 않게 조치할 생각이다."라고 하였다.

나아가 나가사키에 포르투갈 나우선을 입항하지 못하게 하고 이교도 두 명을 대관으로 다시 임명하였다. 이 땅은 1년 전부터 대표자 역할을 하던 크리스천 수 명이 통치해 왔기에 이 사건은 크리스천과 신부들에게 커다란 재앙을 가져왔다.

두 명의 대관 중 한 명은 루손 사절과 히데요시의 만남을 주선한 이교도의 친구이며 그때까지 보여 준 태도로 볼 때 크리스천의 대적大敵이었다. 대관은 교묘히 손을 써서 우리들이 나가사키에 갖고 있던 교회와 수도원에 대하여 히데요시에게 보고하고 계획적으로 모든 내용을 문서로 작성하여 제출하였다.

그러자 히데요시는 대관에게 무사들을 거느리고 나가사키로 가서 신부들의 수도원과 교회를 모두 파괴하고 목재를 모두 나고야로 가져오라고 지시하였다. 그것은 히데요시가 포르투갈인에 대한 기존 태도를 바꾸었기 때문인지, 아니면 그가 신부들을 추방한 후에도 여전히 일본에 인도 부왕 사절과 수행원 외의 신부가 남아 있는 것을 눈감아 주었음에도 총독의 서간에 신부들이 아직 나가사키에 있다고 적혀 있었기 때문인지, 혹은 새로운 대관이 제출한 보고에 기초한 것인지 그 진상은 판단할 수 없다.

히데요시는 루손에서 온 에스파냐인에게 그들이 포르투갈인에게 받은 부당한 처사를 보고하라고 지시하였다. 그는 포르투갈 사령관에게 이상의 내용을 전달하고 포르투갈인이 마닐라에서 온 노인 두아르테 안토니오를 살해하고 금전을 뺏은 것이 사실인지 여부를 조사하고 보고하라고 지시하였다.

이날 히데요시는 나고야에서 교토로 출발하였는데,[161] 이상의 일에 관하여 많은 크리스천 영주가 우리에게 보고서를 보내 왔다. 신부들과 포르투갈인, 그리고 크리스천들은 속수무책으로 큰 혼란과 고뇌 속에 빠졌다. 히데요시의 명령을 접수한 날 포르투갈인 대표 네 명이 히데요시에게 면담을 요청하고자 나가사키 항을 출발하였지만 히데요시가 이미 교토를 향하여 출발하였다는 사실을 알았다.

주161 히데요시는 모친 오만도코로大政所가 중태에 빠졌다는 소식을 듣고 교토로 돌아갔다. 그녀는 1592년 7월 22일 사망하였다.

예수회의 거점 나가사키 교회의 파괴

히데요시가 임명한 새로운 대관 데라자와[162]는 가신들을 거느리고 와서 일말의 용서도 없이 수도원과 교회를 파괴하였고 포르투갈인은 나고야에서 되돌아 올 수밖에 없었다.

수일 후 대관들과 루손의 사절이 후안 데 소리스를 데리고 같은 날 나가사키에 들어왔다. 소리스가 통역을 담당하였다. 이들 세 명은 전년 루손에서 온 다른 한 명의 에스파냐인 집에 투숙하기 위하여 그곳으로 향하였다.

새 대관은 나가사키의 모든 거리에 포고하기를 이 집에 체류하는 루손의 사절에게 어떤 위해도 끼쳐서는 안 되고 만일 그들을 방해하는 자가 있으면 해당 구역에 거주하는 전원을 엄벌에 처벌할 것이라고 하였다. 동일한 내용이 포르투갈인에게도 포고되었다. 그리고 즉시 인부 150명을 거느리고 와서 우리 수도원과 교회를 파괴해 버렸는데 다 철거하는 데 며칠이나 소요되었다.

예수회 신부들과 순찰사는 포르투갈인과 크리스천들의 동정을 받으면서 크리스천이 몇 년 전에 세운 자비의 집으로 피난하였다. 포르투갈인들은 히데요시에게 제소하기까지 철거를 연기하여 달라고 데라자와에게 여러 가지로 손을 썼지만 결국 효과가 없었고 마침내 수도원도 교회도 남김없이 파괴되었다. 그것을 건립하는 데 10,000크루자두 남짓의 비용이 들었다. 더욱이 이러한 물질적인 손실 이외에 교회와 수도원의 파괴는 여러 가지 이유로 근래 종종 발생한 박해 중에서도 우리가 지금껏 겪

주**162** 데라자와 히로타카寺澤廣高이다. 오와리 출신으로 히데요시 휘하에서 활약한 가신이며 후에 가라쓰 번唐津藩 초대 번주가 되었다.

은 최대의 손실과 비애였다.

첫째 이유는 교토와 오사카, 사카이, 기타 많은 땅의 수도원과 교회가 차례차례 파괴된 후에 나가사키 교회는 마치 규슈 지방의 모든 크리스천의 우두머리 혹은 대관戴冠과도 같았기 때문이다. 게다가 포르투갈인이 거주하고 나우선이 출입하는 이곳에서 교회는 사람들에게 다른 어떤 곳에서보다도 평안함을 주었다. 그러나 이제 숭고하고 웅장하고 화려했던 교회는 모든 수도원과 다른 건축물과 함께 파괴되고 말았다. 그 결과 이 땅의 크리스트교는 지금 왕관도 머리도 없는 상태가 되고 말았다.

둘째, 나가사키는 히데요시의 직할 항구이므로 여기에 커다란 아름다운 교회가 수도원을 거느리고 당당히 솟아 있을 때 영내에 신부와 교회를 둔 일본 제후들도 어느 정도 안도감을 느꼈다. 설령 고발되어도 다음과 같이 어느 정도 변명할 수 있었기 때문이다. 즉 "히데요시 영지 나가사키에 주요 수도원을 갖춘 큰 교회가 있다는 것을 볼 때 히데요시도 내심 그것이 파괴되지 않기를 바란다고 생각한다. 따라서 우리도 선교사와 교회를 영내에 두는 것을 허락한다." 그러나 지금 히데요시가 이것들을 파괴하라고 공식적으로 명령하였으므로 주이신 하나님께서 히데요시의 권력을 약화시키지 않는 한 그들은 변명하기가 불가능하였고 죽음이나 영지 상실과 같은 결정을 대비할 수밖에 없었다.

셋째, 히데요시가 나우선 사령관 및 모든 포르투갈인 앞에서 교회를 파괴함으로써 일본인의 포르투갈인에 대한 존경의 마음[그것은 모든 일을 잘 처리하는 데 꼭 필요한 것이었다]을 잃어 버리게 하였다. 또 그밖에 다음 해에 포르투갈인이 일본에 오면 얼마든지 괴롭힐 수 있다는 자신감과 자유를 이교도들에게 주었고, 히데요시 역시 선교사를 얼마든지 학대하여도 포르투갈인들은 일본에 도항하는 것을 그만두지 않으리라는 생각을 품게 하였다. 그렇게 되면 포르투갈인에 대한 외경심이 사라지고 신부와 크리스트교 교단 모두에게 크나큰 손실이 생기게 될 것이다.

넷째, 일본에는 나가사키 외에는 약자와 병자를 보살피기 위한 시설이 없었다. 이곳은 포르투갈인이 종종 출입하고 가족 단위의 포르투갈인들도 거주하고 있으므로 우리 체질에 맞는 약품과 설비를 찾을 수 있었다. 또한 이 지역의 수도원은 나우선이 입항하는 항구에 있어 일본의 다른 모든 수도원과 신부관의 생계를 꾸리는 총책임자 역할을 맡아 왔다. 그것들이 파괴되자 신부들과 일본의 다른 수도원과 신부관은 거의 대부분 방치되고 구제 방법도 없었다.

이상의 이유에서 일본에서 일찍이 없었던 교회와 수도원의 파괴는 나가사키와 그 주변 지역뿐만 아니라 일본 전 지역의 크리스트 교단에 필설로 다 표현하지 못할 슬픔을 안겼다. 많은 크리스천이 이에 대하여 말하고 있으며 지방에서도 수많은 편지를 보내와 슬픔을 표명하였다.

이 일을 통해 다음과 같은 사실을 알 수 있다.

일본에서 포교할 때 다수의 시모 다른 수도회가 종사하는 경우 수없이 강조되어 온 바와 같이 세심한 주의와 절제가 필요하다. 풍부한 경험을 쌓아 충분히 권고할 입장에 있는 우리들의 충고는 받아들여지지 않았고 홀로 도항해 온 예스파냐 사절이 사안을 결정함으로써 설령 예수회 신부와 크리스트교단에 해를 끼치려는 나쁜 의도가 없었더라도 결과적으로 사상 최악의 손실을 입힌 것이 그 증거이다. 그것은 포교 사업에 동료는 필요 없다든지 다른 수도회를 일본 개종 사업에 참가시키면 안 된다는 것이 아니라, 일본과 중국에서 필요 이상으로 초초해 하거나 과도하게 열중하게 되면 개종자를 늘리지 못하는 데 그치지 않고 그때까지 축적한 모든 성과를 잃게 된다는 것이다.

대관 데라자와는 나가사키에 와서 비밀리에 혹은 공공연히 포르투갈인에 대한 불만 사항을 수집하는 데 열심이었다. 다른 에스파냐인과 함께 앞서 말한 에스파냐인의 집에 칩거하고 있는 그 '사람 좋은 신부'는 루손 상장에 보낸 편지에 따르면 덕이 있고 현명한 신부였다. 그렇지만 그는 경험과 정보가 부족하였고 나우선 사령관 기타 많은 포르투갈인에게 편지 몇 통을 보내 자신이 히데요시에게 포르투갈인을 험담한 것을 다음과 같이 변명하였다.

"당신들 포르투갈인이 나쁘다. 만일 후안 데 소리스가 위탁한 돈을 돌려주지 않으면 당신들뿐만 아니라 크리스트 교단과 예수회 신부들에게 커다란 재앙이 생길 것이다."

일동은 크게 곤혹스러워 하였고 이들 편지는 큰 추문이 되었다.

결국 각종 정보를 얻어 데라자와는 다음과 같은 사실이 알았다. 히데요시에게 전해진 내용이 허위이며 포르투갈인은 루손에서 온 배를 방해한 적이 전혀 없고 그런 목적으로 앞서 말한 에스파냐인의 금전을 빼앗은 적도 없다. 에스파냐인은 그들 국왕 펠리페 2세의 명령을 어기고 운항을 하는 것을 방해하였을 뿐이며 금전은 소리스가 마카오에서 보증금으로 내건 것으로 그가 이 돈을 지불할 의무가 있으며 이미 사안이 끝난 문제였다. 따라서 히데요시는 당초 결정한 사항 이외에 이 문제에 관하여 다시 판결할 필요가 없다.

데라자와는 히데요시가 정확한 보고를 받지 못하였으며 히데요시가 외국에서 관련된 포르투갈인의 일에 개입할 생각은 없다고 하면서 루손 사절에 대하여 불만을 피력하였다. 후안 고보 일행은 이 점을 눈치 채고 나가사키에 체류하던 4일째 큰 비가 오던 날 대관이 시가지에서 1리 떨어진 곳에 경계를 나갔을 때 몰래 나가사키를 떠나 사쓰마로 갔고 이어 루손으로 출발하였다.

그 후 대관들은 포르투갈인을 용서한다는 판결을 내렸다. 또 루손 사절이 그냥 되돌아가게 놔두었는데 그들이 사절이었기 때문에 그렇게 밖에 할 수 없었다고 히데요시에게 보고하겠노라고 약속하였다.

그렇지만 결국 나가사키 교회와 수도원은 남김 없이 부서지고 파괴되고 말았다.

교토 시가지와 주요 건축물

교토 시가지와 무사 저택

히데요시가 손을 댄 몇몇 건축물을 보다 잘 이해하기 위해서는 먼저 다음과 같은 점을 알 필요가 있다.

그는 최고 통치권을 획득하고 천하의 주 자리에 앉은 당초부터 사카이에서 3리 떨어진 오사카 지역에 새 성과 새 도시町를 건설하였다. 그는 5, 6만의 인부를 장기간 동원하여 놀라울 정도로 훌륭한 궁전과 성을 완성하였을 뿐만 아니라 [그것만으로도 위대한 것이지만] 당시 그의 지배 아래 있던 대부분 일본 제후에게 성 주위에 그들의 저택을 지을 것을 지시하였다. 이로 인하여 오사카는 커졌고 한층 기품을 갖추게 되었다.

히데요시는 일본 전 지역을 지배하에 둔 뒤에도 그때까지 건설한 것에 만족하지 못하고 그것보다 훨씬 크고 뛰어난 성과 궁전을 교토 시가지에 건설하였다. 그는 일본 영주 전원에게 성 주위에 가능한 번듯한 저택을 세울 것을 지시하였다.

교토는 한쪽은 상경上京 다른 한쪽은 하경下京, 두 구역으로 나뉘어져 마치 두 개의 시가지와 같은 형태를 띠고 있었다. 히데요시는 상경에 성을 짓고 그곳에 일본 내에 만들 수 있는 가장 호화로운 신도시를 건설할 결심을 하였다. 이를 위하여 원래 그곳에 있던 가옥을 거의 전부 파괴하였다. 순찰사가 이 지역에 체재하고 있던 이십 수일 동안만 해도 진행 중인 공사를 확장하여, 보다 훌륭한 가옥을 짓기 위하여 이미 있던 가옥 2,000채를 철거하였다. 히데요시는 상경의 거의 전 지역을 자기 뜻대로 구획하여 넓고 곧은 대로를 남기고 나머지는 제후들에게 저택을 지을 땅으로 분배하였다.

그는 모든 제후에게 도로에 면해 담을 쌓고 호화롭고 근사한 저택을 짓도록 명령하였다. 그는 모든 사람에게 두려움의 대상이었으므로 제후들은 그의 기분이 상하지 않게 하고 그의 마음에 드는 일 이외는 그 무엇도 고려하지 않는 듯이 보였다. 그들은 경쟁적으로 다른 사람보다 앞서고 싶어 하였으며 히데요시를 기쁘게 하기 위하여 최대의 노력을 경주하고 사업을 완수하기 위하여 가신 전원을 소집해 일을 시작하였다.

그리하여 도로에 인접한 담이 모두 완성되었다. 그것은 그들 저택을 둘러싼 담이기도 한데 자못 청결하고 아름다우며 위에는 꽃잎 모양의 황금 기와를 얹은 지붕이 덮여 있었다.

어느 저택이나 호화롭고 장엄한 두 개의 문이 있었다. 문 정면은 자못 우아하고 긴기한 구조를 가졌고 도금된 수많은 동판이 뒷내어졌는데 일본 관습에 따라 놀랄 정도로 훌륭한 솜씨로 만들어졌다. 문 하나는 일상적으로 집에 출입하기 위한 문이고 늘 닫혀 있는 다른 문은 히데요시가 그들 저택을 방문할 때에 사용할 목적으로 특별히 만들어진 것이다. 일본에서는 외적인 의례를 더할 나위 없이 중시하기 때문에 제후들은 천하의 주를 배려하여 자신들의 저택을 방문할 때 쓸 전용 문까지 만든 것이다. 이 문들의 장식은 당당한 느낌을 주었다.

또한 폭이 넓고 일직선으로 잘 구획된 도로가 여러 갈래로 뻗어 있었다. 어느 것 하나도 조화를 흩트리지 않고 마치 모든 도로가 하나의 선으로 구획되어 있는 듯하며 그 주위를 두른 담으로 인해 더욱 품격이 높고 우아하였다.

제후들은 담 안쪽에 집을 지었는데 어느 것이나 놀랄 정도로 청결하며 호화로운 모습이었다. 이 집들은 목조이며 일본에서는 큰 지진이 일어나기 때문에 우리 유럽인과 다른 건축법을 사용하였고 2, 3층 집을 짓지 않았다. 각자 자기가 사용하는 데 적합하게 지었기 때문에 구조는 다양하였다. 집들은 개별적으로 혹은 서로 연결되도록 지어지기 때문에 유럽보다 훨씬 넓은 대지를 차지한다. 매우 웅장한 양식의 지붕을 올리고 우리보다 호화롭고 뛰어난 건축법을 사용하므로 이 가옥들은 보통 이 층이 없는 단독 저택임에도 지붕이 높다랗게 솟아 유럽 집의 지붕과 높이가 거의 같았다. 용마루도, 저택 주위의 기와도 모두 황금으로 칠한 각종 꽃과 나무 잎 모양으로 장식되었고 저택마다 각기 다른 양식의 지붕을 올렸으므로 교토에서 이 지역은 자못 고귀하고 호화로운 모습을 띠었다.

저택 내부의 청결함을 말하자면, 유럽의 어느 곳에 내어놔도 사람들을 감탄시키기에 충분하다. 그들은 습기를 피하기 위하여 집 바닥을 3, 4파우무나 지면에서 올려 지었고 바닥 위에 그들이 다다미라고 부르는 돗자리와 같은 것을 깐다. 다다미는 길이 8파우무, 폭은 4파우무 높이 3데도 정도로 모두 일률적으로 만들어졌고 다다미 1장의 가격은 1쿠르자두이다. 그들은 집 안 한쪽 면에 다다미를 깔고 다다미 치수에 맞추어 집을 짓는데 신기하게도 이 건축법에 어긋나는 가옥은 한 채도 없었다. 그들은 나무로 짓는 것이라면 무엇이든 매우 우수하며, 더할 나위 없이 세련되게 하는 솜씨를 가졌다. 마찬가지로 가옥의 천정에 붙이는 판자도 자못 청결하고 우미하였다. 판자를 매우 교묘하게 접합시켰으므로 눈으로 이음새를 겨우 찾을 수 있을 정도였다.

벽은 유럽처럼 천 장식을 사용하지 않고 모두 병풍이라는 일종의 장식품으로 꾸민다. 몇몇 병풍은 이미 포르투갈과 로마에 보내졌고 매년 대량으로 선적하여 인도로 보내고 있다. 이 병풍들은 모두 황금으로 칠해졌고 각종 그림이 그려져 있다. 저택 안에 보이는 것들은 무엇이든 황금으로 칠해졌다. 게다가 그림, 실내 천정의 판자, 다다미가 깔린 바닥의 청결함, 신선함, 우아함 등이 더해지면 세상 어떤 저택도 이와 같은 청정함을 만들어 낼 수 없으리라 여겨진다. 더욱 놀라운 점은 저택 안팎으로 눈에 거슬리는 것을 하나도 남겨두지 않고 모두 완벽해질 때까지 쉬지 않고 일한다는 것이다.

또 그들은 항상 다다미 위에 앉아 모든 일을 처리하기 때문에 의자라든가 책상, 큰 상자, 침대를 사용하지 않는다. 이 저택들은 거주를 위해서가 아니라 눈으로 보고 즐기기 위해 꾸민 것 같다. 가재도구와 기타 살림살이를 정리해서 넣는 방에도 오시이레押入[163]가 설치되어 모두 청결하게 정돈되어 있다. 청결함이라는 점에서 일본은 감탄을 자아낸다.

어느 저택이나 중앙 정원과 공터가 있고 다양한 형태의 돌과 꽃과 나무를 잘 어울리게 배치한다. 이 나무들은 과실이 맺히지 않지만 어떤 곳의 경치를 모방하여 자연을 재현하였다. 자연 연못과 샘을 배치하여 놀랄 정도의 신선미가 있으며 도저히 인공적으로 만든 것으로 보이지 않는다. 연못은 인공적인 형태를 띠지 않고 자연에 가까울수록 선호되고 니와庭라고 하는 정원에는 과일나무가 없을수록 가치를 인정받는다. 그들은 과수를 자못 천하게 여기고 정원에 어울리지 않는다고 본다.

마지막으로 가정의 생활양식도 우리와 다르다. 설령 신분이 높은 제후

주주**163** 주로 벽에 설치된 수납 공간이다.

라도 땅에 닿은 신발을 신고 실내로 들어가지 않는다. 또한 그들은 신분에 따라 각자 가정 일을 담당하기 때문에 집 안에서 이러한 청결함을 유지할 수 있는데, 실제 보지 않으면 이해할 수 없다.

제후의 저택은 이상과 같다. 이것으로 미루어 다른 어떤 제후보다 훨씬 거대한 권력과 부를 장악하고 청결함을 각별히 사랑하는 히데요시 저택에 대해서도 쉽게 이해할 수 있을 것이다. 제후들이 한층 뛰어난 저택을 지은 것도 오로지 히데요시를 기쁘게 하기 위하여서이다. 히데요시가 다른 모든 저택을 위압하는 여러 층에 달하는 한 무리의 장대한 저택을 갖고 있기에 더욱 그러하였다. 히데요시 저택은 주위에 성벽을 둘렀고 담은 모두 돌로 쌓았으며 마치 암석과 회반죽으로 굳힌 것처럼 교묘히 만들어졌다. 해자는 넓고 깊어 수심이 세 길[164] 이상에 달하는 데다 벽과 해자마저도 청결하고 신선한 느낌을 주었다.

교토 신시가지 건설

1591년 교토 시가지는 이곳에 거주하기 위하여 여러 국에서 이전해 오는 사람들로 건물, 전당, 저택 숫자가 급증하였고, 그 변모는 이전 시가지를 아는 자가 보면 믿지 못할 정도였다.

사실 교토에서 마치봉행町奉行[165]이 우리 예수회 회원에게 말한 것처럼 당초 이 시가지의 인구는 8,000 내지 10,000명 정도였는데, 지금은 호구수가 30,000명을 넘었으며 나날이 확장되고 있다. 더욱이 이 숫자는 조닌과 직인이 사는 거리에 한하며, 다이리와 그곳에서 봉사하는 귀족인 공가들의 여러 저택, 상술한 히데요시의 성과 궁전, 그 밖에 여러 국의

주164 1길은 1히로尋라 하며, 1.8m이다.
주165 교토 쇼시다이를 말한다. 당시 교토 쇼시다이는 마에다 겐이이다.

국주와 제후의 저택이 있는 구역을 제외한 수치이다.

대소 합쳐 400채가 넘는 일본 건축 양식을 사용한 궁전 및 성곽 내외의 미관과 기교는 일본인들에게도 매우 참신했으므로 크게 감탄하고 위대함을 칭송하였다.

교토 시가지의 조영은 이처럼 대대적으로 진행되었다. 수사 한 명이 교토에서 보낸 편지에 따르면 명부상으로 따져 볼 때 시내에 8,000명이 넘는 목수가 일하고 있음이 확실하다고 하였다.

히데요시는 교토 시가지 주위를 모두 보루와 해자가 있는 높은 성벽으로 에워싸고 시가지町를 장식하고 미관을 돋보이게 하기 위하여 그 위에 잎이 무성한 나무를 심었다. 이 성벽[166] 주위는 리로 계산하면 6리이며 이 수치는 우리 거리 계산에도 부합한다.

시가지 각 지구에는 옛날부터 여러 종파 승려들의 약 300개 남짓한 사원과 승방僧院이 있었다. 히데요시는 이전에 이미 그들 수입의 태반을 몰수하였지만 중압과 노역에서 면제받았다는 말을 승려들이 퍼뜨리지 않도록 시가지 중심부에 있던 사원, 저택, 승방을 모두 파괴하고 시가지 주위에 쌓은 성벽 가까운 곳에 모두 질서 있게 새로 재건할 것을 지시하였다.

통역인의 이야기에 따르면 히데요시가 이렇게 한 데에는 다음과 같은 두 가지 목적이 있었다고 한다.

첫째, 교토에서 전쟁이 발발할 때 적들이 제일 먼저 승려와 사원과 승방을 만나게 하기 위하여서이다. 둘째, 승려들이 문도들과 시내에서 너무나 긴밀하고 밀접한 관계를 맺고 있으므로 히데요시는 그것을 불쾌하

주**166** 히데요시가 건설한 교토 시가지를 둘러싼 흙으로 된 성벽을 오도이お土居라 하였다.

게 생각하였고 승려들의 방종한 생활이 사람들에게 악영향을 끼친다고 생각하였기 때문이다. 그래서 이 점을 개선하려고 약간의 시련을 그들에게 주었다.

그렇지만 불쌍한 승려들은 이 대대적인 조치에 대항하지 못하고 대부분 사원과 승방을 방기하고 다른 생활 수단을 구하기를 소망하였다. 그러나 그들은 이를 허락받지 못하였을 뿐만 아니라 사원을 재건한 후에 자비를 들여 요구받은 대로 장식하라는 엄격한 지시를 받았다. 승려들이 당초 문도들 가까운 곳에 살고 있을 때는 수입을 빼앗겨도 문도와 친구들의 보시로 도움을 받을 수 있었지만 지금은 너무나 멀리 떨어져 있기에 생활에 필요한 보시가 심하게 줄었다. 어떤 자는 몰래 집을 팔고 어떤 자는 살기 위하여 다른 곳으로 이사 갔다. 또한 무술 수련을 좋아하고 재능을 지닌 일부 젊은 승려들은 병사의 길을 택하였다.

혼간지의 교토 이전

문도들로부터 살아 있는 아미타로 불리며 지극히 숭배받는 일향종의 수뇌인 오사카 승려(겐뇨)는 오사카 근처 덴만天滿에 이미 상당히 큰 시가지와 아름다운 사원을 여럿 세우고 이를 본거지로 삼고 있었다.

히데요시는 그들에게 교토 거주를 지시하고 오사카에 만든 것과 동일한 형태의 시가지를 만들 수 있게 교토의 광대한 땅을 제공하였다. 그는 히데요시가 베푼 약간의 호의와 대부분 백성이나 천민으로 이루어진 종파 신도들의 원조로 이미 시가지町 이전을 완료하였다.

히데요시가 이렇게 조치한 데에는 몇 가지 이유가 있었다.

먼저 히데요시는 이 승려를 섬기려고 일본 전국에서 운집한 귀의자들이 활발히 출입함으로써 교토 시가지가 더욱 확대되고 인구가 늘고 부유해지기를 소망하였다. 다음으로 노부나가의 시대에 몇 년이나 계속되었듯이 이 승려가 천하를 교란시키는 일이 없도록, 또 장래 있을지도 모를 어떤 불온한 움직임을 억제하기 위하여 자기 휘하에 억류해 두기를 바랐다. 그래서 시가지 주위에 담을 설치하거나 호를 파는 것은 허락하지 않았다.

일향종 신도의 이 승려에 대한 귀의와 애정, 순종은 아주 대단한 것으로 단기간에 만든 오사카 덴만 시가지의 승려 궁전과 사원은 교토 시가지 규모를 능가할 정도였다. 이제 히데요시의 명령으로 교토에서 13리 떨어진 오사카에 있던 시가지를 교토에 재건하게 된 것이다. 그렇지만 그것은 놀라거나 감탄할 일은 아니다. 왜냐하면 일본인은 목재 기둥으로 집을 짓는 데 익숙해져 있기에 집을 간단히 해체하여 어떤 장소에서 다른 장소로 옮길 수 있으므로 종종 행해지는 일이기 때문이다.

호코지 대불과 도지東寺 오층탑

일찍이 일본의 수도였던 야마토 나라에는 커다란 부처를 의미하는 다이부쓰大佛란 한 사원이 있었다.

이미 이야기했듯이 루이스 데 아르메이다 수사가 수성하러 갔을 때 그곳에는 사람들이 말하는 대로 금으로 칠한 거대한 우상이 안치되어 있었다. 그러나 노부나가 시대에 일어난 전란으로 사원은 소실되었다. 그것은 일본의 영예이며 장식품이었기에 승려들은 여러 국에서 기부를 모아 재건하려고 시도하였지만 모인 기부금이 매우 적었다. 그들은 거대하고 장엄한 이 사업에 착수하기에는 너무나 재력이 부족해서 사업을 추진할 용기가 없었다.

본디 히데요시는 자신의 명성을 과시하고 기념하는 데 도움이 되는 대사업을 놓칠 성격이 아니었기에 사원을 재건할 것을 결심하였다. 게다가 기초부터 새로 세우기로 결정하고 나라가 아닌 교토 시가지 옆에 사원, 우상, 승방의 건축물을 형태와 규모 면에서 있어 나라 대불에 필적하게 만들라고 지시하였다.

사원[167]은 사각형으로 한 변은 550파우무이며, 엄청나게 높고 큰 기둥 중에는 11파우무 이상의 직경을 갖춘 것도 있었다. 그런데 이 우상은 신장이 거대해서 사원이 완성된 후에 내부로 넣을 수 없으므로 먼저 중앙에 우상을 만들고 그 주위에 사원을 건축해 나가기로 하였다. 여러 국에서 소집한 엄청난 수의 인부를 동원하고 이 광대한 건축을 한층 순조롭게 진척시키기 위하여 그곳에 거대한 흙산을 쌓고 정상부에 설치된 도르레로 기둥과 다른 사원 건축 자재를 들어 올렸다. 히데요시는 이러한 작업이 열과 성을 다해 진행될 수 있도록 종종 현장에 나왔다.

일찍이 교토 근처 대사원 도지東寺의 주요 부처인 석가에게 봉납된 목탑이 있었다. 가스파르 빌렐라가 처음 교토에 도착한 수일 후에 벼락을 맞아 재로 변하였다. 이 탑은 일본에서 매우 유명하였기 때문에 히데요시는 원래의 장소에 재건할 것을 지시하였다. 이 둥근 건물은 매우 높고 9층으로 되었는데[168] 마치 하나의 탑처럼 전체가 위쪽으로 솟았고 각 층마다 바깥으로 돌출된 독특한 지붕을 갖고 있었다.

히데요시는 이 사원과 그 밖의 사원의 재건을 지시하였지만 그것은 신불에 대한 외경심이나 신앙심에 입각한 것은 아니었다. 그는 신불이 거짓이며 여러 국을 잘 다스리고 인간 상호 간의 조화를 지키기 위하여 인간이 만들어 낸 것이라 하면서 매도하고 경시하였다.

주[167] 호코지方廣寺이다. 현재 교토 박물관 바로 옆이다. 호코지는 폐절되었고 그 터 일부에 도요토미 히데요시를 제신으로 한 도요쿠니豊國 신사가 건립되었다.

주[168] 도지 오중탑五重塔이다.

선종은 [사람들이 말하듯이] 현세에 신의 섭리 따위는 없고 사후의 선악 보상이나 내세를 인정하지 않는다. 오직 현세와 혼돈만이 존재하며 만물은 썩은 후에 혼돈으로 돌아가고 이로 인해 동일한 물체로 바뀐다고 주장한다. 히데요시는 이 종파의 신도였으므로 일본 내 여타 종파의 가르침은 모두 기만이라 생각하여 어떤 신앙심도 믿음도 갖지 않았다.

취락제와 공명功名

교토에서 노부나가가 살해되었을 때 히데요시[당시 그는 가신으로 하시바 지쿠젠도노羽柴筑前殿이라 불리고 있었다]는 순조롭게 성과를 내면서 주고쿠中國라는 여러 국을 정복하고 있던 중이었다. 그 무렵 이들 여러 국 중 열세 개국은 모리의 지배 아래 있었는데 그는 야마구치의 영주인 동시에 이와미 국石見國에 있는 주요 은광을 장악하고 있었다.

히데요시는 노부나가와 그의 후계자인 아들 조노스케도노城介殿(노부타다)의 부고를 듣자마자 노부나가의 손자(히데노부)를 일본 군주 지위에 취임시킨다는 구실 아래, 수행하던 사업과 이미 정복한 세 개국을 포기하고 급거 교토로 돌아왔다. 그리고 모빈을 일으켜 노부나가를 죽인 아케치를 멸망시킨 후 일본에서 영예, 위계, 명성에서 그를 능가하는 영주가 있었음에도 불구하고 유례없는 교활함과 두려움이 없는 대범함, 사려 깊음, 독특한 수완, 나아가 면밀한 계획 등을 총동원하여 제후들을 농락하고 단기간에 대부분 지역을 지배하에 넣었다.

그는 권력의 최고 자리와 일본 통치권을 획득한 단순한 절대 군주가 아니라 권세, 호화로움, 명성, 재산, 영지 등 모든 면에서 예전 주군 노부나가를 능가하기를 소망하였다. 그는 기이할 정도로 조심스럽게 행동하였으며, 어떤 자는 전쟁으로 급습해 살해하고 어떤 자는 유배형으로 또 어떤 자는 참형으로 다스리며 많은 사람을 죽였다. 또 그들을 대신하여 자신에게 저항할 염려가 없는 봉록이 미미한 고모노小者를 불러들여 강력하고 부유한 실력자로 키웠다. 그는 엄청난 수의 사원과 신사, 승방, 승려들의 암자를 파괴하고 유린하였다. 무술에 뛰어난 네고로 승려가 박해를 당한 것이 그 사례이며, 그 밖에 많은 사원의 봉록을 몰수하였다. 그는 노부나가의 아들들을 이용하였는데, 그중 산시치도노三七殿(노부타카)가 각별히 용감하였기 때문에 위기감을 느껴서 그를 죽여 버렸다. 또 오사카 승려로부터 그의 권능과 영지 태반을 빼앗았다. 이 승려는 커다란 존경을 받고 부를 누렸으며 동 종파 사람들의 절대적 귀의와 외경을 받아 일본 모든 승려 중에서 가장 호화롭고 사치스런 생활을 하였다.

히데요시는 특히 스스로 칭송을 받고 명성을 남기는 데 열심이어서 '쾌락과 환희의 집합'이란 의미에서 '주라쿠聚樂'란 이름의 궁전과 성을 조영하였다. 그것은 호화찬란하였고, 깊은 해자와 석벽으로 에워 싸인 건물은 둘레가 반 리에 달하였다. 석벽의 돌은 밀접히 붙어 있지 않았지만 회반죽으로 접합시켰으며 기술이 뛰어나고 벽이 두터워 멀리서 보면 석조 건축물처럼 보일 정도였다. 대부분의 돌은 멀리 떨어진 곳에서 어깨에 메고 날라 왔는데 때론 돌 하나를 운반하는 데 3, 4천 명을 필요로 할 때도 있었다. 방과 거실 등을 짓는 데 최상급 목재가 사용되었고 대부분 삼나무 향이 났다. 내부는 모두 금색으로 빛났고 각종 그림으로 장식되었으며 너무나 청결하고 완벽하며 조화로워서 감탄하지 않는 사람이 없었다.

히데요시가 순찰사 발리냐노와 접견을 마친 후 공가 두 명에게 지시하여, 신부들과 포르투갈인은 취락제 궁전의 여러 건축물을 구경할 수 있었다.

일행은 궁전의 주요 부분을 구경하였는데 그것들은 장대하고 화려하였으며 정교하게 축조되어 목조 건축으로서는 그 이상 바랄 수 없으리라 여겨졌다. 특히 더할 나위 없이 청결하고 산뜻하게 장식되어 있어 유럽의 어디에 있더라도 크게 칭찬받고 감탄을 자아낼 것이다. 왜냐하면 방이란 방, 거실이란 거실, 안과 밖, 위와 아래는 말할 것도 없고 심지어 부엌 도구나 탁자를 두는 장소까지 모두 다 금으로 칠해져 있었기 때문이다. 이 가옥들이 얼마나 청결하며 산뜻한가는 그것을 목격한 자가 아니면 알기 어렵다. 더욱 놀라운 사실은 가옥들이 거의 셀 수 없을 정도로 많고 넓은 데도 불과 6개월 만에 완성되었다는 점이다.

유럽 건축물과의 비교

히데요시는 이 교토의 성을 '주라쿠聚樂'라 명명하였다. 우리 유럽의 도시가 설령 아름답다고 해도 어떤 점에서는 이곳이 더 뛰어나다. 그렇지만 다른 점에서는 명백히 뒤떨어지는 부분이 있다.

도로의 정연하고 아름다움, 저택의 신선함과 청결함이란 점에서는 이곳이 뛰이니다. 왜냐하면 이곳에는 제후의 저택만을 지을 수 있고 시민의 집은 한 채도 없기 때문이다. 서민이 거주하는 교토의 대부분 지역은 이곳과 인접해 있고 자못 크기는 하지만, 이 지역과 어떤 교류도 없고 우리 유럽 도시에 비견할 만한 것은 아무것도 없다.

건물의 완벽함은 이곳이 훨씬 뛰어나다. 집은 목조 건물이므로 완성하기가 용이하고 제후들은 각자의 영국에서 많은 목수를 불러 일을 시키므로 어떤 저택이나 구석구석까지 완벽하고 청결함이 유지된다. 하지만 우리 유럽 가옥은 완성까지 많은 곤란과 시간을 요하기 때문에 어느 한 부분만 청결하다.

그러나 다른 많은 점에 있어 교토의 시가지는 유럽에 비교하여 뒤떨어진다.

첫째, 성과 가옥의 재질이다. 대포가 없는 일본에서는 히데요시의 성이 가장 견고하지만 우리 유럽의 성과 비교할 수 없을 정도로 취약하다. 대포 네 문이면 반나절 만에 모두 파괴할 수 있다. 저택들은 회반죽으로 굳히고 황금 칠을 한 장식이 달려 있으나 목조인 데다가 담벽은 흙으로 만들어졌으므로 재질이 매우 취약하여 작은 불로도 순식간에 잿더미가 될 것이다.

둘째, 위용과 건축 구조 면에서도 우리 유럽 건물이 뛰어나다. 여러 층이 높이 솟아 있고 여러 개의 창문과 기둥, 현관, 기타 여러 종류의 건축물로 이루어진 우리 궁전은 모두 같은 형식, 같은 건축법으로 이루어진 일본 건축과 분위기가 다르다고 할 것이다.

셋째, 우리 건축물은 일본의 그것보다 더 가치가 있다. 일본은 가장 중요 저택이라도 3, 4만 크루자두 정도이지만 유럽 궁전, 교회, 수도원은 무한한 가치가 있다.

넷째, 기품 있는 도시라면 모든 것이 균형을 이루어야 한다. 그 점에서 우리 도시가 더욱 뛰어나다. 우리는 영주와 제후뿐만 아니라 시민이나 상인들도 훌륭한 저택을 소유할 수 있으나 교토는 그렇지 않다. 또한 우리의 도시는 장엄한 교회와 수도원, 교토와 크게 다르게 그 밖에 여러 공공장소가 있다. 또한 주민, 노점, 점포, 생활비, 물자의 풍부함, 시민의 대우와 일자리라는 면에서 교토는 우리 유럽과 거의 비교가 안 된다.

마지막으로, 교토의 이 취락제 일대를 제외하면 우리와 비교할 만한 기품이 있고 장대하고 아름다운 도시는 일본 어디에도 없다. 그렇지만 유럽은 어느 나라나 그보다 뛰어난 여러 도시가 많이 있다. 이곳은 일본의 모든 제후와 무장들을 무리하게 집결시키고 거처를 짓게 하여 강제적으로 만든 도시이다. 제후들은 깨끗하고 아름다운 큰 저택에서 살고 있지만 누구나 자신의 영국에서 살고 싶어 하며 이곳 저택을 불을 질러 버리고 이곳을 유지할 의무에서 해방되기를 원한다. 이에 반해 우리 도시와 건축물은 주민을 압박하는 일 없이 만들어졌고 영원히 존속할 것이다.

이렇게 쓰는 이유는 이 새 도시의 우수한 점을 서술하고는 있지만 일본의 모든 도시가 그렇다고 오해하지 않도록 하기 위함이며, 또 이 도시가 어떤 점은 뛰어나지만 우리 유럽 도시와는 도저히 상대가 되지 않는다는 사실을 이해시키기 위해서이다.

찾아보기

ㄱ

가라목伽羅木 294, 360
가스파르 빌렐라 108, 283, 434
가스파르 코엘류 260, 265, 267, 268, 271, 274, 275, 276, 278, 280, 281, 282, 293, 294, 297, 308, 310, 311, 312, 317, 318, 319, 320, 321, 322, 323, 324, 326, 327, 331, 334, 337, 338, 339, 340
가토 기요마사加藤淸正 416
간논지 성觀音寺城 26
겐뇨顯如 133, 230, 239, 256, 260, 303, 331, 432
고니시 유키나가小西行長 240, 286, 326, 369, 372
고마키·나가쿠테小牧·長久手 전투 221, 227
고보 대사弘法大師 158, 236
고스메 수사 111, 112, 374
고야高野 99, 227, 236, 237, 244, 246, 314, 336, 367
고요제이後陽成 천황 233, 251, 350, 351, 356
고카와粉河 236, 245, 253
교토 방화 83, 100
교토 봉행奉行 36, 58, 110, 282
교토 쇼시다이京都所司代 66, 190, 378, 379, 381, 398, 399, 400, 402, 403, 404
구로다 요시타카黑田孝高 337, 372
구마노곤겐熊野權現 335
구카이空海 158, 236
그레고리오 데 세스페데스 212, 250, 288, 318
기노시타 도키치로木下藤吉郎 146

기요스 회의 221, 222, 224
기쿠테이 하루스에菊亭晴季 384, 385
기타노만도코로北政所 275, 297
기후 성岐阜城 17, 18, 34, 69, 70, 71, 76, 78, 83, 88, 92, 105, 115, 130, 133, 179, 224

ㄴ

나고야名護屋 370, 412, 413, 415, 418, 419, 420, 421,
나기나타薙刀 144, 189, 233, 242, 409, 410, 411
나라의 대불(다이부쓰)大佛 17, 67, 253, 265, 433, 434
나우선 266, 269, 293, 308, 311, 312, 322, 326, 327, 333, 335, 336, 338, 342, 347, 348, 373, 375, 377, 396, 400, 419, 422, 423, 424
나카가와 기요히데中川淸秀 202
나카가와 시게마사中川重政 78
나카무라 가즈우지中村一氏 230, 243
낙중낙외洛中洛外 101
남만사南蠻寺 106, 108, 109
네고로 중根來衆 99, 222, 227, 229, 232, 233, 234, 236, 237, 238, 239, 243, 244, 245, 246, 249, 253, 436
노부나가 장례식 196, 204, 221, 224, 346
노부나가의 특허장 28, 29, 36, 42, 44, 45, 46, 48, 57, 66
니조고쇼二條御所 30
니치조와 선교사의 논쟁 58

니치조日乘 상인上人 52-68, 69, 71, 77, 84, 85, 86, 274

ㄷ

다이리內裏 30, 31, 34, 44, 50, 51, 53, 56, 66, 67, 68, 70, 71, 76, 77, 84, 86, 161, 167, 171, 196, 351, 356, 358, 359, 360, 407, 430
다카야마 우콘高山右近 86, 122, 133, 136-148, 183, 200, 202, 203, 204, 206, 219, 260, 261, 267, 268, 270, 272, 287, 316, 324, 329, 343-347, 400, 403
다카야마 다리오 36, 86, 109, 141, 143-148, 151
다카하시 모토타네高橋元種 305
다케노우치 스에하루竹内季治 50
다케다 가쓰요리武田勝賴 176, 179
대승정大僧正 250
데도 258, 385, 428
데라지와 히로타키寺澤廣高 421, 423
데이안貞安 154, 155
덴노지天王寺 96, 105, 253
도노미네 종多武峰宗 254
도밍고스 몬테이로 293, 322, 332
도수령刀狩令 363
도요토미 히데나가豊臣秀長 226, 246, 250, 269, 347, 351, 360, 370, 376,
도요토미 히데쓰구豊臣秀次 226, 262, 267, 302, 342, 351, 360, 370, 384, 385
도요토미 히데카쓰豊臣秀勝 226, 304, 323
도쿠가와 이에야스 17, 30, 82, 132, 182, 183, 189, 191, 199, 211, 221, 222, 227-229, 364
도쿠운德運 354
돈 두아르테 데 메네제스 386
돈 미구엘 373, 393
디에고 데 메스키타 373, 378, 381

ㄹ

로게 데 메로 페레이라 108, 419
롯카쿠 요시카타六角義賢 17, 25, 81
루이스 프로이스 18, 19, 32, 34, 35, 39, 58, 69, 71, 72, 80, 83, 88, 93, 94, 102, 106, 107, 108, 111, 134, 213, 222, 265, 269, 274, 283, 286, 310, 311, 317, 323, 351, 371

ㅁ

마데노고지 고레후사萬里小路惟房 84
마시타 나가에몬增田仁右衛門 375, 377, 378, 381, 396
마쓰나가 히사미치松永久通 38
마쓰나가 히사히데松永久秀 17, 24, 29, 30, 37, 81, 82, 104, 106
마쓰이 유칸松井友閑 90
마에다 겐이前田玄以 231, 282, 378, 397, 398, 399, 403, 430,
마에다 도시이에前田利家 216, 302
모리 데루모토毛利輝元 103, 363, 385
모리 요시나리毛利吉成 305, 337
모리 히데카네毛利秀包 369, 384

찾아보기 441

몬제키門跡 24, 104, 105, 384, 385, 387
무라이 사다카쓰村井貞勝 26, 66, 106, 110
무라이 세키안武井夕庵 88
무로쓰室津 373
무헨無邊 157, 158, 159
물고문형 266, 285, 287, 341
미쓰부치 후지히데三淵藤英 90
미요시 삼인중三人衆 17, 18, 28, 33, 54, 82

ㅂ

바테렌伴天連 37, 90
발리냐노 123, 160, 161, 370, 373, 399, 401, 436
봉산盆山 174
브라사 242, 413

ㅅ

사네히토 친왕誠仁親王 30, 231, 251
사이카雜賀 227
사이토 다쓰오키齋藤龍興 22
사카모토坂本 69, 95, 116, 185, 187, 192, 203, 204, 205, 206, 220
사카이堺 23, 35, 36, 41, 44, 50, 54, 56, 85, 97, 103, 153, 156, 167, 181, 183, 191, 197, 198, 199, 236, 240, 242, 249, 253, 259, 261, 264, 266, 271, 283-290, 297, 299, 301, 303, 312, 313, 326, 336, 337, 341, 342, 355, 357, 374, 422, 426
사쿠마 노부모리佐久間信盛 37, 71 131, 133, 138, 139

석고石高 344
선교사 추방령 41, 215, 292, 324, 332
섬俵 139, 247, 326, 344, 359, 379
세야쿠인 젠소全宗 312, 337, 354, 396
세타瀬田 119, 192
센고쿠보리 성千石堀城 전투 242
센노리큐千利休 287, 370
소 요시토모宗義智 369
소켄지摠見寺 173
쇼샤 산書寫山 97, 253
쇼토쿠 태자聖德太子 96
수험도修驗道 158
슈인朱印 44, 46, 333
스미요시住吉 97, 253
시마즈 요시히사島津義久 292, 315
시바타 가쓰이에柴田勝家 71, 105, 221, 223, 224, 253, 353,
신체神体 174

ㅇ

아나야마 노부타다穴山信君 199
아라키 무라시게荒木村重 86, 101, 104, 105, 131, 132, 133, 135-151
아마노 야스카게天野康景 182
아마테라스오미카미天照大神 214, 218, 336
아사노 나가마사淺野長政 372
아사쿠라 요시카게朝倉義景 25, 82
아시카가 요시아키足利義昭 17, 18, 19, 20, 24, 25, 26, 32, 33, 34, 81, 82, 83, 100, 105, 212, 253, 318

아시카가 요시아키의 특허장 47
아시카가 요시테루足利義輝 16, 17, 18, 24, 41, 94
아즈치 성安土城 104, 105, 106, 107, 116, 132, 162, 173, 195
아즈치 종론宗論 152
아키쓰키 다네자네秋月種實 304, 306
아타고 산愛宕山 179
안토니오 데 아부레우 339
야쓰시로八代 308, 310, 314, 315, 317
에타穢多 54
예수회 40, 106, 121, 126, 255, 265-349, 369, 401, 402, 416, 417, 418, 421-425
오기마치正親町 천황 30, 33, 233, 251, 263
오기應其 246
오노기 시게가쓰小野木重勝 231
오다 노부카쓰織田信雄 16, 22, 79, 115, 221, 224, 225, 227, 229, 304, 251, 360, 364
오다 노부타다織田信忠 78, 105, 115, 126, 176, 177, 179, 182, 189, 190, 192, 220, 225, 354, 435
오다 노부타카織田信孝 127, 198-200, 221, 223, 224, 225, 436
오다 노부히데織田信秀 15, 16, 20, 221
오도이ぉ土居 431
오르간티노 94, 108, 111, 120-125, 129, 130, 133, 137-140, 143, 146, 147, 165, 182, 183, 193, 194, 255, 281, 287, 297, 337, 353, 373, 375, 397, 398
오사카 성의 천수각 257, 265, 266, 270
오산五山 196

오쓰 나가마사大津長昌 75
오와케 덴스케大脇傳介 152, 156
오타 성太田城 246, 247
오토모 소린大友宗麟 232, 233, 281, 305, 369
오황 30
와다 고레마사和田惟政 25, 36
요도가와淀川 202, 206, 259, 354
우마마와리 중馬廻衆 75, 219
우메기타 구니카네梅北國兼 415
우에노 히데마사上野秀政 94
우키타 히데이에宇喜多秀家 233, 240, 247, 351, 360
이슈인 다다무네伊集院忠棟 315
이시다 미쓰나리 285, 286
이자나미와 이자나기 89, 90, 330
이케다 쓰네오키池田恒興 202
이토 스케타카伊東祐兵 392
이토伊東 돈 만쇼 373, 392, 395, 396
인도 부왕 312, 370, 371, 372-411, 419, 420
임향종—向宗 33, 81, 96, 97, 98, 99, 105, 238, 239, 260, 303, 329, 330, 331, 432, 433

전국 시대 무사의 전투 85
조안 로드리게스 389, 392, 394, 395, 398, 399, 406
조친 류사立佐 101, 102, 242, 281, 286, 303
중국 정복 구상 269, 368, 395, 415
지구본 129, 130, 375
진무神武 356

ㅊ

차노유茶湯 115
천수天守 132, 143, 144, 147, 148, 162, 163, 164, 169, 256, 257, 265, 266, 270
천연두 306
천하天下(덴카)의 주主 162, 186
선교사 추방령의 내용 334
취락제聚樂第 233, 262, 265, 292, 350, 351, 355, 356, 370, 380, 395, 435, 436, 437

ㅋ

카테cate 347, 348, 360
크루자두 44, 336

ㅌ

태정대신太政大臣 176, 232, 356
토지 조사 264

ㅍ

파우무 74
파칸 레안 318
팔종八宗 59
프란시스코 가르세스 347, 348
피코pico 342

ㅎ

하리즈케 형磔刑 55, 99, 134, 150, 249
하세가와 히데가즈長谷川秀一 388
하시바 히데요시羽柴秀吉 146, 200
하야시 미치카쓰林通勝 89
하치만八幡 52
하쿠사이지百濟寺 98
하타 노부토키波多信時 412
학산곤겐白山權現 90
혈판血判 맹세 335, 351
호로母衣 241
호소카와 후지타카細川藤孝 105, 184
호조 우지나오北條氏直 350, 364, 366
호조 우지마사北條氏政 350, 367
호조 우지테루北條氏照 367
호코지方廣寺 59, 263, 351, 433, 434
혼간지本願寺 29, 33, 44, 81, 96, 105, 106, 131, 132, 133, 256, 257, 331, 432
혼노지本能寺 160, 177, 184, 186, 188, 189, 213
황금 차실 272, 281
후덴普傳 98, 156
후스타선 292, 317, 319, 320, 321, 323, 324, 326, 331, 332, 334
후안 고보 418, 424
후안 데 소리스 418, 419, 421, 424
히노 데루스케日野輝資 77
히데요시의 직할군 233, 240
히데요시의 포교 특허장 278, 280
히비야日比屋 디에고 료케了珪 283, 284, 286, 290, 291
히에 산比叡山 42, 60, 69, 75, 95, 120, 185, 253, 254
히에 신사日吉社 95
히지리聖 227